한국 언론의 공정성

이론적 구성

한국 언론의 공정성

— 이론적 구성

조항제 지음

컬처룩 미디어 총서 017

culture look

조항제는 부산대학교 신문방송학과 교수로, 민주주의와 언론, 공론장, 공영 방송에 관심을 갖고 있다. 서울대학교 언론정보학과를 졸업하고 같은 학교 대학원에서 석사 및 박사 학위를 받았다. 한국방송개발원 책임연구원, 부산대학교 언론사 주간, 한국언론정보학회 회장 등을 지냈다. 저서로는《한국의 민주화와 미디어권력》,《한국방송의 역사와 전망》,《한국방송의 이론과 역사》,《한국 공영 방송의 정체성》등이 있고, 번역서로는《민주주의와 공론장》등이 있다.

컬처룩 미디어 총서 017

한국 언론의 공정성

이론적 구성

지은이 조항제

펴낸이 이리라

책임 편집 이여진

편집 에디토리얼 렌즈

표지 디자인 엄혜리

2019년 12월 31일 1판 1쇄 펴냄

펴낸곳 컬처룩

등록 2010. 2. 26 제2011-000149호

주소 03993 서울시 마포구 동교로 27길 12 씨티빌딩 302호

전화 02.322.7019 | 팩스 070.8257.7019 | culturelook@daum.net

www.culturelook.net

ISBN 979-11-85521-75-6 94300

ISBN 979-11-85521-06-0 94300 (세트)

* 이 도서의 국립중앙도서관 출판예정도서목록(CIP)은 서지정보유통지원시스템 홈페이지(http://seoji.nl.go.kr)와 국가자료공동목록시스템(http://www.nl.go.kr/kolisnet)에서 이용하실 수 있습니다. (CIP제어번호: CIP2019053515)

* 이 책은 2016년 정부(교육부)의 재원으로 한국연구재단의 지원을 받아 수행된 연구임(NRF-2016A6A4A01020268).

culturelook

차례

일러두기

- 한글 전용을 원칙으로 하되, 필요한 경우 원어나 한자를 병기하였다.
- 한글 맞춤법은 '한글 맞춤법' 및 '표준어 규정'(1988), '표준어 모음'(1990)을 적용하였다.
- 외국의 인명, 지명 등은 국립국어원의 외래어 표기법을 따랐으며, 관례로 굳어진 경우는 예외를 두었다.
- 사용된 기호는 다음과 같다.

  신문 및 잡지 등 정기 간행물, 논문, 방송 프로그램 등 : 〈 〉

  책(단행본): 《 》

머리말

최근처럼 공정성이 이슈가 된 적이 없는 거 같다. 공정성이 심각한 문제라는 점을 그 어느 누구도 부정하지 않지만, 그래도 얼마간은 봉합시킨 채 살아왔던 일상이 정면으로 부정되고 있다. 지금은 대학 입시에서 제기되었지만, 사실 공정성은 한국 사회의 어떤 영역도 예외가 되지 못하는 고질적 현상이다. 언론 또한 하루가 멀다 하게 불공정 시비를 달고 살았던 곳이다.

민주주의와 언론 사이를 연구하는 학자라면 누구나 피해 가지 못하는 질문이 있다. '언론의 자유가 민주주의에 정말 도움이 되는 가치냐' 하는 것이다. 누구나 쉽게 말하고, 어느 교과서에나 나오지만 실제 이 주장이 실증되었는지는 아무도 알지 못한다. 논리적으로는 쉽게 이해가 된다. 민주주의의 본질이 개별 시민의 자기-결정에 있다면, 정보나 지식은 이 결정을 가능하게 하는 기초가 되고, 언론은 이들을 생산하므로 민주주의와 언론은 불가분의 관계를 맺는다. 이런 논리적 연쇄에 이의를 제기하기는 어렵다. 문제는 바로 그 언론이 '선한 개인'이 아니라 늘 재생산을 염려해야 하는 '냉정한 조직'이고, 그런 이유로 올바른 정보나 지식만을 생산하지 않는다는 점에 있다.

이제는 누구나 짐작하는 이런 언론의 이중성 때문에 민주주의와 언론, 그리고 언론 자유의 관계는 항상 자명하지 않다. 19세기 말 20세기 초반에 미국은 진보주의 정치 운동으로 지역별로 독점을 누리던 정당의 위세가 꺾이면서 이전까지 정당과 행보를 같이 하던 많은 신문들이 정치적 중립을 꾀하기 시작했다. 치열한 경쟁으로 한 주 또는 한 도시에 하나의 신문만이 남게 되면서 하나의 당파만을 계속해서 주장하기도 어렵게 되었다. 1차 세계 대전 당시 오보를 남발하면서 추락한 독자의 신뢰를 회복해야 하는 것도 큰 숙제였다. 기자들이 노조를 결성하는 움직임을 보이면서 퍼지기 시작한 친노동자적 경향도 신문 자본가들에게는 위협의 대상이었다. 기업의 PR 행위가 성행하면서 뭔가 '언론'으로서 이와 다른 자신만의 정체성을 만들어야 할 필요도 커졌다. 경영과 편집이 분리될 필요성을 말한다. 통신 같은 데서 쓰이는 간단하면서 빠른 문체도 참고 대상이 되었다. 이상이 20세기까지만 해도 늘 모범으로 간주되었던 미국 언론의 객관주의가 만들어진 배경이다. 경쟁은 치열했지만 그때까지 장사는 잘 되었다. 안 바꾸었어도 경제적인 문제가 있지는 않았다. 하지만 역사는 언론을 변화시켜 객관주의를 미국 언론의 '신deity'으로 만들었다.

그러나 이 신에게는 많은 문제가 있었다. 먼저 이를 보여 준 상징적 사건은 매카시즘이었다. 국무성 안에 수백 명의 공산주의자가 있다며 마치 그 명단인 것처럼 서류뭉치를 휘두른 상원의원 조셉 매카시Joseph McCarthy에 미국 언론은 아무런 견제의 힘을 발휘하지 못했다. 중국의 공산화와 한국 전쟁에 대응해 빠르게 갖춰가던 미국의 냉전 헤게모니에 미국 언론은 쉽게 도취되었다. 그들에게 중요한 것은 '무엇이 진실인지,' 그것이 '얼마나 중요한지'가 아니라 그들이 '(특히 권력에) 어떻게 보이는지,' '정확하게 중계했는지' 여부였다. '스스로 말하는' 팩트facts speak themselves와 공산화를 걱정했던 미국 소시민의 기우 속에서 레드 퍼지에 대한 심층적 분석은 뒷전으로 밀려나 버렸다. 1960년대 후반과 1970년대 초반 사이에 벌어진 베트남 전쟁 보도와 워터게이트 사건은 이런 미국 언론이 시민적 저항을 만나 스스로 긴장해서 만든 근대 언론의 마지막 개가였다. 21세기 들어 트럼프로 대표되는 가짜 뉴스 사건은 지금 미국 언론이 얼마나 조롱거리가 되었는지를 보여 준다.

미국 역사에서뿐만 아니라 언론이 민주주의에 기여하는 것이 자동적이지 않다는 것은 보편사적 테제에 가깝다. 물론 아마르티아 센 Amartya Sen의 말대로 자유로운 언론이 있다면 대규모 인구가 식량난에 처하는 기아飢餓같은 것은 없을 가능성이 높다. 발전커뮤니케이션 학자 이딜 드 솔라 풀Ithiel de Sola Pool이나 정치학자 래리 다이아몬드 Larry Diamond가 말하는 것처럼 언론·미디어가 '자유의 테크놀로지'라는 것도 꼭 틀린 말은 아니다. 많은 언론인들이 정치권력이나 금력과 유착해 '감시견'은커녕 자발적 '애완견'이 되고 말지만, 그만큼의 또 다른 언론인들은 지금도 진실과 민주주의를 위해 목숨을 걸고 싸우고 있다. 그래서 나는 중요한 것은 언론 자신에 못지않게 주변 환경, 곧 조건화 contingency라고 생각한다. 이 조건의 다른 뜻이 '우연'인 것처럼 언론 역시 우연하게 민주주의에 도움이 되거나 안 된다.

특히 나는 이 점에 단계가 있다고 생각한다. 처음 자유가 없는 권위주의 때 언론은 자유를 위해 싸운다. 민주주의도 같이 억압되므로 이들은 같은 대열을 형성한다. 그러나 민주화가 되고 난 이후부터는 조금씩 달라진다. 정부나 정당은 확립된 민주적 절차를 따라가야 하지만, 언론은 사기업이므로 이를 준수할 이유가 전혀 없다. 언론은 공식적인 국가 제도가 아니다. 이들에게는 섬겨야 할 또 다른 신이 있으니 바로 시장이다. 시장의 권력자는 자본가이고, 광고주이며, 또 소비자다. 이 소비자와 민주주의의 시민은 같지만 다른 존재다. 우리가 여러 개의 정체성을 갖고 살아가는 것처럼 소비자/시민은 한 몸에 두 개의 얼굴이 있는 야누스다.

이 단계가 되면 언론과 민주주의의 이해가 달라진다. 바로 앞서 말한 바와 같은 조건화 또는 우연적인 관계가 된다. 물론 모든 시장이 같은 방향, 같은 성격인 것은 아니다. 그러나 어떤 시장, 어떤 조건은 민주주의가 자신에 도움이 안 된다고 판단한다. 특히 절차를 넘어 실질로 발전하려고 하는 민주주의를 경계한다. 이때부터 민주주의와 언론은 확실하게 엇박자를 내기 시작한다. 물론 이 시장에도 상대가 있다. 언론의 자유를 사내로 확장해 편집과 논조를 독립시키려는 언론인들과 언론의 반민주주의적 일탈을 경계하는 시민의 목소리가 그것이다. 언론인은 노동조합을, 시민은 운동 단체를 조직하여 언론 비판을 전개한다. 이제 언론은 내/외부 모두에서 이전과는 유가 다른 진통에 시달린다. 나라나 사회에 따라 이 진통의 세기나 기간이 다르지만 모두 '겪는다'는 점은 공통된다.

자유주의의 원조인 영국에서조차 언론의 자유가 오히려 표현의 자유에 도움이 되지 않는다는 지적이 나오는 것은 이 진통의 결과가 지금의 민주주의에 그렇게 우호적이지 않다는 점을 반증한다. 언론의 비우호성을 가중시키는 것은 물론 '범람'으로 표현되는 지금의 엄청난 풍요다. 일부 학자들은 이를 미디어화mediatization로 부르면서 마치 개인화나 글로벌화, 사사화privatization 같은 거대한 사회 변화의 한 추세로 여긴다. 미디어화 주장에 찬성하지 않더라도 언론·미디어 현상이 과거와 다르다는 점은 누구나 인정하는 것이라고 생각한다. 어느 시대에나 있었던 가짜 뉴스 현상이 큰 물의를 빚는 것도 장벽이 전혀 없는 지금의 시장 사정 때문이다. 그 가짜 뉴스로 정작 많은 돈을 버는 주류 언론 역시 지금의 시장이 아니면 설명할 수 없다.

그러나 모든 일에 '나름의 처지'가 있는 것처럼 언론의 입장에서도 이런 사정을 생각해 봐야 한다. 원하든 원치 않든 언론은 사기업이다. 정치가 표로 계산되듯이 언론에 돈은 필수적이다. 우리가 언론에 많은 공익적 기능을 원하지만 그렇다고 언론에 세금을 주지는 않는다. 권력에는 남용을 감시하는 이런저런 감사監査 기구가 있다. 하지만 정작 권력의 본산인 정치에는 그런 기구가 없다. 정치 감사는 언론이 맡고, 그 언론은 시장에 의존하는 이상한 얼개가 우리의 민주주의 체제다. 과거의 언론은 거의 (독)과점이어서 운영에 문제가 없었다. 그러나 지금은 아니다. 무한 경쟁이란 말이 전혀 손색이 없다. 이들에게 광고주는 말 그대로 '큰 손'이며, 광고주가 원하는 '소비 사회'와 '사회 안정'은 언론에도 그대로 이어지기 일쑤다. 언론의 사명과 공익적 기능을 이들도 모르지 않지만, 때로는 애써 외면할 수밖에 없다. 그러나 언론에 쏟아지는 요구들은 이런 처지를 전혀 고려하지 않는다. 자유주의를 비판한 공동체주의가 주장은 맞다 해도 도덕적 수준이 너무 높아 비현실적이라는 비판을 듣는 것처럼 언론 역시 이런 요구를 충족시킬 수 없다.

그런 언론이 지금 한국 사회에서 끼치는 가장 큰 해악은 정치적 적대를 재생산하거나 때로 증폭시키는 '적대적 미디어 신드롬'이다. 물론 이런 적대를 언론이 시작한 것은 아니다. 그러나 한국 언론은 이런 적대를 줄여 주는 상관 조정 기능을 전혀 하지 않거나 오히려 이에 편승하고 조장함으로써 문제를 키운다. 이런 신드롬하에서는 확인이 가능한 사실이나 서로에게 호혜적인 공정성은 중요하지 않다. '어느 편이냐'가 모든 것을 결정한다. 같은 편은 칭찬, 다른 편은 비난의 대상이 된다. '내가 하면 로맨스, 남이 하면 불륜'이라는 내로남불 현상은 바로 이런 신드롬의 산물이다. 과거에는 언론 같은 담론 장에서만 그러했는데 지금은 장외에서조차 반목하고 갈등한다.

언론이 이렇게 된 이유를 설명하는 방식이 여러 가지가 있을 것이다. 그러나 중요한 것은 아무리 대통령이 지적하고, 시민운동이 개혁의 필요성을 말한다고 해서 그렇게 크게 변화될 것 같지 않다는 점이다. 내 편 네 편을 부추기는 시장이 그렇고, '전쟁'까지 치른 과거부터의 (보수적) 관성도 그러하며, 사양길을 돌이킬 수 없는 미래 역시 변화와는 무관하다. 앞서 언급했던 주변의 조건적 요인은 더 심각하다. 특히 갈등의 궁극적 원인인 정치가 바뀔 전망이 거의 없다. 정치와 병행하면서 언론은 정치의 문제를 상당 부분 떠안았지만, 문제를 약화시키기보다 가중시켜 정치에 되돌려주고 있다. 정치와 언론의 나쁜 점이 맞물리는 일종의 악순환, '불신의 나선spiral of mistrust'이다. 앞서 본 미국의 객관주의 패러다임이 언론만의 산물이 아니듯이 지금의 한국 언론 역시 범사회적 요인의 총합물이다.

이 책은 이런 한국 언론을 공정성을 주제로 삼아 이론적으로 해명해 보고자 한 노력의 산물이다. 이론에 중점을 둔 이유는 현실이 너무 많이 정쟁에 '오염'되어 있어 어떤 제안도 그 그늘을 피해갈 수 없다고 생각해서다. 이론에 대한 합의가 어느 정도 가능하다면, 실제의 분석이나 제안도 유효해질 가능성이 있다고 기대해서이기도 하다. 그 점에서 나는 공정성을 가로막는 한국 언론의 여러 실제적 문제들, 예컨대 거의 모든 언론의 병목bottle's neck이 된 포털이나 출입처 제도를 비롯한 각종 관행들, 소유주를 정점으로 한 권위주의 조직 문화 등은 다루지 않는다.

내 관심은 '이론'이다. 나는 이 책에서 절차주의와 상대주의 모두를 논적으로 삼고 공정성을 이론적으로 (재)구성해 보고자 했다. 내 생각으로 절차주의는 공정성을 과다하게 축소시키고, 상대주의는 부당하게 공정성의 무용함을 주장한다. 물론 양자를 완전히 버리기보다 절차는 준수해야 할 '필요조건'으로, 상대주의 역시 최소진리론을 통해 '겸손함의 바탕'으로 소화하고자 했다. 또 공정성의 일반적인, 넓은 쓰임도 가능한 존중했다. 많은 연구자들이 공정성의 포괄성과 모호성을 벗어나기 위해 개념을 해체하지만 결국 그 때문에 현실과 멀어지고 맥락도 잃어버린다. 공정성은 옳고 그름과 관련된 가치론적 개념에 가깝지만, 그렇다고 사실(인식론)의 영역까지 무시하고서는 성립할 수 없다는 게 내 생각이다. 이 책에서 나는 여러 영역 또는 이론들을 살펴 저널리즘의 깊은 저변과 한국적 공정성의 복합적 면모를 밝히려 노력했다.

나는 이런 노력이 우리 사회가 합의의 기틀을 만드는 데 약간이라도 계기가 되길 희망한다. 내가 말하는 합의는 앞과 뒤가 맞고 겉과 속이 어울리는 그런 수미일관된 '일치'는 아니다. 나는 민주 사회에서 그런 일치는 가능하지도 바람직하지도 않다고 생각한다. 이 일치는 이유가 달라도 행동은 같이할 수 있게 해 주는 '실행적 일치workable agreement' 같은 것이고, 차이에 대한 관용의 다른 면이기도 하다. 민주 사회에서 모르는 사람들 사이에 형성되는 양식에 대한 믿음, 곧 '얇은 신뢰thin trust'도 이와 맥락이 같다. 대상을 추상성 높은 이론으로 하게 되면, 불필요한 현실의 마찰을 생략할 수 있게 되어 같은 고민의 터전을 만들기가 좀 더 쉬울 것이다.

공정성은 언론에서뿐만 아니라 한국 사회 전반이 풀어야 할 21세기의 화두다. 흔히 '과정의 공정'만을 말하면서 절차나 단계에 공정성을 한정시키지만, 사실 이 개념의 일반적인 함의는 비록 일부라도 결과 또는 실질까지 포괄한다. 굳이 따지자면, 같은 출발선에 있는 조건의 동등함

equality보다 개개인의 차이를 고려해 출발선에 차등을 두는 게 더 형평에 맞는다는 식이 공정함equity이다. 롤즈식으로 보면, 진짜 '원초적 입장'이 되도록 이전 차이를 어느 정도 보정해 주자는 뜻이다. 약자의 됨됨이를 어느 정도 사전에 헤아리고, '약자에의 배려,' '억강부약抑强扶弱' 등을 할 수 있다면, 정말 '공정하다'는 평가를 받을 수 있다고 생각한다.

물론 이는 단순한 기회의 평등보다 훨씬 어렵다. 약자에 대한 사회적 합의가 필요하고, 보정을 실천하는 방식에 대해서도 논의가 필요하다. 그러나 나는 어렵다고 해서 이런 시도를 하지 않는 게 더 나쁘다고 생각한다. 이야말로 수단의 어려움을 앞세워 목적을 포기하는 전도된 사고이기 때문이다. 논의에 '실용적 종결'이 없다고도 생각하지 않는다. 이미 우리는 공정성에 많은 시간을 쓰면서 고민해 왔고, 완벽한 합의라면 몰라도 실행적 일치 정도는 얼마든지 해낼 수 있다고 보기 때문이다. 이 책이 시도한 공정성의 이론적 구성이 이런 일치에 조금이라도 도움이 되기를 원하는 마음 간절하다.

이 책에서도 나는 많은 사람들의 도움을 받았다. 먼저 서울대 이준웅 교수와 정준희 박사를 언급하지 않을 수 없다. 공정성에 대해 먼저 연구했던 두 사람은 내 초고를 읽어 주고 유용한 조언을 아끼지 않았다. 서울대 윤석민 교수 역시 내 연구에 자극을 주고 격려를 해 주었다. 허윤철 박사와 배재영 조교 역시 초고를 교열해 주고 귀찮은 문서 작업을 도와주었다. 같은 학교의 박홍원 교수는 해박한 저널리즘 지식으로 내 의문을 여러 차례 해결해 주었다. 이 책은 나의 다섯 번째 단독 저서다. 전작들도 마찬가지였지만, 아내 정혜인과 정래, 영은 등 가족들의 희생과 도움이 없었다면 결코 이 책은 완성될 수 없었다. 지금도 아들을 위해 기도하시는 부모님께도 이 자리를 빌려 감사를 드린다. 연구재단은 이 연구에 필요한 지원을 해 주었다. 다시 한 번 돈 안 되는 책을 만들어 준 컬처룩의 이리라 사장에게 미안하고 고마운 마음을 전한다. 난삽한 원고를 지금처럼 다듬어 준 이여진 씨도 고맙다. 물론 이 책에 대한 모든 책임은 나에게 있다. 독자 여러분의 질정을 기대한다.

조항제

1장

서론

언론 공정성을 제기하며

1. 한국 언론의 난제, 공정성

한국 언론이 걸어온 지난 도정에서 가장 중요하게 거론되고 또 가장 많은 논쟁을 불러일으킨 개념이나 가치를 고른다면 '공정성'을 들 수 있다. 진실성, 정확성, 객관성, 형평성, 중립성, 불편부당성, 균형성, 반편향성 등의 비슷한 함의를 지닌 다른 이념이나 가치들도 있지만, 공정성이 가장 앞에 서 있을 것이라는 가정에는 '사실적 측면'과 '이론적 측면'이 동시에 있다. 사실적 측면은 언론에서 문제를 느꼈을 때, 사람들은 다른 가치나 표현보다 공정성, 곧 '공정하다'거나 그 반대 뜻으로 '불공정하다,' '편향적이다'라고 평가한다는 것이다. 이론적 측면은 공정성의 강한 가치론적 함의가 다른 이념보다 한국 사회 특유의 보편/특수성에 대해 보다 풍부한 설명력을 갖는 것으로 볼 수 있기 때문이다. 이는 미국의 경우에 객관성, 영국의 경우에 불편부당성(방송, 특히 BBC)이나 독립성(신문), 프랑스에서는 다양성이나 정직성이 되는 것과 비슷한 이치다.[1]

1 프랑스의 경우에는 김세은·이상길(2008)을 참조했다. 미국이나 영국의 경우에는 이 책에 거론될 수많은 연구들이 참고 역할을 할 것이므로 따

한국 사회의 특수성을 예시해 줄 만한 역사적 측면에서는 사례가 너무 많아 일일이 열거할 수가 없을 정도다. 1980년대 중반, 엄혹한 5공의 독재 체제 아래에서 벌어진 'KBS 안 보기 운동,' '수신료 안 내기 운동'은 한국 언론에서 공정성 시비를 불러일으킨 초유의 사건일 것이다. 주지하다시피 이 운동은 처음에는 방송·경제(수신료) 차원에서 문제를 제기했지만, 곧 체제 전반에 대한 국민적 저항으로 발전하였다(조항제, 2014b). 이 운동의 여파로 KBS는 약 40년 동안 수신료를 단 한 푼도 올리지 못한 세계에서 유례를 찾기 어려운 공영 방송이 되었다.

최근의 예로는 2008년 '촛불 시위'라는 역시 엄청난 논란을 불러일으킨 사건을 들 수 있다. 이 사건이 MBC의 탐사 보도 프로그램 〈PD수첩〉과 연계되었기 때문이다. 나중에 재판으로까지 비화된 이 프로그램을 놓고 미국산 쇠고기 수입에 찬성 또는 반대하는 양측은 정확성이나 (과학적) 진실성, 의도적 왜곡성 등을 따졌지만, 이를 전체적으로 아울렀던 기준은 역시 공정성이었다(윤석민, 2015). '기레기'(기자+쓰레기)라는 언론으로서는 참으로 달갑지 않은 별명을 낳은 세월호 사태 때도 비판 대상의 수장 격이었던 KBS가 내놓은 해결책은 공정성에 대한 가이드라인(한국방송공사, 2015)이었다.

왜 이렇게 공정성이 한국 언론에서 중요한 가치가 되었을까? '공평하고 올바른 성질'이라는 사전적 어의를 당연히 넘어설 것으로 보이는 공정성의 심층적 함의는 무엇일까? 이 공정성은 언론의 다른 유관 가치와는 어떤 관계를 맺고 있을까? 이런 가치들 가운데 공정성이 가장 중요하게 되는 데는 어떤 원인이 작용했을까? 이 원인과 한국 현대사, 특

로 준거를 제시하지 않는다.

히 언론의 발전사는 어떤 관계가 있지 않을까? 아마도 이런 점들을 해명하는 것이 이론적 작업이 될 것이다.

그러나 이 공정성의 해명은 풀기 어려운 문제, 곧 난제다. 일반적으로 '난제'라 함은 다음과 같은 요건을 갖출 때를 말한다.[2] 첫째, 문제를 명확하게 정의하기 어렵다. 가능한 여러 설명이 동시에 존재할 수 있고, 각자 문제를 서로 다르게 인식한다. 설명에 따라 해법은 다른 형태를 취한다. 둘째, 변수 간 상호의존성이 높고 복수의 인과관계가 존재한다. 셋째, 제시된 해법이 예상치 않은 결과를 낳을 수 있다. 넷째, 고정불변이 아니라 계속 변화한다. 항상 개선의 여지가 있고 잠재적 결과는 무한히 지속될 수 있다. 다섯째, 분명하고 올바른 해법이 없다. 해법이 맞는지 틀리는지에 대해 단일한 기준이 없다. 여섯째, 다수의 이해관계자가 있어 사회적으로 복잡하다. 일곱째, 책임이 다수 조직들에 걸쳐 있다. 여덟째, 해법에는 시민과 이해집단의 행태상 변화가 필요할 수 있다. 이 대부분이 공정성에 거의 그대로 적용될 수 있다고 해도 과언이 아니다. 공정성 문제는 과연 난제인 것이다.

공정성 연구의 필요성에 응한 선행 연구는 꽤 있었다.[3] 그러나 이 연구들은 공정성이 한국 사회에서 갖는 의미를 이론화하는 데 대체로 미흡했다. 오랜 권위주의와 급속한 산업화, 뒤이은 민주화와 자유화의 미

2 황규성·강병익(2017)에서 '고약한 문제'와 '난제'의 정의를 절충한 것이다.

3 강명구(1994)의 선구적 업적을 비롯해 2004년 탄핵 정국 당시 방송의 편파성을 둘러싸고 진행된 논쟁(원용진 외, 2008; 이민웅 외, 2008)과 900쪽에 달하는 최근 윤석민(2015)의 저술 등은 이 분야의 대표적인 저작들로 볼 수 있다. 나중에 자세하게 검토된다.

흡성, 이에 따른 극심한 경제사회적 불평등 구조 등으로 이루어진 한국의 역사적·구조적 맥락이 이론적 고려의 대상이 되기보다 그저 한 번 필요성이 언급되고 지나가는 수준에 그쳤다. '기울어진 운동장'으로 흔히 비유되는 언론 구조 전반의 편파적 보수성, 숱한 기록적 파업에도 불구하고 제도적 기반이 여전히 취약한 (공영) 방송, 풍선에서 바람 빠지듯 부푼 기대가 사라지고 있는 인터넷·SNS 같은 뉴 미디어 등도 깊은 고민의 대상이 아니었다. 그럴 경우, 공정성은 불편부당성이나 균형성과 거의 차이가 없게 되고, 더 심하게는 정확성이나 중립성으로 축소되어 버린다. 또 대부분 연구들은 당시의 정치적 상황에 치우쳐 조금만 조건이 바뀌어도 적용이 어려운 피상적 일회성을 보인다. 이는 이론을 충분히 정립시키지 못한 채 현실을 따라가는 데 급급했기 때문이다.

내가 보기에 공정성의 해명과 이론화에는 철학(존재론·인식론)에서의 실재론realism이나 반실재론anti-realism, 이와 직간접적 연관을 가지면서 이제는 미디어 이론에서도 자주 언급되는 실용주의pragmatism, 사회적 구성론social constructivism, 입장 인식론, 정의론 등이나 정치학·미디어학에서의 (숙의)민주주의, 후견주의, 코포라티즘, 공론장론, 담론 이론, 프레임 이론, 뉴스 가치론, 사회 운동론 등의 적절한 학문적·이론적 자원의 활용 및 논의가 필요하다. 진실성이나 객관성, 불편부당성, 중립성, 균형성, 투명성, 독립성 등 다른 비슷한 가치·기준들과 어떤 관계를 맺는지를 살펴보는 메타이론적 검토도 공정성을 이해하는 데 도움을 준다. 특히 공정성의 지난 논의에 바로미터 역할을 했던 객관성은 분석해 볼 가치가 높다. 1920~1930년대 즈음에 미국 언론의 도덕적·직업적 가치로 자리매김한 객관성은 수십 년간 논쟁의 대상이 되었다.

이런 선행 연구를 돌이켜보면, 크게 두 가지 과제가 떠오른다. 하나는 역사적·구조적 맥락 속에서 공정성의 원류와 심층적 함의를 찾아내는 것이며, 다른 하나는 이론을 통해 공정성의 기틀을 잡는 것이다. 특히 전자에서는 미디어의 구조적 불평등으로 볼 수 있는 미디어 지형terrain 전반의 분석이 요구되며, 후자에서는 미디어를 넘어 한국 사회 전반의 불평등 구조와 이의 일상적 체득이 가져오는 상대적 박탈감이 고려되어야 한다(이를테면, 최근의 '금수저·흙수저' 논쟁에서 보듯이). 이 둘은 형태상 서로 보완적이지만, 작업 자체가 너무 방대해 짧은 호흡의 개별 논문으로는 감당하기 어렵다.

2. 공정성이란 무엇인가

공정성을 개념적으로 정의하기 이전에 공정성의 터전인 저널리즘에 대한 것부터 알아보자. 저널리즘에는 여러 접근이 가능하지만 여기에서는 이 책의 목적에 맞춰 기능적 차원에 주목한다(Shapiro, 2014). 먼저 떠오르는 것은 시의성이다. 저널리즘에서 중요한 것은 역시 '뉴스'이며, 뉴스는 '최근의,' '지금의' 같은 시간적 차원을 하나의 본질로 갖는다. 다음은 이 뉴스를 원하는 수용자의 문제다. 저널리즘은 가능한 이 수용자의 규모를 넓히려 하고, 자신의 영향력을 키우려 한다. 그래서 저널리즘의 언어나 형식은 쉽고 단순하며, 저널리즘의 장은 확실히 '개인적이지 않다.' 셋째는 사실적 정확성이다. "적어도 저널리즘이란 말은 전달자가 허위로 알고 있는 정보를 전달하는 것과는 확실히 무관하다"(p.560). 넷째, 독립적인 자신의 정체성을 지녀야 한다. 다섯째, 독창적(일차적)이어야 한다. 복제하거나 링크된 것이 아니어야 한다. 이외에 공익성이나 공적 사안, 정기성 같은 특징도 있지만 기능론에는 들어가지 않는다.[4] 이 같은 접근을 통해 저널리즘의 정의를 내려 보면, "저널리즘은 현재 또는 최근 사건에 대해 정확한 정보를 제공하고, 공공의 의식 함양을 위해 (이 정보를) 일차적으로 제시하는 것presentation을 독립적으로 추구하는 활동이다"(p.561. 괄호 안은 인용자).

이런 저널리즘 역시 하나의 신념 체계로서 '주의-ism'의 측면을 지닌다(Nerone, 2012). 저널리즘은 "뉴스 전문인, 뉴스 미디어, 그리고 뉴스 체계와 관련된 실천과 가치를 정의하는 신념 체계다. …… 특히 근대 사회에서 뉴스 체계의 일부를 통제하는 하나의 규율discipline이다"(p.447). 일반적으로 저널리즘은 '언론'으로 번역되어 쓰지만, 이런 역사적·규범적 성향이 강한 정의에서는 그냥 '저널리즘'으로 쓰는 것이 좋다는 게 내 생각이다. 이런 정의에서 저널리즘과 뉴스는 확실히 다르다. 이 책에서도 저널리즘은 언론이 나름의 규범적이면서 독자적 이념을 갖추어야 할 경우, 그러니까 현실에 대한 경계의 차원에서 주로 사용된다.

저널리즘은 행위에 맞춘 기능면에서 시의성, 공공성, 정확성, 독창성, 독립성 같은 준칙들을 가지며, 이 준칙은 근대 사회의 특성의 일부로 사람부터 조직, 제도에 이르기까지 상당히 폭넓게 적용된다. 가치와 준칙, 신념 체계와 규율은 저널리즘을 구성하는 기본 요소다. 공정성 역시 이런 저널리즘(특히 한국에서)의 기본 요소 중 하나다. 공정성이 난제고, 문제와 해법이 분명하고 확실치 않기는 하지만, 그렇다고 은연중에

4 공익이 들어가지 않는 이유는 주변부의 정치경제적 이익이 배제될 수 있어서다. 여기에서 공익은 퍼블릭의 공公익보다는 커먼의 공共익에 가깝기 때문이다. 정기적이지 않은 저널리즘 역시 중요하므로 정기성 역시 필수 요소는 아니다.

서로 인정하는 부분적 합의조차 없지는 않다.

먼저 이 개념이 다의적이면서 상대(주의)적이라는 점이다. 여러 뜻을 동시에 지녀 혼란을 초래하고, 절대적·보편적인 것이 없어 참과 거짓을 합의할 수 있는 공통의 기반이 없다. 수용자와 언론 현장, 학계가 다르고, 미디어에 따라서도 차이가 있으며, 심지어는 같은 미디어 내·같은 언론인 내에서도 일치를 보지 못한다. 이런 측면 때문에 차라리 공정성을 폐기하자는 주장까지 나온다. 예컨대, 이정훈과 정준희(2018)는 공정성을 일종의 합리성의 하나로 보아 참과 거짓을 따지는 '객관성(인지적 합리성)'과 옳고 그름을 따지는 '합당성(정서적 합리성)'으로 해체하자고 한다. 편하게 다루기에는 너무 크고 추상적이므로 좀 작은 개념들로 해체해서 분석적으로 사용하자는 뜻이다. 일리 있는 제안이지만, 공정성 개념을 사용하는 것이 나는 해악보다 이점이 많다고 생각한다. 그 이유는 다음과 같다.[5]

첫째는 공정성이 가진 일정한 (규범적) 평가성 때문이다. 이 개념은 기술적이기보다 규정적prescriptive이다. 이 개념은 제기될 때, 이미 언론에 대한 일정한 평가를 전제한다. 정치를 말할 때, 민주주의를 제기하면 논의가 규범적 형태를 띠는 것과 같은 맥락이다. 주지하다시피 언론은 자신이 가진 특권성, 곧 수용자 공중을 대표한다는 점 때문에 외부의

5 나는 여기에서 '본질적으로 경합적인 개념essentially contested concepts'의 특성을 분석한 갈리에의 주장에 대해 콜리어 등(Collier et al., 2006)이 했던 비판적 검토를 참조했다. 갈리에(Gallie, 1956)는 '본질적으로 경합적인 개념'이 다음 일곱 가지 특성을 가진다고 했다. ① 평가적 측면, ② 내적 복잡성, ③ 다양한 기술(가능)성, ④ 개방성, ⑤ 경쟁하는 인자 간 개념의 경합적 특성에 대한 상호적 인정, ⑥ 개념의 의미를 고정시키는 원래의 전형, ⑦ 진보적 경쟁(이를 통해 개념 사용에서 더 큰 일관성이 성취될 수 있다) 등이다.

평가를 싫어한다. 이런 언론에 책무성[6]이 필요한 준칙으로 자주 거론되지만, 이를 제대로 지키는 언론은 거의 없다. 학계를 비롯해 정책이나 일반 시민들 사이에서 일상적으로 쓰이는 공정성은 이런 언론에 '인식(론)'과 '가치(론)'를 포괄한 상당히 총체적인 평가를 요구한다. '비합리적이다'와 '불공정하다'가 다른 것처럼 공정성을 대체할 만한 다른 개념은 존재하지 않는다.

둘째, 이 개념의 약점이기도 하지만 강점이기도 한 '개방성' 때문이다. 공정성은 제기되는 시점이나 조건·환경에 따라 구체적인 내포나 시사점이 다르다. 어떤 때는 양적 불균형 때문에, 어떤 때는 사용되는 언어의 뉘앙스 때문에, 어떤 때는 다루지 않은(배제된) 이슈 때문에 제기된다. 이를 각기 다르게 부를 수도 있지만, 공정성은 이들을 아우르는 보편적(초월적)이면서 대표체적인 개념이다. 그런 이유로 이 개념은 늘 연구자의 분석적 '처치'(해체와 '조작적 정의')를 기다리지만, 그렇다고 개념에 담긴 어느 정도의 속내마저 이해가 안 되는 수준은 아니다.[7] 이는 공정성에 일종의 '상호 인정' 또는 의미의 '실용적 종결practical closure' 같은 것이 존재한다는 뜻이다(Collier et al., 2006: 218). 어쩌면 개념의 난점

6 원어는 accountability인데, 맥락에 따라 일부는 '설명 책임'으로 번역했다.

7 나는 존 롤스John Rawls가 다양한 개념화에서 추출한, 정의에 대한 다음의 공통적 함의 또한 이런 실질적 이해의 산물이라고 생각한다. "다양한 정의관과 구별되고, 이 서로 다양한 원칙과 견해들이 공통적으로 갖는 역할을 나타내주는 정의의 개념을 생각해 본다는 것이 당연해 보인다. 다양한 정의관들은 제도가 기본적인 권리와 의무를 부여하면서 사람들 사이에 어떠한 부당한 차별도 하지 않을 때, 법규가 사회생활의 여러 특혜에 대한 경쟁적 요구들 사이에서 적절한 균형을 유지할 때, 정의롭다는 데 합의할 수 있다"(Rawls, 1999/2003: 38. 번역 일부 수정).

을 빌미로 대화를 거부하는 행위야말로 적어도 한국적 맥락에서는 평가 자체를 회피하려는 것으로 의심받아야 한다.

셋째, 공정성이 혼란을 야기하기는 하지만 사실 이 개념은 나름의 의미를 어느 정도는 고정시킬 수 있는 역사적 '전형exemplar'이 있다. 정확히 기원을 파악하기는 어렵지만 상당히 오래전부터, 특히 방송이 등장한 이후부터 공정성은 논의되어 왔다. 1980년대 KBS 수신료 거부 운동은 이런 논의가 전문가의 손을 떠나 국민 전체에게 호응을 받아 벌어진 것이다. 이후에도 〈조선일보〉의 불공정 보도를 대상으로 한 '안티조선 운동,' 2004년 탄핵 당시 KBS의 보도를 둘러싼 '탄핵 보도' 논쟁, 이명박·박근혜 정부 당시 KBS·MBC의 보도를 둘러싼 노사 간 공정성 논쟁 등 수없이 많은 사례가 축적되어 있다. 이런 전형들에서 공정성은 항상 정치나 경제를 지배하는 강자에 대항해 약자들이 제기하는 문제였다.

넷째, 셋째와 밀접하게 연관된 것으로, 공정성은 논의 자체가 상당히 진취적인 방향성을 가지고 있는 개념이다. '공정하냐 그렇지 않느냐'는 질문은 언론을 떠나 한국 사회와 정치 전반을 가늠해 온 국민적 화두다. 공정성 논쟁이 우열을 가리기 어려운 정쟁으로 비화되기 일쑤라는 지적도 일리가 없지 않으나 그 과정이 그저 결실 없는 소모전이었다는 점에는 동의하기 어렵다.[8] 공정성 논란이 때로는 지나친 정파성으로, 때로는 (상업) 언론에 대한 몰이해로, 때로는 지나친 이상성 때문에 문제가 되더라도 논

8 이를테면, 공영 방송의 노사 간에 벌어지는 공정성 갈등이 해결점을 찾기 어려운 정쟁으로 변질될 가능성이 높다는 황근(2017)의 지적이 그러하다. 그러나 이는 공영 방송의 노조를 비정치적 의제만을 제기할 수 있는 '노동' 조직으로 한정해 놓고, 달리 말해 노조의 기원이나 활동 역사를 온통 부정하고, 공정성 논쟁을 비판하는 일방성을 보인다.

표 1. 연구자별 공정성의 개념 정의 및 방법

연구	공정성 규정	규정 주체	방법	특기 사항
강명구 (1989/1994)	객관성, 윤리성, 이데올로기	연구자	이론적 재구성	이데올로기(역사성)의 추가
임태섭 (1994)	적절성, 균형성	연구자	선거 보도 담론 분석	적절성(보도된 사실이나 제시된 태도 또는 가치 판단이 보도 성격에 얼마나 적합한가) 중시
문종대 · 윤영태 (2004)	언론의 자유(공정성의 필요조건), 보편적 가치(충분조건)	연구자	이론적 재구성(철학적 접근)	보편적 가치의 강조
최영재 · 홍성구 (2004)	운영 원리: '언론 자유 우선,' '관용과 배려,' '합의 가능한 정의로운 가치'	연구자	이론적 재구성(정치철학적 접근)	롤스의 정의론의 제한적 원용
이준웅 (2005)	담론적 공정성(불편부당성, 중립성과 확실하게 구분)	연구자	이론적 재구성	담론의 구성자와 그 피영향 집단의 관계로 인식
김세은 · 이상길 (2007)	불편부당성 · 정직성	연구자	비교 연구(영국 · 프랑스)	불편부당성은 방송(BBC)
윤석민 (2018)	정확성 · 진실성	연구자	이론적 재구성 · 응용적 적용	다양한 매체에 적용
이정훈 · 정준희 (2018)	객관성(정확성 · 균형성 · 불편부당성), 합당성(시대적 대의 · 공의로움)	연구자	이론적 재구성	공정성 개념의 폐기

란이 된 그 자체대로 언론에 경종을 울리는 긍정적 효과가 있다. 지금의 언론(인)은 북새통을 이루는 수많은 경쟁 인자로 그야말로 내일이 없는 시대를 살고 있다. 문제를 알아도 제대로 치유할 수 없는 구조적 조건에 처한 언론에 공정성은 '잊힌 원죄'를 다시 떠올리게 한다.

물론 이런 개념의 의의가 혼란상까지 해결해 주는 것은 아니다. 공정성에 대한 논의를 이어가려면, 공통의 기반과 이질성의 확실한 정체

박재영 (2005)	정확성, 균형성	신문 기자(정치부장)	데스크 일기 분석, 심층 인터뷰	세부적이면서 다차원적인 균형성
김연식 (2009)	균형성 · 독립성(기자), 사실성 · 맥락성(프로듀서)	방송 기자, 프로듀서	설문 조사 (탐색적 요인 분석)	기자 저널리즘과 PD 저널리즘의 차이
정동우 · 황용석 (2012)	객관주의(사실성, 균형성)과 탈객관주의(정파성, 주관성, 주창성)	신문 기자	설문 조사	객관주의 관점 중요, 진보 신문은 탈객관주의, 언론사의 정치적 이해관계가 중요
박형준 (2013)	정확성, 다양성, 균형성	신문 · 방송 · 인터넷 기자	심층 인터뷰	개념 이해의 혼란(애매모호함), 신문은 균형성에 반대
심훈 (2014)	공론(중립성 · 균형성 · 불편부당성), 정론(사실성 · 사회적 다양성 · 약자 보호)	언론학자	전문가 설문 조사	중립성 · 균형성 · 불편부당성에 상대적 무게 중심
문종대 외 (2007)	중립성, 진실성, 균형성, (불공정성으로) 비윤리성, 상업성	수용자	설문 조사	독립성과 적절성은 상대적으로 중요하지 않음
손영준 (2011)	균형성(동등한 보도 시간과 보도 태도)	수용자 (TV)	설문 조사	대상이나 이슈의 사회적 비중 또는 사회적 필요성은 상대적으로 중요하지 않음
목은영 · 이준웅 (2014)	언론에 대한 사전 태도, 정보원 다양성, 관점 균형성, 이해 당사자 견해 반영	수용자	실험 연구	정치(폭로) 기사의 경우, 순서는 정보원 다양성, 관점 균형성, 이해 당사자 견해 반영 등. 언론사에 대한 사전 태도의 비중이 이보다 큼

* 시기별 순서를 따르되, 공정성의 규정 주체별(연구자, 언론인, 수용자)로 분류함.

를 확인해야 한다. 표 1은 그간 여러 연구자들이 어떻게 공정성을 정의하고 어떤 방법으로 연구해 왔는지를 집약해 놓은 것이다. 이를 보면, 그간 공정성은 여러 가지 세부 속성들로 재구성되었으며, 이 속성들은 일정한 동질적 군집의 하나였음을 알 수 있다. 객관성, 진실성, 정확성, 불편부당성, 균형성 등 그것인데, 드물게는 무언가를 주장하는 주창성 같은 것도 있었다. 언론의 자유는 이와는 조금 다른 차원, 곧 공정성의 전제 조건의 하나로 자주 거론되었다. 이론(연구자)·언론인(미디어별, 연차별)·수용자 등 정의하는 주체가 각기 달랐지만, 정말 화해할 수 없는 간극을 갖고 있지는 않았다.

표 1로 보면, 공정성 개념은 확실히 하나가 아니라 여러 기준이 중첩적으로 구현되어야만 확보될 수 있는 "복합적 판단의 결과물"(이준웅, 2005: 149)이다. 그렇다면, 이는 '상호 연관된 다른 여러 준거들의 체계'로서 개념 하나의 수준을 넘어서는 일종의 '사고틀framework'이다(Collier et al., 2006: 214). 형태상 여러 개의 가족 유사성을 가진 개념과 공통점과 차이점을 나눠 갖는 '우산umbrella' 개념이거나 내부의 이질성이 크다면 서로 다른 이론이나 개념을 합친 '클러스터' 개념이기도 하다.[9]

이런 개념은 겉으로 보면 비슷해도 안으로 들어갈수록 세부적 준거·속성의 차이가 부각된다. 같은 속성이라도 조합의 구성이나 비중, 내부의 무게 중심에 따라 개념의 성격이 완전히 달라진다. 그 점에서 이 개념은 "사용자의 입장에서 적절한 쓰임에 관해 끊임없는 논쟁이 필연적으로 벌어질" 수밖에 없으며(Collier et al., 2006: 214), "개념이 내적으로 복잡해 다양한 논자들이 다양한 방식으로 의미를 관찰하고 기술하는 것"(p.216)이 어느 정도 타당성을 갖는 '본질적으로 경합적인 개념'의 특성을 가진다(주 5 참조). 이 개념은 내부에 응집성과 시너지 못지않게 모순과 긴장 관계를 포함하며, 속성 간 경쟁이 끝없이 형태를 변화시켜 논란을 야기한다. 이것이 이 개념의 '에너지'인 셈이다.[10]

9 우산 개념은 바라이치(Varraich, 2014), 클러스터 개념은 프리덴(Freeden, 1996)을 참조할 수 있다.

10 윤석민(2015)의 개념 인식 역시 비슷하다. 그의 대응은 "자유롭게 여러 관점을 오가는 …… 상호 보완적이고 개방적인 태도"(p.40), 곧 '다양한

이런 개념의 가장 전형적인 예는 민주주의다. 민주주의의 원래 뜻은 '시민demos+정政cracy'으로 직역하면 시민 정치나 시민 통치이지만, 이의 실천 방식이나 모델이 나라나 사회, 연구자마다 다양하고, 내부 속성들 사이가 경합적이다. 이에 따라 민주주의의 모델별 차이가 민주주의와 상반된 다른 체제들과의 차이에 못지않게 크다. 또 지나친 이상적 함의 때문에 설사 가장 시민정에 어울리지 않는 체제, 곧 권위주의나 파시즘조차도 이를 표방해 혼란을 조장한다. 분단과 전쟁, 권위주의로 인해 오랫동안 시민권을 박탈당해 왔던 한국 사회의 민주주의 개념에는 역사적이고 이상적이며, 때로 민족적이고, 심지어 도덕적인 요소까지 들어 있다(김우창·최장집, 2010). 민주주의라는 하나의 개념으로 정치·경제·사회 등 거의 모든 사회 단위의 규범적 요소를 포괄하는 것이다. 이런 다양성·이상성 때문에 민주주의를 말할 때에는 '귀머거리 간의 대화'가 될 때가 적지 않다. 그러나 그렇다고 우리가 민주주의 개념을 포기하지는 않는다. 제기 자체가 강한 평가성을 띠면서 논란을 피할 수 없게 만드는 이런 개념은 이 외에도 '법치,' '권력,' '자유주의,' '시민권,' '부패' 등 다양하게 있다.

많이 쓰이지는 않지만 이와 비슷한 것으로 검토해 볼 필요가 있는 개념이 하나 있다. 진정성眞正性이다(윤평중, 2009; 김홍중, 2009). 영어 'Authenticity'를 번역한 말인 진정성眞情性에서 '정'의 한자를 바꾼 것이다. 처음의 진정성은 저널리즘으로 옮겨 해석하면, 보도자의 '진심'이다. 보도자는 자신이 받은 직업적 훈련을 토대로 사건을 관찰하고, 나름의 해석틀을 통해 최적의 보도를 한다. 이런 보도에는 과연 진정眞情이 담겨 있을 것이다. 그러나 이를 바로 '사리에 맞다正'고 볼 수는 없다. 보도자의

입장들을 폭넓게'다.

착각이 있을 수 있고, 그의 해석틀이 가진 오판성도 있을 수 있기 때문이다. 만약 이를 보도자의 인식적·해석적 타당성을 따져 보는 집단 토론을 거친 후 보도한다면, 오류는 크게 줄어들 것이다. 분초를 다투는 저널리즘에서 쉬운 일은 아니지만, 그럼에도 불구하고 진실에 가까이 갈 수 있는 좋은 방편이기는 하다. 이 과정의 결과라면, 어느 정도는 진실에 가까운 '정正' 자를 붙일 수 있을 것이다. 이것이 바로 진정성眞正性이다. 그러나 이와 공정성을 비교한다면, 상대적으로 개념이 왜소화되는 것을 피하기는 어렵다. 공公 자에 들어 있는 공공선 또는 사회적 공의(또는 정의)가 인식적·해석적 타당성의 범위로 제한될 것이기 때문이다.

여기에서 자연스럽게 '옳은 저널리즘'과 '좋은 저널리즘'의 구분으로 논의가 넘어갈 수 있다(김세은, 2006; 이강형·남재일, 2017). 정의론의 철학자 존 롤스의 이론으로 해석하면, 옳은 저널리즘은 '순수 절차적 정의'에 해당한다. 정해진 절차만 잘 지키면, 결과가 바람직할 것(이의를 제기할 수 없을 것)으로 가정한다. 반면, 좋은 저널리즘은 결과에도 개입하는 '실질적 정의'를 추구한다. 정의의 기준이 목적론(공공선)에 따른다. 그러나 좋은 저널리즘은 목적이 합의되기 어려울 때, 난점이 발생한다. 옳은 저널리즘은 이런 이의의 여지가 적다. 지금의 한국처럼 정치(당)와 언론이 같이 진보와 보수 진영으로 나뉘어 남을 비방하고 자기편을 두둔하는 정치 병행성을 보인다면, 좋은 저널리즘의 폐해가 커질 수 있다.

그러나 옳은 저널리즘에 찬성하는 사람들도 전제한 대로 '옳음'과 '좋음'은 잘 구분되지 않는다.[11] 저널리즘의 경우에는, 이와 유사하게 '절차

11 '좋음에 대한 옳음의 우선성'은 공동체주의(찰스 테일러Charles Taylor, 마이클 샌델Michael Sandel 등)가 자유주의(롤스)를 비판하는 데서 나온다.

적 민주주의'와 '실질적 민주주의'로 나뉘는 민주주의처럼 지켜야 할 절차가 엄격하게 제도화되어 있지도 않다. "비합리적인 것, 합당하지 않은 것을 유포하거나 취재 보도 절차를 준수하지 않는 비윤리적 사례들이 공공선의 추구라는 미명하에 면죄부를 받는 것"(김세은, 2006: 74)이 문제라는 건데, 좋은 저널리즘을 추구하는 모두가 이런 비리를 용인한다고 보는 것은 큰 오해다. 공정성은 이 저널리즘 구분에서 좋은 저널리즘에 좀 더 가깝기는 하지만, 앞서 속성들에서 본 대로 저널리즘의 기본 절차나 준칙을 결코 경시하지 않는다. 물론 지금 같은 다원주의 사회에서 '좋음'(공공선)은 쉽게 합의되기 어려워 자칫 일방적 주장만 판치게 할 수도 있다. 그러나 옳은 저널리즘이라고 해서 좋음의 방향성마저 결정해 주는 것은 아니다. 여기서의 미덕인 관용 또는 정당성과 좋은 저널리즘이 관계가 아주 없지는 않겠지만, 그렇다고 옳음과 좋음의 엄격한 구분에 큰 이득이 있다고 보기도 어렵다(이강형·남재일, 2017; 이준웅·김경모, 2008).[12] 절차적 민주

나는 이 논쟁을 무페(Mouffe, 1993/2007)를 통해 이해한다. 무페는 이 논쟁에서 좋음과 옳음이 구분되지 않는다는 샌델의 주장에 동의하면서도 그가 도덕성을 강조한 나머지 다원주의까지 부정하는 것에 불신의 눈초리를 보낸다. 롤스에 대해서는 정치적 자유주의가 이미 그에게는 옳음과 좋음이 합쳐진 체제라는 점을 지적하면서 우선성을 따지는 것이 큰 의미가 없다고 한다.

12 이를 추상적 개념 대신 현실의 저널리즘 문화로 옮겨 놓을 수도 있을 것이다. 정확한 일대일 대응으로 보기는 어렵지만, '옳음'이 사실과 분석을 앞세운다면, '좋음'은 해석과 의견을 중시한다고 할 수 있다. 나라로 보면, 옳음에는 미국이, 좋음에는 이탈리아가 가깝다. 이탈리아에서는 좋음의 폐해가 가장 많이 나타나 사실과 의견이 구분되지 않고, 갈등을 격화시키며, 부정적 뉴스가 많다. 미국은 반대다. 그러나 최근 영미 저널리즘이 파산 선고(Zelizer, 2018)를 받은 대로 앵글로색슨의 객관주의 유형은 '매카시즘'이나 '트럼프,' '브렉시트' 같은 공식적 권력의 타락에 매우 약하

주의론자들이 실질적 민주주의를 낙관하는 이유도 절차를 강조하다 보면, 자연히 다른 '민주'의 조건(경제적 평등)도 보장하게 되기 때문이다. 어느 하나의 우선보다 양자의 연결이 더 중요하다는 뜻이다.

바람직한 저널리즘은 옳은 저널리즘을 필요조건으로 하면서 좋음에 대한 경쟁과 논의를 진작시킨다. 이 점이야말로 목적론을 일부라도 극복하는 좋은 저널리즘·공정성의 미덕이다. 이는 언론의 자유와 그 자유가 갖는 '자기 제약성'('옳음'; 최영재·홍성구, 2004)이 절차적 민주주의의 '자기 확장성'('좋음'; 최장집, 2007)과 만나는 것이다. 자유 속에서도 자기를 제약하는, 나와 남의 동등성·호혜성은 결국 평등의 실질적 확장을 통한 '민주적 자유' 체제로 완성된다.

한편 공정성 개념을 설정하는 이유에 대한 좀 더 근본적이면서 비판적인 문제 제기도 생각해 봐야 한다. 이를테면, 공정성을 일종의 체제(유지)적 헤게모니 기획의 일환으로 보고 이를 거부하는 경우다. 잘 알려져 있다시피 공정성은 자유주의(롤스식)를 구성하는 주요 개념 중 하나다. 이에 반대하는 사고는 공정성을 부정하거나 대체하는 반反헤게모니(또는 대안 헤게모니) 개념의 정당성을 따로 제시해 사회적 인정을 받아야 한다. 만약 그렇지 못한다면 공정성 비판 역시 설득력을 갖기 어려울 것이다.

지금의 주류로 볼 수 있는 자유주의 헤게모니 체제는 '객관주의'와 '자율성·독립,' '전문 조직과 시장 경영'과 '직업적 엘리트의 고용' 등 네

다. 미국과 달리 '왜'를 묻고, '맥락적 보도'를 하는 이탈리아는 상대적으로 이런 위험이 적다. 이탈리아에서는 해석적 보도가 늘어나는 전반적인 추세에서도 1960년대나 2000년대나 큰 변화가 없다(정말 '문화'다). 독일은 미국과 이탈리아의 중간으로 양자의 속성이 비슷하게 나타난다(Esser & Umbricht, 2014a; Esser & Umbricht, 2014b).

개의 '결절점nodal point'으로 이루어져 있다고 볼 수 있다. 이 체제는 정당이나 종교 같은 사회의 다른 단위로부터 독립된 전문적 언론 조직이 직업적 엘리트를 고용해 어느 한쪽에 치우치지 않는 객관주의(미국이 가장 강하다)를 천명하면서 시장에서 생존하는 것이다. 그러므로 이의 대안 헤게모니 체제는 각각에 반대되는 '주관주의,' '종속,' '협력·공유,' (참여를 촉진시키는) '공중의 대리자' 등으로 상정해 볼 수 있다(Carpentier, 2005). '협력·공유'는 앞서 전문직의 게이트키핑gate-keeping에 반대되는, 공중의 일원으로서 게이트오프닝gate-opening이다.

객관성에 대한 비판은 수없이 많고 미국을 제외한 유럽 대부분의 언론이 객관주의를 따르지 않지만, 그렇다고 스스로를 '주관주의'로 부르지는 않는다. 자율성의 반대말인 '종속' 역시 마찬가지다. 이 종속은 공중, 시민 사회에 대한 것으로, 자주 쓰이는 의미의 정부 종속 같은 것은 물론 아니다(카펜티어는 권위주의를 종속의 예로 들었지만, 여기서는 논의를 자유주의 체제로 한정한다). 덴마크의 언론인들처럼 자신의 역할을 현실을 반영하는 '수동적 거울'로 한정해 단순 정보 전달을 다른 가치보다 우위에 두는 것(Skovsgaard et al., 2014)이 이에 어울린다. 그러나 그렇다고 이를 강제(동의 없음)를 전제하는 종속으로 부르는 것이 그렇게 적절하다는 느낌은 들지 않는다. 공중에 대한 존중 때문이라면, 뒤에 나오는 '참여를 촉진시키는 공중의 대리자'(종속이 아닌 대리다) 정도로도 충분할 것 같기 때문이다.[13] 자유주의 체제 전문 언론인의 '의제 독점'에

13 한 걸음 더 나아가 자율의 진정한 반헤게모니적 대립항을 모색해 본다면, 자유주의 차원의 '시장적·개인적 자율'을 극복할 수 있는, 공영 방송이 일부가 되는 제도적 차원에서의 '사회적 자율'이 아닐까 한다.

반대되는, 언론 역시 공중의 일원으로 게이트를 개방한다는 의미의 '협력·공유'는 충분히 대안으로 검토될 만하다. 그러나 이는 오히려 원론적 자유주의 입장에서도 권장할 만한 것이지 반대할 것은 아니다.

공정성은 이런 자유주의 헤게모니 체제에 대한 즉자적 대립물은 아니다. 오히려 자유주의의 유산을 이어받으면서도 민주주의를 통해 이를 극복하려 하는 데서 공정성의 의의를 찾을 수 있다. 오랜 식민지와 분단 그리고 동족상잔의 전쟁, 권위주의와 압축적 경제 성장을 거치면서 부자유와 불평등이 만연한 한국 사회에서 자유와 평등, 정의를 뜻하는 공정성은 자유주의와 민주주의가 만나는 접점이다. '민주적인 자유'는 최대한 자유를 보장하면서도 이의 실현을 공평하게 함으로써 정의를 실천한다.[14] 이 책이 언론 공정성의 목표를 '미디어 정의'로 잡는 이유가 여기에 있다.

서론의 말미에 꼭 밝혀둘 것은 이 책이 한국 언론의 모든 상황을 다루지는 않는다는 점이다. 이 책이 주제로 삼은 공정성보다 더 시급하게 대처해야 할 문제가 있고 그와 공정성이 상당한 관련이 있을 수 있다고 생각하지만,[15] 나는 공정성을 이론적으로 구성하는 것 외에 다른

14 한국 사회에서 자유주의와 민주주의의 관계를 바람직하게 요약한 것은 '민주주의와 상충되는 자유'가 아니라 보다 '민주적인 자유'이고 이 자유를 통한, 그리고 이 자유를 위한 실천이다(박찬표, 2008).

15 이를테면, 한국에 특유한, 언론에 대한 포털의 지배 현상 같은 것을 말한다. 이 지배가 낳는 문제가 여러모로 심각하고 공정성에 끼치는 악영향도 작지 않을 것으로 보인다(박영흠, 2018). 공정성을 실현하는 현실적 방안을 찾으려면 이 문제도 반드시 감안해야 할 것이다. 그러나 이는 이 책이 설정한 범위를 벗어난다. 대안 미디어나 최근 문제되는 출입처 제도도 마찬가지다. 지금처럼 시민 미디어가 활성화되어 '대안'이라는 말 자체가 노후화된 시점에 논의를 주류 미디어에 국한하는 것은 그렇게 적절하지 않다고 생각한다. 출입처 제도 역시 공정성을 저해하는 오랜 관행이지만,

시도는 하지 않거나 아주 최소한으로만 하려고 한다. 그건 다른 연구의 몫이라고 생각하기 때문이고, 당연히 공정성 이론 자체가 고유한 가치를 가지는 주제라고 확고하게 믿기 때문이기도 하다.

3. 책의 구성

이 책은 먼저 공정성이 가지는 현실적·이론적 의미에 대해 문제를 제기하는 두 절로 시작한다. 여기에 '논의의 지형terrain'이라고 이름을 붙였다. 한 절에서는 BBC를 다루고, 다른 한 절에서는 나보다 앞서 공정성을 연구한 윤석민의 책을 '서평'한다. 주지하다시피 세계에서 가장 우수한 미디어 중 하나가 BBC다. 이런 BBC에도 공정성 문제는 끊임없이 제기된다. 어쩌면 공정성은 개념 자체가 '비판되고 논의되는 것'을 하나의 구성 요소로 갖는 것은 아닌가 하는 느낌이 들 정도다. 최근 들어 오히려 BBC는 더 많이 비판받는 것으로 보인다. 이런 BBC 사례는 미디어라면 어느 나라의 어느 것이든 공정성 문제가 하나의 숙명이라는 점을 잘 보여 준다. 다음에는 2015년에 나온 윤석민의 《미디어 공정성》을 리뷰한다. 내가 2017년에 쓴 것(조항제, 2016)을 수정·보완했다. 이 리뷰를 준비하면서 나는 한국 언론에서 공정성이 얼마나 중요하고 어려운 문제인지를 다시 한 번 절감했다.

이 역시 이 책은 최소한으로만 다룬다. 물론 대안 미디어도 저널리즘의 하나이고, 출입처 제도도 관행 속에 포괄되므로 큰 틀에서는 이 책의 이론과 연관된다고 생각한다.

2장에서는 공정성과 관련해 언론이 추구하는 가치 또는 이념들을 살펴보았다. 진실성, 객관성, 중요 관련성, 정확성, 투명성, 사실성, 독립성, 불편부당성, 다양성, 균형성, 중립성, 공평성, 반편향성, 대리(표)성, 본래성 등이 그것인데, 공정성은 이 모두와 직간접적으로 연관된 복합적 개념인 것을 분명히 했다. 이 중 여러 하부 개념을 거느린 객관성은 개념적 지위에서 공정성과 유사하다. 그러나 객관성은 잘 알려져 있다시피 매우 미국적인 개념이고, 지금 시점에서는 그 미국에서조차 지위가 크게 흔들리고 있다. 미국의 언론인 단체인 기자협회Society of Professional Journalists는 이를 강령에서 빼버렸고, 일부 연구자(Kovach & Rosenstiel, 2014)는 투명성을 새로운 이념으로 제시하기도 했다.

그러나 객관성은 존재론이나 인식론 같은 공정성의 철학적 차원을 위해서도 쉽게 버릴 수 없는 개념이다. 나는 객관성을 실용주의 입장에서 개편한 스티븐 워드Stephen Ward의 이론을 공정성의 이론 구성에서 가장 기본적인 것으로 잡았다. 그래서 4장에서 살펴볼 공정성의 이론 구성은 객관성의 옹호로부터 시작된다. 물론 이 옹호는 이제는 상식화된 객관성 비판이 가진 의의를 충분히 고려해 상당히 '선별적'으로 한 것이다. 그전에 3장에서는 왜 한국에서 공정성이 중요한 이념이 되었고 공정성이 어떤 성격을 가졌는지를 알아보기 위해 민주화 이후 30년간의 언론사(주로 언론-정치 관계)를 대략적으로 살펴보았다. 불충분한 민주화 이후, 보수 정부 20년과 진보 정부 10년을 번갈아 거쳐 다시 진보 정부에 이르면서 한국의 민주주의와 언론 관계는 공과 론슬리(Gong & Rawnsley, 2018)의 촌평대로 "직선이기보다는 원a circle rather straight line"[16]

16 공과 론슬리가 볼트머의 책(Voltmer, 2013: 220)에서 인용한 말인데,

에 가까운 행보를 보였다. 〈조선일보〉, 〈중앙일보〉, 〈동아일보〉를 가리키는 이른바 '조중동' 세 신문의 시장 장악과 편향적 블록화, 여기에 KBS, MBC 등의 공영 방송에 대한 정부의 후견주의적 지배 현상은 민주주의의 발전에 촉진제가 되기보다 오히려 장애가 되었다. 공정성은 이런 파행적 관계가 극복되기를 바라는, 한국 언론에 대한 '반현실적 counterfactual'인 사고다.[17]

객관성 논쟁으로 시작하는 4장에서 특히 나는 자유주의 철학자 주디스 리히텐버그Judith Lichtenberg(1990, 1998, 2005)의 입론에 주목했다. 그가 객관성을 옹호하는 기본적 준거는 합리성과 지금의 현실이며, 그는 그냥 객관성이 아니라 어떤 객관성이냐를 되묻는다. 이와 유사한 틀에서 퍼트넘 역시 우리에게 '어떤 객관성'은 버리고 '어떤 객관성'은 지켜야 한다고 조언한다. 다음에는 워드의 '실용주의적 객관성'(Ward, 2015)을 본격적으로 검토했다. 나는 오랜 논쟁 끝에 대안 격으로 나온 이 객관성이 공정성이 가질 수 있는 철학적 기초가 될 수 있다고 본다. 객관성이 가진 실증주의-절대적 성격은 실용주의에 의해 상당 부분 극복될 수 있다. 실제의 유수 언론인들 사이에서 모순적으로 공존하는 일원적 실재론realism과 다원주의적 실용주의(Hearns-Branaman, 2016)의 불가피성에 나는 기본적으로 동의한다. 물론 실용주의적 객관성 역시 객관성인 한, 객관성의 단점을 여전히 갖고 있어 이를 보완할 수 있는 몇 가지

원문은 'a circle than a straight line'이다. 여기서는 그냥 인용자의 것을 따랐다.

17 나는 선진국에서도 민주주의와 언론의 관계가 그렇게 기능적이라고 생각하지 않는다. 언론의 자유가 민주주의에 필수적이라는 단순화된 사고가 오히려 현상 자체의 복잡함을 호도하는 경향이 많다. 물론 신생 민주주의의 사정이 더 어렵다는 측면은 부정할 수 없다.

이론적인 장치가 필요하다.

한나 아렌트Hanna Arendt(1968/2005)의 '정치와 진리,' 그리고 이의 연장선에 있는 스티븐 콜먼Stephen Coleman(2018)의 '정치적 진실'론은 정치가 가진 상호 주관적 진실의 필요성을 강조하기 위해 도입했다. 매일 벌어지는 진실 논쟁에 항상 미디어가 개입해 '판결'을 하는 것은 불가능한 일이다. 때로 편향이 될 수도 있는 중립이나 균형이 일반적인 차원에서는 덕목이 되는 이유다. 그런 면에서 의견 차이에 시간을 두고 충분히 생각하고 논의하는 '불일치 수행'의 과정은 필수적이다. 실재론은 '사회적 구성social construction'의 합리적 핵심을 유지하면서 '강한 구성주의'의 반실재론을 비판하기 위해 설정했다. 과학철학의 한 조류인 비판적 실재론은 최근 저널리즘학에서도 지지자들을 모으고 있다. 객관성이 가진 가장 치명적인 약점, 즉 권력적 출처에 대한 종속은 '입장인식론standpoint epistemology'을 통해 극복하고자 했다. 페미니즘 과학론을 통해 발전한 입장인식론이지만, 모든 피지배 계층·비주류에 적용이 가능하다고 생각한다. 초기의 워드(Ward, 1997)는 입장인식론에 상당히 비판적이었다. 그러나 입장인식론 역시 많은 부분이 달라졌다(Steiner, 2018). 이런 사고의 연장선에서 최근 문제되고 있는 가짜 뉴스와 탈진실 현상을 분석했다.

롤스와 아마르티아 센의 정의론은 정치적·경제적 불평등이 미디어의 담론적 불평등으로 연장되는 것을 막고 담론적 보상이 가능해질 수 있는 이론적 방안이 될 수 있다고 생각한다. 언론이 수세기에 걸쳐 사회 운영의 필수적인 제도로 정착하면서 여러 주요 행위들이 패턴화되고 관행화되었다. '감시'를 포함한 언론의 대표적인 기능들 역시 이런 추세에 휩쓸렸다. 사회를 감시하는 동안 언론 스스로도 부패하거나 불평등한 부분을 닮고, 어떤 부분은 오히려 언론이 나서서 악화까지 시켰다. 이 점에서 나는 '미디어 정의media justice'의 실현, 그리고 같은 맥락에서 '미디어 부정의'의 극복이 일반적인 정의론과 달리 지금 사회에서 가지는 고유한 측면이 있다고 생각한다. 공정성의 궁극적 '엔드 게임'은 미디어 정의가 되는 것이 적절하다.

마지막으로 미디어 부정의의 극복, 공정성의 달성도에 대한 실증적 분석을 위해 '숙의의 질' 지수 연구를 검토했다. 숙의민주주의자들 중에는 숙의를 상당히 심층적인 것으로 생각해 미디어를 통한 숙의mediated deliberation는 숙의가 아니라고 거부하는 이들이 많다. 그러나 사회의 미디어화mediatization가 진전된 최근 들어서는 이를 인정하는 추세다. 신문과 텔레비전, 그리고 앞으로 여러 뉴 미디어를 측정해 얼마만큼 숙의를 달성했는지를 알아보는 것은 미래 사회의 변화에 비추어 여러모로 의미 있는 일이다. 물론 여기서 숙의와 공정성은 같지 않다. 그런 면에서 공정성을 지수화하는 일도 (앞으로) 병행되어야 이론이 전체성을 얻을 수 있을 것이다.

4. 공정성 논의의 지형

1) BBC와 공정성

(1) BBC의 공정성 논쟁

영국의 BBC는 자타가 공인하는 세계 최고의 방송 중 하나다. 공영 방송의 기원이면서 다른 뭇 방송들이 동태를 주시하는 혁신의 아이콘이다. 그러나 이런 BBC조차 여러 차례 보도가 문제가 되었다. 이 점은 정치적 압력에 약할 수밖에 없는 공영 방송의 본원적 한계이면서, 더 크게는 일정한 가치 또는 해석의 체계일 수밖에 없는 언론에 공정성/편향성 시비가 필수적임을 보여 주는 증거다.

잘 알려진 바대로 뉴스에 해당되는 BBC 가이드라인 항목의 제목은 '(진실) 정확성,' 그리고 '적절한 불편부당성due impartiality'이다(BBC, 2017). 1996년 BBC의 칙허장이 재부여될 때 협정서 속에 포함되어 처음으로 법적 구속력을 갖게 된 이 가이드라인에 따르면, 불편부당성은 "포용적인 자세로 광범위한 시각을 고려하고 다양한 의견이 적절하게 반영되도록"('서문')하는 것이다. 포용과 범위·다양성 등의 원칙은 다소는 밋밋하고 추상적인 정의이므로 오히려 특징은 앞에 붙은 수식어, '적절한due'에서 찾아볼 수 있다. 가이드라인은 이 '적절한'을 "콘텐츠의 주제와 속성, 예상되는 시청자의 기대 그리고 그 기대에 영향을 미칠 수 있는 방향 제시signposting를 고려해 프로그램에 적합하고 적정한 것이어야 한다"('서문')고 설명한다. 아직도 그렇게 쉽지 않다.

이를 보충하는 내용은 그다음에 나온다. 적절한 불편부당성은 대립하는 관점 간의 단순한 '균형' 문제를 넘어 모든 사안에 대한 절대적인 중립성 또는 민주주의의 기본 원리와의 거리두기detachment를 요구하지 않는다고 한다. 심지어는 논쟁적 이슈라는 점을 충분히 밝히기만 하면 이슈의 특정한 측면만을 보도하거나 하나의 견해가 표명되는 것도 허용한다('논쟁적 주제,' 4.4.8). 또 불편부당성이라 해서 제작 전반에 걸쳐 일련의 시각이나 의견을 동일한 비율로 다루어야 하는 것은 아니다. 이를테면 소수 견해를 우세한 의견과 꼭 같은 비중으로 다루지 않아도 된다. 그럼에도 불구하고 어떤 맥락에서 어떤 시각을 포함하고 제외시킬 것인지 여부는 합리적이고 주의 깊게 결정해야 하며, 이런 판단은 프로그램 전체에서 일관되게 적용되어야 한다('의견의 폭과 다양성,' 4.4.2). 그러니까 적절한 불편부당성은 엇갈리는 정치적 견해에 중립적이고 이를 시청자에게 제시하는 데 균형을 취하지만, 수학으로 유추될 수 있는 단순 중립이나 양적 균형으로 하지 않으며, 민주주의의 기본 원칙을 위반하는 것에는 이를 적용하지 않고, 원칙을 합리적이고 일관된 방식으로 구현해야 한다는 것으로 해석할 수 있다.

이처럼 '적절한'은, 본질주의 색깔을 띤 '진정한true'이나 '절대적'·'기계적,' 또는 아무런 수식어가 없는 단순 '불편부당성'과 다르게 방송에 일종의 유연성을 부여해 준다. 즉 '파당적인 것을 하지 않는 것im-partial'에 대한 판단을 방송이 스스로 할 수 있고 해야 한다는 점을 강조하는 것이다. 특히 양적 판단을 넘어 질적 판단을 적극적으로 주문하는 것은 방송이 재량의 책임을 지지 않고서는 이 원칙을 달성할 수 없다는 점을 시사한다. 상업 방송(ITV)에 대한 불신에서 비롯되어 다소 경직되었던 초기 BBC의 불편부당성은 의견의 다양성과 가변성, 방송의 긍정적 태도를 주문한 아난위원회의 결정을 만나 지금의 이 형태로 발전한 것으로 보인다(이 과정에 대해서는 이창근, 2004 참조).

그러나 처음부터 변하지 않은 것은 이런 원칙이 '민주주의의 기본 원칙,' 넓게 보아 영국식 헌정의 틀과 기본적 도덕률 내에서만 작동한다는 점이다. BBC는 "진실과 허위, 정의와 불의, 자유와 예속, 동정심과 잔인함, 관용과 불관용" 사이에서는 결코 불편부당할 수 없다는 뜻이다(Schlesinger, 1978: 165). 그러나 꾸준하게 문제된 바대로 이런 원칙은 보다 고차원적 보편성을 띤 도덕–민주주의가 아니라 영국식·서구·기독교·백인(앵글로색슨)이라는 상당히 협소한 틀 안에서만 적용된다는 혐의가 있다.[18] 말하자면, 가이드라인에서의 '민주주의의 기본 원칙'과 사실상 이의 내용으로 적용되는 '영국 국가의 정치 제도' 사이에는 큰 괴리가 있다는 것이다(Mills, 2016: 208). 특히 1970년대의 북아일랜드나 2000년대의 이슬람 문제에서 이런 BBC의 서구적 내셔널리즘은 많은 비판을 받았다.

이러한 비판에 직면해 BBC는 기존의 가이드라인을 재검토하고 수정하기 위한 다양한 시도를 하는데, 최근의 것 중에서 주목할 만한 것은 "시소게임에서 왜건 바퀴의 횔로: 21세기에 불편부당성을 지키기"라는 다소 긴 제목을 가진 브리드컷 보고서다(Lord Bridcut; BBC Trust, 2007). 기존의 불편부당성을 '급진적인 것'으로 바꾸었다는 평가(Barnett, 2012)를 받기도 한 이 보고서를 통해 BBC는 두 개의 축이 서로를 향해

18 고전적인 문제 제기는 1976년부터 시작된 글래스고 미디어 그룹Glasgow Media Group의 '나쁜 뉴스' 시리즈다. 《나쁜 뉴스*Bad New*》(1976)와 《더 나쁜 뉴스*More Bad News*》(1980), 《진짜 나쁜 뉴스*Really Bad News*》(1982) 3부작으로 이어지는 이 시리즈에서 영국의 방송은 압도적으로 자본가 편향을 지녔다고 비판받았다(Quinn, 2006). 이에 대해 BBC의 선임 편집인이었던 로저 볼턴은 고위급 뉴스와 시사위원회에서 BBC와 글래스고 미디어 그룹 사이는 협상 불가능하다며 다음과 같이 말했다. "의회민주주의 체제를 바꾸기를 원하는 마르크스주의자와 …… 의회민주주의를 위하고 그 안에서 활동하고 그것을 반영하는 BBC 사이의 토론에서는 마음의 합치 같은 건 있을 수 없다. 그만큼 BBC는 '**편향되었다**'고 말할 수 있고, 그 점에 관한 한 그렇지 않았다는 주장을 고집할 수는 없다"(Roger Bolton; Calcutt & Hammond, 2011: 103에서 재인용. 강조는 재인용자). 사실상 의회민주주의로 대표되는 영국의 주류로 편향되었다는 쪽이 그렇지 않은 쪽보다 낫다고 주장하는 것으로, 옳든 그르든 그런 비판을 피해가지 않겠다는 점을 잘 보여 준다. 이야말로 '알면서도 할 수 없다'는 일종의 '물신화된 부인fetishistic disavowal'(Hearns-Branaman, 2016)이다.

수직적으로 움직일 뿐인 시소게임의 20세기가 여러 개의 휠이 부챗살 처럼 달린 왜건의 바퀴처럼 가치가 다원화된 21세기로 바뀌었다고 주장한다. 이에 따르면, 이제 BBC는 탈레반이나 영국의 민족적 극우 정당까지 미리 배제해서는 안 되며, 관행적으로 보도한 찬/반의 이분법적 태도도 달라져야 한다. 다음은 브리드컷 보고서의 한 대목으로 달라진 불편부당성의 면모를 확연하게 보여 준다.

> "오늘날 불편부당성은 다양화된 의견의 보이지 않는 부분을 보여 주고 강조하는 데 큰 섬세함을 필요로 한다. 주장하건대 항상 그랬어야 했다. 이전에 의견이 단순한 대안에 의해 균형을 잡았던 반면에 — 그리고 시소게임이나 단진자 운동의 기울기로 측정되었던 것처럼 — 오늘날 더 적절한 은유는 왜건 바퀴의 많은 휠이 될 수 있을 것이다. …… 그래서 의견은 '좌'와 '우'에 한정되지 않고 360도 범위로 확산된다. 하나의 의견은 상대편의 정확한 반대가 결코 되지 못한다. 또 그들은 모든 가능한 주장의 끝에 이르지 못한다"(BBC Trust, 2007: 36).

이에 더해 불편부당성을 실천하는 구체적인 자세도 다소 변한다. 불편부당성은 미리 주어진 어떤 것이 아니라 '경륜'과 '전문 지식'을 가진 기자·제작자들이 '공유된 가정'에 대한 '격렬한 내적 토론'을 거쳐야 얻어질 수 있는 담론적인 것이 된다. 토론 과정에서는 '과단성 있는 용기'가 필요하면서도, '결코 모든 사람을 만족시킬 수 없는 만큼 방어적이어서는 안 되며,' '심각한 위반이 생긴다면 즉시 이를 정정할 준비가 되어 있어야 한다.' 물론 '증거'나 '출처,' '폭넓은 관점' 등의 지켜야 할 형식적 단서는 여전히 중요하다. 그러나 이의 결과가 '진부함'이나 '중간적 입장,' '평범함,' '무딤'으로 나타나서는 안 된다(BBC Trust, 2007). 그간 BBC가 지나치게 대도시(런던)적이면서 정치 엘리트와 가까워 영국 사회의 다양성을 반영하는 데 미흡했다는 평판이 있었다는 점(Curran & Seaton, 2010)을 감안하면, 이런 시도는 사실 때늦은 감마저 있다.

그러나 중요한 점은 이후의 보도가 정말 바뀌었느냐 하는 것이다. 이를 알아보기 위해 왈요르겐센 등(Wahl-Jorgensen et al., 2016)은 '이민'과 '종교,' 'EU와의 관계' 등의 세 가지 주제로 2007년과 2012년에 방송된 BBC의 주요 뉴스를 비교했다. 이들이 기준으로 삼은 것은 '정보의 출처,' '정치적 출처의 유형,' '출처의 정치적 소속' 등인데, 결과는 양 시기가 큰 차이가 없거나 (브리드컷 보고서의 내용을 감안하면) 상대적으로 더 악화되었다. 정치인을 비롯한 엘리트의 비중은 여전히 압도적이었고, 정부와 수상의 출연은 그대로였으며, 보수주의와 가까운 출처는 오히려 41%에서 48.4%로 늘어났다. 저자들이 패러다임이라고 부른 기존의 '균형으로서의 불편부당성'은 보도 현장의 관행 속에 깊이 뿌리 박혀 있어 브리드컷 보고서 같은 위에서의 노력으로 바꾸기는 역부족이었다(p.10). 오히려 그간 BBC가 좌파적이었다는 일부의 비판을 과잉 의식해 우파 쪽으로 보도를 선회하려는 움직임마저 있었던 것으로 보인다(p.13).

그러나 사실 이런 비판은 9·11 이후 이스라엘-팔레스타인 관계와 이슬람·이라크 전쟁 문제에서는 상당히 빈발했던 것이다. 2000년대 초반의 BBC를 분석한 한 연구에 따르면, 이스라엘 로비스트의 주장과 달리 BBC에서 이스라엘의 목소리는 팔레스타인보다 2배나 많았으며 양쪽을 표현한 언어에서도 편향적 차이가 발견되었다(Philo & Berry, 2004). 2006년과 2008년 사이에 BBC의 메인 프로그램인 〈10시 뉴스*News at Ten*〉를 실증적으로 분석한 플러드 등의 연구(Flood et al., 2012)에 따르면,

BBC는 이슬람 관련 사안을 양과 질 모두에서 편파적으로 다루었다.

2009년 BBC는 13개 국제 구호 자선 단체들의 연합인 재난비상위원회가 이스라엘의 폭격으로 참상을 빚은 가자Gaza 지구에 대한 유엔 리포트의 방송 요청을 거부했다. BBC와 Sky를 제외한 다른 방송들은 모두 이를 받아들였다. 당시 BBC는 이를 방송하는 것이 하마스를 지원한다는 인상을 줄 수 있어 불편부당성의 이념을 해치는 조치로 간주했다(Engelbert & McCurdy, 2011). 이로써 BBC의 불편부당성은 이슬람에는 전혀 적용되지 않아 공영 방송으로서의 임무는 '역설'이 되고 말았고,[19] 브리드컷 보고서의 실효적 의의는 크지 않은 것으로 판명되었다.

이 사례가 그래도 '영국'이라는 테두리의 바깥일을 다룬 것이라 약간이라도 정상이 참작될 여지가 있다고 한다면, 금융·재정 위기 당시 영국 정부에 대해 BBC가 보여 준 태도는 베리(Berry, 2013, 2016)의 비판대로 변명의 여지가 없는 것이었다. 주지하다시피 2008년의 금융 위기는 2007년에 발생한 서브프라임 모기지 사태가 전 세계로 파급되어 1929년 경제 대공황에 버금가는 경제적 혼란을 초래한 사건이다. 이 사건을 BBC 라디오의 대표 시사 프로그램 〈투데이*Today*〉 역시 집중적으

19 BBC가 가자 보도를 거부한 일 역시 영국의 일간지들로부터 집중적인 비판을 받았다(Thomas & Hindman, 2011). 일간지들은 BBC가 휴머니즘을 노골적으로 거부하면서 친이스라엘적인 편향성을 보였다고 비판했고, 선별적으로만 불편부당한 건 아닌지 의문을 제기했다. 또한 BBC가 그간 실패해 온 일을 다시 반복해 BBC의 존재 의의인 공적 서비스를 정면으로 위배했다고도 했다. 한 신문은 "정치 엘리트에 경도된 BBC와 일반 영국 대중 사이의 큰 차이"(*Daily Mail*; Thomas & Hindman, 2011: 581에서 재인용)라고 힐난했다. BBC의 정체성에 위기가 올 것이라는 지적도 있었다. 전통적으로 영국의 신문들은 BBC에 우호적이지 않았지만, 이번 경우에는 더욱 신랄했던 것으로 보인다.

로 보도했는데, 중요한 것은 당시 위기를 초래한 주범 중 하나인 시티그룹을 가장 많은 출처로 활용했다는 점이다(35%; 2위는 정치인이었다). 시티그룹은 정책의 향배에 직접적인 이해관계를 지닌 편향적 인자였지만, BBC는 이들을 합리적 해결책을 도모할 수 있는 중립적 전문가로 간주했다. 그들의 목소리는 〈투데이〉 프로그램 전체의 코멘트 중 무려 70%가 넘는 비중을 차지했다. 〈가디언*Guardian*〉의 비판에 따르면, 이는 "호랑이에게 자신의 우리를 만들도록 하는 것"이나 다름없는 어리석은 정책이었다(*Guardian*, 2009. 1. 28; Berry, 2013: 267에서 재인용).

2009년의 재정적 위기에 대한 영국 정부의 긴축 정책 보도 역시 실망스러운 것이었다. '출처와 화자의 신원,' '위기 진단,' '위기의 평가와 결과,' '위기 극복의 주체' 등으로 나누어 분석해 본 결과, BBC는 영국 정부의 입장을 거의 그대로 무비판적으로 옮겼다(Berry, 2016). 정부-보수당의 긴축 정책에 대한 비판이나 대안은 마치 BBC의 몫이 아닌 것 같았다. BBC의 불편부당을 한계지은 것은 기성의 권력 구조가 조성해 놓은 '자유 시장'의 합의였다. 이런 합의가 고착되면 불편부당의 정신은 사실상 의의를 잃어버린다. 이는 과거 1970년대 글래스고 미디어 그룹에 의해 집중적으로 비판받았던 BBC의 모습이 거의 달라지지 않았다는 점을 예증한다(p.859).

선거 보도에서도 BBC는 평판과 달리 그렇게 충실하지 못했다. 스톱워치 균형과 같은 양적 시간은 비교적 잘 지켰지만, 가이드라인의 정신이 강조한 질적 공정성에서는 미흡했다.[20] 영국의 방송들은 선거(2015

20 이는 결과적 수치로 규제의 산물은 아니다. 대체로 1990년대 말부터 2000년대 초반까지 영국의 규제 기준에서 스톱워치 균형은 사라졌다. 질

총선)에 편향적 영향을 미칠 수 있는 의제에서 보수당에 우호적인 '경제'와 '비즈니스'를 압도적으로 선택했다. 노동당에 우호적인 의제인 '복지'(건강보험)와 '주거,' '실업' 등을 상대적으로 멀리한 것이다. BBC 역시 이에 예외가 아니었다. '경제/비즈니스' 성격의 의제가 차지한 전체 평균이 44.2%였는데 반해 BBC는 45.5%였고, 가장 적은 채널4도 38.3%였다. '건강보험'의 경우에는 평균 8.8%에서 BBC는 10.1%였고 가장 많은 채널4가 10.7%였다(Cushion & Thomas, 2017).

물론 이에 대해서는 논의할 거리가 많다. 영국 방송과 규제 당국은 양적 기준에서 질적 기준으로 중점을 옮겼고, 방송은 스스로의 기준에 따라 이 이슈를 선택했다. 대부분의 방송인 눈에 경제/비즈니스는 보수당적 이슈가 아니라 전 영국적 이슈였던 셈이다. BBC 역시 일종의 '리스크 회피'적 중도 노선을 취한 것으로 보인다. 그러나 '이민'과 '주거'에서 루퍼트 머독Rupert Murdoch의 Sky가 BBC의 6.1%보다 많은 9.5%, 16.7%를 기록한 것에 비추어 볼 때, BBC는 좀 더 노동(당) 측 의제를 다루어 균형을 맞추어야 했다.

전통적인 좌파 성향을 보여 주는 노동당의 새 지도자 제러미 코빈Jeremy Corbyn에 대해서도 BBC의 태도는 논란거리다. BBC는 내부 심의에 의해서도 오도할 가능성이 있는 편집으로 비판받았던 코빈의 '발포shoot to kill' 문제[21]에 대한 리포트를 그대로 내보냈다. '선거 패배 가능

적 기준으로 옮겨간 것인데, 그러나 쿠션과 토머스는 이것이 결국 균형의 의무를 완화시켰다고 본다(Cushion & Thomas, 2017).

21 '테러리스트는 발견하면 즉시 사살하라'는 영국 정부의 정책으로, 코빈은 과도한 인권 탄압이라고 문제를 제기했으나 대중으로부터는 반발을 샀다.

성,' '증세 정책,' '핵무기 불사용 정책' 등도 다른 방송과 다르지 않게 집중적으로 보도했다. 코빈의 노동당은 신문에서도 일간지의 20%, 일요지의 11%밖에 지지받지 못했다. 신문은 각각 80%와 57%(32%는 중도)라는 압도적인 차이로 보수당을 지지했다(Fenton & Freedman, 2018).[22] 물론 선거 결과는 사실상 과반 의석을 차지하지 못한 보수당의 패배로 끝났다. 권리를 억압당한 시민들의 분노가 미디어의 편향을 이겨냈기 때문이다(p.14).

지방으로의 권력 이양 문제에서도 BBC의 한계는 분명하게 나타났다(Cushion, Lewis & Kilby, 2017). 영국에서는 1999년부터 교육과 건강 등 일부 정책의 결정권과 책임이 중앙(잉글랜드) 정부에서 스코틀랜드, 웨일스, 북아일랜드 등 지방 정부로 이양되었다. 그러나 영국의 정치 정보 환경은 이런 변화를 전혀 따라가지 못했다. 웨일스를 기준으로 보아 수용자들은 BBC 웨일스(로컬 뉴스)를 비롯해 웨일스의 미디어들보다 네트워크 뉴스에 더 많이 노출되었다. BBC의 네트워크 뉴스는 상업 방송보다 낫기는 했으나 연방(중앙)·잉글랜드 성향을 벗어나지는 못했다. 네트워크 뉴스에서 대부분의 리포터들은 잉글랜드에 소재했으며 중앙('웨스트민스터')에 집중해 보도했다. 그런 면에서 BBC에 대한 다음 비판은 매

22 이런 지지도의 압도적인 차이는 신문에만 머무르지 않는다. 주로 양적 연구로 BBC와 영국의 미디어를 비판해 온 웨일스의 미디어학자 스티븐 쿠션Stephen Cushion 등(Cushion et al., 2016)은 2015년 총선 보도의 의제 설정에서 신문이 방송에 상당한 영향을 미쳤음을 보여 주었다. 이런 상호 미디어intermedia 효과는 미디어 관행에 따른 것으로, 의도적인 것으로 볼 수는 없으나 당사자인 노동당이나 좌파에게는 매우 실제적인 편향이다. 따라서 만약 좀 더 큰 틀에서 불편부당성을 추구한다면 이런 영향까지 고려해야 한다.

우 정교하면서도 분명한 것이다.

> "이 점을 두고 BBC를 비판하는 것은 시골뜨기churlish 같은 짓일지도 모른다. BBC는 상업 방송에 비해 영국 정치의 권한 이양을 보도하는 데 분명히 더 성실했기 때문이다. 그러나 수용자에게 (민주적 권력과 책임에 관한) 정보를 제공해야 하는 공영 방송의 의무와 다음의 세 가지 저널리즘적 경향 사이에 쉽지 않은 절충은 꼭 지적을 해두어야겠다. 이 경향은, 정치에 대한 이해를 높은 수준으로 가정해 놓고, '배경'이나 '맥락'에 대한 정보를 반복하는 것을 꺼리며, 대규모 수용자(여기서는 잉글랜드 지역)에 초점을 두는 것이다. 이것은 정치 커뮤니케이션에 빈칸에 체크를 하는 수준의 편의적이면서box-ticking 미봉적인 접근을 하는 것이다. 그런 커뮤니케이션은 확실하게 이해하도록 이끌지 않아도 기사의 정치적 중요성을 알 수 있는 (이미 식견 있는) 수용자에게나 가능한 것이다"(Cushion, Lewis & Kilby, 2017: 18. 괄호는 원저자).

일상적으로 쓰는 표현과 관련된 지적도 빼놓을 수 없다. 특히 인칭과 관련된 대명사의 사용은 중립적이어야 하는 미디어의 위치를 어느 한쪽에 놓게 함으로써 불편부당성을 현저하게 해친다. '우리/그들'(주격), '우리의/그들의'(소유격), '우리를/그들을'(목적격)은 때로 대립하는 한쪽 — 대표적으로 나라, 지역, 이념, 동맹 등 — 을 '우리'로 만들어 '그들'을 배제한다. 예를 들어 포클랜드 전쟁 당시, BBC는 영국을 '우리'가 아니라 '영국 군대'로 표현해 당시 대처 수상의 노여움을 샀지만, 공정한 방송으로 세계적 성가를 얻은 바 있다. 그러나 다음 멘트를 보면 '우리'가 국제적인 관점에서 볼 때, 얼마나 편파적으로 쓰였는지 알 수 있다.

"**우리**가 아프가니스탄에서 무엇을 이루었는가? 오래전 2002년에 **우리** 군대가 처음 진주한 이래 **우리**는 447명의 영국 생명을 잃었다. **우리**는 거기서 200억 파운드의 돈도 썼다. 아마도 정확하게는 추산조차 어려울 것이다. 올해 **우리**는 철수할 것이다. 과연 **우리**는 이겼는가?"(BBC 라디오4 〈투데이〉 앵커, 2014. 1. 21; Mitchell & Stewart, 2016: 417에서 재인용).

여기에서 '우리'는 일차적으로는 BBC이지만 '영국'이나 '영국 군대'이기도 하다. 아프가니스탄이 이의 반대로 '그들'이다. 아프가니스탄의 입장에서 볼 때, BBC는 영국 곧 적국의 목소리일 뿐이며 결코 중립적인 방송이 아니다. 만약 BBC가 국제적 방송이 되려 한다면, 대명사 '우리'를 무분별하게 사용하는 것은 반드시 버려야 할 태도이고 관행이다.[23]

그러나 이렇게 입에 익은 표현은 부지불식간에 나오므로 상당한 (사전) 훈련이 필요하다. 그때그때의 대체 표현도 교육되지 않으면 안 된다. 방송 전문인뿐만 아니라 인터뷰 대상자도 유의해야 한다. 특히 정치인들의 경우에는 이런 '우리'의 표현이 매우 빈번하면서도 정략적이므로 철저하게 관리되어야 한다. 그러나 대부분의 인터뷰가 즉석에서 이루어지므로 이런 관리가 상당히 어렵다.

포클랜드 전쟁에서 '영국군'은 이후의 뉴스에서는 앞서의 인용문에서도 볼 수 있듯이 자주 '우리 군대'로 바뀌었다. 필립 미첼Philip Mitchell

23 물론 모든 방송이 국제적인 것도 아니고, 전쟁같이 극단적인 대립 상황에서 (아마도 비도덕적일) 적에 대해서까지 중립을 지킨다는 게 현실적이지 않다는 지적도 가능하다. 그러나 전쟁을 부추기지 않고 자신의 배타적 이기성도 경계하는 평화 저널리즘의 입장에 선다면, 이런 호혜적 분별은 반드시 필요하다.

과 제임스 스튜어트James Stewart(Mitchell & Stewart, 2016)는 BBC의 간판 라디오 프로그램인 〈투데이〉에서 '우리'는 'BBC의 〈투데이〉팀,' '영국 정부,' '영국 국민,' '잉글랜드 내 사람들,' '아일랜드와 영국 시민들,' '영국 납세자,' '영국 군대,' '영국 국가,' '서방/나토,' '전문가 집단,' '인류,' '모든 사람들' 등 열한 가지를 다양하게 가리키면서 불편부당성뿐만 아니라 정확성도 해치고 있다고 분석했다. 그들의 결론은 보다 세심하고 철저한 규범과 이의 숙지다.

(2) BBC의 위상과 처지: 조건화된 공정성

이런 BBC가 과연 '공정하지 않은' 미디어일까? 그렇게 단언하기는 어렵다. 우선 이런 판단들이 대부분 '뉴스'에 치우쳐 있다는 게 하나의 이유다. 주지하다시피 BBC의 성가는 뉴스에서만 만들어진 것이 아니다. 각종 다큐멘터리, 시사 분석, 드라마 등도 뉴스에 못지않게 정치적 발언을 쏟아낸다. 물론 공정성에 '저널리즘'이 차지하는 비중은 가히 절대적일 것이다. 그러나 종합적인 판단이라면 뉴스를 넘어 좀 더 넓은 범위를 대상으로 해야 한다는 점은 꼭 유념해야 한다.

다음으로 반대편의 의견도 들어볼 필요가 있다. 정치학자 해리슨의 연구(Harrison; Quinn, 2006에서 재인용)는 앞서 잠시 나온 글래스고 미디어 그룹의 비판을 반박한 것이다. ITV에 집중했지만 BBC에도 해당된다. 글래스고 미디어 그룹은 이른바 '주제 분석thematic analysis'을 통해 당시 방송(ITV, BBC)이 노사 관계를 매우 반노동자적 입장으로 보도했다고 비판했다. 이 주장대로라면 법으로 정해진 불편부당성을 해친 셈이다. 당시 나온 유명한 에피소드가, 쓰레기차 운전자 파업으로 글래스고시가 넘쳐나는 쓰레기 때문에 시민들의 건강에 심각한 문제가 발생했다는 왜곡성 보도였다.[24] 글래스고 미디어 그룹의 '나쁜 뉴스' 시리즈가 발표되자 영국 방송의 신뢰도는 추락했고, ITV와 BBC는 강력하게 반발했다.

해리슨의 연구는 이런 반발을 체계적이고 학술적으로 대변한 것이다. 해리슨은 글래스고 미디어 그룹의 연구가 자신의 가설에 어울리는 사례만을 편향적으로 선별하고, 다른 증거는 무시하는 기만에 가까운 '치명적 오류를 범했다'고 비판했다(Quinn, 2006에서 재인용). 그러나 해리슨의 연구 역시 10년이나 뒤늦은 시점에 이루어졌고, 분석 자료 또한 글래스고 미디어 그룹과는 다르다는 문제가 있었다. 글래스고 미디어 그룹이 실제의 방송 녹화분을 분석한 데 비해 해리슨은 당시의 뉴스 스크립트를 분석했던 것이다. 정말 해리슨이 글래스고 미디어 그룹을 비판하려 했다면, 그들에게 자료 협조를 요청해야 했지만 그는 그러지 않았다(Philo, 1987). 글래스고 미디어 그룹의 '나쁜 뉴스' 시리즈는 공 못지않게 과도 있지만, 해리슨의 반反비판은 "적절하지 않았고, 생산적으로 갈 수 있는 기회도 놓치고 말았다"(Quinn, 2006: 462).

가버 등(Gaber, Seymour & Thomas, 2009)의 연구는 BBC를 지지하는 거의 유일한 양적 연구일 것이다. 가버 등은 2006년의 이스라엘-헤즈볼라 전쟁을 대상으로 BBC(준거 집단으로 ITV)가 정말 반이스라엘적 또는 반이슬람적 편향을 가졌는지를 실증적으로 연구했다. 그들의 결론은 양 방송이 문제가 없지는 않았지만 '전체적으로 무난했다'다. 먼저 '누가 등장하느냐'에서 BBC의 뉴스 시간은 친이스라엘이 52%, 친헤즈볼라가

24 에이드리언 퀸Adrian Quinn의 글(2006)에 자세한 내용이 없어 대니얼 핼린Daniel Hallin(1987)에서 인용했다.

38.7%로 차이가 있다. 내부 비중에서는 민간인이 반대로 나타나 레바논 민간인이 이스라엘보다 2배 정도 더 많았다. 시청자 입장에서는, 이스라엘은 정치나 군 관계자가, 레바논(헤즈볼라)은 민간인이 많아 이스라엘과 헤즈볼라를 '가해자'/'피해자'의 관계로 볼 가능성이 더 높았던 셈이다. 이는 게릴라였던 헤즈볼라 군이 민간에 숨어 있어 상대적으로 발언할(노출될) 기회가 적었고, 아무래도 이스라엘의 전쟁 관계자가 방송 접근이 쉬웠으며, 전쟁의 원인이 이스라엘의 레바논 공격이므로 기본 뉴스 프레임이 그렇게 짜일 수밖에 없었고(레바논 민간인 피해자), 이스라엘의 정규 공격이 헤즈볼라보다 더 대규모여서 더 많은 피해자들이 인터뷰에 응했던 점 등 때문에 난 차이로 설명할 수 있다. 이런 기조는 기본 뉴스 프레임이나 시점에서도 거의 그대로 유지되었다. 거시적 맥락의 무시는 두 방송 모두의 문제로, 전쟁의 원인이나 양국의 역사 등에는 BBC가 전체의 9.6%, ITV는 2.6%밖에 보도하지 않아 시청자들에게 충분한 정보를 제공하지 못했다.

여기에서 잠시 앞에서 언급한 플러드 등의 연구와 대조해서 볼 필요가 있다. 유사 시기에 같은 주제를 다루었으므로 비교의 의의가 클 수 있다. 가버 등이 이스라엘-헤즈볼라 전쟁기(2006. 7. 12~8. 14)를 집중적으로 분석한 것에 비해 플러드 등은 비교적 장기인 2년(2006. 11. 1~2008. 10. 31)을 다루었다. 이런 장기 연구는 누적적인 데이터를 제공해 이벤트 연구보다 심층적일 수 있다는 장점이 있다. 대상은 같은 플래그십 뉴스인 〈10시 뉴스*News at Ten*〉다. 플러드 등이 분석한 결과는 다음 대목에 잘 집약되어 있다. "BBC가 뉴스 가치가 높다고 간주해 뽑는 토픽들은 말이나 그림에서 대중의 눈길을 모으는 폭력, 파괴, 정치적 무질서, 열광, 분파적 무관용, 위협, 고통 그리고 약탈 같은 것이다. 이러한 특정한 나라나 특정한 사회 집단과 연계된 부정적 성향은 다른 측면의 보도로 상쇄되지 않았다. 외국의 사안과 관련되어 갈등 외의 영역에서 무슬림 문화나 사회가 다루어진 적은 사실상 없다. 경제적 재건이나 인도주의적 주제 같은 거는 상대적으로 이슬람에는 없다"(Flood et al., 2011: 230). 특히 영국 내에서 무슬림 건은 대부분 테러와 연관이 있다. 한마디로 말해 이슬람은 좋은 것과 연계되면 결코 보도되지 않는다는 것이다. 이를 두고 플러드 등은 영국식 자유주의의 틀에 메어 있는 BBC의 불편부당성이란 그저 '형용 모순'에 불과하다고 비판한다.

가버 등의 연구는 BBC가 무난했다고 말했지만 플러드 등은 구조적 편향이라고 비판했다. 표면적으로 양자는 서로 반대되는 것처럼 보이지만, 의외로 서로 보완하는 측면도 있는 것으로 보인다. 즉 전쟁 때는 대립하는 양측을 의식해 BBC도 보도에 상당히 조심한다. 가버 등의 주장대로 전쟁의 비대칭적 성격이 불가피하게 어느 한 측(여기서는 헤즈볼라/레바논)을 편들게 만들기도 한다. 그러나 플러드 등의 연구는 이런 이벤트성에서가 아니라 평상시 보도에서 뉴스 가치나 보도 관행, 시장의 조건, 가용되는 자원 등을 통해 구조적으로 나타날 수 있는 편향을 지적한다. '이슬람'은 그들의 연구 기간 동안 전체 뉴스 아이템 수에서 17%의 비중이나 차지했던 중요한 이슈였지만, 대부분이 이라크(전쟁 건과 관련된), 테러, 아프가니스탄, 이스라엘/팔레스타인 문제같이 극한적 갈등의 사안과 연계되었다. 이런 사안이 가진 뉴스 가치를 고려해 볼 때, 여기에서 발생하는 연계가 가진 부정적 성격은 의식적인 것이라기보다 거의 무의식이나 관행에 가까운 편향이라고 볼 수 있을 것 같다.

이와 다른 한편으로 BBC가 전쟁의 이유나 무슬림에 대한 문화적 이해를 도모하는 심층적 보도가 약했던 점은 두 연구가 같이 비판한 것이다.[25] 이로써 결론이 어느 정도 가능한데, 그것은 BBC가 어떤 이유에서건 이슬람에 대한 부정적 편향을 평상시에 보여 줬다는 것이고, 이를 극복하기 위해서는 편향을 상쇄시킬 수 있는 심층적 보도를 상당히 의식적으로 하지 않으면 안 된다는 것이다.

한편 우파 측에서 BBC를 좌편향이라고 비판한 예도 드물지만 있다. BBC의 기자 출신인 로빈 에이트켄Robin Aitken(2007)이 대표적이다. 에이트켄은 BBC가 인권을 우선하고 열정적으로 인종주의에 반대하며 전통적인 국가적 정체성을 의심하고 강한 친EU적 성향을 보인다고 보수주의 입장에서 비판한다. 또 여성 위주의 페미니스트이기도 하고, 왕가, 법원, 경찰, 교회 같은 기성의 권력에 현세적secular이면서 알레르기 반응을 보인다고도 한다. 그러나 이쯤 되면 BBC를 비판하는 건지 칭찬하는 건지 알 수 없다. 언론인의 체험적 서술이니만큼 체계적 분석(특히 양적 분석)의 결과가 아니기도 하다.

이외에도 나라나 사회에 따라 다른 성향으로 해석될 수 있는 여지도 참고의 가치가 있다. 미국 역시 같은 영어권으로 BBC를 많이 시청한다. 미국 내에서 BBC는 상대적으로 진보적이라는 평가를 받는다.[26] 스

25 이슬람 문화에 대한 존중으로 볼 수 있는 '다문화주의'나 '이슬람과의 대화' 같은 보도는 같은 기간 동안에 불과 2.6%, 2,4%에 그쳤다(Flood et al., 2011). 〈뉴스나이트*Newsnight*〉 같은 다른 시사 프로그램에서도 90.7%(320/353)가 이슬람을 전쟁, 테러, 안전 위협, 고통과 연계시켰다.

26 이를테면, 미국 시민들은 BBC의 정치적 성향을 〈워싱턴 포스트*The Washington Post*〉와 비슷하게 '자유주의적인 것'으로 판단한다. −10을 완전히 자유주의적인 것으로 볼 때, −2와 −4의 사이다. BBC보다 자유주의적인 미디어에는 〈가디언〉, 알자지라Al Jazeera, 〈뉴욕 타임스*The New York Times*〉 정도가 있다. 보수적인 폭스는 +2(완전 보수는 +10이다)를 받았고, 이와 대각에 서 있는 미디어로 평가받는 MSNBC는 BBC보다 아래인 −2 정도다

코틀랜드나 웨일스 측의 중앙(런던)·잉글랜드 편향 비판에 대해서는 영국 연방(UK) 전체를 '하나'로 보려 하는 공적 의무의 결과물로 간주해 BBC 스스로 감수하려 할 수도 있을 것이다.[27] 친이스라엘적이라는 비판은 영국의 아랍 로비스트들의 단골 주장이라는 점도 감안될 필요가 있다(Wikipedia; Criticism of the BBC 참조). 이스라엘과 아랍 로비스트들의 상반된 주장은 영국 정치(특히 파병 같은)와 BBC에 영향을 미치려는 하나의 정치 행위다. 이런 대립된 양측의 공격으로 자주 BBC의 불편부당성은 모두의 외면을 초래하는 '부적절성impropriety'(impartiality에 빗댄 표현이다)으로 전락되는 경우가 많다(Blumler, 1992). 그러나 이를 감안하더라도 21세기 이후 분명해지는 것은 있어 보인다.

(3) BBC의 보수화와 영국 체제의 한계

먼저 확인해 봐야 할 것은 기대를 모은 브리드컷 보고서가 가져온 BBC의 변화다. 앞서 본 대로 '급진'의 평가까지 받았던 이 보고서의 내용은 그렇게 실천되고 있지 않고, 심지어 일부는 더 악화된 것처럼 보인다. 그간의 연구들은 BBC가 이전보다 더 보수와 신자유주의 방향으로 편향되었다고 보고한다. 브리드컷 보고서의 파격적인 제안은 BBC의 전통적인 현장 관행과 특유의 협소한 엘리트주의에 묻혀 버린 것이

(Pew Research Center, 2014). 앞서의 보수화와는 조금 다른 평가다.

27 앞서 본, 특히 내용 분석을 중심으로 BBC를 비판한 연구들 대부분이 스코틀랜드(글래스고대학의 필로와 엘드리지 등)와 웨일스(카디프대학의 쿠션, 마이크 베리, 저스틴 루이스Justin Lewis, 카린 왈요르겐센Karin Wahl-Jorgensen 등) 출신 연구자들에 의해 작성되었다. BBC 출신인 리처드 샘브룩Richard Sambrook도 카디프대학에 가 있다.

다. 이로써 BBC가 가이드라인에서 제시한 '민주주의의 근본 정신'은 의식적 이념에서건 무의식적 관행에서건, 적어도 이슬람 같은 일부 주의는 배제하는 것으로 판명되었다.

이와 같은 BBC에 대해 사회학자 톰 밀스Tom Mills(2016)가 내리는 결론은 다음과 같이 단호하면서 분명하다. "…… BBC 독립성의 본질과 정도에 대해 어떤 견해를 가지든, BBC가 독립성과 불편부당성의 약속을 어느 정도 지키든, 분명한 것은 현행의 BBC가 영국이 지금만큼 불평등했던 1930년대보다 영국 사회를 지배하는 권력의 이해로부터 자유롭지 못하다는 점이다"(p.214). 확실히 BBC는 우파적이라는 것보다 좌파적이라는 비판에 더 민감하게 반응하는 듯하다. 우파의 BBC 비판은 비판 자체보다 좌파가 BBC를 비판하지 못하게끔 하는, 일종의 선제적 공격 성격이 강하다. 좌파는 BBC가 (다소) 보수화되는 것보다 상업화되는 것을 더욱 두려워하므로 상대적으로 BBC 비판에 조심스러운 태도를 보인다.

최근 데스 프리드먼Des Freedman(2018)은 이런 BBC의 보수화에 대해 다음과 같은 세 가지 이유를 들면서 기존 미디어에 의존하지 않는 '적극적이면서 대담한 운동,' BBC를 넘어선 새로운 공적 미디어를 창출할 것을 주문한다. 첫째는 BBC의 거버넌스가 최근 들어 정치적 개입이 용이한 방향으로 바뀐 점이다. 이전에도 정부는 경영위원회나 트러스트 등의 기구를 자신의 책임으로 구성했다. 그러나 집행 기구와 감독 기구는 서로 분리해 완충하도록 했으나 지금은 이사회board 하나로 통합시켰다. 이런 일원 체제의 장점은 책임 소재를 분명히 해 책무성을 높이는 것이다. 물론 반대급부, 단점은 자율성 약화다.[28] 명목이었지만 그래도

28 유럽을 중심으로 다양한 미디어 체제를 연구한 한레티(Hanretty,

힘이 없지는 않았던 '훌륭하면서 선한' 기구 구성의 인적 조건, 곧 BBC적 정체성(Sparks, 1995)은 이런 일원적 구조가 되면서 상당 부분 의의를 잃어버렸다. 이에 따라 플러드 등이 지적한, BBC를 둘러싼 영국 체제의 제한은 강해질 가능성이 높다.

둘째, BBC의 '독립성'을 유지시킨 가장 큰 조건 중 하나인 수신료 재원의 불안전성을 들 수 있다. 그간 영국 정부는 BBC에는 매우 치명적인 수신료 정책을 주관하면서 BBC를 움직이는 지렛대로 이용하였다. 2015년 협정 때는 75세 이상의 수신료를 면제시킨 부담분을 일방적으로 BBC에 전가시켰다. 사실 수신료는 계층 차이를 전혀 고려하지 않는 강제적·역진적 징수 방식이어서 지금처럼 사회민주적 합의가 균열되고, 시장 인자가 크게 늘어 엄청나게 경쟁적이며, 개인적 선택과 자발성이 중시되는 방송판에서는 적절한 재원이 되기 어렵다(Lowe & Berg, 2013). 그러나 '독립성'(시민 사회적 성격)마저 흔들린다면 수신료 재원의 전망은 정말 불투명해진다.[29]

셋째, BBC의 구성원은 전체 인구에서 가장 특권 받은 계층에 속한다. 옥스브리지 출신이 거의 3분의 1(전체 인구 대비로는 0.08%)에 달하며, 사립학교 출신이 26%(전체 인구는 7%), 61%가 고위 관리 계층·전문직 가정 출신(전체 평균의 거의 2배)이며, 45%가 사교육의 경험이 있다. 출연진에서 의무 교육에 그친 이는 한 손으로 셀 수 없을 정도로 적다. 여성·소수층의 양적 구성 역시 이와 비슷하다. 흑인·소수층 인구가 13%

2007)는 일원 체제보다 이원 체제가 자율성은 높다고 평가한다.

29 선진 민주주의 12개국을 비교해 추출한 공영 방송의 정치적 독립을 위한 네 가지 조건 중 첫 번째가 상대적으로 풍족하면서 다년간을 보장해 주는 재원이다(Benson, Powers & Neff, 2017).

인데, 이는 전체 사회의 구성원의 14%와 비슷하지만, 고위직으로 올라가면 6% 정도로 현저하게 떨어진다. 여성 역시 남성에 비해 보수나 승진 등에서 차별받으며, 라이벌 상업 방송보다 오히려 더 심하다. BBC의 이런 조직 문화는 수용자층에서도 그대로 나타난다. BBC가 '필요로 하는 것을 준다'는 데 긍정적 응답을 한 층의 63%는 영국에서 가장 부유한 계층이다. 부정적 응답을 한 사람 가운데서 부유층의 비중은 47%로 떨어진다. 지역적으로도 수도인 런던에서는 72%가 지지하지만, 남동부로 가면 52%, 북동캄브리아 쪽은 50%에 불과하다. 소수층은 45%, 흑인 계층에서는 43% 정도밖에 지지를 받지 못한다. 이 정도라면 "공영방송사가 자율적으로 뿌리 깊은 구조적 불평등을 극복할 것이라는 사고는 환상에 불과하다"(Freedman, 2018: 8).

이런 BBC의 거버넌스·재원의 불투명성, 구성원·지지층의 편파성은 사실 어제오늘의 문제는 아니다. 그런 면에서 BBC는 확실히 '공적 서비스의 자율적 제창자'라기보다는 '공식적 제도의 특권적 수혜자'이거나 "갈수록 경쟁적이면서 시장화되는 환경의 일부이자 그 논리에 따라 규제를 받는 조직"(Freedman, 2008: 169)의 하나다. 지금의 추세라면 미래로 갈수록 더욱 그렇게 되어 갈 것이다. 충실한 맥락으로 뒷받침되지 않는 선정주의 성향의 '이슬람-테러-뉴스 가치' 조합은 이런 BBC의 전형이고, 금융 위기나 선거를 둘러싼 최근의 보수화 역시 이런 요인이 악화된 단면일 것이다. 물론 다른 한편에서 보면, 여전히 정부에게는 일부 프로그램이 불만의 대상이고(특히 보수당 일부에게), 북새통이라고 해도 손색이 없을 지금의 시장판에서도 시청률이 꾸준하며,[30] '시청자의 목소

30 역설적이지만, BBC가 이렇게 위기에 몰려 있는 이유 중 가장 유력한

리Voice of Listener & Viewer' 같은 중도적 시민 단체로부터는 그나마 남아 있는 부분의 상업화를 두려워하는 소극적 이유에서라도 변함없이 지지를 받는 것도 사실이다(Blumler, 2016).

BBC의 조사에 따르면(BBC, 2017), 시청자들이 BBC에 갖는 신뢰(설문: '나는 신뢰한다')는 2004년 5.9(10점 만점)에서 2017년 6.5로 소폭 상승했다(전반적인 인상에서는 6.6에서 7.0으로 상승). 이 기간에 늘어난 미디어의 숫자를 감안한다면 놀랄 만한 일이다. '모든 뉴스 미디어 가운데 가장 신뢰할 만한 하나를 고른다면 어느 것일까'에도 57%로 단연 1위다. 2위인 ITV는 10%밖에 안 된다. '모든 뉴스 가운데 가장 불편부당한 뉴스 하나를 고른다면'에도 역시 BBC가 50%로 압도적이다. '어느 정도로 믿느냐'의 설문에도 7.2(10점 만점)를 받아 역시 1위다. 〈가디언〉이나 〈더 타임스〉 같은 유명 신문도 6.1, 6.0 정도밖에 받지 못했다. '얼마나 불편부당하냐'에는 6.4를 받아 역시 변함없는 1위였다. 비록 BBC의 자체 조사이기는 하지만, 이 정도의 신뢰라면 아직 BBC의 위명威名은 여전한 것으로 볼 수 있다. 물론 이를 다수 또는 주류의 호의에 치우친 평가로 볼 수도 있을 것이다. 그러나 사회적 진공 상태에 있지 않은 공식적 제도체인 BBC에게 다수의 평가는 설사 한계가 있다 해도 쉽게 무시할 수는 없다.

BBC에 날선 비판과 우호적 평가는 옳든 그르든 그간 BBC가 보여 준 실천과 과정의 동반적 산물이다. 그런 면에서 미디어의 성향에 대한 판단, 또는 반대로 미디어 입장에서 기준의 준수 여부는 그 자체로

하나가 바로 높은 시청률이다. 상업 방송을 비롯해 많은 미디어들은 BBC의 시장 성공을 BBC가 이룩한 독자적인 성과로 찬양하기보다는 자신의 몫을 빼앗아간 결과로 보기 때문이다(Goddard, 2017).

변하지 않는 무언가가 있다는 의미에서 '본질적인 것'이거나 시대적 상황이나 조건에 의존하지 않는 '초월적인 것'으로 보아서는 안 된다. 오히려 이는 논쟁이 안 되면 이상할 만큼 현실의 이해관계가 맞부딪히는 헤게모니 투쟁의 영역에 가깝다(정준희, 2012). 그러므로 이 개념에서 중요한 것은 기준 자체보다 이것이 논쟁되는 맥락과 주변 여건, 이것이 정치를 비롯한 체제 전반에서 가지는 의미와 영향, 이를 실천하면서 주변을 설득하고 주도하는 미디어의 역량이다. 불편부당성이 "이질적이고 역동적인 관점의 복합체"(p.5)라는 지적도 이를 두고 말하는 것이다. 위기의 시대인 1970년대를 지나면서 BBC는 많은 비판을 받았고, 환경 또한 변화했다. 다원주의적 아난위원회와 소수자 방송인 채널4의 도입은 이를 예증한다. 1980년대 대처 시대 때는 여러 차례 정부와 갈등하면서 시장화 과정을 거쳤고, (신)노동당 정부 때인 2000년대 들어서는 길리건-허튼 스캔들로 사장과 경영위원회 위원장이 모두 사임하기도 했다. 대체로 '반시민적 경제주의'인 신자유주의(Dahlgren, 2009)는 2000년대 이후 여야(보수당/노동당)를 막론하고 영국의 권력 체제 전반의 합의였으므로 BBC 역시 이에 영향을 받지 않을 수 없었다. 지금까지 살펴본 연구들이 대체로 BBC의 보수화를 비판한 이유도 여기에 있다.

2) 공정성 연구의 비판적 검토: 윤석민의 《미디어 공정성》

윤석민의 《미디어 공정성》은 거의 900쪽에 달하는 대작으로, (공영) 방송, PD 저널리즘, 케이블 TV, 인터넷 포털, 소셜 미디어, 팟캐스트 등 신문을 제외한 대부분의 미디어와 장르를 망라해 각각의 공정성을 분석한다. 그러나 그의 책은 유다른 성취만큼 비판을 받거나 다시 생각해 봐야 하는 거리를 적잖게 제공한다. 다음은 2016년에 썼던 내 글(조항제, 2016)을 수정·보완한 것이다.

윤석민의 책에서 내가 가장 인상 깊게 읽었던 대목은 이른바 탄핵 방송 보고서(이민웅 외, 2008)[31]에 가한 다음과 같은 비판이다. "…… 탄핵 방송 연구는 공정성에 대한 단순한 이론적 관점을 복잡한 방법론으로 가린, 심하게 말해 포장만 그럴듯한 연구였다. 이러한 맥락에서 동 연구가 분석 결과를 종합하여 탄핵 방송이 '아무리 느슨한 기준을 적용해도' 공정하지 못했다는 결론을 내린 것은 과도한 것이었다"(p.66; 이하 쪽수만 표시한 것은 《미디어 공정성 연구》). 그가 학계의 '동업자적 관행'을 무시하면서까지 이렇게 신랄하게 비판한 이유는 이 보고서가 가장 중요한 한국의 역사적·사회적 맥락을 경시한 것으로 보아서다. 그는 탄핵 보고서가 이런 맥락을 좀 더 반영하려 노력했다면, 텍스트에만 갇히지 않은 한층 풍부하고도 섬세한 분석과 타당한 결과 해석을 만들어 낼 수 있었을 것으로 본다.

그가 보기에 한국 사회는 사회적 민주화가 정치적 민주화에 훨씬 뒤진 '격차 사회'다. 사회를 이루는 각급 단위들, 곧 개인과 집단, 사회 간의 소통이 모두 위기에 빠져 민주화를 지체시킨다. 신뢰를 도모하고 책임을 감당하는 규범적 장치들이 강구돼야 위기의 원인인 편향을 극복할 수 있다. 공정성은 사회적 소통이 성립하기 위한 기본적이고도 필수적인 조건, 곧 미디어가 원론적인 자유주의 철학을 넘어 진정한 의미

31 이 책은 2004년 노무현 대통령 탄핵 당시 KBS가 했던 (탄핵) 방송을 분석한 한국언론학회의 보고서를 나중(2008)에 정식으로 출간한 것이다. 이 책은 탄핵 보도가 지극한 친정부(노무현)적 편파성을 보였다고 주장했다. 이에 대한 반박 역시 나중에 책(원용진 외, 2008)으로 나왔다.

의 자유를 극대화하기 위한 출발점이다.

윤석민이 생각하는 공정성 원칙은 "자유롭게 여러 관점을 오가는 …… 상호 보완적이고 개방적인 태도"(p.40), 곧 '다양한 입장들을 폭넓게'라는 슬로건으로 집약할 수 있다. 논쟁 사안에 대해 미디어는 어떤 입장을 취하든 주관의 개입을 피할 수 없으므로 편향을 극복하려는 노력을 지속적으로 경주하면서 상대적으로 더 나은 것(더 공정한 것)을 추구해야 한다고 한다. 표면화된 쟁점에 충실한 '내적 공정성'을 넘어 의제 자체를 더 큰 폭에서 검토하는 '외적 공정성'은 그의 참신한 제안 중 하나다.

그의 생각은 자신이 반대하는 극단론을 비판할 때 더 잘 드러난다. 극단론은 크게 네 가지인데, 첫째보다 뒤의 셋이 더 문제가 많다. 첫째의 극단론은 공정성 개념을 절차procedure[32]보다 실체substance의 차원에서 목적론적 가치로 정의하는 것이다. 이는 공정성을 실체적 진실의 규명이나 사회 정의·약자 배려 같은 '적극적 균형'과 동일시하는 일종의 본질주의적 관점이다. 이렇게 되면 앞의 진실 규명 같은 경우, (특히) 당대의 정치적 문제처럼 진실을 쉽게 밝힐 수 없을 때, 개념 자체가 유용성을 잃어버릴 위험이 있다. 뒤의 적극적 균형 부분에서는 '누구를 사회적 약자로 볼 것인가,' '어떤 방식으로 정의를 실현할 것인가'가 해결이 어려운 쟁점이 된다.

둘째, 셋째, 넷째는 상황론적 관점이 극단적으로 흐르는 경우로 각각 '정파적 시각,' '상대주의,' '무용론' 등으로 부를 수 있다. '정파적 시각'은 공정성을 당시 사회를 지배하는 시대정신쯤으로 보고 여론 정치

32 윤석민은 '실체'(적 진실)에 대비되는 '절차'라는 말을 명시적으로 쓰지는 않았다. 그러나 그가 강조하는 진실 성취의 '원칙,' 곧 정밀함, 정확성, 다양성 등의 가치들이 가진 형식성이 일반적으로 절차에 해당하므로 이를 포괄해 '절차'로 정의했다.

측면에서 주류나 다수의 가치로 판단하는 입장이다. 2004년 노무현 대통령의 탄핵 국면에서 국민의 다수가 지지했던 반대 의견에 따라 이를 집중적으로 다루면서 찬성 의견에는 비판적이었던 태도를 공정하다고 보는 것이 적절한 예가 된다. '상대주의'는 공정성 원칙을 상황이나 주체에 따라 다르게 적용해야 한다고 주장하는 것이다. 스스로 입장을 밝히지는 않으면서 은연중에 서로 다른 기준을 추구하는 '기자 저널리즘'과 'PD 저널리즘'은 상대주의적이다. PD와 기자는 프로그램을 만드는 기준이 달라 같게 취급해서는 안 된다는 주장인데, 윤석민은 이에 반대한다. '무용론'은 개념의 오남용을 우려해 공정성 자체를 회의적으로 평가하는 것이다. 편향성으로 유명한 폭스TV가 스스로는 '공정하다'고 하는 자기기만적 주장을 하는 데에서 공정성의 무용함이 발견된다.

이런 비판에서 유추해 볼 때, 윤석민은 본질주의(형이상학적 실체론)와 비본질주의(상황론) 사이의 중간쯤에서 절차적 원칙을 강조하며, 극단적 상황론과 상대주의에 반대하는 보편주의자다. 오남용을 우려해 정작 비관적 순환론에 빠져 버리는 무용론과는 대각에 선 실용주의자이기도 하다. 생래적 편향을 극복하려는 인간의 꾸준한 노력을 높이 산다는 점에서 점진주의자, 오류에 대해 관대한 수정주의자fallibilist로 보이기도 한다. 드러내지는 않지만, 언어·지식의 투명성, 인지주의적 합의 등에 대한 기본적 신뢰 또한 크다.

그러나 '자유롭게 여러 관점을 오가는' 그의 공정성은 주로는 정확성과 균형성, 다양성에 치우친 것으로 사회적 선과는 다른 개념이고, 오히려 참/거짓을 가리는 진실[33]에 더 가깝다. 이를테면 그는 많은 양을

33 나중에 자세하게 살펴보지만 여기서의 진실은 보도자 스스로 주장

할애한 〈PD수첩〉 광우병 건에서 공정성을 진실성과 정확성으로 대체해 불공정이 아닌 부정확 또는 허위·과장을 찾아낸다. '왜 〈PD수첩〉이 수많은 원인이 있는 앉은뱅이 소를 유독 광우병의 증상으로 보았느냐'는 부정확함의 지적은 탄핵 보도 때, 탄핵의 찬반에 대한 편파성 여부를 중시했던 사고(이민웅 외, 2008)와는 사뭇 다른 것이다.[34] 물론 저널리즘 일반에서 '사실'과 '좋은 증거'의 중요성을 부정하는 사람은 아무도 없다. 그러나 만일 정확성과 검증을 과다하게 강조하면, 공정성은 진실 여부에 의해 결정되며, 언론인의 태도는 '훈련된 객관성'을 추구하는 과학자의 그것과 같아지게 된다(Meyer, 2004).

이렇게 윤석민의 공정성은 '훈련된 객관성'에 가까워진다. 이 공정성의 슬로건은 정밀함이다. 그는 정밀함으로 "논쟁의 대상이 되는 세부 쟁점 사안들에 대한 체계적이고 논리적인 인식, 전문적이고 과학적인 분석, 논쟁과 검증을 통한 불확실성의 감소, 인식의 오류 내지 착각을 초래하는 전달 방식의 회피 등"(p.133) 일반 언론인으로서는 실천하기 힘든 여러 덕목을 아우른다. 이는 객관주의 위기에 월터 리프먼Walter Lippmann이 취한 언론 전문인 측의 엘리트주의 입장(Wien, 2005)과 사실상 같다. 새로운 미디어의 계속된 등장으로 그야말로 소란스럽기 짝이

하는 진정성truthfulness이 진실truth과 어느 정도 합치한 경우를 전제하는 것이다.

34 만약 탄핵 보도의 경우에도 진실이 있었다면, 그것의 반대가 '다수의 지지'가 되었든 '시대정신'(역사성)이 되었든 선택은 자명했을 것이다. '시민 부양civic uplift'이나 '애국심' 따위는 '진실 말하기'의 가치에는 턱없이 못 미친다(Murphy, Ward & Donovan, 2006). 멀리 갈 것 없이 '황우석' 사례만 봐도 쉽게 알 수 있다. 물론 당시 노무현 대통령의 탄핵이 그런 진실 여부의 판단이 자명한 사안은 아니다.

없는 최근의 시장 상황을 생각해 보면 참으로 이상주의에 가까운 최대주의적 요구가 아닐 수 없다.

그러나 이런 주장은 맥락이 언론인 '개인'에 머무르는 데 더 큰 문제가 있다.[35] 훌륭한 절차를 모색하려면 취재나 편집 등과 관련된 시스템적 차원도 같이 고민해 봐야 한다는 뜻이다. 주지하다시피 뉴스의 '일차적 정의자primary definer'인 출처 또는 정보원(Hall et al., 1978)은 권력적 네트워크로 구성되기 쉽다(취재 영역). 공정성을 달성하려면 이 네트워크가 중립적으로 재구성될 필요가 있다. 정보원의 검증 행태도 마찬가지다. 정해진 출입처, 즉 제도적 기관이나 기업은 일반 시민이나 민간 단체에 비해 검증이 쉽다(Godler & Reich, 2015). 어떤 의제를 선택하느냐도 뉴스에서는 중요한 정치적 사안이다(편집 영역). 먼저 떠오르는 기준은 '뉴스 가치' 같은 것이지만, 그 수준에 머무르기에는 뉴스 의제의 선택 기준이 너무 정치적·이념적이다.

윤석민이 보수와 진보의 차이를 전형화한 대로 진보가 공정성 원칙을 '언론 자유에 대한 규제나 위축'이라고 (부정적으로) 판단하는 이유도 이런 취재 네트워크·의제 선별의 시스템이 가진 편파성 문제가 크다고 봐서일 것으로 짐작된다. 여기에서 윤석민이 지목한, 공정성을 거부하는 진보는 자유주의 성향이 강한 '일부'다. 개념 해석에 따라 차이는 있겠지만, 오히려 공정성은 권력을 갖지 못한 측이 제기하는 대표적인 의제다.

35 미국의 경우, 우파의 비판은 개인과 사람에, 좌파의 비판은 시스템에 주로 집중된다(일례로, Entman, 2010). 그러나 만약 극복의 대상을 일시적 일탈인 '편향'을 넘어 정규적 관행이 바탕이 되는 '프레이밍'에 이르기까지 폭넓게 잡는다면, 범위는 필수적으로 확대되어야 한다(Schudson, 2011/2014).

물론 '공정성으로서의 정의'를 주장한 자유주의자 존 롤스(1971/2003)에 대한 좌우파 모두의 지지에서 보는 것처럼 공정성은 진보와 보수의 교집합이 다른 개념에 비해 상대적으로 넓기는 하다.[36]

시스템이 권력 편향적인 상태에서 진리 검증이 엄격해지면 사실상 언론이 다룰 수 있는 주제는 제한된다. 윤석민은 일탈로 간주되는 영역까지를 포함해 "**모든** 사회적 사안이 논쟁의 대상이 되는 것에 **비례**해 **엄정**한 공정성 원칙이 병행되어야 한다"(p.131. 강조는 인용자)고 한다고 정당하게 주장한다. 하지만 윤석민의 주장이 단순한 구두선이 되지 않기 위해서는 '모든'과 '비례적 엄정' 사이에서 발생할 수 있는 상충에 대한 보다 총체적인 접근이 필요하다.

이 점은 자연스럽게 논의의 순서를 관행적 절차로 이끈다. 윤석민은 공정성을 위해서는 편향을 극복하기 위한 노력을 지속적으로 경주하면서 상대적 나음을 추구해야 한다고 주장한다. 그의 목표는 비록 도달할 수 없다 해도 최대한 '절대적 사실성'[37]에 가까워지는 것이다. 절대적 객관성을 거부한 실용주의보다 한층 사실을 강조한다. 주로 프로그램을 만드는 과정상의 절차와 태도를 중시하고, 언론인들의 분발을 촉구한 이런 지적에 이론異論이 있기는 어렵다. 공정방송위원회 같은 노사 간 공식적 협의체에서는 대립하는 양측 사이의 게임의 규칙에 대한 '합의'를 강조한다. 원칙이야 기왕에도 있었지만, 그는 규칙이 더욱 정교하고 공고하게 다듬어져야 할 필요가 크다고 본다.

36 롤스에 대한 좌파의 지지는 캘리니코스(Calinicos, 2000/2006)를 참조하라.

37 절대적 공정성이 아닌 이유는 앞서 본 대로 윤석민이 공정성을 개인의 인식론적·절차적 차원에서 훈련된 객관성으로 여기기 때문이다.

이런 협의에서 양측이 “서로가 상대의 입장을 살피면서 타협과 양보를 한다면”(p.808), 윤석민의 기대대로 논란이 되어 온 방송의 지배 구조 문제까지도 쉽게 해결을 모색할 수 있을 것이다. 결정의 힘이 노사의 담론 ‘장 내’의 역학, 즉 커뮤니케이션에 있기 때문이다(Flynn, 2004). 서로를 만족시키는 ‘정교한’ 가이드라인은 필수적 전제가 될 것이다. 그러나 추후 밝혀진 바대로 결정의 관건이 ‘담론 안’이 아니라 ‘담론 바깥,’ 곧 대통령을 정점으로 하는 후견적 권력에 달려 있다면, 윤석민의 입론은 매우 제한된 설명력만을 갖게 된다.[38] 실제 윤석민 스스로도 언급한 대로, 2012년 MBC의 기록적 파업의 원인은 공정방송협의회란 담론적 절차를 완전히 무시한 사 측에 있었다. 공영 방송의 지배 구조 문제가 여전히 난항 속에 있게 된 이유도 ‘바깥’인 정치권이 ‘안’인 (방송) 전문가들의 결정을 무산시켜 버려서다. 이 점들이야말로 한국에서 ‘공정성 **투쟁**’이 ‘공정성 **원칙**’에 앞서게 되는 정당한 근거다. 윤석민은 원칙의 정립과 투쟁을 서로 대립시키고 있지만(p.807), 사실 투쟁은 ‘원칙을 위한 것’으로 양자는 결코 대척되는 관계가 아니다.

이렇게 담론의 바깥이 중요해지면 정교하고 세련된 내부의 규칙, 곧 담론의 의의는 현저하게 떨어진다. ‘옳음’임을 보장할 수 있는 조건 자체가 아예 성립하지 않는 것이다(김세은, 2006 참조). 공영 방송으로 말하면, 외압으로 인해 사장의 임명 등이 정치적 후견주의의 산물이 되고(조항제, 2014b), 공정성을 내재화시켜야 하는 보도국조차 정파적으로 분열

38 주지하다시피 KBS 사장의 선임 과정에는 청와대가 깊숙이 개입했음이 드러났다(김영한, 2017). ‘담론 안’은 그저 대리에 불과할 뿐, 결정권은 ‘담론 바깥’에 있다.

된다(최영재, 2014). 이런 사정에서 대립하는 양자에게 구속력을 발휘하는 진정한 합의란 애당초 연목구어가 아닐 수 없다.

미국이나 영국과 다른 한국의 역사적 경험은 객관성이나 불편부당성과 다른 공정성 이념을 부각시킨다. 사실 공정성 논쟁의 출발점은 불공정을 가리키는 '편파'였다. 5공화국의 전면적 억압 정책의 산물인 편파 방송 때문에 역설적으로 공정성이 한국 언론이 추구해야 하는 최고의 가치가 된 것이다. 2000년대 들어서는 진보 정부와 보수 언론 사이에서 벌어진 갈등이 공정성 논의를 새로운 차원으로 이끌었다(이준웅, 2005). 공영 방송에서는 수신료 인상을 둘러싸고 공정성에 대한 해묵은 논쟁이 수십 년째 반복되었다(조항제, 2014b). 요컨대 정치 경제를 비롯해 사회 곳곳에 내장된 눈에 보이지 않는 특권과, 이를 감시해야 하지만 '권력화'되었다는 소리를 들을 만큼 지나치게 정치화된 언론이 21세기 들어서도 여전히 공정성을 "신의 용어God-terms"(Zelizer, 2004)로 만들어 놓은 것이다.

윤석민 역시 이런 역사적 맥락을 중시한다. 이 점은 앞서 소개한, 탄핵 보도 보고서에 대한 비판에서 약여하게 드러난다. 그의 참신한 제안인, '일탈'을 규정하는 기존의 협소한 경계 허물기나 표면화된 쟁점을 넘어 더 폭넓게 안건을 다루는 외적 공정성도 이와 관련이 있다. 그러나 이런 맥락이 구체적으로 어떻게 나타나는지, 본인이 제기한 "한층 풍부하고도 섬세한 분석 및 타당한 결과 해석"(p.67)이 무엇인지를 보여 주지는 않는다. 오히려 그는 사실이나 근거를 더 많이 강조해 공정성보다는 진실성이나 객관성에 더 많이 주력하는 듯하다.

윤석민은 최근 제정된 KBS의 '공정성 가이드라인'의 한 규정 — "사실적 정확성에만 집중하다가 사실의 전후 관계와 맥락, 사실에 대한 판단과 해석 등과 같은 요소를 소홀히 취급해서는 안 된다"(한국방송공사, 2015: 44) — 을 강도 높게 비판한다. 맥락과 정확성 사이의 선택을 개개인의 판단에 맡겨 광우병 보도 때는 결국 제작자가 책임을 떠안게 되었다는 것이다. 그는 한 신문의 칼럼에서 이를 '방송사상 최고의 오보'라고 한 적까지 있다(윤석민, 2011). 이 규정은 지나치게 국지적 사실에 치중하다 사안의 맥락적 '전체성'을 놓칠 수도 있는 점을 우려해 만든 것이다(강명구, 1994). 파업 보도 등에서 경찰과의 대치 국면(사실적 정확성)이나 파업의 불편함이 보도의 대부분을 차지해 버려 정작 중요한 파업의 심층 관계(파업의 과정과 전후 맥락에 대한 판단)는 사라지는 것을 경계했다. 윤석민이 이의 대안까지 제시하지는 않았지만, 전후로 보아 아마도 '맥락이 중요하더라도 사실에 집중해야 한다'였을 것으로 보인다. 그러나 사실 이 대안은 가이드라인으로 볼 때는 그렇게 의의가 없다. 시키지 않아도 이미 어느 정도는 잘하는 일이기 때문이다(박진우 · 이정훈, 2016). 그런 점 때문에 전체성을 강조하게 되었지만, 윤석민은 정확성을 조금이라도 약화시켜서는 안 된다고 주장함으로써 오히려 맥락성을 약화시켜 버렸다.

이 대목에서 다시 윤석민은 역사성이나 사회성을 부각시킬 수 있는 언론의 적극적 기능이나 역할, 예컨대 '사회 정의'나 '약자 배려'에 대해서는 앞서 본 대로 해결이 어려운 쟁점이 대두된다는 이유로 거부한다. 그렇다면 그가 줄곧 강조하는 공정성 원칙의 실체가 무엇인지, 구체적인 내용이 궁금해진다. 보통 절차주의자들이 사회 정의 같은 형이상학적 도덕을 거부하는 이유는, 가치가 다원화된 시대에 특정의 공공선을 내세우는 것이 자칫 권위적 목적론으로 비화될 수 있어서다. 언론의 장으로 옮겨 말하면, '약자 배려'가 절차적 성격을 지닌 담론 내의 공정성을 넘어 외삽적인 것이 되는 것과 같은 이치다(이준웅 · 김경모, 2008). 언론의 자체적intrinsic 속성만으로 공정성을 보장하지 못한다고 생각한다면, 이런 외적extrinsic 고려가 불가피할 것이다. 그러나 담론 내부의 조정력으로 외부의 불평등한 현실에 대응할 수 있다는 논리는 양자의 호환성에 대한 '자명하지 않은' 합의를 필요로 한다. 이에 따라 절차의 산물인 법 역시 "소수이거나 이익 추구에 불리한 집단이나 계층의 이익을 충실하게 반영하기 위해 노력할 것을 요구한다"(방송법 제6조 5항)고 규정한다.[39] 이를 기준으로 보면, '약자 배려'는 결코 절차를 거스른 것이 아니다.

그러나 윤석민은 이에 과다하게 법조차 반대하면서 자신의 절차를 내용이 도외시된 몰가치적valueless 형식주의로 만들고 있다. 지금까지 본 대로 한국의 역사적·사회적 맥락에 대처하는 공정성은 그도 말하는 '언로言路의 불균형'(p.260)에 대한 판단과 대응을 필요로 한다. 즉 불균형이 있느냐(현저하냐) 여부, 이를 균형으로 만드는 것이 가능하고 필요한가 여부, 필요하다면 적절한 수단이 무엇이냐 여부에 대한 논의와 합의로 이루어지는 것이다. 그러나 그는 불균형은 인정하면서도 정작 이를 극복하고자 하는 조치에 대해서는 반대한다. 절차와 사실에 충실하자는 그의 주장이 불균형을 시정하는 효과가 전혀 없지는 않을 것이나 양자의 관계가 적어도 한국의 맥락에서 그렇게 즉효가 있는 것으로 보이지는 않는다. 일종의 '과녁을 맞히지 못하는 화살'인 셈이다.

39 특히 신자유주의적 시장 속의 상업 방송과는 반대 입장에 있는 사회민주주의 복지 모델의 공영 방송은 이런 불균형에 좀 더 민감하게 대응해야 할 것이다(Dawes, 2014).

2장

공정성의 개념

1. 언론의 가치/이념

공정성이 한국 언론에서 특수하게 논의의 중심이 된다는 점은 다른 가치들보다 한국 사회와 언론이 '공정함'을 필요로 한다는 뜻일 것이다. 그렇다면 다른 언론의 대표적인 가치들과 공정성이 맺는 관계, 유사점과 차이점을 살펴볼 필요가 있다. 앞서 서론에서 언급한 대로 공정성은 여러 속성이 복합된 클러스터 개념, 다양한 하부 개념을 거느린 우산 개념이기 때문이다.

먼저 언론이 추구해야 하는 가치 또는 지켜야 하는 원칙의 기원부터 논의해야 한다(Sjøvaag, 2010, 2018). 이 분야에서 자주 거론되는 가치의 가장 기초, 곧 표현의 자유·언론의 자유는 17~18세기 유럽에서 권위주의·절대주의에 대한 투쟁을 통해 성장한 자유주의로 기원이 거슬러 올라간다. 개인의 자유, 법에 의한 통치, 사유재산권, 종교의 자유, 표현의 자유는 이런 자유주의를 구성하는 기본 원리들이다.[40] 이런 원리

40 물론 한국의 경우, 이런 원리들은 제헌 헌법으로 '성취했다'기보다는 '주어졌다.' 그로 인해 다른 자유나 권리와 마찬가지로 자신의 것으로 만드

들은 자주 '사회적 계약'으로 비유된다. 계약은 상호성을 전제하는데, 이의 대표 격인 '국가'의 경우, 국민의 자유와 권리를 보호하고, 반대로 국민은 국가의 통치를 수용하는 것이 계약이다. 언론 역시 이런 국가와 유사하게, 한편으로는 자유와 특혜를 누리지만, 다른 한편으로는 원칙과 규제를 받아들인다. 이 원칙의 핵심은 '사적 개인'을 '공적 집합체'로 바꾸는 데 필요한 정보와 의견의 적절한 생산과 분배다. 정보가 거짓이어서는 안 되고, 너무 늦게 전달되어도, 너무 지엽적인 내용이어서도 안 된다. 의견도 올바른 판단에 필요한 만큼 경쟁적이면서 다양해야 한다.

이런 언론의 기본 가치에 대해서는 데니스 매퀘일Denis McQuail(2013), 빌 코바치Bill Kovach와 톰 로젠스틸Tom Rosenstiel(Kovach & Rosenstiel, 2014) 등의 논의가 포괄적이면서 체계적이다. 매퀘일은 저널리즘 실천의 기본 원칙으로 크게 네 가지, 즉 진실,[41] 자유, 연대성, 질서와

는 데 많은 시간이 걸렸다. 유럽 사례가 이런 한국과 동떨어져 있는 것은 맞지만, 민주주의의 경우가 그런 것처럼 참고의 의의조차 없는 것은 아니다.

41 'Truth'를 철학이나 종교의 용어인 '진리'로 번역하는 것은 언론(학)에서는 다소 혼란을 자초하는 것이 아닌가 한다. 언론 용어로는 진리보다 진실이 훨씬 많이 쓰이는데, 이유는 주지하다시피 언론의 대상이 '사실'이어서다. 진실이란 직역하면 '참된 사실'로, 인식론적으로는 '진실이라고 생각하는 믿음' 곧 '진정성'이거나 진리에 가까이 가기 위한 노력으로서 '기능적 진실'에 가깝다(Kovach & Rosenstiel, 2014). 그런 면에서 '진실'이 진리보다 나으며, 이의 성질을 가리킬 때는 진실성으로 쓰는 것이 적절할 듯하다. 진실성을 진리의 가치로 간주해 절대적 진리는 거부하지만 사회 존속의 최소한의 요건으로서 진실성은 중요하다고 주장하는 철학자 버나드 윌리엄스Bernard Williams 역시 이런 생각에 영향을 미쳤다. 윌리엄스는 진실과 관련된 덕목을 '정확성'과 '성실성'(진정성), 두 가지로 제시한다(Williams; Philips et al., 2013: 53에서 재인용). 철학자인 배식한(2003) 또한 송건호(1987)의 진실론까지 인용하면서 진리와 진실, 그리고 분석철학적 truth인 '참말'을 구분한다.

응집성 등을 꼽는다. 이 중 진실을 위한 질적 준칙을 행위와 내용 측면으로 나누어 전자에는 성실성, 본래성, 개인적 진실, 용기, 투명성 등을, 후자에는 정확성, 타당성, 사실성verisimilitude, 균형성, 포괄성, 중요 관련성relevance[42] 등을 제시한다. 편향, 프로파간다, 이데올로기 등 이 세 가지는 '반진실'이다.

언론의 속성이라기보다 조건에 해당하는 자유에서는 독립성과 접근성, 다양성 등 세 가지 세부적인 조건이 있고, 이는 다시 정보의 타당성, 독창성originality, 비판적 거리, 선택, 변화 등으로 나누어진다. 그러니까 언론의 자유는 특정 미디어의 독립성과 그 미디어에 대한 자유로운 접근을 낳고, 그 결과로 미디어의 내용이 다양해져 정보의 타당성·독창성·선택성 등이 높아진다는 것이다. 연대성 부분에서는 평등성과 다양성 등의 원칙을 추가해, 평등성에서는 접근 및 표상representation[43]의 평등과 불편부당성을, 다양성에서는 접근·표상·내용·수용자 등 네 가지 측면으로 나누어 접근한다. 연대성에서는 국가적 정체성과 애국주의, 사회적 공감,

42 한국에서는 이 개념이 그렇게 중시된 적이 없다. 이를 '외연적 품질'을 따지는 기준의 하나로 삼는 이준웅·김경모(2008) 정도가 예외일 것이다. 번역도 통일되지 않아 '관련성,' '유관성,' '적합성,' '적절성,' 때로는 아주 의역한 '중요성' 등이 모두 쓰인다. 이 개념은 표현 형식보다는 사실들의 '선택'과정과 관련되는 것으로, 수용자와 사회에 무엇이 중요한가에 대한 분명하고 일관성 있는 원칙에 따라 결정된다(Nordenstreng; McQuail, 2005/2008: 245에서 재인용). 그러니까 '어떻게'보다는 '무엇'을 강조하는 것이다. 사실이나 규범에서 의제 정치를 주도하는 이 원칙의 의의를 감안하면, '중요 관련성'으로 풀어쓰는 것이 어울린다.

43 나중에 다시 보겠지만 표상이나 재현, 대표·대리 등으로 다양하게 번역될 수 있다. 여기에서는 일단 포괄적인 번역어인 표상을 택했다. 이를 통해 매퀘일은 다양한 집단이나 개인이 언론에 어떻게 나타나는가를 제기했다.

소수자 보호, 글로벌 책임 등을 세부 차원으로 제시했다. 질서와 응집성에서는 법과 질서, 시민적 의무, 공적 예절과 도덕, 정직성이나 프라이버시 존중과 같은 개인적 행위의 가이드라인 등이 다루어진다.

이 책에서 매퀘일은 다소 특이하게 객관성을 '환경 감시monitor'와 관련해 논의하는데, 여기서 강조되는 것은 정보의 수집과 처리, 출처의 활용 등이다. 객관성은 중요 관련성, 정확성, 신뢰성(믿을 만한 정보원의 활용), 스타일과 형식으로서 사실성, 의견 및 해석과 사실의 분리, 논쟁에서 어느 편도 들지 않는 균형과 불편부당성, 자구字句 선택이나 프리젠테이션에서 중립성 등을 세부적 기준으로 삼는다.

언론인 출신인 코바치와 로젠스틸(Kovach & Rosenstiel, 2014)은 열 가지를 제시한다. 진리, 시민에 대한 충성, 사실 확인, 독립성, 권력 감시, 포럼의 제공, 중요 관련성, 포괄성과 적절한 비중, 양심의 실천, (시민 자신의) 권리와 책임감 등이다. 역시 언론인 경력을 가진 리처드 샘브룩Richard Sambrook(2012)은 BBC를 준거로 진실과 정확성, 공익에의 봉사, 불편부당성과 의견의 다양성, 독립성, 책임 등을 원칙으로 제시했다.

이를 토대로 공익 봉사나 책임, 시민에 대한 충성, 국가적 정체성 같은 '목적'에 해당하는 것을 제외하면, 크게 세 범주로 나눌 수 있다. 존재론과 인식론 측면으로 볼 수 있는 진리 또는 진실성, 사실 검증, 정확성, 투명성, 타당성, 반편향성 등이 하나의 범주가 된다. 둘째는 경합하는 다양한 정치적 의견이나 해석·관점을 자유롭고 공평하게 제시하는 실용주의적 차원의 진실 접근이다(Hearns-Branaman, 2016). 여기에는 독립성, 다양성, 중요 관련성, 평등성(균형성, 불편부당성, 중립성, 적절한 비중/비례), 포괄성, 포럼의 제공 등이 속한다. 많이 인용되는 베스터슈털(Westerstahl, 1983)은 이 두 가지, 실재론realism에 근거한 사실성과 균형·중립으로 이루어진 불편부당성을 객관성의 기본 요소로 삼는다. 셋째는 개인적 차원의 윤리 문제로, 정직성, 성실성, 본래성, 양심의 실천, 용기 등을 들 수 있다.

이 책에서는 이 세 가지를 기본 축으로, 이론이나 비교사회적 실천 측면에서 중요하면서 최근 디지털화 등의 변화를 통해 새로 주목받는 가치들까지 고려해 다음처럼 선정했다. 먼저 진실성(혹은 진리)이다. '진리'는 과학을 비롯해 모든 인간의 지식 행위가 추구하는 궁극의 가치로 저널리즘 역시 예외가 아니다. 다음으로 객관성이다. 객관성은 공정성과 연관되어 가장 많이 논의되었고, 공정성과 같은 지위의 복합적 개념으로 미국 언론에서는 패러다임으로까지 간주되었으므로 당연히 고찰이 필수적이다. 중요 관련성은 매퀘일의 순서에서는 뒤쪽에 있으나 현대 정치가 사실상 '이슈 투쟁'이 되는 측면을 고려해 앞에 놓았다. 진실성-사실성의 하위 가치이기는 하지만, 저널리즘의 모든 논의의 토대가 되는 정확성도 빼놓을 수는 없다. '정밀 저널리즘'은 이를 가장 중시한다. 디지털화가 진전되면서 새롭게 중시되는 투명성은 기사의 작성 과정을 공개하는 가치다. 개인적 윤리의 하나로 분류되기도 하지만, 뉴스의 생산량이 크게 늘어나고 서로의 기사가 이입되는 경우가 많아지면서 사회적 차원도 같이 부각된다. 사실성은 한국의 언론 현장에서도 흔히 '팩트'로 불리면서 나름의 지위를 인정받는 것이다. 많이 쓰이지만, 이해와 오해가 중첩된 혼란스러운 개념이다.

두 번째 차원인 실용주의 측면을 보면, 우선 독립성을 살펴봐야 한다. 언론의 존재 조건의 하나로, 자유·자율성과 가족 유사성이 있으며, 특히 (언론)조직이 정치적으로나 경제적으로 독립하지 못한 후진 사회에서는 분석의 가치가 높은 개념이다. 불편부당성, 다양성, 균형성, 중립성,

공평성 등도 마찬가지다. 특히 불편부당성은 영국에서는 공정성이나 객관성과 마찬가지로 여러 가치들을 포괄하는 클러스터 개념으로 쓰인다. 공평성은 미국 방송의 맥락에서는 정책적 측면으로 중시되었으므로 생략되기에는 아쉬운 개념이다. 반편향성은 공정성의 입장에서 보면 일종의 소극적 극복론이다. 매퀘일은 편향, 프로파간다, 이데올로기 등을 모두 묶어 '반진실'로 분류하면서 반편향성의 가치를 시사했지만, 이 중 이데올로기는 정의도 다양하고 용례 또한 넓은 개념이라 그렇게 적절한 것이라 느껴지지 않는다.[44] 이외에 본래성 같은 개인적 윤리 차원의 가치도 다루어야 한다.

1) 진리/진실/진실성/진정성

진실은 인식론적 측면에서 인간(개인)이 진리라고 인식·주장하는 '진정성truthfulness'[45]으로, 인식의 주체 입장에서 볼 때는 외부에 실존하는

44 매퀘일은 이데올로기를 은연중에(비의도적으로) 작동하는 '체계적 배제'의 메커니즘으로 간주한다. 그러나 그도 예를 든 대로 이에는 '반공산주의'나 '애국주의' 외에도 '민주주의와 자유'나 '반테러주의,' '환경주의'처럼 바람직한 것도 있다. 한국의 공정성 논쟁에서도 이데올로기는 역사 의식이나 헤게모니 같은 다른 이름으로, 긍정적으로 거론되기도 한다(강명구, 1994; 원용진 외, 2008).

45 앞서 서론에서 본 대로 진정성眞情性은 authenticity의 번역어로 새로 만들어진 말이다. 그러나 이 책에서는 truthfulness(Wahrhaftigkeit)를 진정성으로 했다. Wahrhaftigkeit는 sincerity로도 자주 번역된다. authenticity도 나중에 나오는데, 이는 본래성으로 했다. authenticity는 풀어 쓰면 자신에게 진실하다는 의미에서 '자기진실성'이다(송영배는 Tayor의 authenticity를 이렇게 번역했다; 김홍중, 2009). 주체의 느낌이나 감정을 중시하는 이런 진정

세계가 가진 속성인 '진리truth'에 가장 가까운 것이다. 위르겐 하버마스 Jürgen Habermas(1981/2006)가 주장한 타당성의 세 가지 유형이, 외부적 세계(物 자체)에 대응하는 인식론적 차원의 '진리'와 인식의 주체인 개인 차원에서 거짓 없음을 뜻하는 윤리적 '진정성,' 마지막 사회적 가치 판단의 차원에서 옳음을 주장하는 '정당성rightness'이라는 점에 비추어 보면, 진실은 개인 차원에서는 둘째 유형에 집중되지만, 넓게 보면 세 타당성에 모두 연관되어 있다는 것을 알 수 있다.

모든 언론이 진실하다고 할 수는 없지만, 우리가 사는 사회적 세계는 최소한이라도 진실성이 없으면 유지되지 못한다. 사회적 세계에서 언론과 매개의 경험은 말 그대로 압도적 비중을 차지하므로 아무리 상대주의가 판을 치더라도 언론과 진실이 갖는 연관은 결코 무시할 수 없다. 설사 어떤 진실이 허위로 밝혀지더라도 그 허위라는 판단 자체를 가능하게 하는 것이 나머지 진실이기 때문이다. 크든 작든 언론과 사회는 진실과 떼려야 뗄 수 없는 장 속에 살고 있다(이민웅, 2002; Kovach & Rosenstiel, 2014). 공정성 역시 마찬가지다. 진실하지 않는 언론을 공정하다고 할 수는 없다. 그러나 철학에서의 다양한 진리 이론들(Wrenn, 2015)이 보여 주는 바대로 진리·진실의 세계는 그렇게 자명하지 않다.

우선 가장 기초인 존재론에서부터 쉽게 의견이 합치되지 않는다. 외부적 실재의 존재 여부 자체를 '알 수 없다'는 차원에서 '괄호를 쳐놓는 bracketing' 반실재론이 갖는 나름의 설득력 때문이다. 반실재론에는 전적으로 진리의 객관적 이해를 거부하지 않고 '관찰'의 의의를 인정하는 '약

성에 토론과 검증의 지평을 더해 공공적 측면의 사실적 합리성까지 부가하면 '진정성眞正性'으로 발전한다(윤평중, 2009).

한 구성주의'와 관찰의 의의까지 인정하지 않는 '강한 구성주의'가 있는데, 후자의 강한 구성주의는 인간으로서는 외부 실재의 존재 자체를 증명할 수 없다고 주장한다. 미디어학자들 중에서도 구성주의자가 많다. '전략적 의례strategic ritual'론으로 유명한 게이 터크먼Gaye Tuchman은 실재론자이지만, 마크 피시먼Mark Fishman이나 하비 몰로치Harvey Molotch, 메릴린 레스터Marilyn Lester는 반실재론자에 가깝다(Lau, 2012; Lau & Morgan, 2014). 담론 이론가 사이에서도 차이가 있어 에르네스토 라클라우Ernesto Laclau나 샹탈 무페Chantal Mouffe 등은 반실재론, 노만 페어클라우Norman Fairclough 등의 비판적 담론 분석은 실재론에 속한다(Phelan & Dahlberg, 2011). 인식론에서는 '실재의 사회적 구성social construction of reality' 여부를 인정하는가/인정하지 않는가가 쟁점이 되는데, 아주 엄격한 일대일 상응론자가 아니면 대체로 이 구성성을 인정한다. 리프먼의 고전적 '의사환경'론은 이런 구성론의 선구자격으로 볼 수 있다.

최근 들어 '진실스러움truthiness'이나 탈진실post-truth 같은 새로운 개념이 등장하면서 진실론은 더욱 복잡해졌다. 진실스러움은 증거나 논리, 지적 검증이나 실재적 사실 없이 육감이나 기대에 따라 단순히 직관적으로 진실임을 주장하는 것이다(Schudson, 2009). 탈진실은 여론이 형성되는 과정에서 객관적 사실이 구성원들의 감정이나 개인적 신념보다 영향을 미치지 못하는 환경을 의미한다(옥스퍼드사전; Calcutt, 2016). 각각 2006년과 2016년에 사전들(메리엄-웹스터, 옥스퍼드)이 그해 단어로 선정할 만큼 많은 현실적 쓰임을 얻었다. 특히 유권자를 상대로 거짓말과 협잡을 일삼았지만 백인 노동자 계급의 압도적인 지지를 얻어 미국의 대통령에 당선된 트럼프 현상을 정치적 배경으로 하는 탈진실은, 체제가 제시하는 진실을 거부하고 상대화된 '진실들'을 추구한다. 적어도 교육받은 일부 자유주의 좌파들에게 과거 '진실의 레짐'은 이미 정당성을 잃은 것이다(Calcutt, 2016).

철학에서 진리에 관한 학설은 대체로 상응설correspondence theory, 정합설coherence theory, 다원주의, 최소주의deflationary theory 등이 경합한다(Wrenn, 2015). 진리가 '발견되는 것이 아니라 만들어지는 것'이라고 하면서 진리는 단지 언어의 함수이고 정당화일 뿐이라고 말하는 탈진리의 선구자격인 로티도 논의의 대상이 될 수 있다.[46] 저널리즘이 이런 철학적 진리 이론에 너무 깊이 연루될 필요는 없지만, 불가피하게 영향받는 부분까지 무시할 수는 없다. 서구 언론인들에 대한 한 심층 인터뷰에 따르면, 언론인들 사이에는 상응설에 가까운 일원적 실재론realism과 다원주의적 실용주의pragmatism가 모순적으로 공존한다(Hearns-Branaman, 2016). 일원적 실재론을 대체로 추구하지만, 혼란이 야기되거나 판단이 어려울 때, 특히 정치적 공방이 치열할 때는 여러 가지 의견을 공존시키는 다원주의적 실용주의를 따른다. 코바치와 로젠스틸(Kovach & Rosenstiel, 2014)은 상응설과 정합설에 맞춰 언론의 일을 두 가지, 곧 "사실을 올바르게 수집하는 일"과 "수집된 사실의 의미를 파악하는 일"로 요약한다. 그들은 저널리즘의 진실을 "기능적 진실"이라 말하며, "진실로 확인될 수 있는 가장 가까운 것"(《워싱턴 포스트》의 보도 원칙이기도 하

46 로티에 대해서는 워드(Ward, 2015), 하난(Hannan, 2016), 헤언스-브래너먼(Hearns-Branaman, 2016) 등을 참조할 수 있다. 특히 듀이를 따르는 진리-최소주의자 워드는, 진리를 추상적이고 형이상적인 방식으로 해석해야 하기 때문에 진리가 탐구의 목적이 될 수 없다는 로티의 생각에 반대하면서도 진리 추구에 절대적 진리관과 실재의 가정은 반드시 필요하지 않다고 주장한다. 이런 워드의 실용주의적 객관주의는 나중에 다시 살펴본다.

다)을 추구해야 한다고 한다.

저널리즘의 진실론에서 중요한 것은 이 진실이 단순한 사실적 정확성과 다르다는 점이다. '사실적으로 맞지만 실질적으로는 거짓일 수 있는 기사'를 극복하고 '전체 그림'을 보여 줄 수 있어야 진실된 뉴스다. 이 그림이야말로 진리론에서 말하는 '맥락성'이고, 개별 사실을 이해하게 해 주는 개념과 해석의 틀이다.[47] 이를 철학적 인식론을 넘어 사회적·역사적인 것, 곧 하버마스의 '사회적 세계'로 확대하면 워드(Ward, 2009, 2015)가 말하는 전체론적 관점holistic perspective이 된다. 물론 개별 사실은 정확해야 한다. 정확성은 다른 모든 것이 건설되는 밑바닥의 토대다. 그러나 모든 사실이 아닌 어떤 사실만이 '올바른 사실,' 곧 진실에 가까운 것이 된다. 이 사실들이 모여 진실(에 가까운)의 스토리, "겸손한 저널리즘"(Schudson, 2009)을 만든다. 그렇게 보면 저널리즘의 진실관에는 상응설(토대론)과 정합론, 최소주의, 실용주의가 모두 공존하는 셈이다.

각 언론(조직)·미디어·사회·문화의 약호 체계가 다르므로 진실 역시 여럿이 공존할 수 있다. '문제의 해결'을 중시해 '합리적으로 받아들일 수 있는 가능성'을 진리로 주장하는 실용주의에 따르면, '문제'로 인식되는 것은 사회적 약호 체계에 의해 크게 영향받는다. 물론 언론의 개별 진실은 나름의 이성적 판단, 워드가 인용하는 롤스의 "반성적 평형reflective equilibrium"(Rawls, 1999/2003) 같은 절차를 따른 후에 성립되는 것이어야 한다. 이런 진실들은 나름의 경쟁(토론) 과정을 거치는데, '사상

47 이는 해석적 저널리즘을 통해서만 가능하다(Salgado & Strömbäck, 2011). 이 저널리즘은 크게 ① 사실의 기술, ② 배경적·맥락적 정보의 추구, ③ 해석(설명, 분석, 평가; 언론의 목소리), ④ 의견 주장 등 네 단계로 나눠질 수 있다.

의 공개 시장'[48]이 이를 비유한 것이고, 최근 버전으로는 하버마스의 '공론장'이 이에 가깝다.

2) 객관성

사실과 가치를 분리하고, 사실을 있는 그대로 전달할 수 있다고 믿는 객관성은 잘 알려져 있다시피 20세기 이후 확립된 미국 언론의 주 패러다임이다(Schudson, 1978). 객관성에 대해서는 여러 가지로 접근이 가능하지만, 대체로 정보를 정확하게 보도하는 진실성, 공평성과 균형을 추구한다는 면에서 중립성, 보도자가 자신의 의견·사익을 조심하면서 사실에 치중하는 일종의 거리두기detachment로 요약할 수 있다(Maras, 2013; Calcutt & Hammond, 2011).[49] 단적으로 말해 객관성은 가치가 아니라 사실을 믿고, 저널리스트 개인이 아니라 집단과 조직의 제도화된 훈련과 관행을 믿는 것이다(Schudson, 1978). 객관적인 뉴스란 '스스로 사실을 말한다Facts speak for themselves.'

한 나라, 그것도 전 세계를 주도하는 나라에서 하나의 가치가 '패러다임'이 되는 과정은 여러 요인이 복합적으로 작용한 결과다. 패러다임이라면 주기 전체가 중요하지만, 여기서는 기원과 원인, 현재 상황에

48 그러므로 여기서 시장은 단순히 '일불일표一拂一票'의 채산이 작동하는 경제적 시장이 아니며, 오히려 자유로운 토의의 경쟁이 펼쳐지는 마당의 메타포다. 그런 면에서 시장은 지극히 이데올로기적인 용어다(Karppinen & Moe, 2014).

49 중립성이나 균형성을 객관성과 분리시키는 관점(김영욱, 2002)도 있지만, 이는 언론의 관행화된 객관성 이해에 비추어 볼 때, 객관성을 사실의 인식론적 측면에 국한한 협의의 관점이다.

대해서만 간략하게 살펴보고자 한다. 먼저 기원인데, 이에 대해서는 학자들의 견해가 다소 엇갈려 20세기 초 설과 이보다 시기를 위로 올려 잡는 설로 나뉜다(Maras, 2013). 대표적인 객관성 비판가인 하켓과 자오(Hackett & Zhao, 1998)는 19세기의 진보적 버전과 이보다 질이 낮은 20세기 것을 구분한다. 지배 이념으로 '도덕화'되는 시기가 1920년대 즈음인 점에는 크게 이견이 없다. 1923년 결성된 미국신문편집인협회가 성실성, 진실성, 정확성, 불편부당성 등이 들어간 윤리 강령을 처음으로 제정하면서 객관성은 미국 언론의 공식적 "신deity"(Mindich, 1998)이 되었다.

원인에 대해서도 여러 주장이 나온다. 이는 대체로 전문직주의적 접근, 정치적 접근, 상업화적(경제적) 접근, 테크놀로지적 접근, 기타[50] 등으로 나눠볼 수 있다(Maras, 2013). 객관성 연구의 선구자라 할 수 있는 마이클 셧슨Michael Schudson(1979, 2001)은 사회적·지식적·경제적·언론적 요인을 모두 지적하면서 종합적으로 접근한다. 그의 핵심은 결국 진실을 추구한다는 언론적(전문직적) 명분을 가진 객관성이 당시의 여러 조건, 특히 뉴스를 상품화하는 데 최적의 조건이었다는 것이다. '종교'나 '점성술'이 아니라 '과학'이 객관주의의 근저에 있다는 점은 그리 어렵지 않게 알 수 있는 지식사회학적 측면이다. "기법으로 출발한 게 하나의 가치가 되었다"는 루 캐넌Lou Cannon의 말(Bennett, 2009: 408에서 재인용)이 꼭 틀리지 않을지는 모르지만, 객관성 레짐이 가진 나름의 의의를 과도하게 폄훼할 가능성이 있다.

캐플런(Kaplan, 2010)은 미국 특유의 정치적 요인을 강조한다. 캐플

50 남북 전쟁, 흑인 인권 운동, 영국이나 오스트레일리아 등의 공영 방송의 영향 등을 말한다.

런에 따르면 객관성은 19세기 말부터 조성되기 시작한 진보주의 시대Progressive Era(1890~1920)의 영향을 받았다. 19세기 동안 미국 정치가 철저하게 정당에 의해 움직일 때, 언론은 전형적인 정당의 도구였다. 그러나 남북 전쟁 이후, 이런 정당이 부패하면서 대중의 불만이 진보주의를 형성하자 정당의 세는 약화되기 시작했다. 이에 따라 신문 역시 정당(치)의 영향으로부터 점차 벗어나게 되었다.[51] 이 시기부터 달라지기 시작한 미국 신문의 (출처) '인용' 스타일은 이런 탈정당화 현상의 형식적 징후로 볼 수 있다(Ryfe & Kemmelmeier, 2011).

경제적·시장적 요인이 부각되기도 한다. 당시 미국에서는 신문 하나만 있었던 도시가 55%였는데, 1930년대가 되면 71.5%로 늘어났다. 이전만 해도 경쟁하는 두 당을 지지하던 신문이 각각 있었다. 하지만 이제는 하나만 남았고 남은 신문은 특정 당에 치중하기는 어렵게 되었다(Streckfuss, 1990). 시장 논리에서 보아도 특정한 당파성이 없어 양측에 고루 신경을 쓸 수 있는 중간이 가장 많은 인구층을 모을 수 있는 합리적 선택이 된다(Ognianova & Endersby, 1996; Hamilton, 2004). 그러나 이 점에 대해서는 반대 근거도 유력하다. 당파성이 컸던 19세기부터 이미 신문의 경제적 규모는 폭발적 성장세를 구가했기 때문이다. 이 기세는 20세

51 물론 캐플런이 정치적 요인만 거론한 것은 아니다. 다음처럼 당시 시대가 공적 서비스와 전문직 이념을 천명했다는 점도 아울러 지적한다. "진보주의 시대의 개혁가들은 사회적 문제가 불편부당하고 식견 있는 사람에게 맡겨야 하는 사실과 기술적 해답의 대상이라고 믿었다"(Kaplan, 2010: 34). 이 시대 자체가 어느 정도 객관성을 만든 셈이다. 스티븐 마라스Steven Maras(2013)는 '연쇄 요인nexus factor'을 말한 적이 있는데, 나 역시 이에 동의한다. 객관주의·객관성 레짐은 정치·경제·사회 등의 요인이 연쇄적으로 발생하면서 특수하게 만들어진 것이다.

기 들어서도 줄어들지 않아, 1880년에 350만 명 정도였던 미국의 일간지 구독 인구는 1920년이 되면 3300만 명으로 9배가 넘게 증가한다. 이때까지만 해도 당파성은 컸다(Schudson, 2001).

객관성에 대해서는 이를 직업의 '전략적 의례'로 본 게이 터크먼(1978/1995) 이후, 수없이 많은 연구들(주로 비판적)이 쏟아져 나왔다. 대표적으로 글래서(Glasser, 1992), 하켓과 자오(Hackett & Zhao, 1998)를 들 수 있고. 최근에도 크래프트 등의 연구(Craft, 2017; Muñoz-Torres, 2012; Raeijmaekers & Maeseele, 2015)가 나왔다. 객관성 비판에서 특히 표적이 된 건 저널리즘의 '규제적 이상'인 절차나 방법보다 철학적 근거인 실증주의였다(Maras, 2013). 물론 객관성 비판 역시 객관성과 마찬가지로 정치·경제·언론·문화 등을 아우르는 포괄적인 것이었다. 실증주의가 철학에 대한 것이라면, 권력 순응은 정치적 측면에 대한 것이었고, 19세기 말부터 조성되기 시작한 시장 독(과)점에 최적화된 행태라는 지적은 경제적 측면에 대한 것이었으며, 외부의 공격을 피하는 데 명분으로 활용된다는 폭로는 업계의 편의적 관행을 꼬집었다. 격화되기로는 1950년대 들어 반문화 운동, 뉴 레프트의 등장 등으로 서구의 기성 질서가 온통 부정되면서부터였다. 특히 객관성이 조장한 수동성이 언론에 필수적인 최소한의 권력 견제 기능을 사라지게 만들었다는 비판이 성행했다. 급기야 1996년에는 기자협회가 강령을 수정해 객관성을 빼 버렸다.[52]

52 남은 것은 '진실 추구,' '해악 최소화하기,' '독립적으로 행동하기,' '책무 다하기' 등이었다(Hackett, 2008). 객관성 대신 쓰인 용어는 진실, 정확성, 균형, 공평성 같은 것이었다. 그러나 이에 대해 베넷은 무슨 말로 바꾸어 부르든, 미국 언론인들의 객관주의적 관행이나 신조가 바뀐 것은 없다고 한다(Bennett, 2009, 2015).

폭스TV 뉴스Fox TV News를 필두로 최근 들어 나타난 의견 저널리즘의 경향 또한 객관성을 위협하는 현상이다. 핑크와 셧슨(Fink & Schudson, 2014)에 따르면, 1950년대부터 2000년대 사이에 나타나는 미국 언론의 중요한 변화 중 하나는 '관행적 기사'가 줄어들고 '맥락적 기사'가 늘어나고 있다는 점이다. 맥락적 기사는 단순한 사실의 전달을 넘어 상대적으로 호흡이 길면서 인과 관계를 밝히려 노력하는 '분석' 뉴스다. 〈뉴욕 타임스〉와 〈워싱턴 포스트〉, 〈밀워키 저널 센티널*Milwaukee Journal Sentinel*〉을 대상으로 조사한 결과에 따르면(권력 비판에 치중하는 '탐사 보도'와 개인적 경험을 많이 다루는 '사회적 공감' 뉴스는 제외했다), 1955년에 관행적 기사와 맥락적 기사의 비율은 85:8인데 비해 2003년에는 47:45가 되었다. 이런 경향은 '해석적 저널리즘'이나 '주창 저널리즘' 논의에서도 유사하게 나타난다(Salgado & Strömbäck, 2011; Waisbord, 2009/2016). 재미있는 것은 1960~1970년대의 수많았던 대안 저널리즘에 맞서 객관주의 보도를 강조하던 우파 언론인들이 지금 들어서는 이렇게 해석을 도입하는 데 앞장서고 있다는 점이다(Waisbord, 2009/2016).[53] 이 모델에서 주장하는 최근 미국 뉴스 조직의 특징은, 이제 '시장에 있지만 더 이상 수익성이 없고,' '독립적이지만 정치적 색채가 뚜렷하며,' '전문(직)적이지만 비전문직·비숙련에게도 시장이 닫혀 있지 않다.' 무엇보다 19세기 때처럼 상업주의와 정치화가 결코 상호 배제적인 행위가 아니고, 이전에는 규범을 준수하는 일(중립)이 이제는 오히려 정직하지 않은 짓처럼 되어 버렸다

53 후진국이 많은 남반구에서는 오히려 시민 주창 저널리즘이 주류 언론의 주목을 받기 위해 표준적인 뉴스 보도와 준칙을 엄격하게 따르는 경향이 있다(Waisbord, 2009/2016).

(Nechushtai, 2018). 이를 두고 미국과 유럽의 저널리즘이 닮아가고 있다는 지적도 나오고(Starr, 2012), 이전의 자유주의에 '극(단)화된polarized'이라는 수식어가 붙은 혼종 모델로 바뀌어 간다는 주장도 나온다.[54] 잘 알려져 있다시피 유럽 언론은 결코 미국의 객관성을 따르지 않았다.[55] 미국과 같이 '자유주의 체제'로 분류되는 영국에서조차 객관성은 통신(로이터)이나 방송(BBC)에만 해당될 뿐, 신문에서는 원칙이 되지 못했다. 영국 언론에서 당파성은 결코 금지되어야 할 것이 아니었다(Hampton, 2008).

그러나 객관성 입장에서도 효과적인 대응이 불가능했던 것은 아니다(Lichtenberg, 2005; Boudana, 2011; Ryan, 2001). 인식론적 측면은 오래전에 포기해 실증주의 비판을 '허수아비 공격'으로 만들었고, 작업적 규준에서는 공평성이나 정확성, 균형성 등으로 구체화해 개념(객관성)이 가진 추상성이나 모호성을 줄였으며, 투명성을 새로 등장시켜 일부를 대체·보완하기도 했다. 비판받을 때마다 마치 하나의 이데올로기나 패러

54 덧붙이면, 로컬리즘이 약해져 중앙–집중이 되었고, 원하지 않는 뉴스를 피하는 것이 가능해지면서 뉴스 소비가 크게 불균등해졌다. 언론 소유는 자선 사업이거나 정치적 행위가 되어 버렸으며, 독점이 사라지면서 불편부당성 역시 같이 줄어들었다(Nechushshtai, 2018).

55 그래서 영국과 미국에서 동시에 학술 활동을 한 노리스(Norris, 2009)는 핼린과 만치니가 두 나라를 하나의 유형('북대서양형 자유주의')으로 묶은 것은 잘못된 것이라고 강하게 비판한다. 이런 노리스의 주장에도 찬성과 반대가 엇갈린다. 이스라엘–BBC 출신의 미국 학자 젤리저(Zelizer, 2018)는 여전히 미국과 영국을 하나로 묶어 '앵글로 상징'을 주장한다. 그러나 다른 한 비교 연구에서 영국 신문은 1960년대에는 미국과 독일 사이였지만, 최근에는 미국과 이탈리아 사이로 자리가 매겨졌다(Esser & Umbricht, 2014b). 사실을 존중하지만, 객관이나 중립이 아니라 확실한 자신의 정치색을 가진다는 뜻이다.

다임처럼 수시로 자신을 '보수補修'한 것이다(Reese, 1990). 최근 들어서는 실용주의를 원용해 면모를 일신함으로써 '마지막' 노력을 보여 주고 있다(Ward, 2015). 이들은 객관성을 비판했던 각종 급진적 '주의들'이 언론에 제기된 여러 윤리적 이슈들을 해결하기는커녕 오히려 악화시켰다고 주장한다. 비판은 쉬웠지만 대안을 만들지는 못했다는 뜻이다. 최근 들어 온라인 미디어들이 창궐하면서는 오히려 사실에 충실한 중립적인 언론, 곧 객관적인 언론에 대한 필요성이 수용자를 중심으로 커지는 추세다(Willnat et al., 2019). 73년 만에 공식적 이념에서는 빠졌지만 여전히 객관성은 저널리즘의 가치 목록의 가장 앞자리에 있다.

3) 중요 관련성

'무엇이 수용자와 사회에 중요한가'인 중요 관련성은 언론 조직이 내세우는 주요 가치 중 하나다. 앞서 잠시 언급한 대로 'relevance'는 그간 '관련성,' '유관성,' '적합성,' '적절성,' '중요성' 등으로 번역되었지만, 이 글에서는 중요성을 강조해 '중요 관련성'으로 했다. 다른 가치, 특히 객관성이 '어떻게'에 주목한다면, 중요 관련성은 '무엇을'을 중시한다. 객관성이 검증의 원칙을 따르는 '내포적 품질'이라면, 중요 관련성은 뉴스가 얼마나 수용자나 전문가 집단의 필요에 부응하느냐에 따른 '외연적 품질'이다(이준웅·김경모, 2008). 많은 이슈들이 뉴스가 되지 못해 사장되는 것을 생각하면 이 '무엇'은 그 어떤 '어떻게'보다 중요할 수 있다.

예를 들어 보자. 에드워드 허먼Edward Herman과 노엄 촘스키Noam Chomsky(1988/2006)의 유명한 프로파간다 모델에서 권력 집단이 자신의 생각을 주입하기 위해 사용하는 방법 중 하나가 바로 '주제의 지정'이다.

주제를 정할 수 있다면, 나올 수 있는 논의나 주장도 제한할 수 있기 때문이다. 미국의 주요 방송 정책 중 하나였던 공평성 원리fairness doctrine[56]에서도 먼저인 원칙은 공적으로 중요한 이슈를 언론이 충분히 다루어야 한다는 것이다. 이를 어떻게 다루느냐는 다음 일이다. 이 원칙이 폐지된 이유도 적어도 공식적으로는 '충분히'라는 앞의 원칙을 충족시키지 못해서다(Ruane, 2011). 달레시오와 알렌(D'Alessio & Allen, 2000), 엔트먼(Entman, 2007)이 지적한 '의사 결정' 편향과 '게이트키퍼' 편향, 곧 '제시presentation'에 대비되는 '선정selection'의 편향도 바로 이 부분, 곧 의제 선정 과정에서 작용하는 선별성을 가리킨 것이다.

공식적·비공식적인 관행과 '감각'에 따른 뉴스 선택에서 먼저 거론되는 이론적 접근은 뉴스 가치론news value이다. 뉴스 가치론은 선구자 격인 갈퉁과 루게(Galtung & Ruge, 1965)의 연구 이래 소셜 미디어까지 망라한 최근의 것(Harcup & O'Neill, 2017)에 이르기까지 여럿의 기준을 제시해 놓고 있다. '독점성,' '부정적 뉴스,' '갈등,' '경악,' '좋은 그림이나 소리,' '공감,' '즐거움,' '드라마,' '후속 보도,' '파워 엘리트,' '중요 관련성,' '대량성,' '유명인,' '긍정적 뉴스,' '뉴스 조직의 의제' 등 15개 뉴스 가치가 그것이다. 그러나 이런 기준은 근거가 되는 중추 이론이 없이 다양한 차원이 혼란스럽게 나열·착종된 것이다. 우선순위도 없고 서로 배치되기도 한다.[57]

56 논쟁적 이슈를 충분히 다루되 찬성과 반대를 균형적으로 배치해야 한다는 원칙으로 1949년 FCC에 의해 제정되었다. 이 원칙은 1987년 오히려 이 규제 때문에 방송이 논쟁적 이슈를 피한다는 이유로 폐지되었다(Wikipedia: FCC fairness doctrine).

57 슈메이커와 코언(Shoemaker & Cohen, 2006)은 이를 단적인 두 변수, '일탈deviance'과 '사회적 중요성'으로 집약하기도 했다. 가장 뉴스 가치가 높은 것은 '9·11 공습'처럼 이 둘이 모두 높은 것이다. 일탈 정도는 높으면

케이플과 베드나레크(Caple & Bednarek, 2015)는 '사건을 뉴스화하는 기자의 인지적 측면,' '사건의 속성에 따른 물질적 측면,' '뉴스 텍스트가 뉴스 가치성을 구성해 내는 담론적 측면' 등의 세 가지 차원으로 뉴스 가치를 분류해 이를 처음으로 체계화하려 했다.[58] 이에 따르면 뉴스는 사건 내적·자동적 차원이 아니라 사건 외적·타동적 차원에서 결정된다. 뉴스는 '뉴스로 되는 것'(물질적 접근)도 있지만, 더 많은 경우에 뉴스로 간주되거나(인지적 접근), 뉴스로 '만들어진다'(담론적 접근)는 것이다(Caple & Bednarek, 2016). 베스터슈털 등(O'Neill & Harcup, 2009; Westerstahl & Johansson, 1994)이 뉴스 이데올로기를 뉴스 가치론의 핵심에 놓은 이유가 여기에 있다.

언론 내적·자동적인 것으로 볼 수 있는 뉴스 가치도 현실에서는 엘리트·유명인 등 공식적 정보원에 대한 높은 의존, 인종적·문화적 편견에 따른 배제, 선정주의에의 치중같이 권력적·시장적 영향에 취약하다는 문제를 낳는다(Calcutt & Hammond, 2011). 이 중 엘리트 출처는 정부의 개입이나 경제적 어려움과 더불어 현대 언론의 '3중 위기'로 꼽히는 것이다(Curran, 2018). 선정주의에 치중하면, 갈등이나 사고, 사생활 폭로 등 온

서 중요성은 낮은 '다이애나 전 황태자비의 사고사' 같은 것이 다음이고, 중요성은 높지만 일탈은 아닌 '예산안의 통과'는 그다음을 차지한다고 볼 수 있다. '지방의회의 정기 모임'은 중요하지도 않고 일탈도 아니므로 가장 뉴스 가치가 낮다.

58 이를테면, 이는 이종혁 등(2013)이 한국의 일선 기자들과 인터뷰해 새롭게 구성해 낸 열 가지의 뉴스 가치와 비교해 볼 필요가 높다. 이는 '사회적 중요도,' '새로운 볼 거리,' '수용자 관련성,' '인간적 흥미' 등을 최상위 요인으로 한 차상위 요인으로, '영향성,' '저명성,' '심층성,' '갈등성,' '참신성,' '활동성,' '유용성,' '근접성,' '오락성,' '이야기' 등이다.

갖 자극적 소재들만 뉴스거리가 되고, 중요하지만 어려운 주제는 배제되게 된다. 이 '기회 비용'은 영국의 학자 콜드리(Couldry, 2012)가 가장 큰 미디어 부정의로 꼽았던 것이다. 물론 갈등에 집중하면, 부분적으로는 공방을 벌이는 여야를 공평하게 보도하게 되는 약간의 긍정적 효과는 있다(van Dalen, 2011). 공정성 시비를 피하기 위해 아예 쟁점 사안을 다루지 않는 '무보도' 역시 뉴스 가치의 허약성 또는 권력의 자의성을 여실히 보여준다.[59] 앞서 본 대로 이 무보도 때문에 공평성 원리는 폐지되었다.

뉴스에 대한 권력의 영향은 '하나의 이슈에 국한되느냐, 여러 이슈에 공히 적용되느냐,' '주어진 맥락에 따르느냐, 따르지 않느냐,' 꼭 '의도를 동반하느냐, 의도가 없어도 원하는 대로 되느냐,' '적극적 행위에 의한 것이냐, 소극적으로도 얼마든지 권력을 관철시키는 '향유'가 가능한가'에 따라 성격이나 정도가 달라진다(이 기준들은 Lukes, 2005 참조). 만약 여러 이슈에 걸쳐, 그때그때의 맥락에 구애받지 않고, 의도나 적극적 행동이 없이도 권력 행위가 관철된다면, 그야말로 영향의 정도는 가장 높을 것이다. 허먼과 촘스키의 프로파간다 모델은 이렇게 무조건적으로 작용하는 '필터'[60] 때문에 권력이 아무런 제한 없이 언론을 지배할 수 있는 점을 비판한다. 공정성이 권력에 반대하는 측면을 지닌다면, 이슈

59 사회적 중요성의 합의도가 상대적으로 높은 서구에서는 잘 연구되지 않았던 주제이나 최근 들어 의사 결정의 편향이 중요해지면서 관심이 늘어났다. 이슈 투쟁이 중요했던 한국에서도 연구는 비교적 최근에 되었다(김수정, 2016; 정수영·남상현, 2012).

60 이 필터는 ① 언론의 규모, 소유권, 수익 지향성, ② 주요 수입원인 광고, ③ 권력적 정보원(정부, 기업, 전문가 등), ④ 강력한 비난(압력), ⑤ 국가적 종교이자 통제 메커니즘으로서 반공주의 등이다(Herman & Chomsky, 1988/2006). 앞서 언급한 '주제의 지정'은 이의 효과 중 하나다.

선정과 밀접한 연관이 있는 중요 관련성이 시발점이 되어야 한다.

최근 들어 미디어들이 폭발적으로 급증하면서는 의제를 부각시키는 '게이트키핑' 윤리보다 공중과 맺는 '관계' 윤리가 더 중요하다는 지적도 나온다(Singer, 2010). 상대적으로 중요 관련성의 가치가 약화되었다는 주장이다. 소셜 미디어들이 보편화되면서 기존 미디어들의 이슈 제기 능력은 확실히 저하된 듯하다. 언론인 역시 중심 지위를 네트워크에 내주는 중이다. 그러나 '관계'에서 중요한 가치를 되짚어 보면 여전히 기존 미디어는 비교 불가다. 아직 기존 미디어만큼 '신뢰' 받고 '명망' 높은 뉴 미디어가 없기 때문이다. 독보적인 '더the 미디어'는 더 이상 아니라도 미디어 간intermedia, 미디어 집합에서는 여전히 연계성의 핵심이다. 기존 미디어의 중요 관련성 가치는 지금의 의제 정치에서 결코 경시될 수 없다.

4) 정확성

진실성의 하위 가치로서 정확성accuracy은 '정밀 저널리즘'(Meyer, 2002)에서 가장 전형적으로 주장된다. 이에 따르면, 언론인은 마치 과학자처럼 정해진 엄격한 방법과 절차를 준수해 정확한 지식 또는 정보를 생산해야 한다. 꼭 정밀 저널리즘이 아니라도 수시로 벌어지는 언론 관련 문제에서 이른바 '검증'의 이름으로 행해지는 각종 대응·대조의 행위들도 진실성-정확성의 가치에 입각한 것이다. 이런 정확함이 뒷받침된다면, 정치적 입장 같은 것은 아무리 다양하더라도 얼마든지 공존과 타협이 가능하다. 공정성의 기본 터전이 마련되는 것이다.

이를 처음 강조한 사람은 언론인이자 정치가인 월터 리프먼이었다. 1919년 러시아 혁명이 발생하자 당시 미국 언론은 이를 심각하게 왜곡해 보도했다. 리프먼이 보기에 그 이유는 '무엇이 일어났는가'가 아니라 '무엇을 보고 싶어 하는가'에 잘못 집중해서였다. 그의 대안은 '선부르고, 검증되지 않은 예단으로부터 자유로울 수 있는 방법'이었다. '공통의 지적 방법과 공통의 타당한 사실'을 위해 리프먼은 언론의 '직업 학교'가 필요하다고 주장했다(Kovach & Rosenstiel, 2014).

그러나 언론인은 과학자와 다르다. 과학자에게 있는 엄격한 기준들, 예를 들어 정해진 절차, 통일된 방법, 제도적 자격 기준, 장기간의 수학修學 등이 언론인에게는 없다. 허술한 과정에서는 과학처럼 정밀한 정확함이 만들어지기 어렵다. 이런 자의식은 언론인에게도 있다. 포스트(Post, 2014)가 독일의 과학자와 언론인을 대상으로 '과학적 객관성'에 대해 어떻게 생각하는지를 물어본 적이 있다. 객관성의 의의와 타당성에 대해서는 양측이 큰 차이를 보이지 않았으나 객관성을 구현하는 방법에 대한 확신은 과학자에 비해 언론인이 훨씬 약했다. 또 언론인은 객관주의를 '사실'을 중심으로 사고하며, 통제(실험)가 용이한 대상을 다루는 과학자들과 달리 객관성의 달성 가능성에 대해 회의적이었다. 이 점은 언론인이 가진 기준이 과학자의 엄밀성에 현저히 미달한다는 점을 새삼 확인시켜 준다.

보통 수용자들은 잘 느끼지 못하지만, 의외로 기사의 대상이 되어 보았던 사람들에게 기사의 정확도를 물어보면 '정확하지 않다'는 대답이 많이 나온다. 미국과 스위스(그리고 일부 이탈리아)를 비교한 최근 연구(Porlezza & Russ-Mohl, 2013)에서도 마찬가지다. 이 연구에서 스위스 신문의 기사 부정확률은 무려 60%에 달했다. 미국 신문도 반에 가까운 48%가 부정확했다.[61] 이 차이 12%는 물론 큰 의미를 갖지 않는다. 상대

61 물론 이 수치를 언론이 스스로 인정하느냐는 별개의 문제다. 언론 문

적으로 스위스의 설문 대상자들(곧 언론의 출처다)이 미국보다 신문에 대해 더 까다롭게 잘못을 지적했기 때문이다. 그러나 반을 넘기까지 하는 양 국가의 공통적 절대 수치는 중요하다. 그만큼 지금의 언론이 정확치 않다는 뜻이기 때문이다.

더구나 양국은 부정확의 유형에서도 큰 차이가 없어 현대 언론에 일종의 '구조적 오류'가 있음을 잘 보여 준다. 양국은 '잘못된 헤드라인,' '잘못된 인용,' '잘못된 스펠링,' '잘못된 숫자,' '잘못된 직업 범주' 등에서 공통적으로 부정확했고, 미국이 스위스보다 양은 적었지만 정도는 더 심각했다. 부정확의 이유 역시 서로 비슷한데, '(사안에 대한) 이해의 결여,' '마감 압력,' '불충분한 (사전) 연구,' '사건 자체의 혼란성' 등이 상위를 차지했고, '(의문에 대한) 질문의 불충분성,' '적절한 질문 결여'가 스위스보다 미국에서 비중이 높았다. 미국 신문이 상대적으로 질문을 하지 않는다는 뜻이다. 이탈리아 역시 이런 공통점에서 큰 변이를 보이지 않았다.[62]

이런 결과는 절대적 수치는 말할 것도 없고, 쉽게 고치기 어려운 부정확의 이유에서도 상당한 충격을 안겨 준다. 이로만 본다면 지금처

화의 성격에 따라 오류를 인정하는 정도가 다를 수 있고, 특히 기사에서 해석의 비중이 클 때, 더욱 그러할 것이다. 그러나 기사에 인용되는 일차적 정보원보다 더 정확하게 기사를 판단할 수 있는 사람은 없다. 많은 주목을 받은 사안인 경우에는 다른 미디어와 교차로 체크하는 것도 가능하다. 그러나 그런 기사는 상대적으로 적다(Porlezza & Russ-Mohl, 2013).

62 그러나 상대적으로 신문에 대한 신뢰도는 그렇게 낮지 않아서 스위스는 7점 만점에 5.5, 미국은 5.1이었다. 한국 신문에는 이런 연구가 없어 비교하기 어려운데, 내 생각으로는 이 수치보다 낮으면 낮았지 높지는 않을 것 같다. 오류가 발생하는 이유로 여기서는 없는 아주 큰 것, 곧 '정파성'이 추가될 수 있어서다. 특히 제목과 인용에서 한국 신문들은 자신의 '해석'을 앞세워 심한 왜곡을 감행한다.

럼 언론의 공신력과 신뢰성이 떨어진 것은 순전히 언론 자신의 책임이다. 미국의 경우, 언론이 정확하다고 믿는 수용자는 전체 국민의 1/3에 불과하다. 사실상 진입 장벽이 없는 온라인 미디어가 지금보다 더 보편화되면, 이런 수치는 더욱 내려갈 것이다. 코바치와 로젠스틸(Kovach & Rosenstiel, 2014)의 주장대로 뉴스의 정확성은 뉴스와 관련된 모든 것, 예를 들어 맥락, 해석, 논쟁, 그리고 기타 공공 커뮤니케이션의 토대다. 토대가 흔들린다면 상위 가치 또한 의미를 찾기 어렵다.

5) 투명성

투명성은 언론이 기사의 출처나 작성의 경위, 사실의 확인, 전문가 자문, 최종 결정의 이유 등을 수용자에게 밝히고 설명하는 것이다. 이런 투명성은 정보의 출처를 제시하지 않고 단순히 자기 스스로 이해한 사실을 쓰는 전통적인 '신의 목소리' 접근법(Kovach & Rosenstiel, 2014)을 거부하면서 기존 전문직주의의 '관할jurisdiction'[63] 문제를 새로이 제기한다. 투명성은 현실과 일정한 거리를 두고 '관점은 없다'[64]고 주장하면서 기

63 전문직주의 논의에서 '관할'은 이를 강조한 A. 애벗A. Abbott 이래 여러 논자가 주장해 왔다. 그러나 법이나 의료 영역과 달리 언론에서 관할은 그렇게 중요한 변수가 아니다. 주지하다시피 언론의 장은 다른 전문직 영역처럼 기존 직업인의 '자격과 보호,' 곧 관할이 가능한 곳이 아니라 누구나 말하고 쓸 수 있는 '개방과 자유'의 장이기 때문이다. 한마디로 언론에서 언론인은 직업적으로 그 영역을 독점할 수 없다(Davis, 2010; Waisbord, 2013).

64 이는 공공 저널리즘의 주창자인 로젠이 미국의 의무주의 윤리학자 토머스 네이글Thomas Nagel의 책 이름 "어디에도 없는 관점The view from nowhere"에서 따온 것이다(Maras, 2013).

자 자신을 철저하게 숨기는 객관성과는 정반대의 가치다(Hellmueller, Vos & Poepsel, 2013; Vos & Craft, 2017).

물론 취재나 자료, 글쓰기 '방법의 공개'와 관련해 객관성과 투명성은 공유하는 부분이 많다. 앞서 객관성이 자신을 옹호하면서 일부를 투명성으로 대체했다고 했는데, 바로 이 부분을 말하는 것이다. 그렇게 되면 지금의 조건에 맞는 '투명한 객관성'(Allen, 2008)이란 개념도 가능할 것이다. 그러나 관점이나 시각, 출처의 공개 등에서 아직도 폐쇄적인 언론의 관행은 둘 사이를 자주 대립적인 관계로 만들어 버린다.

투명성은 이에 가장 적극적인 싱거(Singer, 2007)를 비롯해 많은 논자들의 주장대로 인터넷·디지털 시대가 낳은 것이다. 모든 것이 '망'으로 연결되어 별개의 것은 하나도 존재하지 않는 초연결 사회에서 투명성은 추구해야 하는 하나의 가치이기 이전에 정부를 비롯한 각종 권력 제도 모두가 적응해야 하는 불가피한 사회적 추세이기도 하다. 실제로 미국의 기자협회에서는 2014년 윤리 강령을 개정하면서 투명성을 책무성과 더불어 저널리즘의 핵심적인 원리로 제정했다. 투명성은 이제 새로운 객관성(The Economist, 2011. 7. 9)이거나 온라인 시대의 새로운 '문화 자본'으로 간주된다(Hellmueller, Vos & Poepsel, 2013).

투명성 논의에서 가장 많이 등장하는 용어는 개방성과 책무성이다. 투명성이란 정보를 모으고, 조직하고, 전파하는 과정을 드러내 보여 주고, 뉴스룸의 안과 바깥에 있는 사람들이 언론 과정을 감시하고 비판하고 때로 개입까지 할 수 있는 기회를 주는 것이다(Deuze, 2005). 투명성은 두 단계, 곧 언론이 스스로를 밝히는 '공개적 투명성'과 수용자가 개입·평가하는 '참여적 투명성' 등으로 나뉜다(Karlsson, 2010). 수용자는 언론이 제시한 여럿의 판단 과정을 보고 기사의 타당성을 평가할 수 있다.

투명성은 숨겨진 것을 드러내는 '폭로'의 과정이기도 하다(Craft & Heim, 2009). 지금까지 취재원과 취재 과정은 대체로 비밀이었기 때문이다. 객관성에서는 기자조차 일부러 노출시키지 않는다. 이 과정이 공개될 경우, 자칫 언론의 자유가 심각하게 제한될 수 있다고 보았다. 나라에 따라서는 취재원을 공개하지 않는 법까지 만들어질 정도였다(이른바 취재원 보호법Shield Law).[65] 그러나 언론의 중요성이 갈수록 커지면서 '어떻게 기사가 만들어졌느냐,' '왜 그렇게 표현했느냐'는 수용자들이 알아야 할 필수적인 사항이 되었다. 투명성이 책무성을 동반하게 되는 이유가 여기에 있다. 물론 양자가 같지는 않다. 투명성이 기자의 동기나 결정 등 숨겨진 것을 드러나게 한다면, 책무성은 왜 그러한 결정을 했느냐 그 동기가 과연 합리적이냐를 따지는 행위이기 때문이다(Craft & Heim, 2009).

그러나 과연 투명성이 원하는 효과만을 낳는가에 대해서는 의외로 반론 또한 많다(Craft & Heim, 2009). 먼저 앞서 나온 언론의 독립성이 훼손될 가능성을 들 수 있다. 현실에서 작동하는 눈에 보이지 않는 권력관계가 투명성의 불가피한 선별성 — '어떤 것은 투명하고 어떤 것은 투명하지 않을 때'(이 점은 불가피하다) — 에 개입하게 되면, 투명성은 자칫 허울에 그치거나 역효과를 부를 수 있다. 말하자면 투명성이 이런 권력적 선택성에 면죄부를 제공할 가능성이 있다는 것이다. 실제 한 경험적

65 '취재원 보호'는 한국에서는 1980년에 만들어진 대표적인 악법인 언론기본법(8조 ①항)에 들어 있다가 이 법이 폐지되면서 같이 사라졌다. 언론계에서는 이 조항이 여전히 필요하다고 주장한다. 물론 워터게이트 사건 당시 내부 고발자인 '딥 스로트Deep Throat'를 끝까지 숨겨 준 〈워싱턴 포스트〉의 밥 우드워드Bob Woodward 기자처럼 이 주장은 일리가 있다. 그러나 익명적 취재원이 남발되는 것은 결코 좋은 현상으로 볼 수 없다. '아니면 말고'식의 무책임성을 보여 주는 한 징표이기도 하기 때문이다.

연구(Koliska & Chadha, 2015)에서 밝혀진 바에 따르면, 언론 조직은 언론인과 달리 투명성에 상당히 부정적이어서 자칫 위로부터 '부과된' 투명성은 조직의 필요에 따른 도구적 가치(통제의 수단)로 전락할 수도 있다.

둘째, 투명한 정도와 언론에 대한 신뢰가 비례가 아니라 오히려 반비례할 가능성이다. 언론에 대한 정보가 늘어나면 늘어날수록 수용자는 언론을 신뢰하지 않으며, 언론에 대한 비판은 더 증가할 수 있다. '너무 많은 투명성'이 역효과를 낳을 가능성을 말한다. 이를 막기 위해서는 정치와 언론의 문제가 소극적인 '비밀'에 있는지, 아니면 적극적인 '기만'이나 '거짓말'에 있는지를 파악해야 한다(Allen, 2008). 비밀이라면 모든 것을 밝히는 투명성이 효과적이지만, 기만이나 거짓말이라면 투명성을 넘어 폭로 수준의 적극적 대응이 필요할 것이다. 특히 최근처럼 자신이 원하는 편향된 정보만을 극단적으로 소비하는 사회(심지어는 가짜 뉴스까지)에서라면 이 필요성은 더욱 커질 것이다.

셋째, 너무 많은 공개성이 진정으로 중요한 것을 오히려 숨길 수 있는 역설逆說도 빼놓을 수 없다. '쉽게 공개될 수 있는 많은 것'은 정작 전문가들의 '조작'이 필요한 '중요한 것'을 은폐하는 수단이 되거나 설사 그런 의도가 없더라도 투명성 자체가 물신화될 수 있는 가능성도 배제할 수 없다.

투명성이 진짜 중요한 뉴스 '조작'의 문제에 얼마나 효과적으로 대응할 수 있느냐가 관건이다. 주지하다시피 오늘날의 정치 무대에는 의사 이벤트pseudo-event, 곧 특정한 목적을 위해 '만들어진' 이벤트가 많다.[66] 기

66 현대 정치에서 가장 중요한 정치적 무기 중 하나로 평가받는 이 이벤트는 대체로 다음과 같은 네 가지 특징을 가진다(Boorstin; Allen, 2008:

사에 투명성이 필요한 이유도 이런 이벤트의 정체를 알려주기 위해서다. 부시가 이라크 전쟁 종전 선언을 하면서 마치 〈탑건*Top Gun*〉의 톰 크루즈처럼 전투기를 타고 에이브러햄 링컨호에 착륙했을 때, AP처럼 이 이벤트가 "부시를 위해 연출된 것임을 부정할 수 없다"고 보도하는 것이 투명성이다(AP, 2002. 5. 3; Allen, 2008: 328에서 재인용). 물론 그렇다고 투명성이 그 기사의 정당성을 판단하지 않고, 자신을 기사의 기만적 성격으로부터 분리하려는 편의적 방법이 되지 않는 것은 아니다(Allen, 2008).

더 큰 문제는 지금이, 다가올 미래에는 더욱더, 자기 통제와 훈육이 보편화된 '감시 사회'라는 점이다. 이런 조건에서는 투명성을 보장하는 절차와 결과가 오히려 언론을 더 쉽게 권력의 통제에 노출되게 하는 역효과를 낳을 수 있다. 스스로 투명해야 하는 윤리적 원칙이 의도와는 다르게 언론의 자유를 제한하는 수단으로 변모될 가능성이 있다는 것이다. 그런 면에서 투명성은 언론인이 스스로를 제한하고 통제하는 또 다른 '판옵티콘'이 될 수 있다.

그러나 하나의 자유가 진정한 자유로 인정받기 위해서는 '숨기지 않고 드러내는 솔직성'이 수반되어야 한다는 점(Plaisance, 2007)을 상기해 보면 언론의 자유와 투명성은 결코 상충되지 않는다. 또 지금 같은 하이퍼링크의 시대에 직접 발로 뛰는 취재를 하지 않고 보도 자료

327~328에서 재인용). 첫째, 이 이벤트는 자연 발생적인 것이 아니라 누군가에 의해 계획된(또는 계획으로 발전된) 것이다. 둘째, 언론 보도가 기본적인 목적인 미디어 이벤트다. 셋째, 그것과 실재와의 관계는 '모호하다.' 꼭 허구는 아니지만 그렇다고 진실인 것도 아니다. 넷째, 그것은 자기 충족적self-fulfilling 의도를 갖는다. 의사 이벤트가 현실에 영향을 미쳐 스스로 실존성을 갖는 것은 자주 있는 예다.

나 발췌 기사에 근거하여 찍어내듯이 기사를 대량 생산하는 '처널리즘churnalism'이나 불법 복제를 막기 위한 출처 밝히기에 투명성이 필수적 준칙이라는 점도 중요하다(Philips, 2010). 그리고 무엇보다 투명성이 모든 윤리적 행위의 수행에 일차적 전제가 된다는 점(Plaisance, 2007) 등은 한계에도 불구하고 투명성이 새로운 가치로 정립되기에 부족함이 없다.[67] 구래의 객관성이 언론 내적이면서 과거 회귀적이라면, 투명성은 언론 바깥의 수용자(와 사회 전체)를 향하면서 미래 지향적이라는 특징이 있다(Vos & Craft, 2017). 공정성 측면에서는 실현 절차의 일부이기도 하고, 사후에 과정과 경위를 밝히는 설명 책임과도 관련이 있다고 할 수 있다.

6) 사실성

다음은 사실성factuality이다. 뉴스는 단적으로 말해 사실에 기초한 담론적 실천이다.[68] 흔히 '팩트'로 일컬어지는 사실, 이를 기초로 하는 진실,

67 물론 투명성 역시 비교 사회적 맥락에서 살펴봐야 하는 요소가 많다. 특히 지금 같은 신뢰 위기 때, 투명성이 대두되었다는 점은 언론의 기존 행태에 대한 수용자의 지지 정도와 투명성이 밀접한 관련이 있다는 점을 말해 준다. 텔레비전의 경우 60%, 신문에서는 50%의 신뢰를 받은 독일에서는 미국과 다르게 언론인들이 투명성에 큰 관심을 보이지 않았다(Koliska & Chadha, 2018). 한국에서는 오히려 정반대의 이유, 곧 기존의 허약함·비위非違 때문에 투명성에 반발할 것이다.

68 뉴스를 "앵글로색슨의 발명품"이라고 하는 찰라비(Chalaby, 1996)의 정의다. 언론에서 뉴스가 중요하지만, 뉴스가 언론을 독점하는 것은 아니다. 언론에는 뉴스 외에도 많은 '읽을거리,' '볼거리'가 있기 때문이다. 사실의 반대말인 픽션이 다른 영역(예술) 또는 장르(소설)에 속하는 것처럼, 또 진실과 혼동되지만 탈진실이나 진실스러움을 따로 명명해서 구분하는 것

이의 원재료가 되는 실재 등은 뉴스에서는 거부하기 어려운 '신의 용어들god-terms'이다(Zelizer, 2004). 문제는 사실이 언론인을 포함해 모두에게 같은 것으로 인식되지 않는데 있고, 사실의 조합인 기사가 앞서 언급한 진실성을 보장하지 못한다는 점에 있다. 때로 문학이나 메타역사 같은 픽(팩)션이 사실보다 더 진실에 가까울 수 있다는 역설은 그렇게 만들어진다. 물론 픽션은 뉴스가 될 수 없다. 그런 점에서 뉴스는 사실이어야 하며, 허위 정보인 가짜 뉴스는 뉴스가 아니다.

가치로서의 사실성에서 '사실의 엄연성hard facts'은 모든 것에 앞선다. 사실은 기초다. 해석이 중요하다고 하지만, 해석은 사실을 떠나 해석만으로는 존재할 수 없다. 사실이 이론-의존적이라면 이론 또한 사실-의존적이다(Lichtenberg, 1998: 47~48). 또 해석이 다양하다고 해도 대다수 사실에서는 아니다. 사실의 숨김없는 공표만으로도 많은 일을 할 수 있는 것은 이 때문이다. '모든 사실'이 아닌 '어떤 사실'에 국한되기는 하지만, 진실을 담는 것은 결국 사실, 곧 정보다. 이것이야말로 저널리즘에 가장 고유한 기능이다. 많은 규범적 연구들이 민주주의에 필요한 이런 저런 역할들을 현실 언론에 요구하지만, 시사적 사안에 대해 '상대적으로 접근 가능하고, 다양하며, 적절하고, 시의적이면서 독립적으로 생산된 정보,' 곧 '사실'을 전달하는 것보다 기본적이면서 중요한 것은 없다(Nielsen, 2017). 반현실적 이상론에 빠지지 않고 민주주의적 현실론에 기초한 이런 진단은 실제 언론이 '할 수 있고,' '하고 있고,' '하려 하는' 부분에 집중하는 미덕이 있다.

저널리스트의 역할 인식이 객관주의 규범의 실천에 얼마나 영향을

처럼 비록 픽션이 진실을 담을 수 있다고 해도 최소한 뉴스는 아니다.

미치는가를 분석한 한 연구(Skovsgaard et al., 2014)에 따르면, 객관성 비판에서 단골로 쓰이는 통념[69]과 달리 순수 사실은 '감시견'이나 '공적 포럼' 같은 민주주의 기능과 깊은 상관관계가 있는 것으로 드러났다. 델리 카르피니와 키터(Delli Carpini & Keeter; Van Aelst et al., 2017: 14에서 재인용)의 비유대로 사실의 발견과 공표야말로 근대적 '시민 의식의 화폐'인 것이다. 엄숙성·궁극성을 띠는 진실보다 낮은 경험 단계에서 사실은 '맞는 것'과 '틀린 것'을 구분해 준다. 모든 형태의 인간의 진위 판단은 여기에서 출발한다. 공정성이 뉴스의 가치라면 사실성은 공정성의 기초다.

물론 사실에는 재확인이 필요하다. 인간의 감각 기관은 불완전해서 오류를 낳기 일쑤다. 그런 면에서 사실이 전달되는 또는 뉴스가 생성되는 과정의 체계적 여과, 곧 사실의 검증 과정은 반드시 필요하다. 앞서 본 객관성 역시 바로 이런 사실과 경험의 즉물성·개인성을 믿지 못해 만든 절차이다. 대중 미디어 시대에 강조되었던 '책임'은 이런 절차를 강제한 것이고(최근의 것이 '팩트 체크'다), 이 절차가 정부를 비롯한 근대의 각종 제도와 밀접하게 맞물려 있음은 지금까지 살펴본 바와 같다.

그러나 단순 사실의 한계 또한 뚜렷하다. 전체적 맥락과 동떨어진 사실, 단편적·피상적 사실의 나열은 '나이브한 경험주의'의 전형으로 오

69 객관성은 아무래도 오해를 가능한 줄이는 '위생화'된 언어를 사용하고, 열띤 주장보다 냉철하게 사실의 편린들을 조직한다는 통념으로 다음과 같은 비판을 부른다. "객관적 보도는 언론인들에게 그들의 시민 의식을 부정하도록 만든다. 초연한 관찰자로서, 불편부당한 보고자로서 언론인들은 도덕과 분리되고 정치적으로 순응하기를 강요받는다"(Glasser, 1992: 181). 객관성을 추종하면 상대적으로 권력 감시에 소홀해지기 쉽다는 말이다. 물론 상황이 그렇게 단순하지는 않다. 회색지대가 많고 시점이나 조건에 따라 달라 단정하기 어렵다(Maras, 2013).

히려 진실에 접근하는 것을 방해한다. 사실 속에 일부 주장이나 추측을 섞는 이른바 '허위 정보 조합'은 거짓된 정치 환경을 조장하거나 이에 편승하면서 오해를 더욱 부채질한다(Rojecki & Meraz, 2016). 일부로 전체를 왜곡하는 '따옴표 언론'은 사실이라 하더라도 진실을 배반하는 경우가 많다.[70] 터크먼(Tuchman, 1978/1995)이 "사실성의 망web of facticity"이라 부른 공식적 취재 라인들은 때로 언론에 피하기 어려운 체제적·권력적 제한을 가하기도 한다. 개별적 사실은 전체적 맥락 속에 있어야 의미를 갖는다.

7) 독립성

독립성은 저널리즘 원칙이기는 하지만, 저널리즘에 대한 사회적·제도적 원칙이라는 게 더 정확하다. 제도로서 언론의 독립성은 외부의 강제를 받지 않고 스스로를 결정하는 개인의 표현의 자유가 확장된 것이다. 사회의 각급 단위가 종교나 국가(정부)로부터 벗어나 자립하는 현대 사회의 분화 추세를 반영한다. 그래서 독립성은 자유·자율성과 가족 유사성을 지니며, 자기 지배self-governance 또는 자기 규제가 일종의 부대 개념으로 따라다닌다(Karppinen & Moe, 2016). 그런 독립성이 직업적 가치로 전환되면 언론인들의 전문직주의가 확립한다(Nerone, 2012).

언론이 종교나 정당으로부터 분화되는 과정을 밟을 때, 이를 도운

70 심지어 한국에서는 따옴표 부분이 사실이 아닌 경우조차 있다(이준웅 외, 2007). 최근에는 방송으로도 이어져 대선 보도에서 급격하게 늘어났다(김춘식, 2017). 윤색을 통해 조작까지 하는 이런 선정적 인용 제목은 한국 언론의 고질적 병폐 중 하나다(김경모 외, 2018).

것은 시장이었다. 그러나 바로 그 시장이 이전 것에 못지않게 언론을 구속하면서 문제는 새로운 국면으로 접어들었다. 언론이 '미디어'로 발전해 플랫폼이란 좀 더 큰 시장체에 편입되면서는 문제가 더욱 커졌다. 이제 미디어는 다른 부문과도 연계된 대규모 기업·조직의 형태를 갖게 되었고, 자본 통제나 관료제는 자연스럽게 미디어의 내부 논리가 된 것이다. 이런 종속은 '역분화dedifferentiation'라 불러도 크게 과언이 아닌 경우다(Hallin & Mancini, 2004). 크라우제(Krause, 2011)의 지적대로 지난 연대 이후 미디어의 정치적 자율성은 커졌으나 진정한 독립성으로 볼 수 있는 현장 기자들의 그것은 이에 비례해서 커지지 않았다. 미디어의 수가 급증하고 시장도 크게 확대되었지만, 이를 질로 뒷받침해야 하는 인력의 전문성 수준은 답보하거나 오히려 낙후되었다.

표 2에서 보는 바대로 미디어의 독립성은 여러 층위에서 상당히 복잡한 면모를 가진다. 미디어라 통칭해도 크게는 제도로서의 체제부터 작게는 구성원 개개인에 이른다. 독립성의 장애물 역시 국가/정부로부터 미시적 시장 압력까지 다양하다. 법과 규정이 독립성의 보이는 수단이라면, 자율 규제나 전문직 문화는 보이지 않지만 오히려 이보다 더

표 2. 미디어 독립성의 측면

누구의 독립인가?	무엇으로부터?	어떤 수단을 통해?
미디어 체제	국가/정부	법과 규정
미디어 조직	정치 정당	조직적 배치arrangements
저널리즘	특정 이익 집단	자율 규제
개인적 목소리/화자	시장 압력	윤리 강령
	주요 미디어 기업들 '주류'	전문직 문화

출처: Karppinen & Moe, 2016: 113.

광범위하게 독립성을 보장할 수도 반대로 아닐 수도 있다.[71] 이런 (존재) 조건에서 미디어의 절대적인 독립성은 가능하지도 바람직하지도 않다 (Karppinen & Moe, 2016). 독립성이라는 것은 자율을 보장할 만큼 '일정한 거리'를 둘 수 있는 것을 뜻하며, 결국 내외의 압력에 의해 휘둘리지 않을 힘의 보유로 귀결되는 것이다. 행정부나 사법부에 버금가는 '제4부 fourth estate'의 메타포가 의미하는 바가 그것이다. 그러나 미디어 기업이 집중화·글로벌화되면서 감시해야 되는 대상과 같은 이유로 자기 자신도 감시의 대상이 되는 것 또한 피할 수 없다.

상식처럼 주장되지만 미디어의 독립성이 무엇을 위한 것인지는 자명하지 않다. 미국 언론의 자율성(독립성)이 사실상 정부와의 유착으로 '합리화'되는 데 그쳤다고 하면서, 셧슨은 "저널리즘의 자율성은 결코 그것만으로는 가치가 될 수 없다. 저널리즘은 많은 것을 할 수 있지만, 그것의 역사, 전통, 최고의 가치, 때로 법적 허가에 따라 반드시 해야 하는 것은 민주주의에 기여하는 일"(Schudson, 2005: 222)이라고 주장한다. 저널리즘을 살아 있게 하는 것은 극단적 독립성에서 오는 이기적 폐쇄성이 아니라 공중에 대해 '비독립적'으로, 곧 책임 있게 행동하게 만드는 환경이라는 것이다. 그런 차원에서 독립성은 공정성의 전제 조건으로 볼 수 있다.

71 이를테면, 자기 규제는 적극적인 자기 통치의 일부가 될 수도 있지만 반대로 자기기만이나 자기 검열이 될 수도 있다. 자기 통치는 독립성의 한 속성이지만 자기기만이나 자기 검열은 전형적인 종속의 면모다.

8) 불편부당성

BBC는 자신의 편성 가치를 신뢰, 진실과 정확성, 독립성, 위협과 공격으로부터의 보호, 공익에 대한 봉사, 공평성, 프라이버시, 어린이·청소년 보호, 투명성, 책무성 등 열한 가지로 설정하고 불편부당성impartiality을 세 번째로 놓았다(BBC, 2017). 그러나 BBC 뉴스의 책임자였던 헬렌 보어든Helen Boaden에 따르면, 불편부당성은 BBC의 이른바 DNA로 '유전적 구성 요소' 중 하나다(Wahl-Jorgensen et al., 2016: 783에서 재인용). BBC가 '(절대적) 불편부당성'을 내세운 이유는 사회적 쟁점을 '영향력 없이' 다루기 위해서였고,[72] 기회 있을 때마다 이 문구는 반복되었다.[73] 그러나 쟁점을 다룰 수 있게 된 이후에도 불편부당성은 사라지지 않고 오히려 BBC를 대표하는 이념으로 격상되었다.

지금 불편부당성은 BBC의 '수용자 헌신'의 품목에서 핵심적 위치에 있으면서 다음과 같은 공식적 정의를 갖는다. "방송 프로그램 전체

72 형식적 의미에서 불편부당성은 '특정 행위가 특정한 측면에서 특정한 집단에게 아무런 영향 없이 행해질 때' 정확하게 달성되었다고 할 수 있다(Gerd; Jollymore, 2017에서 재인용). BBC가 '논쟁적 사안'을 다루려 하면서 불편부당성에 붙였던 '절대적'이라는 과한 수식어도 이런 '특정 집단에 영향 없이'를 강조한 의미일 것이다. 그러나 쟁점에 대해 '불편부당하게' 보도된 정보를 잘 알게 된 시청자들이 특정 집단에 영향 없는 행동만 하는 것은 결코 아니다. 만약 밝혀진 진실이나 맺어진 합의가 특정 집단이나 이념에 부정적(또는 긍정적)이라면 이는 오히려 바람직한 일일 것이다. 그런 면에서 불편부당성은 절차나 수단에만 국한될 수 없으며, 일정하게 결과에 따른 도덕성까지 띤다고 할 수 있다.

73 1924년 당시 초대 사장인 존 리스John Reith(Scannell & Cardiff, 1991: 27에서 재인용)에 의해 반복되었다.

에서 우리는 포용적으로 넓고 다양한 의견을 반영해야 한다. 우리는 증거를 검토하고 중요한 사실을 평가할 때 공정하고 열린 마음을 가져야 한다. 우리는 논쟁의 많고 다양한 영역을 같은 비중으로 보도하여야 한다"(BBC, 2017: 3). BBC 출신인 샘브룩은 다른 가치와 비교를 통해 불편부당성을 부각시킨다. "반대되는 견해에도 똑같은 공간을 할애하는 균형과도 (보도자가) 주관적 판단을 배제하려고 노력한다는 측면으로 볼 수 있는 객관성과도 다르며," "일정하게 거리를 두고 다양한 이념, 의견, 관심 또는 개인을 포괄적으로 다루려는 시도"(Cox; Sambrook, 2012: 5에서 재인용)이다. 요컨대 불편부당성은 포용적인 자세로 넓은 시각을 갖고, 의미 있는 의견이라면 어떤 것이라도 반영할 수 있도록 하는 것이다.

그러나 부다나(Boudana, 2011)는 이 개념이 '찬성'하는 측과 '반대'하는 다른 측으로 의견 구도가 형성되는 이원적 형태binary mode를 띤다고 하면서 불편부당성으로는 다양한 편향들을 막을 수 없다고 주장한다. BBC 스스로도 앞서 본 브리드컷 보고서에서처럼 불편부당의 방향성을 다각화하기 위해 노력하지만, 아직은 영국 체제의 한계 내에 갇혀 있다는 지적이 많다. 아마르티아 센(Sen, 2002)은 '열린 불편부당성'과 '닫힌 불편부당성'을 구분해 이를 교정하려 한다. 센은 불편부당성이 '초점 집단'에 국한하여 적용되느냐와 그렇지 않느냐를 기준으로 삼았다. 여기서의 집단은 '체제'나 '이념'으로 바꾸어도 무방할 것이다. 앞서 살펴본, BBC가 이슬람에 보인 편파성은 닫힌 불편부당성의 한 징표일 것이다.

이런 불편부당성이 비교적 엄격하게 실천되는 영역은 선거 보도에서의 양적 시간, 이른바 스톱워치 기준이다. 이미 법은 아니지만 비교적 잘 지켜진다. 그러나 질적 기준에서는 선거 보도 시 의제의 선택에서 볼 수 있는 것처럼 편향의 가능성이 발견된다(Cushion & Thomas, 2017). BBC

의 불편부당성에는 처음 붙었던 수식어인 '절대적'이 '적절한due'으로 바뀌었는데, 이는 규정을 경직되게 적용하지 않으면서 관련된 여러 사항을 충분히 고려하자는 것이다. 양적 기준만이라면 이런 수식어는 필요 없다. '적절한'은 BBC에 양적 기준의 '명확성'이 없는 질적 기준에서 '합의의 능력을 발휘해 달라'는 국민적 주문이다.[74] 워드가 제시한 '완화된mitigated 불편부당주의'(Ward, 2007) 역시 양적 완화와 더불어 질적 심화(윤리적·정치적 판단)를 주장한다. 저널리즘(학) 차원의 표준에 맞춘다면, 이 정도의 논의면 충분할 것이다. 이 차원에서 불편부당성은 중립성과 비슷하지만, 나중에 살펴볼 '부정의의 극복'과 같은 맥락에서 소극적이지만 구체적이라는 장점이 있다.

그러나 불편부당성에는 조금 더 확대해 반드시 다루어야 하는 부분도 있다. 그것은 바로 페미니즘 정치철학자 아이리스 매리언 영Iris Marion Young(1990/2017)이 제기한 불편부당성의 불가능성과 이에 따른 차이의 억압 문제다. 영에 따르면, 현실에서 불편부당성은 이성과 감정, 일반과 특수 같은 잘못된 이분법에 기초해 '백인·앵글로계·이성애자·남성' 같은 특권적 정체 집단의 논리를 보편화시키고 이를 도덕화한다. 나라나 사회에 따라 중산층이나 수도권·중년·교육받은 층 등도 이 집단의 일원이 될 수 있을 것이다. 주변부 집단의 가치를 편향으로 여기는 불편부당성은 이 과정에서 지배와 억압을 은폐하는 잘못된 이데올로기 효과의 원인이 된다.

74 앞서 나온 브리드컷 보고서에서 살펴본 대로 이 합의에는 '경륜'과 '전문 지식'을 가진 기자·제작자들의 '격렬한 내적 토론'을 거쳐야 얻어질 수 있는, 상당히 숙의적인 것이다(BBC Trust, 2007).

앞서 본 BBC의 불편부당성 문제가 영국의 체제 내로 국한된 협소성에 있었다면, 여기에서는 현실의 차이와 억압을 무시하는(보상하려 하지 않는) 불편부당성의 개념 자체가 문제가 된다. 그러므로 만약 불편부당성이 이를 극복하려 한다면, 오히려 차이를 인정하고 배려해야 한다.[75]

9) 다양성/다원주의

다양성을 다루기 이전에 거론되어야 할 전제는 크게 두 가지다. 하나는 일종의 전체성이나 포괄성이다. 그 사회(공동체) 내에 존재하는 의견이나 목소리, 관점을 가능한 모두 빼놓지 않아야 '다양하다'는 판단이 성립한다는 뜻이다. 다른 하나는 차이다. 같은 것을 여러 번 다룬다면 more same 복수이기는 하지만 다양하기보다 획일적이다. '같은 것'과 '다른 것'을 구분하는 데는 기준이 필요하다. 기준이 인정되어야 차이가 되고, 그렇지 않으면 같은 것이 된다.[76]

75 이런 조치를 영(Young, 1990/2017: 250)은 불편부당성보다 강한 의미로 '공적 공평성public fairness'이라고 부른 바 있다. 여기서의 공평성은 뒤에 나오는 공평성과는 다른 개념으로 철학적 성격이 강한 것이다. 불편부당성을 적용하기 이전에 이미 존재하는 억압과 소외에 주목하는 이런 적극성은 차별 철폐 조치affirmative action 등으로 일부 현실화되어 있기도 하다. (나중에 나오지만) 영국의 미디어 정치경제학자 니콜라스 간햄Nicholas Garnham 역시 센을 원용해 이와 유사한 '긍정적 차별화positive discrimination' 정책을 모색한다(Garnham, 1997).

76 '인간은 모두 다르면서 평등하다'는 성 아우구스티누스의 진리를 따르는 아렌트의 견해인데, 기독교의 삼위일체처럼 '다르지만 보완하는' 관계 속에서 인간의 본질이 구현된다는 것이다. 아렌트는 이를 응용해 (실생활의) '기능'과 (윤리적) '융성'을 가능케 하는 공론장을 구상한다(Costa,

다양성을 추구한다 해도 모두를 똑같은 비중으로 다루기는 어렵다. 향유 인구수는 가장 합리적으로 비중을 배분할 수 있는 기준이다. 시장에서의 선택도 이와 비슷하지만, 경제적 부라는 매개 변수를 등장시켜 조금 성격이 달라진다. '다수/소수자' 범주는 이런 양적 차이를 일차적으로 반영하며, '주류/주변부'는 이를 질적 권력 차이로 확대시킨다. 이 두 범주군은 자주 같이 쓰여, 소수자는 주변부의 뜻도 함께 갖는다. '주류-소수,' '주변부-다수'처럼 질(권력)과 양이 상반되는 교차적 범주 또한 가능하다.[77] 노동자 문화, 페미니즘 문화 등은 반드시 양적 소수/다수와는 관련이 없다. 반면 로컬리즘, 퀴어 문화 등은 소수-주변부가 일치하는 것이다. 다양하다는 평가는 이런 현실에서의 양/질적 차이가 낳는 차별을 극복하고 공존을 모색할 때 나온다. 만약 대중의 향유도나 시장의 인기도에 매몰되지 않고 모든 관점이나 문화를 가능한 평등하게 다루려 한다면, 그 사회의 문화는 다양해질 수 있을 것이다(McQuail; Karppinen, 2013: 88에서 재인용).

평등성과 다양성이 이처럼 관련이 있다면, 어떤 평등을 추구하느냐에 따라 다양성에도 차이가 나타난다. 어떤 다양성은 그 사회 내의 권력 평등을 추구해 더 큰 포용의 효과를 내기도 하고, 어떤 다양성은 그저 문화적 취향 차이의 반영에 그치기도 한다. 이처럼 양자는 강조점이 다르므로 각각 '수직적' 다양성과 '수평적' 다양성으로 나뉜다. 계급 사회가 낳는 지배 현상에 주목하면 수직적 다양성이 더 중요해진다.

2015).

77 주류이지만 소수의 전유물인 고급 문화, 주변부에서 다수로 발전한 힙합 문화 등을 예로 들 수 있다.

수직적 다양성을 강조하는 측은, 수평적 다양성처럼 여러 이질성에 동시에 민감하다 보면 정작 중요한 차이, 곧 계급 권력과 정치의 격차 문제를 경시할 위험이 있다고 본다. 핀란드의 미디어사회학자 카르피넨(Karppinen, 2007)은 이를 '불건강한 불일치'와 '건강한 다양성'으로 나누어 일부 급진주의를 비판하기도 했다.[78]

수직적 다양성을 추구할 때, 중요한 것은 그 사회의 헤게모니 구성과 배제의 기제다. 어떤 사회든 일정한 합의의 구조를 구축하지 않으면 안 되는데, 그 안에서 추구되는 다양성과 바깥까지를 망라해 추구되는 다양성은 다르다. 전자의 다원주의는 '칸 안의 것within the box,' 후자는 '칸 바깥의 것outside the box'으로 부를 수 있다(Raeijmaekers & Maeseele, 2015). 칸 안의 것에도 당파적 편견이 작동하지만, 이 편견은 그래도 어느 정도의 합의와 객관성(균형/불편부당) 속에서 이루어진다. 그러나 칸 바깥의 것에는 다르다. 앞서 BBC 사례에서도 본 대로 영국식 불편부당성은 이슬람 세계에는 적용되지 않는다. 배제를 해도 규범에 저촉되지 않는다는 뜻이다. 안과 바깥의 경계에서는 수시로 안/바깥의 구획 지음을 둘러싸고 갈등과 협상이 벌어진다. 이 과정에서 합의는 항상 반대가 내재되는 일종의 '갈등적 합의'가 된다. 갈등이 있다 해도, '적대antagonism'의 공격성이 줄어들어 '경합agonism'이 되면 오히려 민주주의는 활성화될 수 있다(Mouffe, 2000/2006). 이렇게 칸의 경계가 유연하면

78 카르피넨(Karppinen, 2013)은 '다양성'을 콘텐츠나 출구, 소유 관계 등에서의 이질성을 다루는 중립적이면서 기술적·경험적인 것으로, '다원주의'는 해당 사회의 가치 면에서 이런 다양성이 어떻게 인정받고 선호되는가를 평가하는 규범적인 것으로 정의한다. 그런 면에서 다원주의는 '주의-ism'이며 가치적인 것이다.

다양성은 사실상 공정성과 같아진다.

다양성이 개별 뉴스가 아니라 전체 미디어의 정책이 될 때에는 실행 목표가 구체적이면서 다차원적일 필요가 있다. 나폴리(Napoli, 1999)가 분석한 미국 FCC의 다양성 정책은 '출처의 다양성,' '내용의 다양성,' '수용의 다양성' 등 세 가지 유형으로 나누어진다. 출처의 다양성은 다시 '소유'와 '제작 인력'의 다양성으로, 소유는 여기에서도 다시 '편성'과 '출구'의 다양성으로 나누어진다. 어떤 제작사의 프로그램(제작 인력)이 A라는 채널(편성)·B라는 출구를 통해 나눠져 방송되는 경우가 흔하므로 다양성을 추구하는 실행 목표 역시 어디에 중점을 두는지가 분명해져야 한다. 내용의 다양성도 크게 세 가지, '포맷·프로그램 유형의 다양성,' (등장인물의) '인구학적 다양성,' '이념-관점의 다양성'으로 나누어진다. 앞서 언급한 칸의 안과 밖을 구분하는 기준은 이념-관점의 다양성이고, 수직적 차이 역시 이 다양성이 감당해야 할 몫이다. 마지막 수용자가 실제로 선택한 수용의 다양성에는 '수직적 다양성'과 '수평적 다양성'이 있다(앞서의 수직·수평과 다르다). 한 채널에서 방송되는 여러 프로그램을 비교하는 것이 수직적 다양성이라면, 같은 시간대에 방송되는 여러 채널들을 비교한 것이 수평적 다양성이다.

어떤 미디어·저널리즘이 다양하다는 것은 정해진 시간에 "다양하고 적대적인 출처로부터 정보가 가능한 최대한으로 넓게 전달되는 것"(Napoli, 1999: 9)이다. 여기에서 중요한 것은 '출처'이며, 이는 앞서 본 '중요 관련성'의 의제 정치를 상기시킨다. 이 문구에서의 '다양함'은 취향이나 프로그램 유형과 같은 수평적 차이를 말하고, '적대'는 이념-관점의 상반성, 등장인물의 인구학적 다양성과 맞물려 있다. 적대성의 성격에 따라 칸 안의 것이나 바깥의 것이냐가 결정될 것이다. '가능한·최대한'은 일차적으로는 전반적인 경제 수준을 반영하는 미디어 공급의 양적 측면을 가리키지만, 더 중요하게는 한 기사에서 얼마나 다양한 주장을 접할 수 있느냐와도 관련이 있다. 물론 다양성과 통일성 사이도 생각해 봐야 한다. 만약 정파와 언론 사이의 정치 병행성이 강해 "적대적 미디어 신드롬"(Waisbord, 2006)이나 "정치적 극(단)화"(Bennett & Iyengar, 2008)가 나타난다면 다양성은 커지겠지만 갈등 조정은 어려워질 것이다.

권력적 차이에 민감하면서 출처·관점·의제의 다양성을 추구하는 것은 민주주의를 표방하는 많은 나라의 정책적 목표다. 그러나 이는 대부분 현실의 미디어를 구성하는 기본적 논리, 예를 들어 (현실의) 수동적 반영과 재생산, 상황주의situationalism 등에 막히기 일쑤다. 특히 다양성은 다른 가치들에 비해서도 우선순위가 상대적으로 낮다. 미국을 대상으로 한 보스와 볼프강의 연구(Vos & Wolfgang, 2018)를 보면, 대체로 정치 담당 기자들은 말로는 다양성을 '본능'이나 '감각'이라고 하면서 높이 평가한다고 하지만, 실제 기사에서는 효율성과 주목성을 앞세워 엘리트 관점, 곧 유력한 두 정당의 관점 정도만 의식해서 보도할 뿐이다.[79] 이를 극복하려면, 미디어가 규범을 의식적으로 추구하면서 좀 더 능동적으로 현실 변화를 꾀해야 한다(Vandenberghe et al., 2017). 문화와 관행 자체를 바꾸려는 노력을 지속적으로 경주하지 않으면 현실 추수적 이념과 권력에 쉽게 좌절하고 만다.

79 여기에서 문제는 오히려 저널리즘보다 민주주의관이 될 수도 있다. 이들 정치부 기자들에게 민주주의란 '정부 권력에 가까운 사람들의 (시민들을 위할 수도, 그렇지 않을 수도 있는) 통치 행위' 이상도 이하도 아니기 때문이다. 이들에게 시민들의 숙고와 토론, 소수자의 정치적 입장 같은 것은 고려 대상이 아니다.

10) 균형성

균형성 역시 자주 언급되는 저널리즘의 가치다. 특히 두 개 정도의 정당(또는 정치연합)이 지배적인 정치 체제에서 균형은 미디어 규제의 한 축이 될 정도로 중요하게 취급된다. 두 정당의 이념 차이가 커서 의견 지도상의 포괄성이 크다면, 균형의 의의는 더 커질 것이다. 이념 차이가 작고 정쟁의 수위만 높다면, 균형의 의의는 높지 않다 해도 보도에 대한 양측의 민감성은 클 것이다. 객관성이 전통적으로 신문의 가치였다면, 불편부당성이나 균형성은 방송의 가치였다. 기술적인 이유로 기껏 1~2개의 채널만이 가능했던 과거의 방송에서는 가능한 모든 수용자에게 다가가야 하는 이유에서라도 정당을 균형적으로 취급해야 했다. 그러나 의회가 여러 정당으로 구성되는 유럽의 다정당 체제에서는 이런 균형이 상당히 어렵다. 각 정당의 정치적 비중에 따라야 하겠지만, 의석 수 같은 양적 지표와 질적인 측면까지 고려된 정치적 비중은 얼마든지 다를 수 있으므로 기준을 설정하는 것이 쉽지 않다. 또 정당에게만 균형의 원리를 적용시키는 것은 때로 시민 사회에서 제기되는 중요한 의제를 놓치게 한다. 정당과 시민 사회가 원활하게 교류하지 않는 곳에서는 정당의 대표성이 약해 이런 의제를 자주 배제한다.

정치적 균형을 중시하게 되면, 앞서 본 뉴스 가치 같은 미디어의 내적 논리를 약화시켜야 한다. "뉴스의 '균형'을 잡는다는 것은 기사 선택을 위한 1차적 기초로서 뉴스 가치의 역할을 축소시키는 것이다"(Semetko, 1996: 51). 정치적 가치와 미디어적 가치는 양립할 수도 그렇지 않을 수도 있다. 한 정당이 제기한 의제가 의석 수보다 더 큰 비중으로 보도했는데, 정말 그 의제가 대중의 호응을 받았다면 이는 양립한 경우일 것이다. 현직·현 정부가 가진 상대적으로 높은 뉴스 가치가 무난하게 관철되는 경우, 역시 양립에 어울린다(Hoppmann et al., 2011).[80] 2015년 총선에서 독립을 주장했던 스코틀랜드 국민당(SNP)은 의석 수 등에 비해 훨씬 더 많은 주목을 받았다. 미디어가 주목하기 쉬운 갈등의 의제를 제기한 이유가 주효했다(Cushion & Thomas, 2017). 미국은 1959년 후보자에 같은 시간을 보장하는 '동등 기회 원칙'을 뉴스를 비롯한 일부 프로그램에는 예외로 하기로 수정했는데, 이 역시 정치와 상업 방송의 양립을 꾀한 것이다. 같은 사례를 놓고 양립하지 못한다는 판단도 얼마든지 있을 수 있다. 이런 미국의 수정 조치는 뉴스에서 자주 등장하는 주요 정당에 비해 군소 정당을 차별한 것이라는 비판이 나온다(Vos & Ashley, 2010). 현직이 차지하는 과도한 비중(특히 선거에 임박한 시점에서) 역시 편향으로 간주될 수 있다. 정부 역시 다음 대의 권력 향배에 중요하게 작용하는 정치 세력의 일부이기 때문이다.

이런 준거들에 더해 균형을 유지하는 방식들에 대한 고려도 필요하다. 스톱워치 균형같이 비교적 손쉬운 시간(양적) 차원도 있지만, 논조가 긍정적이냐 부정적이냐에 따른 '방향성의 균형'이나 다루는 주제가 보수적이냐 진보적이냐에 따른 '이슈의 균형' 등의 질적 차원까지 고려하게 되면 양상은 훨씬 더 복잡해진다(Norris & Saunders, 1998). 앞서 BBC를 다룬 장에서 본 대로 '복지'나 '건강보험'에 비해 '경제'나 '세금' 같은 주제는 보수파에 훨씬 유리하다.

또 균형에 너무 집착하다 보면 때로 사안의 본질을 흐리게 되는 위

80 물론, 당대의 정부 또한 다음 대 선거에서는 후보라는 점과 현직 정부가 누리는 미디어적 프리미엄 때문에, 늘 이 양립은 편파 논란을 불러일으킨다.

험도 있다. 대다수 과학자들이 동의하는 '지구 온난화' 이론을 극소수에 불과한 반대의 주장도 같이 보도해 일부러 균형을 맞출 필요는 없다(Boykoff & Boykoff, 2004). 여야의 주장을 골고루 옮기는 균형의 관행은 때로 진실을 추구하려는 의지를 꺾을 수도 있다(Hellmueller, Vos & Poepsel, 2013). 실제 BBC는 '적절한 무게'라는 기준으로 증거의 개별 수준을 판단해서 경직된 균형이 가질 수 있는 오류를 시정하도록 방침을 바꾸었다. '그가 말했고, 그녀가 말했다he said, she said'는 중계 방송식 5 대 5 균형은 불편부당이나 객관을 실천하는 것이 아니라 진실을 숨기고 책임을 회피하는 수단이 될 수 있다.[81] "특정 정당이 부정 선거를 시도했다는 훌륭한 탐사 보도가 올라오자 신경이 곤두선 데스크가 다른 정당에 대해서도 같은 행위를 저질렀을 가능성을 파헤치라고 기자에게 지시해"(Bennett, 2009: 394) 정당 간 균형을 맞추라는 경우는 이의 극단적 예 중 하나일 것이다.

물론 이를 두고 균형의 가치 자체를 온통 부정해서는 안 된다. 인류 역사가 웅변하듯이 진실이라는 '하나'가 오히려 억압과 지배의 명분이 되기도 하고, 찬성과 반대의 갈등적 공존과 균형이 지금 같은 사회에서는 정치 커뮤니케이션이 갖는 보편적 모습이기도 하기 때문이다. 따라서 언론인이 가져야 하는 자세는 가치의 위계를 설정하고 규준을 탄력

81 아마도 관행화된 뉴스 균형에 가장 많이 쏟아지는 비판일 것이다. 그러나 매일 수많은 사안을 두고 여야의 공방을 처리해야 하는 뉴스에서 어떤 당이 옳은지 '판결'해 보도한다는 것은 불가능하다. '그가 말했고, 그녀가 말했다'식 보도는 사안의 복잡성, 시간의 제한, 지식의 한계, 혼란된 mixed 인식론적 기준 등의 한계에 있는 언론이 택한 최선의 대안 중 하나다(Reich & Barnoy, 2019).

적으로 적용하는 것이다. 일단 이슈가 선택되고 난 다음에는 진실-사실-정확성을 파악하는 것이 먼저이고, 균형-불편부당-중립-다양성은 다음의 일이다. 물론 이에만 그친다면, 그리고 그런 편의가 관성화된다면, '기계성'(이것이 흔히 말하는 기계적 균형이다)이라는 오명을 벗기 힘들 것이다. 시간이 걸리더라도 꾸준하게 정확한 사실과 가치 판단적 옳음을 밝히려는 노력이 병행되어야 한다는 뜻이다. 균형은 공정성의 가장 손쉬우면서 명징한 수단이다.

11) 중립성

중립성neutrality은 말 그대로 찬성도 반대도, 여도 야도 아닌 가운데, 곧 중간의 위치를 말한다. 쉽게 어느 한편의 손을 들어주기 어려운 사회적 쟁점을 보도할 때, 언론이 중립을 지켜야 한다는 뜻이다. 앞의 균형성이나 다음에 볼 반편향성, 불편부당성 등도 결국은 중립을 지키기(보여 주기) 위한 수단이다. 객관성 역시 추상성을 낮춰 설명할 때는 중립성을 필수적 구성 요소로 삼는다. 그러나 이런 중립성은 앞서의 '부적절한 균형'처럼 때로 진실을 회피하는 명분으로 악용될 수 있고, 그만큼 언론의 책임을 방기하는 빌미가 될 수도 있다. 진실은 '중간'에 있지 않기 때문이다(Boudana, 2016). 이렇게 편의적 측면이 강할 때, 중립성에는 '기계적'이라는 수식어가 붙기도 한다. 수단이 목적이 되는 걸 용인해 사실상 맹목적이 된다는 뜻이다. 중립성이 실체적 의미를 띠는 중도주의centrism 같은 것이 될 때도 있지만, 대부분은 이처럼 상대적·방법적인 경우로 쓰인다.

방법적 가치로서 중립성은 대립하는 양측의 주장을 빠짐이나 왜곡 없이 보도하는 것이다.[82] 중립성은 중립적 절차(공평성, 일관성, 기회의 평등, 최선의 정보와 합리적 토론)가 준수되어야 정당화될 수 있다(Rawls, 2005/2016). 그러나 중립이 될 수 있는 최적의 지점을 찾기가 쉽지 않아 오해를 살 여지가 있고, 때로 왜곡의 위험까지 감수하게 된다. 앞서 본 것처럼 BBC의 중립성(불편부당성)이 양측 모두의 냉대를 받아 '부적절성'이 되는 경우를 말한다. 그러나 어느 정도 합의를 얻을 수 있다면, 그러니까 '떳떳하게' 양측을 반영했다는 인정을 받는다면, 중립성은 목표한 바의 신뢰를 얻기도 한다. 이럴 때, 중립성은 공정성의 절차이자 일차적 입장이 된다.

중립성에는 절차에 한정하는 것도 있고, 때로 목적으로 영역을 확장한 경우도 있다.[83] 만약 앞서의 BBC처럼 영국식 자유주의 체제로 경계를 짓는다면 절차도 영향을 받아 '제한적 중립성'이 될 것이다. 영국식 자유주의 체제를 넘어서는 것에는 중립의 절차를 적용하지 않고 부정적으로 보도할 수도 있다는 뜻이다. '영향 또는 효과의 중립성'도 생각해 볼 수 있을 것이다. 정말 엄격한 중립성이라면 앞서의 불편부당성처럼 영향이나 효과 또한 중립적이어야 한다. 그러나 주지하다시피 찬반양론에 대해 어느 쪽으로도 치우치지 않은 심층 보도에 접한 수용자라면 어떤 판단을 하건 이에 접하지 않은 사람에 비해 더 확실한 자기 태도를 보일 것이다. 이 확실성이야말로 중립성이 내세울 수 있는 가장 큰 효과로 볼 수

82 물론 대립하는 양측을 넘어 다른 주장까지 감안할 수 있으면 해야 한다. 이를 윤석민(2015)은 외적 공정성이라고 불렀다.

83 롤스(Rawls, 2005/2016)가 중립성을 절차, 목적, 효과·영향으로 나누어 분석한 것을 따랐다.

있다.[84] 그러나 뉴스가 가진 불확실성과 이를 다루는 언론을 통제하기 위해 중립성을 내세우는 행위는 이런 확실성의 진작보다는 내용에 대해 직접적으로 개입하는 것을 은폐하는 구실로 삼는 경우가 훨씬 더 많다.

12) 공평성

fairness는 공정성으로 자주 번역되나, 공정성을 '한국적인 것'으로, 일반적 수준에서보다 훨씬 더 넓은 범위를 포괄하는 클러스터 개념으로 설정한 이 책에서는 이를 공평성으로 했다. 일반적 가치로서 공평성은 객관성이나 불편부당성과 달리 홀로는 잘 쓰이지 않는다. 공식 패러다임인 객관성을 자주 균형과 더불어 '공평하고 균형적'이라는 일종의 상보어·복합어로 풀어 설명하기 때문이다(Weber, 2016). 이는 대립되는 사안이나 주장을 다룰 때, 논쟁적 의견(들)에 미리 우열을 미리 두지 않고 '진정하게' 다루면서 균형을 잃지 않는 것을 의미한다. 그럴 때, 공평성은 앞서 본 진정성과 크게 다르지 않다. 말하자면, 공평성은 비판적 거리를 두고 차별로부터 자유로운 판단을 할 수 있는 능력으로서 어떤 도덕적 가치의 보편적 적용(가치의 주장)과 연관되며, 중립성이나 불편부당성과는 다르다.

부다나(Boudana, 2016)는 이런 공평성을 주장하면서 지켜야 할 실행원리로 '일관성'과 '정당성'을 제시한다. 보편화될 수 있고 내부에 자기

84 물론 단순한 중계 방송식 중립성만으로 이를 얻기는 어려울 것이다. 주장의 근거를 밝히고(정당화, 논증), 반대 생각을 가진 상대방과 토론을 하는(상호성, 대응성) 숙의적 심층성이 또한 충분조건으로 필요하다(Wessler, 2008).

모순이 없다면, 언론은 원칙을 해치지 않고서도 얼마든지 주장을 할 수 있다는 것이다. 기사를 작성하면서 스스로 주관을 배제할 수 없다고 고백하는 언론인들은 객관성보다 공평성이 더 적합한 지침이라고 말한다(Lefevre-Gonzalez, 2013). 그런 면에서 공평성은 공정성의 핵심적 단면이라고 할 수 있다.

이런 공평성이 하나의 원칙으로 확립된 예는 미국의 방송 정책에서 찾아볼 수 있다. 앞서 본 대로 방송이 쟁점이 되는 이슈를 다룰 때, 시차를 두고라도 찬성과 반대의 입장을 균형 있게 다루어야 한다는 '공평성 원리'는 1940년대 방송 개혁 운동의 산물이었다(Pickard, 2018). 이 원리는 특정 주장을 사실상 할 수 없는 영국의 불편부당성에 비해 수정헌법 제1조의 보호를 받는 미국 방송이 갖는 나름의 자유로운 면모(Harvey, 1998)와 공익적 규제를 피할 수 없는 방송의 숙명을 같이 보여준다. 물론 이 정책은 오랜 기간의 찬반 논쟁 끝에 탈규제 논의가 활발하게 진행되던 1987년 레이건 정부 때 폐기되었다. 방송사들이 이 규제 때문에 논쟁적 이슈를 충분히 다루지 못한다는 게 이유였다. 공평성 원리의 의의는 비록 제한적이지만 사회 전체의 공적 이익을 반영했다는 점에 있다. 방송사의 상업적 이익을 앞세우는 미국에서 공평성 원리는 시청자들이 방송 내용을 규제하고 방송에 자신의 권리를 요구할 수 있는 거의 유일한 장치였다.

'범람'이라는 표현이 조금도 과하지 않은 최근의 미디어 상황에서 거론되는 공평성은 이전보다는 훨씬 더 적극적인 것처럼 보인다. 1990년대 말에 등장한 폭스TV가 차별화의 방편으로 노골화된 보수성을 보여 주면서(역설적이게도 폭스의 슬로건이 '공평과 균형'이다) 방송에서도 정치 병행성이나 극(단)화 현상을 조장하고 있기 때문이다. 이런 현상에 어느 정도 휩쓸리지 않을 수 없을 때, 공평성은 지고하지만 경직된 객관성보다 훨씬 더 선택되기 쉬운 가치다. 주관성과 편견이 어떤 이유에서든 드러나고 표현되지 않을 수 없다면, 이를 조절하기 위한 노력, 곧 공평함은 추구해야 하는 태도다(Weber, 2016). 그런 면에서 공평함은 사심 없음과 충실함, 이에 따른 진정함을 적절하게 섞어 놓은 것이라 할 수 있다. 나는 이를 '떳떳함'이라고 부르고자 한다.

이런 떳떳함의 필요성은 이를테면 페이지(Page, 1996)의 걸프전 당시 〈뉴욕 타임스〉 분석에서 엿볼 수 있다. 당시 〈뉴욕 타임스〉의 기사들은 대부분 이라크에 대한 제재를 강조하면서 필요하다면 무력적 개입까지 언급하는 주전론主戰論이었다. 상대적으로 중동 전문가의 목소리도 없는 칼럼의 일부(1/3)만 평화적인 방법을 제시했다. 그러나 투고란에 실린 일반 독자들의 의견은 압도적으로 평화적인 안이었다. 〈뉴욕 타임스〉는 엘리트들의 합의에 따른다는 명분으로 이를 유력한 안으로 다루지 않았다. 명목으로는 균형을 추구하는 듯했으나 사실은 일반 독자들의 의견(평화 안)을 무시해 버리는 떳떳하지 못한 태도를 보인 것이다.

공평성이 이런 정책 원리나 진정성의 수준을 넘어 사용되는 경우는 미디어 영역을 넘어 일반적인 사회 정의와 연결될 때다. 정의론으로 잘 알려진 정치철학자 롤스(Rawls, 1999/2003)가 바로 공평성을 정의의 진정한 정체로 삼았기 때문이다(이때도 공정성으로 번역된다). 다양한 사회 부면에 만연한 불평등 때문에 한국 언론의 공정성 개념은 일반적인 용례보다 훨씬 더 범위가 넓으면서 강도 또한 높아 앞서의 정책적 공평성이나 도덕적 진정성보다 롤스의 이념적(사회 정의적) 공평성에 훨씬 더 가깝다.

롤스의 잘 알려진 정의의 원칙은, 첫째가 최대한 '평등한 자유'의 원칙이고, 둘째가 '최소 수혜자에게 최대의 혜택' 원칙, '공정한 기회 평등'

의 원칙이다. 이 사이에는 우선성의 원칙이 작용되어 첫째가 둘째보다, 둘째에서는 기회 평등이 먼저다. 그러니까 최대한 자유를 평등하게 보장하고 기회 또한 평등하게 주어진 이후, 차등이 필요하다면 최소 수혜자를 우선한 연후에야 추구될 수 있다. 이런 롤스의 의무론적 자유주의를 미디어가 응용할 수 있는 여지는 많을 것이다. 그러나 의외로 이를 미디어나 저널리즘에 적용한 국외의 연구나 정책은 별로 없다.[85] 객관주의와 연관시켜 언론의 '공적 이성'을 주장한 폭스(Fox, 2013) 정도로 보인다. 그러나 롤스의 원칙은 나라에 따라 의외로 많은 점을 시사해 줄 수 있다(최영재·홍성구, 2004).

13) 반편향성

반편향성unbiasedness도 저널리즘의 가치로 자주 언급된다. 반편향성은 편향의 반대, 곧 편향되지 않음이므로 공정성이나 중립성과 사실상 같은 뜻이 아니냐고 할 수도 있다. 그러나 여기서의 반편향은 자주 문제가 되는 편향을 극복해 소모전적 공방을 줄이고 사회적 비용을 절감하자는 '문제 해결적'인 것이다.[86] 철학에서는 이를 이상론에 빗대 비이

85 롤스가 언론에 대해 직접적으로 언급한 부분(Rawls, 2005/2016)이 있는데도 불구하고 나는 롤스를 연구한 학술적 논문을 찾지 못했다. 물론 (미디어) 윤리론 등에서 나오는 일반적 수준의 개관조차 없다는 뜻은 아니다(예컨대, Plaisance, 2009; Ward, 2010a).

86 편향에 대한 큰 오해 하나는 편향의 설정이 바로 이의 반대, 곧 '고정된 진실' 또는 '절대적 객관'을 전제한다는 것이다. 물론 편향이 교정되어야 할 오류이고, 이를 판별하는 기준으로 경험적 진실이나 그 사회 나름으로 합의된 가치가 동원되는 것은 맞는다. 그러나 그렇다고 반드시 미리 정

상론으로 부른다. 실제로 많은 편향 연구들(Boudana, 2016; D'Alessio & Allen, 2000; Entman, 2007; Groeling, 2013)을 보면, 쉽게 결론을 낼 수 없는 철학 논의에 자주 빠지는 공정성과 달리 보다 구체적인 분석과 제안을 한다.

편향 논의를 활성화시킨 것은 앞서도 나온 폭스TV의 뉴스였다. 폭스 뉴스는 객관성과 균형이 중시되는 미국의 뉴스 시장에서 정파적 편향성, 선정주의와 타블로이드 스타일, 사실에 앞선 추측 등으로 큰 성공을 거두었다(Cushion & Lewis, 2009). 이라크 전쟁 당시 다른 네트워크 뉴스들이 2.2%에서 4.5%의 미미한 수준에서만 편향을 보인 데 비해 폭스는 무려 37.9% 수준에서 전쟁을 옹호했다. 이 수치는 10.6% 정도만을 전쟁 반대에 할애한 아랍의 위성 방송 알자지라조차도 압도한다(Cushion, 2012). 물론 미국의 방송 시장에서는 폭스와 반대 입장인 MSNBC나 CNN 등도 있어 외적으로는 보수와 진보가 균형을 이룬다.

미국의 정치커뮤니케이션학자 로버트 엔트먼Robert Entman(2007, 2010)은 그간 이상하게도 편향 연구가 활성화되지 못했다고 하면서 프레이밍framing과 관련된 연구들을 편향에 원용한다. 그는 먼저 개별적인 뉴스 또는 기자 개인의 '경향성slant'과 편향을 구분한다. 개별 보도와 편집의 차원에서 뉴스가 한 측면을 다른 측면보다 선호하는 프레이밍을 하는 것이 경향성이다. 많은 언론들이 경향성을 인정하지 않지만, 매

해진, 절대적 진실이 있는 것은 아니다. 경험이나 합의 또한 항상 숙고와 논의의 대상이 된다는 뜻이다. 현상·사건을 우리는 최선의 시각으로 보려 하지만, 이 시각은 다양한 판단·논의에 열려 있고, 이의 결과에 따라 어떤 것은 진짜 용인할 수 없는 편향이 되고, 어떤 것은 (적어도 당시로는) 적정한 판단이 되는 것이다.

양 불평하는 또 다른 많은 사람들의 주장대로 이의 존재 자체를 부정하기는 어렵다. 엔트먼은 편향을 이런 경향성이 속한 더 넓은 개념, 일종의 우산 개념으로 정의한다(비난의 뜻으로 쓰이는 편향은 경향성이 더 맞는 표현이라고 한다). 주요한 편향의 유형에는 앞서도 본 대로 '내용의 편향,' '왜곡 편향,' '의사 결정의 편향' 등 세 가지가 있다.

엔트먼이 대표적인 것으로 꼽는 내용의 편향은 "정부 권력의 활용을 둘러싸고 벌어진 갈등에서 한 측의 영향력을 증가시키는 매개 커뮤니케이션 프레이밍의 일관된 패턴"(Entman, 2007: 166)이다. 여기에서 엔트먼은 미디어가 (정치)권력을 의식·무의식적으로 개인과 집단에 배분하는 과정에서 체계적으로 경향성이 나타난다고 한다. 그러니까 편향은 조직이나 체제의 차원에서 나타나는 일관되고 체계적인 경향성인 셈이다. '문제의 정의,' '인과론적 분석,' '도덕적 판단,' '해결책의 진작' 등 '문제'에 초점을 둔 네 가지 단계로 언론의 경향성을 도출해 내는 엔트먼식 프레이밍 분석은 이를 잘 추론해 볼 수 있는 이론적 장치다.

둘째 '왜곡 편향'은 실재를 어떤 식으로 반영(왜곡·조작)하느냐에서 발생한다. 이 편향에서는 앞서 탈진실론 등에서 본 대로 '진실'과 '실재'의 정체에 대한 어려운 질문이 제기된다. 그러나 엔트먼이 보기에 '논란이 없는 사실' 문제가 언론의 프레이밍, 곧 수용자의 의식에 미치는 영향은 극히 일부에 불과하다. 정치 커뮤니케이션 세계에서 중요한 것은 아무리 조금이라도 진실과 실재에 관한 것을 포함해 거의 논쟁을 피할 수 없기 때문이다. 여기서도 관건은 프레이밍을 통해 누구의 권력이 보호받느냐다.

세 번째 의사 결정의 편향은 '무엇'을 보도할 것인가를 결정하는 미디어의 게이트키핑 과정에서 발생한다. 이는 뉴스를 생산하는 개인과 조직이 체험에 의해 스스로 발견하는 휴리스틱heuristic 같은 것으로, 앞서 본 가치인 '중요 관련성'과 밀접하게 연관된다. 이를 통해 미디어는 모든 것을 담을 수 없는 한계를 합리적으로 해결하면서 정보 과부하 또한 피할 수 있게 되지만, 항상 그렇듯이 선별은 편향을 부르게 된다. 기사의 출처와 미디어 사이에서 결정되는 이 편향은 언론의 신념 체계를 직간접적으로 반영하면서 관행이나 규범·제도에까지 영향을 미친다.

이런 편향론에서 최근의 초점은 종전에 많았던 '왜곡 편향'보다 '내용 편향'이나 '의사 결정 편향'에 맞춰지고 있다. 왜곡 편향에는 논의의 준거 역할을 할 수 있는 진실 여부가 쉽게 판명되지 않는다는 문제가 있는 데 비해, 내용 편향이나 의사 결정 편향은 지금까지는 잘 보지 못했던 텍스트적·효과 측면의 프레이밍이나 제도·관행에서 출처가 가진 구조적 권력성을 포착하게 해 공정성을 확보할 수 있는 새로운 방안을 모색하게 해 준다.

그러나 의사 결정 편향은 증명하기가 매우 어렵다(Groeling, 2013). 내용 편향이나 왜곡 편향이 이미 나온 뉴스를 대상으로 하므로 상대적으로 실체가 분명한데 비해, 의사 결정의 편향은 '뉴스가 된 것'의 성격을 '뉴스로 다루어지지 않았지만 뉴스거리로 의의가 있는 다른 것'과 비교해야 하기 때문이다. 후자는 말하자면 '관찰되지 않은 모집단 전체unobserved population'를 대상으로 한다. 뉴스가 안 된 이 모집단은 정체를 사실상 모르므로 내용 분석으로 접근하는 것이 불가능하다. 물론 궁여지책으로 여러 방법이 시도되고는 있지만,[87] 해결해야 할 여지는 여

87 그로울링(Groeling, 2013)이 기존 연구들을 분석해 내린 나름의 대안은 다음의 네 가지 정도다. 첫째는 비교 대상이 맞춤식이 되어 정하기 쉬

전히 많다.

편향 연구의 의의는 부다나(Boudana, 2016)에서 찾아볼 수 있다. 그는 앞서 본 인위적 균형도 편향으로 인식해 이른바 양시론이나 양비론도 편향의 하나가 될 수 있다고 주장한다. 그의 편향 분류는 다음과 같이 요약될 수 있다.

1. 긍정적 당파성: A와 B가 대립할 때, A에 동조하지만 B는 거론하지 않는다(또는 A에 대한 판단만큼만 B의 가치를 긍정적으로 본다).
2. 부정적 당파성: A를 비판하지만 B는 거론하지 않는다(또는 A에 대한 판단만큼만 B의 가치를 부정적으로 본다).
3. 긍정적 균형: A와 B를 모두 긍정해 인위적으로 균형을 잡는다. 지구 온난화 현상에서 반대쪽 주장을 통해 균형을 잡는 것은 바로 이런 편향을 범한다.
4. 부정적 균형: A와 B의 비행과 허위를 모두 비판해 균형을 잡는다.
5. 부분적 균형: A의 긍정적·부정적 측면을 모두 보도하면서 B는 무시한다. B는 A의 프레임을 통해 평가받는다.

물론 이 다섯 가지 유형 정도로 모든 편향을 아우를 수는 없다. 그

울 때다. 양당이 대통령 선거에서 하는 캠페인 보도 같은 경우를 말한다. 둘째, 구조적 요인을 통제하는 것이다. 뉴스 가치가 아주 높은 제재는 설사 편향을 띤다 해도 예외가 될 수 있으므로 이는 제외하는 것이다. 셋째, 다른 뉴스 조직의 것을 비교 대상으로 상정한다. 다른 조직은 다루었는데 이 조직은 누락했다면 편향의 소지가 클 수 있다. 넷째, 뉴스의 제재를 거의 알 수 있게 일종의 '부분 집합'을 만들어 전집을 관찰하거나 창출하는 것도 가능하다.

러나 추상적인 선(공정성) 추구에 못지않게 구체적 악(편향)에 대한 경계와 그 방책이 나름의 의의를 가짐은 충분히 보여 준다. 반편향성은 공정의 실현과는 다른 차원의 불공정 극복과 관련이 있다. 공정보다 불공정은 '일상생활에 보편적으로 산재한 체험적 개념'이어서 구체적이라는 장점이 있다(문종대 외, 2007).

이런 편향이나 병행이 생기는 이유에 대해서도 체계적인 분석이 필요하다. 지금까지는 현상 자체의 기술이나 분석에 치중해 원인에 대해서는 상대적으로 소홀했다. 스위스 학자 브뤼게만(Brüggemann, 2014)은 문화적·지식적으로 언론(인)이 쓸 수 있는 프레임의 '저장고repository'가 있다고 설정하고, 개인에서 조직·사회·초국적화 등으로 확대되는 영향의 다차원적 위계 모델multilevel hierarchy of influences을 원용해 표 3과 같은 일곱 가지 편향 요인을 추출했다.

이로 보면 언론의 프레임은 다양한 차원에서 다양한 요인에 영향받는다. 가장 직접적으로는 언론인 자신의 가치와 신념일 것이다. 문화나 관행에 따라서는 언론인이 속한 조직의 편집 계통이나 위계hierarchy, 출(입)처 등이 이보다 크게 작용할 수도 있다.[88] 정당 또는 정치 엘리트의 합의나 갈등 정도, 정치 병행성 같은 소속 미디어와 정치 사이의 관계 같은 거시적 요인 역시 프레임 구성에 영향을 미친다. 수용자의 피드

88 미국의 경우, 현장 기자들은 민주당 편향, 소유주들은 공화당 편향이라는 상반된 현상이 발견된다. 물론 뉴스의 내용에 이런 신념들이 직접적으로 반영되었다는 증거는 없다. 그러나 최근 들어 경쟁이 심해지면서 폭스 뉴스처럼 시장 전략의 일환으로 편향이 적극적으로 구사되고, 수용자들의 '선택적 노출'을 따라가는 미디어들 또한 계속 늘어나고 있다(Hahn et al., 2016).

표 3. 다양한 차원의 편향 요인

차원	편향 요인	자료 수집 방법
개인	1. (언론의) 개입적 역할 개념화: 언론인의 개입 정도 및 적극성, 권력과의 거리, 시장에 대한 태도orientation 2. (언론인 개인이 가진) 깊이 뿌리내린 신념 및 가치	언론인 인터뷰
조직 (전문직주의)	3. 편집 체계와의 동화 수준 또는 높은 자율성: 조직의 동화성 압력, 자율적 편집 문화 4. 출(입)처beat 편향	뉴스룸 관찰, 언론인 인터뷰
체제 (거시적)	5. 해당 나라나 사회의 이슈 문화: 정치 엘리트의 합의나 분화 정도 6. 극(단)화된 다원주의적 이슈 문화: 정치 병행성의 정도 7. 적극적인 수용자의 피드백	전문가 인터뷰, 내용 분석, 언론인 인터뷰

출처: Brüggemann, 2014: 71~73, 76.

백을 포함한 각종 상업주의·선정주의 역시 시장에서 활동하는 한, 무시할 수 없는 요인이다.[89]

정치 병행성

이왕 나왔으므로 특정 정당과 미디어가 정치적 주의·주장을 같이하는 정치 병행성political parallelism도 여기에서 다루고자 한다(Hallin &

89 시장 논리에 맞춰 일부를 생략·강조하거나 스타일의 변화를 꾀하는 것 같은 것을 말한다. 일부라는 뜻의 'partial'은 편향이라는 뜻도 아울러 지닌다. 당파성partisanship이란 말도 어원이 같다. 물론 모든 시장 논리나 상업주의 일반이 가진 편향이 자동으로 악惡이 된다는 뜻은 아니다. 민주주의가 발전하면서 저속한vulgar이라는 뜻도 같이 가진 대중의 '공통적common' 취향이 중시되는 것은 어쩌면 당연하고도 자연스런 노릇이기 때문이다. 잴러(Zaller, 2003)가 뉴스의 질을 '도난 경보 정도나 하는 수준Burglar Alarm Standard'에 맞추자고 한 것도 풍부한 지식을 가진 소수보다 최소한의 관심과 이해를 가진 다수를 민주주의가 더 필요로 하기 때문이다.

Mancini, 2004). 정치 병행성은 정당과 언론이 소유·조직적 연계, 주요 언론인의 정당 참여나 정치 성향, 수용자의 정치 성향 등에서 연계를 맺어 이념이나 논조에서 공동 보조(병행)를 취하는 일종의 정치-언론 연합coalition 현상이다(Artero, 2015). 이 병행은 근절되어야 할 병폐로서 거론되는 편향과는 의미가 사뭇 다르다. 정치적 갈등의 수위가 극단적이지만 않다면, 정치 병행성은 다원주의를 진작시키거나(Mancini, 2012), 정치적 참여를 확대시키는 것(van Kempen, 2007)으로 경우에 따라 오히려 장려될 수도 있기 때문이다.

물론 그렇지 않은 경우도 있다. 같은 정치 병행성이라도, 사실상 시장을 독점하는 언론이 기득권 정당과 공조할 경우에는 '지배'의 효과가 나타나(이른바 '기울어진 운동장론'이다) 다원주의를 오히려 해친다고 볼 수 있다. 브라질 학자 알부케르크(Albuquerque, 2013)는 이에 주목해 '충분히 경쟁적인 정치 체제'에서가 아니면 미디어와 정당 사이에 공조가 나타나도 정치 병행성으로 볼 수 없다고 주장했다. 미디어와 정치 사이의 관계가 안정적이어서 '병행'의 패턴이 꾸준하게 나타날 것도 조건으로 달았다. 브뤼게만 등(Brüggeman et al., 2014)은 정치 병행을 측정하는 지표의 하나로 '공영 방송의 정치적 종속'을 넣기도 한다.[90] 독립된 공영 방송의 불편부당성이 여론 시장을 주도한다면, 설사 다른 언론에서 정치 병행이 있다 해도 그 효과가 현저히 낮을 것으로 보는 것이다.

미디어(신문)가 정당의 일부였던 이전의 정론지 시대와는 다르게 지금의 정치 병행성에서 정치(당)와 미디어는 소유나 재원 차원의 구조적

90 다른 다섯 가지는 '뉴스와 비평의 불분리,' '정당의 영향과 옹호하는 정책,' '언론인의 정치 성향,' '미디어-정당의 병행,' '정치적 편향' 등이다.

제휴보다 시장 전략 차원에서 다변화와 분점을 노린 이슈나 논조, 소유주·대표 언론인의 정치적 신념, 주 소비자층의 지지 정당·이념과 연계된 공조를 많이 한다(Artero, 2015; Mancini, 2012). 만약 진실이 있다면 또 진실을 쉽게 찾을 수 있다면, 이런 병행성에서 어느 한 측은 오류나 편향이 될 수밖에 없을 것이다. 정치 병행성이 낳은 가장 큰 문제가 병행 간 대립이 너무 심해 사실조차 왜곡하거나 의견 차이가 너무 커서 중간적 입장이 거의 없는 '극(단)화polarization'다.

정치적 극(단)화는 중간의 견해가 거의 없는 두 대조적 입장으로 의견 지형이 나누어지는 경우를 말한다. 대립이 이론적 최대치까지 확장된 상태이며, 내부로부터 계속해서 반대가 생성된다. 개개의 입장은 하나의 큰 주제 내에 여러 의견이 집합되어 있고, 그 의견끼리는 연계성이 커서 내부를 응집시키지만, 외부에 대해서는 배타적이다. 이것이 '이데올로기적 극(단)화'다. 대립하는 집단 사이에는 인종이나 민족, 종교, 세대, 지역 같은 구조적 차이가 존재하는 경우가 많다. 이는 '정체성-근거의 극(단)화'다(Dimaggio et al., 1996). 둘이 합쳐지면 적대성으로 발전하는데, 앞서 본 '적대적 미디어 신드롬'이나 '초적대주의hyper-adversarialism'[91]는 이의 실례다.

극(단)성은 대체로 다음의 네 가지 양상으로 벌어진다(Friedland & Hove, 2016). 첫째, 극(단)화는 지역적·문화적·이데올로기적·인종적 선을 따라 나타나는 균열을 반영한다. 최근에는 경제적 불평등도 중요한 균

91 '초적대주의'는 "정치에 중요한 사실들을 분명히 밝히거나 해명하는 것이 아니라 극적이면서 군중 유희용 경쟁을 추구하는 …… 공격적이고 대립적인 입장"(McNair, 2009: 244)이다.

열의 선이 되었다. 둘째, 교육은 2차적 극(단)화 현상을 낳아 교육을 많이 받지 못한 층은 사실에 기반한 담론조차 거부한다. 셋째, 극우파의 이데올로기적 반향실 역할을 하는 자기 폐쇄적인 미디어가 크게 늘어났다. 폭스 뉴스를 많이 시청하는 층은 실제 정치 지식이 낮았다. 넷째, 극(단)화는 권위주의의 부상과도 관련이 있다. 이들은 합리적·공적 판단을 제한한다. 이런 극단을 조장하거나 이에 편승하는 언론은 가장 불공정한 언론이라 해도 과언이 아닐 것이다.

주지하다시피 정치적 의견의 장에서 '자명한 진실'이란 없다고 해도 과언이 아니다. 그러나 서로 대립·병행하는 세력(들)이 "일치하지 않지만 오류도 없다faultless disagreement"(Baghramian, 2015)는 완전한 상대성을 갖춘 것은 아니다. 적어도 어떤 시점이 되면 잠정적으로라도 진실과 오류가 판명 나는 경우가 많다는 뜻이다. 그렇다면 미디어는 이런 때를 위한 준비를 하고 있어야 한다. 다시 말해 경합하는 정치적 세력들 가운데서 미디어가 '제휴하려 한다면' 어느 하나를 지지할 수 있고, '제휴하지 않는다면' 불편부당성이나 중립성을 견지할 수 있지만, 진실이 밝혀지는 판명의 순간을 포기해서는 안 된다는 것이다.

미디어의 입장에서는 갈등을 '원칙 있게' '온건하게' 관리하는 것도 생각해 봐야 한다. 여기서 작용하는 원칙이란 이를테면 롤스가 말하는 '합당성reasonableness' 같은 것이다. 롤스는 자유나 인권 보장 같은 합당성의 큰 테두리 안에서라면, '재산 소유 민주주의'나 '자유 사회주의'(그가 이름 붙인 '주의'들이다) 등의 다양한 포괄적 교리들이 얼마든지 경쟁·갈등할 수 있다고 주장했다(Rawls, 2005/2016). 이미 합당성으로 큰 틀의 '옳음'이 확보되었으므로 조건에 따라 경쟁해서 더 '좋은 것'을 찾을 수 있도록 하자는 뜻이다. 온건한 관리란 갈등이 일정 수위를 벗어나 파국에 이르지 않도록 미디어가 이른바 전통적인 '상관 조정 기능 correlation function'을 발휘하는 것이다.[92] 이런 옳음의 보장과 좋음의 경쟁, 갈등의 관리야말로 공정한 언론의 표상일 것이다.

권위주의나 파시즘 같은 억압적 체제가 사라진 서구에서는 정치 병행성과 시장에서의 수용자 피드백이 프레임을 결정하는 가장 큰 요인으로 대두된다. 이를테면, 미디어(신문)는 그들의 수용자가 관심 있어 하는 정당의 의제를 따르고, 정당은 그들의 지지자가 주로 보는 미디어의 의제에 민감하게 반응하는 식이다(van der Pas et al., 2017). 이럴 경우, 더욱 중요해지는 것은 저널리즘이라면 준수해야 하는 일종의 자격, 곧 '금도'다. 자칫 이조차 정치-미디어의 병행적 이념 갈등에 희생된다면, 저널리즘을 넘어 체제 자체의 기초조차 흔들릴 수 있다.

14) 대리(표)성

대리 또는 대표성은 일반적인 언론 규범은 아니다. 정치학에서 주로 쓰이는 대리성을 저널리즘 가치로 거론한 교과서는 내가 알기로는 없다. 언론의 매개성과 대리성은 같은 계통(뒤에 나오는 리프리젠테이션 representation)의 말이다. 어느 존재든 자신의 본질적 속성을 추구해야

92 정치의 입장에서는, 내적 이유는 다르다 해도 큰 틀에서 행동은 같이 할 수 있게 해 주는 '실행적 일치workable agreement'나 상대방의 주장에 동의하지는 않지만 그 가치까지 부인하지는 않는 '규범적 메타합의normative meta-consensus'가 극단적 적대를 온건한 경합으로 바꾸어 갈등의 수위를 조절할 수 있게 해 준다(Dryzek, 2013). 하버마스를 하버마스에 대립시켜 '합의 없는 숙의'를 추구하자는 주장(Jezierska, 2019)도 같은 문제의식이다.

할 규범이나 가치로 삼지는 않는다. 그러나 보기에 따라 대리성은 언론의 중요한 준거가 될 수 있다. 대부분 독과점으로 운영된 20세기의 언론은 대리성을 하나의 존재조건으로 삼아왔기 때문이다. 그런데 21세기 들어 이런 대리성은 새삼 다시 주목된다. 디지털로 언론 환경이 바뀌면서 '(직접) 참여성'이 언론의 패러다임(Kreiss & Brennen, 2016)으로 새롭게 등장해서다. 시민 저널리즘이 기존의 언론 현상 전체를 대리적인 것으로 만들어 버린 것이다.

영어 리프리젠테이션은 대체로 세 가지 차원에서 세 가지 뜻, 세 가지 번역어를 지닌다.[93] 첫째는 철학적 인식론에서 '표상表象'이다. 표상은 사물을 접해 인간의 머리와 마음속에 맺히는 상을 뜻한다. 인간은 오관-감각을 통해 사물의 표상을 만들 수 있는데, 이와 사물은 직접적인 관계가 있을 수도 없을 수도 있다. 인간의 감각 기관이 불안정하고 사물의 외관과 내성內性 또한 다를 수 있기 때문이다. 인식을 실재의 반영으로 보는 것을 '표상주의'로 부른다.

둘째는 기호학이나 회화 측면에서의 '재현再顯'이다. 첫째의 표상은 매개물을 통해 옮겨질 수 있는데, 회화(풍경화), 사진, 지도, 언어, 상징 등이 이 예다. 이 중에서 언어는 외양은 그래도 유사한 표상과 달리 인간끼리의 약속에 따른 것으로 기표(지칭 언어)와 기의(지칭 대상) 사이의 관계가 페르디낭 드 소쉬르Ferdinand de Saussure의 표현대로 '자의적arbitrary'이다. '없는 것'(부재)을 '있는 것'(현존)처럼 보여 주는 과정에서

93 채운(2009)에서 시사 받았지만, 설명 방식은 좀 다르다. 영어 리프리젠테이션에는 없지만 독일의 유사어 레프래젠타치온repräsentation에는 '과시'의 뜻도 있다. 하버마스는 자신의 초기 저작(Habermas, 1990/2001)에서 봉건 시대의 리프리젠테이션을 복종을 강요하는 과시로 설명했다.

매개물을 통한 재현은 대상을 반영·왜곡·재구성하며, 때로는 아예 새로운 의미를 창출하기도 한다.[94]

셋째는 정치적 측면에서 '대신한다'는 뜻의 '대표' 또는 '대리,' '대변'이다. 대의제 민주주의representative democracy가 전형적인 경우인데, 선출된 대표가 대리로 통치를 하는 것이 전체의 주권됨과 같을 수 있다고 보는 것이다. 그렇지 않다면 대의제를 민주주의로 부를 이유가 없다. 물론 앞서의 표상이나 재현과 마찬가지로 완벽한 대리는 불가능하다. 그러나 이 대리가 앞서 소쉬르가 지적한 자의적 관계가 되어 버리면 현대 민주주의는 적어도 '민주' 측면에서는 파탄에 빠진다.[95] 수용자로부터 정보·감시를 위탁받았다는 저널리즘의 수탁 모델trustee model도 이와 유사하다.[96] 지금까지 살펴본 저널리즘의 준칙들이 만들어진 이유도 사실은

94 이 점이 확장되면 나중에 살펴볼 비실재론적 구성주의가 된다. 이런 실재와 상징(기호) 관계는 실천적 정의(실재)를 추출하기 위해 '원초적 입장'이라는 가상적 상황(상징)을 설정하는 롤스의 방법론에서도 성격을 잘 엿볼 수 있다.

95 물론 문제는 그렇게 간단하지 않다. 대의의 대상과 목적을 두고 여러 주장이 엇갈리기 때문이다. 그러나 다음과 같은 콜먼의 주장은 이런 어려운 주제와 씨름하지 않고도 대의제의 핵심을 잘 파악하게 해 준다. "우리는 대표자들이 여론 …… 을 반영하거나 모방하지 않기 때문에 정치적 대의가 실패했다는 포퓰리스트들의 주장에 굴복하기보다 대의의 행위를 대표자들의 독립성, 피대표 집단이 가진 견해의 인정 여부, 이 집단과의 갈등 회피 노력, 이 집단을 명백하게 대표하지 못했을 경우 그것을 설명하는 능력 등을 (종합적으로) 평가하는 것이 필요하다. 민주적 대의 행위는 (이 과정이 창출하는) 의미와 의도의 효과적인 소통 과정을 포함한다"(Coleman, 2005: 179. 괄호 안은 인용자). 대의제와 민주제의 엇갈림이야말로 현대 민주주의 체제의 근본적인 긴장 중 하나다.

96 '어떻게 저널리즘이 민주주의에 봉사하는가'를 미국의 언론사에서 살펴본 셧슨(Schudson, 2001/2014)이 과잉 단순화를 무릅쓰고 한 분류 중

한 번도 명시적으로는 행해져 본 적이 없는 이 가상적 위탁·수탁 행위로부터 비롯된다.

이런 리프리젠테이션의 세 가지 차원은 기존 저널리즘에 모두 들어 있다. 언론(인)은 수용자를 '대리(표)'해 (위탁을 받아) 사건이 벌어진 현장에서 자신의 오관이나 기록으로 확인한 '표상'을 가감 없이 글이나 영상으로 '재현'해 수용자에게 전달한다. 수용자의 의견 역시 같은 절차를 거쳐 '대변'된다. 표상에는 실재의 왜곡 없는 인식이, 재현에는 가능한 정확하게 표현된 글(말)이나 현장을 있는 그대로 전달하는 영상이, 대리(변)에는 수용자 전체를 고루 반영하면서 환경 변화를 감시할 수 있는 균형/감각이 필요하다. 능력자의 선별(언론인)과 전문적 훈련, 안정된 조직이 이를 위한 일반적 조건이라면, 권부에 맞설 수 있는 '제4부'로 표현의 자유를 보장받는 점은 감시의 기능에 어울리는 특별한 조건이 될 것이다. 언론이 자신의 일을 잘 수행한다면, 조직의 경제적 안정을 보장해 주는 독과점 시장은 필요악이 된다. 독과점 속에서 몇 안 되는 언론(인)의 일은 사실상 수용자 전체, 곧 국민을 대리(표)하는 것이므로 사적 직업의 수행만이 아닌 '공적 봉사'의 성격도 일부 띠게 되며, 당연히 윤리적 준칙에 저촉된다. 탈근대론자들이 근대 저널리즘의 '결절점nodal point'으로 꼽는 일곱 가지, 곧 '공적 봉사,' '윤리,' '경영,' '자율성,' '전문직 엘리트로서의 자격,' '즉각성,' '객관성' 등은 이렇게 대리에서 파생된 여러 주제를 망라한다(Bogaerts & Carpentier, 2017). 이 중 '경영'에는 독(과)점적 조건이, '엘리트'에는 지배의 함의가 들어 있어 근대에 대한 탈근대

하나인데, 나머지 두 유형은 '시장 모델'과 '주창 모델advocacy'이다. 그러나 셧슨은 어떻게 그런 분류를 했는지 근거를 제시하지는 않았다.

론의 비판적 시각을 잘 보여 준다.[97] 즉각성은 가능한 빠르게 보도해야 하는 뉴스의 시간적 개념이다.

근대 언론의 이런 면모들은 선거 같은 공식적 절차를 통해 얻은 것이 아니다. '사회 계약설'이라 해서 국가가 국민 개개인의 동의를 받지는 않은 것처럼 언론의 대리적 지위 역시 역사 속에서 '스스로 주장하는' 과정에서 생긴 것이다. 물론 현대 민주주의의 주요 이론인 자유주의나 공화주의 모두 표현의 자유를 주장하는 과정에서 저널리즘의 도덕적·법적 위치를 '계약'에 비유해 인정한다(Sjøvaag, 2010). 갠스(Gans, 2011)는 언론의 대리성을 크게 두 가지로 나누는데, 하나는 '일반적인 것'이고, 다른 하나는 '목표가 있는' 특수한 것이다. 일반적인 것에서는 다수를 이루는 평범한 사람들을 중시한다. 언론은 이들의 견해, 입장, 다양한 취향 등을 잘 대리해야 한다. 후자인 목표가 있는 대리성에서는 성, 계급, 이데올로기, 지역, 종교, 민족 등에서 평소에는 잘 대리되지 않는 소외층을 대리해야 한다. 이 일반과 특수는 의식적으로 이를 조화시키려는 노력이 없다면, 억압과 저항으로 쉽게 치환되는 '다수자–소수자'처럼 서로 갈등하기 쉽다. 언론은 이 두 대리를 함께해야만 다양한 관점이 공존하는 뉴스를 만들 수 있다.

언론이 이런 노력을 지속적으로 경주했다면, 흔히 '상징 폭력'으로 비유되기도 하는, 언론이 낳는 잘못된 고정관념의 문제는 크게 줄어들었을 것이다. 그러나 권력–다수에 치우쳤던 언론은 피지배–소수를 배제하거나 열등한 것으로 전락시켰다. 이런 편향적 대리는 앞서의 독점

97 이를테면 듀제(Deuze, 2005)가 훌륭하게 정리한 저널리즘의 정체성에서는 '경영'과 '전문직적 엘리트'는 빠지고 나머지 다섯 개만 있다.

과 맞물려 지금까지도 전문직 언론의 가장 큰 문제로 대두되고 있다. 그런 면에서 대리성은 공정성의 결과적 징표일 수 있다. 대리·대표가 잘된다면 굳이 공정성이 그렇게 논란이 될 리도 없기 때문이다.

본(Born, 2004: 423~427)이 현장에서 관찰한 BBC의 다음 사례는 왜 대리성이 문제가 되는지 이유의 일단을 잘 보여 준다. 1997년 총선 직전, BBC의 간판 시사 프로그램인 〈뉴스 나이트〉의 한 제작팀에서 빈곤에 관한 스튜디오 토론 프로그램을 만들었다. 팀의 일원이 이혼하고 네 자녀를 키우는 장애인 싱글맘 여성을 섭외해 돈을 주고 출연시켰다. 캐스팅의 목적에 잘 맞았지만, 상당히 상투적인 연출이었다. 한 프로듀서는 "전에도 이렇게 가난한 사람을 놀린 적 있었잖아, 안 그래?"(p.425)라고 자조적으로 조크까지 했다. 이 프로그램은 본이 보기에 그렇게 빈곤의 실태를 잘못 전달하지는 않았다. 그러나 빈곤은 BBC 제작팀 자신의 경험에서도 이미 멀어졌고, 경쟁이 치열해진 미디어 상황에 어울리는 소재도 아니었다. 제작팀은 그저 관습적 태도만을 세련되게 보여 준 것이다. 이 에피소드는 제도권에서 나름의 위치를 확립한 방송이 빈곤 계층의 표상 또는 대리를 얼마나 잘하기 어려운지를 단적으로 말해 준다.

이런 사례에서 젠더나 노동자 계급 문제 또한 빠지지 않는다. 스웨덴의 텔레비전 사례는 양자의 엇갈린 명암을 보여 준다. 1982년과 2015년을 비교한 한 연구(Stiernstedt & Jakobsson, 2017)에 따르면, 텔레비전에 출연한 노동자 계급의 비중은 각 연도에 12%, 11%로 거의 변화 없이 별반 대표되지 않은 데 비해 같은 주변부 범주로 볼 수 있는 여성은 처음의 25%에서 45%로 두 배 가까이 상승했다. 이 33년 동안 노동자 계급의 대표성은 발전 없이 답보했지만, 여성의 지위는 상당히 도약한 것이다. 물론 이는 한 측이 올라가면 다른 한 측이 내려가는 제로섬

게임은 아니다. 그러나 상대적으로 여성에 비해 노동자 계급의 노력이 약하거나 사회적 인정을 받지 못한 점은 분명한 듯하다. 노동자 강국인 스웨덴조차 이럴진대 다른 나라는 정말 명약관화일 것이다.

최근 들어 언론은 일반 시민도 시장에 진출해 자신의 목소리를 낼 수 있는 디지털화라는 큰 전기를 맞았다. 이런 변화는 '대리'와 '직접'이라는 선택이 자명한 대조에서 볼 수 있듯이 환영할 만한 것임에 틀림없다. 비로소 언론은 본래의 원리대로 개방과 자유를 구가할 수 있게 된 것이다. 그러나 위험 요인이 없지는 않다. 참여가 쉬워졌다고 해서 모든 사람이 참여하는 것도 아니고, 대리 또한 전문직주의의 '전문성'이 웅변하듯이 단점만 있지는 않기 때문이다(Splichal & Dahlgren, 2016).

대리성은 지금까지 살펴본 여러 언론의 세부적 가치, 준칙이 왜 필요한지를 말해 주는 일종의 조건이나 환경 같은 것이다. 물론 언론이 이를 잘 지켰는가는 별개이며, 그런 미준수의 원인 역시 대리적 조건 자체와는 다른 차원의 문제다. 그런 면에서 참여가 크게 진작된 21세기 초반의 저널리즘은 새로운 실험의 장이 될 것이다. 기존 언론 역시 나름의 대응을 할 것이며, 새로운 언론은 새로운 패러다임을 정착시키기 위해 노력할 것이기 때문이다.

15) 본래성

본래성authenticity[98]은 실존주의나 공동체주의 같은 여러 철학 사조를

98 앞서 언급한 대로 이 책에서는 authenticity를 본래성으로 번역한다. truthfulness를 진정성으로 번역하면서 이와 구별하기 위한 것이 앞선 이유

통해 발전된 개념으로, 많지는 않지만 언론 연구에도 원용되었다(Holt, 2012; Singer, 2006; Stoker, 1995). 지금까지 살펴본 가치들이 대부분 사회적 제도 또는 단위로서 언론에 주목한데 반해 본래성은 언론을 '하는 사람,' 곧 언론인 개인의 본성에 관련시킨다는 점에 특징이 있다. 첫 번째의 진실성에서도 본래성과 유사한 진정성truthfulness을 다루었지만, 진리론에서의 상응설이나 객관주의의 비인간적 측면 등에서 볼 수 있듯이 여기에서는 인간의 존재·인식보다는 외부의 대상(물物 자체)과의 관계가 더 중요했다. 그런 면에서 실존주의나 본래성이 개인 내부의 의지적·심리적 측면에 천착한 점은 그 자체로 장점이 된다.

저널리즘 연구에서 실존주의와 본래성에 주목한 학자는 단연 존 메릴John Merrill이다(Holt, 2012). 메릴은 1977년에 낸 저서 《실존주의 저널리즘*Existential Journalism*》에서 언론인의 규범으로 실존주의와 본래성을 내세웠다. 그에 따르면, 언론인은 자신의 양심으로 무엇이 옳고 그른지, 어떤 유형의 삶이 바람직한지를 판단할 수 있다. 이 판단의 전제 조건인 자유 또는 자율성은 그래서 중요하다. 자유와 양심이야말로 언론인의 본래성이다. 언론의 문제는 이 본래성을 방해하는 각종 요인들, 예컨대 뉴스의 관행이나 조직으로서 언론이 가하는 각종 제한, 국가나 기업(광고주) 같은 외부의 통제 때문에 발생한다. 그러므로 언론인은 인간으로나 전문인으로나 '본래적' 삶을 회복하기 위해 노력해야 하며, 이러한 제한들에 순응하거나 위축되어서는 안 된다. 메릴은 이러한 실존주의적 책임을 개인적 규제(자유주의)의 틀 속에서 추구하고자 했지만, 다

이지만, 메릴이 authenticity를 통해 제도나 관행을 극복한 '언론인으로서의 실존적·본래적 삶'을 강조한 점도 감안했다.

른 주의(이를테면, 공동체주의)라고 해서 꼭 이런 본래성의 발현을 거부하는 것은 아니다. 이런 메릴의 주장을 홀트(Holt, 2012)는 다음과 같이 요약한다.

> "언론인에게 본래성의 관건은 제도적 요식에 의해 스스로 통제받거나 제한받아서는 안 된다는 것이다. 예를 들어 언론인이 기사를 쓰고 싶은데 좀 분명치 않아 망설인다면, 실존주의적 지침은 '하고 싶다고 판단되면, 일단 나아가라. 감행하라'다. …… 행동하는 개인적 자유와 용기는 행동 강령에 대한 언론인들의 집단적 고수보다 더 가치 있다"(p.8).

이런 실존주의와 달리 객관주의는 언론에 모순적인 두 가지를 요구한다. 한편으로는 사실을 수집하고 재구성하는 데 자신을 최대한 개입시켜서는 안 된다고 하면서, 다른 한편으로는 보도에 (개입해) 중립적이고 공평해야 한다고 한다. 전자에 충실하면 자연히 후자에 소홀해지며, 후자에 주력하면 때로 전자에서의 사실까지 왜곡해야 한다. 이는 인간에게 스스로 자신의 본성을 부정하라고 하는 것과 같다(Merrill, 1989). 실존주의적 본래성이 보도자의 주관과 관련된 건 부정할 수 없다. 그러나 그렇다고 외부 세계를 무시하는 건 결코 아니다. "객관적 세계를 감지하는 **인식** 자체를 강조하는 것"(p.147. 강조는 원저자)이 정당하다고 믿을 뿐이다. 언론인은 주관을 갖지만, 이 주관은 이성적 자세와 가능한 타당성에 입각한 것으로 오히려 저널리즘의 전달 기능에는 필수적인 것이다. 전달자의 인식과 이성이 강조되므로 자유 못지않게 책임 또한 크다. 본 대로 들은 대로 옮기면서 세계를 반영하지만, 자신 또한 격리된 관찰자가 아니라 언어적 상징 세계의 창조자이기도 하기 때문이다.

본래성의 반대는 스스로 자신의 모습을 속이는 자기기만[99]으로, 이의 이면에는 '두려움'과 '소외'의 정서가 있다(Merrill, 1989). 자유의 속성인 불확실은 항상 결과에 대한 두려움을 낳는다. 두려움은 자유의 트라우마적 속성으로, 이런 두려움이 심해지면 체념이나 절망이 되어 본래성마저 해친다. 실존주의는 사람의 능력 밖에 있는 결과가 아니라 통제할 수 있는 자신을 강조한다. 방어적 객관주의의 '결과'에 비해 적극적으로 책임을 다하는 '과정'을 중시한다. 그래서 언론인에게도 "진실이 오류에 맞서 승리하길 기다리지 말고, 진실을 찾아내는 자신의 자질과 훈련, 지성을 믿어야 한다"(Stoker, 1995: 14)고 가르친다. 그러나 두려움은 의욕을 꺾지 않을 정도로 조절될 수 있다면, 오히려 충실성을 높이는 계기가 된다.

두 번째는 소외다. 언론인은 직업상 정보원(출처)을 자주 만나지만, 사실 수집과 의견 청취를 넘어 이들과 관계해서는 안 된다. 현장 속에서 많은 것을 판단하지만, 스스로 자존감을 느끼기엔 조직의 통제가 부담스럽다. 이 점이 중립성이나 냉정함을 강조하는 객관주의를 만나면, 언론인은 자기 자신이나 사회로부터 심한 소외감과 격리감을 느끼게 된다. 그 결과, 그들은 더 많이 자신의 조직(언론사)에 의존하게 되고, 갈수록 기업성·테크놀로지성을 강화하는 조직에서 한낱 '나사못'으로 전락하게 된다. 소속 조직으로부터도, 정보원을 중심으로 한 사회로부터도 소외된 이들에게 본래성이란 오히려 사치에 가까운, 비현실적인 것이다.

실존주의는 "모든 사람에게 좋지 않다면, 그런 행동은 하지 않는

99 자기기만의 심리 상태는 언론적·사회적으로는 자기가 보신保身을 위해 자신을 검열하는 자기 검열로 나타난다. 이 개념에 대해서는 조항제(2017)를 참조할 수 있다.

다"는 신조를 가진 도덕적 인간됨의 회복을 목표로 한다. 도덕적 인간은 두려움과 소외를 극복하고 자신의 본래성을 찾는다. 언론인 역시 마찬가지다. 실존적 언론인은 자유가 주는 두려움, 직업 특성이나 소속 조직의 관료화·대규모화가 조장하는 소외를 극복하고, 진실에 충실할 수 있다. 그런 언론은 통념과 달리 "객관성에 도덕적 기반을 제공하고, 언론인에게 자신과 사회에 참될 수 있도록 권장한다"(Stoker, 1995: 18). 만약 객관성 때문에 스스로 참이라 믿는 것을 말하지 못한다면, 이는 직업 규범에 충실한 것이 아니라 자신을 부정하는 부정직함이거나 권력에 대해 굴종하는 것이다. 최근 미국 저널리즘의 일부는 이런 방향으로 변화하고 있다(Nechushtai, 2018).

그러나 이런 실존주의와 본래성 역시 문제가 없지는 않다(Holt, 2012). 첫째, 개인에 대한 과다한 강조다. 실존주의에는 아도르노의 지적대로 신학적 냄새를 풍기는 용어들이 많다. 마치 인간이 신을 대체한 듯한 이런 준종교적 오류 속에는 개인을 믿는, 안이하면서 위험한 나르시시즘이 들어 있다. 둘째, 전체 논리를 약한 상대주의와 도덕적 주관주의가 이끈다. '스스로에게 진실한' 본래성을 위해 개개인이 노력해야 한다는 강제를 제외하면 다른 윤리는 전혀 없다. 메릴 역시 언론인 개인이 스스로 '판단을 해야 한다'는 막연한 규범성 외에 다른 기준은 제시하지 못한다. 만약 나쁜 언론의 대안으로 제시된 본래성이 오히려 자신이 저항하려 했던 대상과 공모한다면, 실존주의에는 이를 징치할 논리적 수단이 없다.[100] 셋째, 첫째와 연관된 것으로 현대 언론이 처한 정치

100 그런 일은 비교적 자주 벌어진다. 요즘같이 시장 사정이 나쁜 가운데 언론인이 자신의 고용(임금)과 자유를 맞바꾸려 한다면, 목표가 처음

적·사회경제적 맥락이 결여됨으로써 개인적 자유가 너무 과장되었다는 점을 들 수 있다. 이는 자칫 개인의 '영웅적 저항'이 지금 문제에 대한 해답이 될 수 있다는 심각한 오해를 낳을 수 있다.

그러나 앞서도 언급한 대로 '개인'을 지적하는 건 실존주의에 대한 치명적 비판이 되기는 어렵다. 개인에 관한 이론이 별로 없기 때문이다. 실제 싱거(Singer, 2006)는 실존주의가 적어도 '언론인이란 누구인가'에 대해서는 제대로 답할 수 있는 이론으로 간주한다. 싱거의 생각은 과거 허친스위원회의 사회적 책임 이론으로 이를 보완하는 것이다. 지금처럼 사회와 미디어가 다원화(파편화)·다변화된 시점에서 필요한 것은 저널리즘의 '주의ism'이며, 실존주의(개인)와 사회적 책임 이론(사회)을 합친 '사회적 책임을 가진 실존주의자'야말로 이 변화에 맞는 새로운 언론인상이라고 한다. 공정성 역시 언론인 개인에 초점을 맞춘다면 본래성과 함의가 거의 다를 바 없을 것이다.

물론 거시적 맥락에 주목해 불가역적인 제도와 구조의 변화를 도모해야 하는 것이 좀 더 '정답'에 가까운 것임에 이견이 있기 어렵다. 그러나 이를 촉발하고 주도하는 것은 결국 사람이고 또 개인일 수밖에 없다. 많은 나라의 언론인들이 권력에 순응·굴종하면서 본래성을 잃는 반면, 많은 나라의 또 다른 언론인들은 이에 양심의 가책을 느끼고 자기기만에서 벗어나기 위해 노력하고 있다. 객관주의를 옹호하면서 라이언

부터 사회적 책임보다 개인적 명예와 자족의 추구에 있어 그런 방향으로 기사를 쓴다면, 실존주의로서는 별다른 수단이 없다는 말이다(그런 자기검열의 유형에 대해서는 Jungblut & Hoxha, 2016을 보라). 특정 정치 세력 또는 이념과 자발적으로 보조를 같이하는 정치 병행성에서도 마찬가지 현상이 나타난다.

(Ryan, 2001)은 진정한 객관주의라면 자신의 편견과 약점을 인정한다고 주장했지만, 이런 성실성fidelity이야말로 실존주의가 주장하는 언론의 본래성이다. 그런 면에서 실존주의적 본래성은 여전히 지금의 사회와 미디어가 지키고 가꾸어나가야 하는 가치다.

2. 언론의 가치론

지금까지 살펴본 언론의 가치들은 모두 나름의 의의를 갖는다. 각 가치들은 시대를 초월한 보편성도 일부 띠지만, 대개는 그것을 고민·구상하게 한 당대의 역사적 조건을 반영한다. 조건이 바뀌면, '구성적 법칙'을 포함해 '규제적 법칙'도 달라질 수밖에 없다.[101] 객관성을 규제적 법칙으로 한 미국의 근대 언론은 19세기부터 진행된 과학과 전문 지식의 발전, 정치적 개혁 등을 배경적 조건으로 탄생했다. 1920년대에는 1차 세계 대전 이후 수많은 오보로 자초했던 불신을 극복하고, 급격하게 커진 기자들의 노조 결성 압력을 제어할 목적으로 객관성이 공식적 이념이 되었다. '1주 1지' 같은 과점화 현상도 이런 '객관화'(정치적 중립화)를 도왔다.

그러나 언론을 포함해 기존 질서가 송두리째 부정된 20세기 중후반이 되면 객관성 역시 위기에 봉착한다. 21세기 들어서는 공식적 정치

101 신제도주의자인 리페(Ryfe, 2006)의 표현이다. 그는 뉴스의 법칙을 '구성적인 것constitutive'과 '규제적인 것regulative'으로 나눈다. 구성적인 것이 식사라면, 규제적인 것은 식사의 예절 같은 것이다. 우리는 예절을 알고 지키려 노력도 하지만, 식사와 예절은 다르다. 식사는 당대의 여러 조건과 눈에 보이지 않는 관행들로 이루어진 구성적인 것이다.

체제의 수반(트럼프 대통령)까지 합류해 '가짜 뉴스' 같은 극단적인 현상이 횡행할 지경에까지 이른다. 물론 일상에서도 언론은 잘못된 권력 관행과 매너리즘에 빠져 자신이 정립하려 했던 전문직주의를 스스로 부정한다(Craft, 2017). 공영 방송인 BBC를 중심으로 정착되어 변화가 적었던 불편부당성 역시 과거와는 다른 길을 걷고 있다. 물론 슬로건이나 브랜드가 크게 달라진 것은 아니다. 그러나 같은 이름의 가치라도 조건에 따라 해석과 실천 양태가 달라지는 법이다. 최근 들어 BBC가 보여 주는 보수화는 체제나 구성원의 문제도 있지만, 지금의 공영 방송이 처한 여러 측면의 모순적 위치, 어려운 처지를 반영한다.

물론 아무리 이상적인 언론이라도 모든 가치를 다 갖출 수는 없다. 무엇보다도 가치들 간의 관계가 서로 모순된다. 예컨대 진실과 중립·균형은 때로 어울리지 않는다. 균형은 늘 갈등과 논쟁의 장일 수밖에 없는 정치에서 진실을 찾기 위한 훌륭한 절차이자 방안이지만, 기계적으로 관행화되면 오히려 태만과 유기遺棄, 배임 같은 비행非行을 방조하는 허울이 될 수 있다. 상대주의와 가깝게 마련인 다양성은 중립·균형과 똑같지는 않다 해도 하나를 주장하게 마련인 보편(진실)과 대각에 서기 쉽다. 구심성이 강한 중요 관련성 역시 원심적 성격의 다양성과는 같은 판단을 할 여지가 적다.

가치들마다 이중성도 있다. 지엽적 사실은 아무리 정확하더라도 때로 진실을 흐리는 부적절한 것이 될 수 있다. 노동자들의 파업을 보도할 때, 중요한 것은 파업의 이유(문제를 일으킨 진실)이지 파업으로 인해 발생한 교통 체증이나 불편(지엽적 사실)이 아니다. 또 사실의 뒷받침 없이 추론에만 의존한 것은 설사 진실이라 하더라도 픽션이나 주장일 뿐, 뉴스가 될 수는 없다. 이 점에서 뉴스와 사실의 관계는 확고하다. 진실(참)

과 정당성(옳음)은 누구나 생각하는 저널리즘의 가장 중요한 목적이지만, 언제나 베일 속에 가려져 있어 사실이나 균형 같은 절차적 대체 가치를 필요로 한다. 대체의 효용은 목적이 달성될 때 사라져야 하지만 그게 그렇지 않다. 사회적 세계, 특히 정치에서 참과 옳음은 항상 자명하지 않고, 해결은 잠정적인 것이라도 늘 경합하는 가치들의 공유共有나 절충으로 되는 경우가 많기 때문이다.[102]

또 지금까지 거론된 모든 가치들은 많은 부분이 중첩되어 '상호 배제적mutually exclusive'이지 않다. 대체로 이 가치들은 앞의 서론에서도 잠시 언급한 대로 철학의 존재·인식론이나 언론 내 절차나 방법과 관련된 사실-정확의 '사실 계열'과, 정치를 비롯한 전체 체제의 편재 내에서 언론의 역할이나 지위(매개·대변·안내자)와 관련된 불편부당-균형-중립-투명-공평 등의 절차적 '포용' 또는 '평등 계열'로 크게 나눌 수 있다. 모든 것을 포용하거나 평등하게 다룰 수는 없으므로 이 계열에는 일정한 선별이 불가피하고(개방과 선별의 이중적 과정이다),[103] 선별에는 정당성

102 문재인 정부의 '소득 주도 성장'은 이의 적절한 예가 될 수 있다. 수많은 전문가들이 찬성과 비판 대열에 합류해 논쟁을 벌였지만, 아무도 이를 판가름할 증거는 제시하지 못했다. 시간이 지나면 좀 더 확실해질 것 같지만, 그렇지 못한 가운데 시민들은 선거에 나서야 한다. 이럴 때, 언론이 할 수 있는 일은 과연 무엇일까? "중요한 불일치를 면밀하게, 기사에서 적절한 측면들을 자세히 제시하고, 여러 주장을 비판적으로 검토하며, 불일치의 배후에 있는 알려진 것과 알려지지 않은 것을 투명하게 밝히는" 이상이 되기 어려울 것이다(Reich & Barnoy, 2019: 16). 물론 이조차 쉬운 일이 아니다.

103 이런 개방-선별의 이중성은 철학이나 정치학의 난제 중 하나다. 정치학(숙의민주주의)에서는 포용과 자격(이성·합리성을 얼마나 갖추었는가)의 문제로, 철학(정의론)에서도 절차적 정의에서 선별의 정당성 문제로(실질적 정의의 도덕성을 보장하려면 절차에서 무자격자를 걸러내야 하

있는 가치 판단이 반드시 따라가야 한다. 그래서 이 계열은 '포용–정당성'의 이중 개념으로 볼 수 있다.

물론 지금까지의 논의의 이면에는, 무엇보다도 필수적인, 기자가 경험·성찰한 사실을 있는 그대로 말할 수 있는 '윤리성'이 자리한다. 이 윤리성은 일반 사람들에게 요구되는 기본적인 진정성·성실성과 크게 다르지 않다. 언론인 개인의 실존주의적 본래성은 이런 윤리성을 개인·내부로 돌린 것이다. 앞서의 사실 계열과 포용–정당성 계열은 각각 철학에서의 인식론과 가치론에 해당하며, 본래성은 보다 원초적인 존재론과 연관된다(존재론은 다음 장에서 반/실재론 논의를 통해 보다 자세하게 살펴본다).

앞서 중요하게 언급했지만, 이런 분류에 들어가지 않은 객관성은 모두를 포함하는 종합적인 것으로 볼 수 있다. 특히 객관성은 보도자 개인이 보도 내용과 자신(의 의견이나 이익)을 떼어놓는 초연성, 곧 윤리적 측면 또한 강조한다. '어떻게'보다 '무엇을'을 중시하는 중요 관련성은 뒤쪽의 포용–정당성 영역에서 핵심적인 것에 해당한다. 독립성은 자유나 자율처럼 언론의 존재 조건의 하나로 여기서의 가치들과는 조금 차원이 다르다. 굳이 따지자면 포용–정당성 계열에 좀 더 가까울 것이다. 대리(표)성은 이런 사실과 포용–정당성에 모두 해당되는 환경적 조건이지만, 민주주의에서 대리성이 갖는 속성처럼 내용에서는 후자에 더 가깝다고 할 수 있다.

는데, 포용은 이를 저해하는 명분이 될 수 있다), 이 문제는 끊임없이 논의되어 왔다. 저널리즘에서 이 문제는 '표현의 자유'와 '질 높은 정보' 사이에서 벌어진다(표현의 자유를 제한 없이 허용하면, 전체적인 질은 낮아지게 마련이다). 대체로 결론은 '제한하되 최소한의 기준으로만 해서 최대한 포용한다'는 것이다(Hänska, 2019; Bächtiger et al., 2010).

이와 유사한 분류로 영국의 미디어학자 콜드리(Couldry, 2012)의 미디어 윤리를 들 수 있다. 그는 시공간을 초월하는 보편적 법칙보다 '지금, 여기서'의 실용적 윤리를 주장하는 아리스토텔레스적 틀 속에서 미디어의 덕목으로, 버나드 윌리엄스의 중간적 진리론을 따른 '진정성 sincerity'과 '정확성,' 그리고 악셀 호네트Axel Honneth의 인정론 등에서 나온 '배려care' 등 세 가지를 들었다. 여기서의 '진정성'은 "우리가 실제 믿는 것을 말하는 성향"(p.192)으로 앞서 언급한 본래성과 같다. 진정성은 사람들이 협동 생활을 영위하는 데 필수적인 신뢰와 밀접한 관련이 있다.

'배려'는 "미디어가 가능하게 한 커뮤니케이션의 공통 공간이 낳은 (우리가 미디어를 통해 말하고 보여 준 것의) 결과, 이 공간이 분별없게 사용되어 해를 입게 된 특정한 사람들에 대한 관심 또는 염려"(p.197. 괄호는 원저자)다. 아리스토텔레스의 프로네시스(실천적 지혜)의 일종인 배려는 때로 다른 미덕보다 우위에 선다. 콜드리(Couldry, 2012)가 이의 예로 든 것은 이민 노동자나 망명 신청자에 대한 영국 타블로이드 신문의 위협적 보도다. 진정성이나 정확성 같은 다른 두 원칙에 비추어 이 보도가 문제될 여지는 그렇게 크지 않다. 그러나 이 보도는 스스로가 초래할 수 있는 결과에 대한 배려는 하지 않아 결국은 브렉시트 같은 혼란을 야기했다.

'정확성'은 진리를 발견하려는 성향으로 앞서의 사실 계열의 하나이고, 일종의 '상호 인정'인 배려는 포용–정당성 계열의 하나로 볼 수 있다. 콜드리는 이 세 가지에 미디어 부정의의 극복을 덧붙여 추상적 정의와 구체적 부정의의 연관을 긴밀하게 만들었다.[104] 결국 콜드리에게 미디

104 뒤에 자세히 나오지만 부정의와 정의의 문제의식은 다르다. 정의가

어 윤리는 '정당성 측면에서 판단해 사회적으로 의의 있는 가치나 입론을 평등하게 취급하면서, 약자를 배려하고, 부정의를 극복하는 것'이다.

논리적으로 볼 때, 인식론의 사실 계열은 가치론의 포용-정당성 계열에 우선한다고 볼 수 있다. 진리론의 관점에서 보면, 실재-상응론이 실용주의-다원론에 앞서는 것이다. 실재에 맞는 '하나의' 진실을 추구하지만, 진실이 다면적이고 늘 경합하는 점을 감안해 여러 '진실(의 대안)들'을 포용한다. 만약 진실이 밝혀져(밝혀졌다고 생각해) 어느 한편의 손을 들어야 한다면, 중립이나 균형은 이제 고려 사항이 될 수 없다. 그러나 진실 규명에는 투자(시간과 돈)가 필요하다. 최근 언론에 대한 불만이 급증하는 이유는 언론이 편의나 효율을 내세워 진실 규명을 외면해서다.

그러나 이 순서는 실제 '수용자가 보는 언론'의 제작 과정에서는 바뀌게 된다. 어느 한 사안에서 진실 여부가 중요하기 이전에 그 사안이 언론의 이슈가 되는 게이트키핑, 곧 이슈의 선택이 사안을 정확하게 다루는 것보다 앞서는 것이다(그러니까 어떤 사안은 취재는 했으나 실제 나가지는 않는다). 앞서 중요 관련성이나 균형성, 의사 결정의 편향성에서 보았던 대로 어떤 이슈냐가 중요하게 부각된다. 이를 언론의 '이데올로기'로 부를 수 있을 것이다. 그렇다면, 순서에서는 '뉴스 이슈의 선택 → 이슈의 사실·정확한 기술 → 이슈의 설명·해석[105] → (균형적·다원적 처리가

추상적·초월적 경지라면 부정의는 구체적이면서 일상적·즉각적이다. 그러므로 정의의 실현보다 부정의의 극복이 더 쉽고 더 눈에 잘 보인다.

105 이 부분은 충분히 논의하지 않았다. 가치 차원에서 보면 객관성이나 진실성과 관련 있다. 나중에 나오는 실용주의적 객관성의 맥락적 전체성과도 유사하다. 따로 다루지 않은 이유는 형식이나 자세와 관련된 윤리적 기본칙基本則이기보다는 이슈의 내용(지식)과 관련된 이차적 원칙에 가까워서다.

필요할 경우) 반대되는 주장의 병행/다양한 의견의 제시 → (가능하다면) 진실의 규명'이 된다. 이 과정은 이슈 선택('무엇')의 정치성, 진실 규명의 필요성을 부각시킨다.

공정성과의 관계를 살펴보면, 우선 진리 계열의 진실성은 저널리즘을 떠나 모든 영역에서 인간의 궁극적인 탐구 대상이다. 당연히 공정성에 국한되지 않는다. 진실이 판명되는 순간 모든 절차나 준거는 빛을 잃는다. 그런 면에서 진실성은 공정성의 궁극적인 가치 중 하나라고 할 수 있다. 객관성은 공정성과 같은 지위의 개념이다. 미국에서 객관성은 저널리즘 전체를 규정하는 하나의 패러다임이며, 많은 하위 개념을 거느린 일종의 준거틀이다. 미국의 객관성은 한국의 공정성에 비교 언론적 의의를 지닌다. 의제 정치의 기본 요소 중 하나인 중요 관련성은 공정성의 시작점 또는 계기라 할 수 있다. 절차의 일부인 투명성은 사후 책임적 성격도 아울러 가진다. 사실성, 그리고 그 세부적 준칙으로 정확성은 공정성의 인식론적 기초다. 모든 형태의 가치들은 정확한 사실 위에서만 의미를 지닌다. 그러나 맥락을 잃고 지엽적인 것이 될 경우에는 오히려 공정성을 해친다.

언론의 자유와 맥락을 같이하는 독립성은 공정성의 전제 조건이다. 자유 없는 언론에 공정성은 매우 제한된 의미만을 가질 뿐이다. 다양성은 공정성의 또 다른 이름이라 할 수 있다. 특히 사회적 권력 관계를 반영하는 수직적 다양성은 실질적 정의의 의미를 상당히 지닌 공정성과 매우 비슷하다. 중립성은 공정성의 절차이자 1차적 목적일 것이다. 그러나 '기계적'일 때는 오히려 공정성을 훼손하는 장치로 역할할 수 있다. 일상에서 매일의 뉴스 시간에 쫓겨야 하는 언론에 균형성은 가장 알기 쉬운 공정성의 수단이다. 일반 수용자에게 가장 어필하는 공정성의 요건이기도 하다. 불편부당성과 반편향성 역시 구체적인 불공정(편향)의

처치에 초점을 맞춘 공정성의 소극적이면서 구체적인 수단이다. 정치병행성은 극단화될 경우 공정성의 가장 큰 적이 될 수 있다. 공평성은 상대적으로 협소한 의미를 가진 공정성의 단면이다. 대리(표)성은 공정성의 사회적 징표다. 대리가 잘된다면, 특히 주변부 계층의 경험이나 주장이 언론에 잘 반영된다면 그 언론의 공정성 정도는 매우 높다고 할 수 있다. 본래성은 공정성의 개인적 차원의 표현이다.

지금까지를 요약하면, '언론은 정확한 사실을 기초로 진실을 추구하고, 수용자에 중요한 계기적 정보를 독립적으로 투명하게 작성해서 편향 없이 중립·균형적으로 보도해야 한다.' 결국 저널리즘에 필요한 공정함은 궁극적 가치인 진실을 염두에 두면서, 두 가지 축, 곧 '사실을 그대로'(사실)와 '필요한 측면을 정당하게 골고루'(포용–균형)인 것이다. 물론 모든 가치가 똑 같이 보장될 수는 없다. 당대의 조건과 상황에 따라 무게 중심, 곧 구성적 요건은 생기게 마련이다. 이에 대한 수용자·시민의 인정이 중요하고, 전체 구도에서 구조적 편향이 생기지 않게 하는 정책이 필요하다. 지금까지 살펴본 가치를 정리하면 표 4와 같다.

표 4. 저널리즘의 가치 또는 이념(들)

원칙	방법	공정성과의 관계	관련 이론	문제점
진실성	진실 추구의 의지, 성실한 취재	저널리즘을 넘어 인간의 궁극적인 가치	진리 이론, 실용주의	진실 파악의 어려움
객관성	사실과 가치의 분리, 비판적 거리 두기	미국 언론과 비교 의미	객관주의(과학 철학), 실용주의, 전문직주의	실천의 어려움, 편의적 의례로 전락, 공식적 출처(권력)에 대한 높은 의존
중요 관련성	사회에 대한 깊은 이해, 주요 제도 및 시민 사회 존중	공정성의 계기	뉴스 가치론, 의제 설정 이론	뉴스 가치의 한계, 출입처 제도(권력적 출처)의 한계, 정치 병행성 · 선정주의의 한계
정확성	사실의 검증	공정성의 기초	정밀 저널리즘	전체적 맥락성과의 거리(지엽성)
투명성	취재 과정 및 관련 자료의 공개, 판단 과정의 타당성 설명	공정성의 절차, 사후 책임	저작권 이론	취재원의 보호, 책임 회피(불신의 초래)
사실성	성실한 취재(경험)	공정성의 인식론적 기초	전문직주의	지엽적 사실성의 진실 또는 공정성의 배반
독립성	제도의 정립	공정성의 제도적 전제	자유주의이론	자율화(제도)와 자립성(시장)의 부조화
불편부당성	비판적 거리두기	공정성의 구체적 수단, 절차	내용 분석, 프레임 분석	열린 불편부당성과 닫힌 불편부당성의 문제
다양성	사회적 불평등 구조의 반영, 차이의 존중	공정성과 유사한 개념	취향 이론	수평적 다양성과 수직적 다양성의 혼동
균형성	양/질적 균형 원리의 정립	공정성의 편의적 수단, 절차, 일반 수용자의 공정성	프레임 분석	기계적/실질적 균형의 차이, 진실 추구의 회피, 양/질적 균형 원칙의 차이
중립성	비판적 거리두기	공정성의 일차적 목적	내용 분석, 프레임 분석	기계적 중립성의 한계
공평성	성실한 취재, 맥락 파악	공정성의 협소한 의미	탐사 저널리즘, 전문직주의	
반편향성	다양한 편향 파악과 대처	공정성의 구체적, 수단, 절차	프레임 분석	소극적 · 구체적 접근
대리(표)성	차이의 존중	공정성의 증표	위(수)탁 이론, 이미지 분석	시민의 직접 표현의 증가
본래성	기자 훈련	공정성의 개인적 차원	실존주의, 전문직주의	자기 검열 · 자기기만의 극복

3장

한국 언론의 전개 과정

정치-미디어 복합체의 형성과 공정성

주지하다시피 식민지와 분단, 동족상잔의 전쟁, 오랜 권위주의와 냉전, 압축적 경제 성장과 부의 극심한 불평등, 제한된 민주화와 뒤늦은 정권 교체, 보수 2기의 집권과 '촛불 시위'로 대표되는 변혁적 전환 등 수없이 많은 정치적 우여곡절을 거친 한국 사회에서 추구되는 언론의 공정성은 앞서의 일반적 이념 또는 준칙들과 많은 부분이 공통되면서도 완전히 어느 하나와 같지는 않다. 서론에서도 언급한 대로 오히려 준칙 모두를 아우르는 복합적이면서 총합적인 개념일 수도 있다. 이는 미국의 객관성이나 영국의 (광의의) 불편부당성이 정착되는 특수하면서 '우연적'인 역사와도 맥을 같이 한다.

흔히 근대의 지평 중 하나이면서 공정성의 전제 조건이기도 한 '언론의 자유'는 한국의 이런 100년이 조금 넘는 역사 속에서 나중의 1/4, 즉 1987년 민주화 이후 약 30년에만 허용된다. 이전까지 언론의 자유는 헌법 조문에만 있는 한낱 장식에 불과했으며, 언론의 자유를 위한 노력은 민주주의 전선에서 중심을 차지했다. 유신 시절에 평기자들이 주동이 되어 벌어진 '언론 자유 수호 투쟁'은 이의 대표적인 예다.

언론의 이념이 원초적 형태로 볼 수 있는 '자유'일 때, 문제가 되는 것은 정치권력의 부당한 압력이다. 1974년 유신 체제 때 〈동아일보〉의 유명한 10·24 자유 언론 실천 선언의 요구 사항이 '외부의 간섭'이나 '기관원의 출입,' '불법 연행' 등에 대한 반대였던 점은 이를 잘 보여 준다(동아자유언론수호투쟁위원회, 2014). 당시 압력의 목적은 대부분 정권에 불리한 기사를 삭제해서 여론을 무지에서 벗어나지 못하게 하는 것이었다. 이런 이유로 투쟁 역시 '삭제와 게재,' '외압과 자율,' '굴종과 자결'의 이분법으로 전개되었다.

이렇게 통제와 투쟁이 일상적인 가운데 미국의 영향으로 수입된 객관성 이념이 제대로 정착될 리 만무했다. 객관성은 이전까지 한국 언론의 근간을 이루었던 계몽적·지사적 이념을 대체하려 했지만, 기본적인 사실 보도조차 억압의 대상이었던 현실에서는 비정치 영역에서나 제한되게 허용된 '형식적인 것'에 불과했다(유선영, 1995). 그조차도 자율성이 일부나마 남아 있었던 사기업 신문에서나 가능했다(김동규, 1988).

군부 권위주의 체제의 3기로 볼 수 있는 5공에 이르러서는 더 노골적인 방송의 왜곡과 편파성이 문제가 되었다. 5공은 자신의 취약한 정당성 때문에 언론을 대대적인 재편의 대상으로 삼았고, 방송은 아예 민간 운영 자체를 허용치 않는 '국가적 체제'(명분은 공영 체제)로 만들었지만, 대중의 눈은 이미 국영 시절부터 구조화된 방송의 불공정성을 주시하고 있었다.[106] 공영 방송의 이념으로 공정성과 이의 안티로서 편파성

106 1971년 7대 대선 당시 KBS는 "집권 여당 후보와 그 연설자들의 보도에는 후보자의 인물과 청중 수를 언제나 클로즈업시키는 반면 신민당 후보와 그 연설자들의 경우는 으레 텅텅 빈 신민당 당사 간판만을 비친 경우를 무수히 보여 주는"가 하면, 살아 있는 사람인 박 대통령의 어록이 버젓이 보도되고, 심지어는 코미디 프로그램에서도 노골적으로 야당 후보가 비방되었다(조항록, 1971). 이런 편파성은 당시만 해도 큰 사회적 문제로 비화되지 않았지만 5공 이후에는 달랐다.

은 1980년대 중반 이후 전국민적 반체제 운동으로 발전한 'KBS 시청료 거부 운동'부터 한국 방송(나아가 언론)의 화두로 자리 잡기 시작했고, 쟁점도 상당히 세부적인 것으로 진전되었다.

민주화 이후에는, 사기업이 위주가 되는 신문의 경우 시장도 개방되고 외압도 대부분 사라졌지만, 방송에서는 정치 권력의 영향이 상대적으로 여전했고 정권이 야당으로 교체된 이후에도 질적 변화는 없었다. 이 결과로 방송의 공정성 투쟁은 자주 자율성 투쟁으로 퇴행 또는 전이되었다. 그러나 이 시점부터 투쟁의 전체적 명분은 공정성이 되었다. 공정성이 자율성의 최종 목적이라는 인식이 뚜렷해진 것이다. 처음 나올 때만 해도 반편파의 의미에 가까워 다소 소극적이었던 공정성은 민주화 이후에는 방송 전반을 규율하는 포괄적 이념으로 확장되었다.

신문에서도 공정성이 의미를 갖지 않았던 것은 아니었다. 민주화 이후 노조 설립이 자유화되면서 노조와 사 측은 '공정보도위원회' 등을 만들어 과거 체제를 청산하려 애썼다(강명구, 1993). 그러나 시장 경쟁이 치열해지면서 헤게모니는 급격하게 사(주)측으로 넘어갔고, 자사 이기주의는 보편적인 현상이 되었다. 이 과정에서 신문, 특히 시장 주류 신문은 때로 '권력화'로 불릴 만큼 정치에도 개입했다(박승관·장경섭, 2001; 조항제, 2003).

1. 정권 교체 이전: 권위주의/민주화 초기의 공정성

1) 권위주의 체제와 언론의 도구화

이 시기의 언론을 가장 단적으로 설명할 수 있는 것은 1986년에 폭로된 '보도 지침'이다. 이 지침은 억압적 체제였던 5공화국 정부가 신문과 방송을 비롯한 언론에 일상적으로 하달한 사전 검열적 준칙이다. 유신 시절에도 기관원이 언론사에 상주했고 지시 사항도 있었지만, 보도 지침은 소재의 선택이나 기사의 크기, 문구의 표현, 사진의 크기, 면 배치 등에서 훨씬 포괄적이고 체계적인 통제 시도였다(민주언론운동협의회 엮음, 1988). 이 지침은 큰 저항 없이 대체로 이행되었지만 신문보다는 방송에서 이행률이 훨씬 더 높았다(《언론노보》, 1990. 2. 7).

보도 지침의 목적은 두말할 것 없이 뉴스의 '불확실성'을 지배의 '확실성' 속에 가두고자 한 것이다. 사실을 사실대로가 아니라 정권의 입맛에 맞게 선택하고 가공해서 '만들어진 현실'을 내보내려 했다. 당시 집권층은 방송이 집중적으로 비판을 받자 공정성과 중립성, 다양성이 진리와 정의에 앞설 수는 없다는 주장을 내세웠다(이수정, 1983). 문제는 진리와 정의가 무엇이냐에 있다. 이때의 진리와 정의는 국가의 이익, 곧 당시의 체제·정권의 이익과 사실상 같은 것이다. 그러니까 진리와 정의만을 보도하는 것은 편파적일 수 없으며, 국가·체제는 진리·정의를 대변하므로 언론으로서 이를 따르는 것은 당연한 일이었다. 여기에서 일부 야당이나 운동권 세력은 비진리나 불의에 해당되었다(조항제, 2018b).

그래도 사기업인 신문의 경우에는 약간이라도 자율이 있었다. KBS

의 수신료 거부 운동에 대한 〈동아일보〉의 보도, 박종철 고문 치사 사건의 〈중앙일보〉 특종, 비문자 공간인 '행간'의 활용 같은 것은 이 사례에 해당한다. 그러나 이 정권은 소유 형태나 시장 거래에서 자율성의 여지가 거의 없던 방송에조차 따로 '보도 지침'을 내려보냈다. 이유는 간단하다. 불가피했던 1983년의 '유화 조치'와 사실상 참패한 2·12 총선 등이 계기가 되어 정권에 대한 지지가 계속해서 내려가고 있었기 때문이다. 보도 지침은 언론을 소극적 통제의 대상에서 적극적 동원의 도구로 만들기 위한 특단의 조치였던 것이다. 보도 지침에, 불리한 정보를 삭제하는 '~해서는 안 된다'보다 유리한 정보를 과장하는 '~해야 한다'가 많았다는 점은 이를 반영한다(민주언론운동협의회 엮음, 1988).

이런 강제적 '지침' 속에서도 언론은 산업적으로는 크게 성장했다(이진로, 1988). 이는 신규 인자의 시장 진입을 막는 당시의 카르텔 정책의 의도가 반영된 결과이기도 했다. 5공과 언론 사이에는 일종의 담합이나 '도구화'로 부를 수 있는 친화성이 있었던 것이다. 당시에는 이를 군산복합체를 본뜬 '권언복합체'로 불렀다(송건호, 1983). 법(언론기본법, 19조)에서 언론인의 복지도 보장했으므로 불법적 보도 지침에 순응하는 데는 언론과 언론인 모두가 '구조적 거래'로 부를 수 있는 반대급부가 따랐다. 그러나 공영 방송의 입장에서는 자신의 정체성을 스스로도, 그리고 국민에 의해서도 부정당한 어려운 시기였다.

2) 민주화와 언론의 자유화: 노태우 정부와 김영삼 정부

민주화 이후 한국 언론은 '자유'(민주 체제)와 '시장'(경쟁-독재)이라는, 서구 역사에서는 같은 회로 속에 있었지만, 사실은 상반된 결과를 낳을 수도 있는 두 개의 현상을 경험한다. '1997년 체제'(신자유주의 체제)의 수립으로 사실상 시장이 승리한 가운데 펼쳐지는 체제 논쟁은 이른바 '1987년 체제'가 얼마나 의의를 가질 수 있느냐로 모아진다. 비록 IMF로부터 구제 금융을 받는 처지가 되었지만, 정치적으로는 처음으로 야당이 집권해 민주화를 진전시키는 새로운 계기가 제공됨으로써 민주주의와 자본주의 사이의 갈등적 역동성이 사라지지 않았기 때문이다(김종엽 엮음, 2009). 이 점이야말로 제도주의자들이 말하는 미디어 대의 정치와 시민 직접 정치가 만나는 접점이 아닌가 한다. 물론 민주화가 가져온 자유화는 지금에 이르러 보면, 다음에서 보는 것처럼 그렇게 큰 변화를 낳지는 못했다(조항제, 2017).

첫째, 주지하다시피 민주화가 되면서 언론기본법과 보도 지침으로 대표되는 5공 체제의 억압은 사라졌다. 그러나 그 자리는 상당히 효과적인 '회유'로 채워져 정부-언론 사이의 협력 관계는 크게 달라지지 않았다(김영욱·임유진, 2015; 남재일, 2006; 박승관·장경섭, 2001; 조항제, 2003). 정치는 군부 2기-여소야대-3당 합당-보수 여당의 재차 승리-IMF 위기-야당의 집권으로 숨 가쁘게 전개되었지만, 언론계에서는 방송 노조의 파업 외에 눈에 띄는 전기轉機는 발견되지 않았다.

협력 관계는 상당히 자율적이었다. 보도에 영향을 미치는 요인에서 '정치 권력과 외압'은 하위의 순위로 밀렸다. 언론의 자유도는 언론인 스스로의 판단에서도 계속 증가해 김영삼 정부 때는 무려 70.29나 되었다. 5공 때(24.60)의 3배에 가까운 수치다(양승목, 1995). 하나회 척결과 공직자 재산 공개, 안가 철거 등 김영삼 정부가 초기에 걸었던 개혁 드라이브는 언론의 호응을 끌어내면서 대중적으로 크게 성공했다. 이 단계가 지나자 반대편의 현상이 나타나기 시작했다. 금융실명제 이후부터는 정부와 언론 사이에 불협화음이 생겨나게 된 것이다(조항제, 2003a). 〈조선일보〉는 매우 구체제적인 이유로 김영삼 정부의 주요 인물들 — 한완상 부총리, 이인제 노동부장관, 김정남 교육문화수석 등 — 을 자리에서 물러나게 했다. 당시 정부는 시행한 언론사 세무 조사의 결과를 발표하지도 않았고, 극심한 경쟁 속에서 발생한 신문 보급소 살인 사건에도 아무런 조치를 취하지 않았다.

둘째, 새로운 신문의 창·복간이 이어지고 외압이 사라졌지만 신문이 대표하는 이념적 지형은 과거보다 그렇게 크게 확대되지 않았다. 〈한겨레신문〉 정도가 약간의 예외가 되었을 뿐이다(이진영·박재영, 2010). 치열한 경쟁 속에서도 기존 신문의 시장 입지는 그대로였다. 오히려 판도에서는 바뀐 1등인 〈조선일보〉의 지배력이 커지고, 〈동아일보〉의 상대적 열세가 두드러져 시장은 더욱 집중되었다(조항제, 2014a). 무리한 사세 확장을 견디지 못한 〈한국일보〉가 퇴조하자 앞선 세 신문의 과점적 지배는 더 커졌다. 초기에 활발했던 신문 노조는 경쟁에 따른 자사 이기주의, 산별화를 경시한 전략 오류, IMF 이후의 경제적 압력에 밀려 때 이르게 조락(凋落)함으로써 사주의 지위는 더욱 굳건해졌다(신광영, 2012). 이를 상징적으로 보여 주는 예가 〈조선일보〉가 각종 기념식이나 의례에서 강조하는 핵심 가치인 '인화'다. 언론적 공공성보다 기업적 통합성을 앞세운 이 말의 중심에 사주가 있음은 더 말할 나위가 없다(김건우·김균, 2013).

이로써 신문 시장에서 공정한 다원주의를 위한 균형은 '외적인 것'과 '내적인 것' 모두 달성되지 못했다. 언론이 정부로부터 얻은 자유는 현장 기자들의 저널리즘적·전문직적 자유로 이어지지 못했고, 폴란드의 방송인 출신 학자 야쿠보위츠(Jakubowicz, 2002)가 정치적 변화보다 훨씬 중요하다고 주장한 '문화적 변화' 곧 '언론 내부의 변화'는 거의 나타나지 않았다. 이의 상징적 사례로 내가 꼽는 것은 1991년 〈동아일보〉의 김중배 해임 사건이다. 당시 편집국장이었던 김중배는 〈동아일보〉가 가진 이전의 지위와 명예를 회복하려 노력했으나 이에 불만을 느낀 사주는 김중배를 해임시켰다. 이로써 민주화가 가져온 변화가 일선 언론인의 그것으로 이어지지 않는다는 것이 분명해졌다. 당시 김중배는 '가장 거대한 권력은 정치 권력이 아니라 자본 권력'이라는 말을 남겼다. 그러나 현저하게 편집의 자율성을 훼손시킨 이 해임에 〈동아일보〉 노조는 저항하지 않았고, 이후 〈동아일보〉는 이전의 명성을 모두 잃을 만큼 보수화되었다.

셋째, 방송에서는 1990년 KBS의 4월 투쟁과 SBS의 신설이 가져온 시청률 경쟁이 많은 유산을 남겼다. 민주화가 되었지만, 이전 제도의 핵심인 공영 방송이 그대로 유지되면서 외형에서 큰 변화가 있지는 않았다. 방송위원회의 권한이 일부 강화되고, 방송문화진흥회가 신설되어 MBC의 명목적 소유 구조가 바뀐 정도였다. 그러나 방송 내부로는 노동조합이 신설되고 제작 자율성이 높아지면서 이전과 사뭇 다른 프로그램(MBC 〈어머니의 노래〉, KBS 〈5공 특집〉 등)이 만들어지는 등 실질적으로는 신문에 비해 방송의 변화가 훨씬 더 컸다.

1988년의 사장 인선(서영훈)은 당시 민주화의 열기와 여소야대 국회에 힘입어 상당히 원칙적으로 이루어졌다. 그러나 1990년의 '3당 합당' 이후 체제가 보수적으로 재정비되면서 새로운 사장(서기원)이 임명되었고, 이를 둘러싼 정부와 노동조합의 갈등이 무려 40일간을 사실상 파업 상태(제작 거부)로 몰아넣었다. 이렇게 만들어진 '정부의 일방적 임명'과 '노조의 반발·파업'은 이후에도 하나의 패턴처럼 이어졌다.[107] 정부와

107 이 점으로만 본다면, 한국 공영 방송의 시간은 아직도 1990년 4월이

공영 방송 사장 사이가 마치 사적 충성 관계로 맺어진 후견인과 피후견인 같다는 '정치적 후견주의political clientelism'의 설명 틀은 그래서 생겨났다(조항제, 2014b). 야당이 집권한 이후에도 정치적 후견주의가 사라지지 않은 데는 여러 이유가 있지만, 공영 방송에 대한 정의조차 없는 법을 비롯해 미비한 제도적 틀이 가장 큰 것으로 지적된다.

김영삼 정부가 이런 문제가 있던 공영 방송에 그래도 처음으로 홍두표(KBS)나 강성구(MBC)처럼 방송인들을 사장에 임명했던 점 정도가 성과라면 성과였다. 그러나 당시는 이미 민주화 운동이 퇴조 국면이었으며, 방송판도 SBS를 중심으로 시청률 경쟁이 치열하게 벌어질 때였다. 수신료를 전기료에 병산하면서 다시 예전의 안정된 재정을 회복한 KBS 역시 광고 채널인 2TV를 중심으로 이 경쟁에 동참했다. 소유 구조의 자율화에 대한 의욕이 가장 강했던 MBC가 정치권-사장과의 투쟁을 이어갔지만 역시 대세를 넘어서기는 어려웠다.

다. 이른바 '1990년 체제'인 셈이다. 민주화 이후에도 공영 방송이 유지되면서 1980년의 구도가 지금까지도 유지되었다고 보는 '1980년 체제'론도 가능하다. 물론 이 경우에는 민주화 이후 노동조합이 만들어지면서 달라진 방송 내부를 설명하지 못한다. 공영 방송이라도 상업주의 경쟁에 참여하지 않을 수 없는 시장 판도를 두고 '1998년 체제'를 말할 수도 있을 것이다. 나는 1990년 체제와 1998년 체제가 모순적으로 공존한다고 생각한다.

2. 정권 교체 이후

1) 김대중 정부와 정치 병행성

야당이 집권한 이후에는 한국에서도 언론과 정치(정당) 사이에 일정한 연합 관계가 형성되었다는 '정치 병행성political parallelism'이 주장되었다. 처음 이 병행성이 지적된 것은 김대중 정부의 대북 유화 정책, 이른바 '햇볕 정책'에 대한 각 신문의 태도가 찬성과 반대로 거의 정확하게 나누어졌을 때였다(윤영철, 2000). 물론 이전에도 언론과 정치 사이에 친연 관계는 존재했다. 권위주의 시절에는 언론이 아예 체제 자체의 일원이었고, 민주화 이후에도 이런 관계가 자율적으로 형성되었다. 그러나 이 시기 들어 '정치 병행성'의 이름으로 이 관계가 조명된 데는 나름의 이유가 있다.

원래 정치 병행성은 앞서 본 대로 이념이 분화되고, 이념 사이의 경쟁이 활발한 사회, 언론이 독점적이지 않은 사회에서는 객관성(중립성)이 지배하는 미국 정도를 제외하면 사실 보편적인 현상에 가깝다. 이 현상이 크게 문제되지 않거나 권장되기까지 하는 이유는 다양한 연합 간(세력 간) 경쟁이 활발하고, 이 경쟁이 '외적 다원주의'로 의견 시장의 상대적 풍요를 가져오기 때문이다. 여기에는 정치와 언론의 관계가 자율적이면서 안정된 패턴을 이루고, 이런 병행이 해당 사회나 국민에게 충분히 '문화화'된 조건적 배경이 필요하다. 이 때문에 브라질의 알부케르크(Albuquerque, 2013)는 후발 민주주의 국가들에 정치 병행성을 적용하지 않는다.

이런 병행성이나 공동 보조는 외형은 유사해도 질적 측면에서는 각 나라·사회마다 상당한 차이가 있다. 한국의 경우에 정치 병행성은 민주화 이후, 특히 보수 연합으로 볼 수 있는 3당 합당(강원택, 2012) 이후, 자율적으로 생성된 다수 정당과 시장 지배적 언론 사이의 권력형 연합이 일정하게 균열되면서 나타난 형태다. 스완슨의 용어를 빌리면 공식적인 제도를 넘어 "초제도supra-institution"(Swanson, 1992)로 존재했던 연합이 국가 부도(IMF 구제 금융)라는 예기치 못한 위기를 만나 야당의 집권을 허용하면서 나타난 현상이라는 것이다.

이 점은 두 번째 특징으로 이어지는데, 한국의 정치 병행성은 서로 대립되는 보수와 진보의 연합 또는 병행 사이가 현격한 세력 차이가 있다는 점이다. 이를 두고 정치 병행성 규정이 과도하다는 지적도 얼마든지 가능하다. 마치 양자가 대등한 구도를 보인다는 착시 현상을 낳을 수도 있기 때문이다(조항제, 2014a). 정권은 잡았지만, 의회나 시장, 시민사회를 비롯한 저변에서 진보 측은 훨씬 열세에 있었다. 언론도 〈한겨레〉와 〈경향신문〉 정도로, 시장 비중에서 〈한겨레〉의 매출액은 〈조선일보〉의 16.6%에 불과했다(2006년 기준; 오수정, 2009). 따라서 정치 구도에서 진보와 보수의 경쟁은, 지지 규모나 정당에서는 그래도 어느 정도 경쟁적이었지만, 언론은 현격하게 차이나는 '기울어진 운동장'이었다(조항제, 2014a). 나중에 다시 나오지만, 이 점은 왜 진보 정부가 공영 방송에 대한 정부 지배의 구태를 완전히 일소하지 못했는지의 이유를 간접적으로 알게 해 준다. 그런 면에서 한국의 정치 병행성은 일반적인 후발 민주주의 국가의 특성을 상당히 안고 있었다(알부케르크의 주장 참조).

또 다른 특징은 연합 내부의 관계에서 정당보다 언론의 비중이 크다는 점이다. 유럽이 중심이 되는 일반적인 정치 병행성 이론에서는 정당과 언론 사이의 역학은 따지지 않는다. 정당은 비록 약화되고는 있지만 그래도 수백 년 역사 속에서 나름의 이념을 견지하고, 이 정당과 과

거의 연계를 뗀 언론은 이제 사기업으로 불가침의 자유 속에 있기 때문이다. 그러나 한국에서 정당 약세는 특히 중요하다. 왜냐하면 정당은 정권이 바뀔 때마다 재창당될 정도로 연조가 짧고, 이념은 오히려 언론에서 더 잘 유지되기 때문이다. 그러니까 한국의 정치 병행성에서 정당과 언론의 관계는 정당보다 언론이 지지 규모나 동원력 같은 외연적 세력에서는 뒤질지 몰라도 세력의 내실로 볼 수 있는 역사·(사회) 자본·응집력·일관성 등에서는 앞서 있는 이른바 '언론 주도형'이라는 특징이 있다(조항제, 2017).

그러나 보수 측 연합이 내부의 경쟁을 닫고 이해관계에서도 뚜렷하게 하나의 '블록'을 형성하기는 김대중 정부 때의 세무 조사 때가 아닌가 한다. 이들 세 신문의 머리글자를 딴 '조중동'이 빈번하게 쓰이기 시작한 것도 대체로 이때부터다. 김대중 정부가 세무 조사의 강도를 높이자 탈루의 액수도 큰 세 신문이 강력 반발하면서 정부와 언론이 대립하는 '세무조사 정국'이 만들어졌다. 이 정국에서 조중동은 진보 이념[108]에 대항하는 보수 이념의 필진 네트워크(김만흠, 2003)를 조직·동원해 다음 노무현 정부 때의 '언론 전쟁'(강명구, 2004)을 예고하는 전초전을 벌였다. 정권 교체 이전에도 이들 세 신문의 대정부 태도가 같은 적이 있었다. 그러나 그때만 하더라도 언론의 자유가 극히 제한된 권위주의 시절이거나 상대 또

108 주지하다시피 김대중 정부나 노무현 정부에 진보의 이름을 붙이는 것은 '진보'의 일반적인 화용, 특히 두 정부의 신자유주의적 경제(노동) 정책에 비추어서는 무리한 점이 있다('좌파'는 더더욱 그러하다). 그러나 강원택(2005)은 진보/보수를 반공 이데올로기의 거부/수용과 자유주의/권위의 선택을 기준으로 나누어 호칭에 다소 느슨함을 허용한다. 이에 따르면, 반공 이데올로기를 거부하고 자유주의를 선택하는 한국의 '야당 정부'는 진보로 부를 수 있다.

한 같은 유형의 기득권 보수 권력인 노태우·김영삼 정부이어서 그렇게 대립이 심하지는 않았다. 그러나 이때는 반대 유형이면서 지지 기반마저 협소한 소수 정부였으므로 신문들의 반발은 매우 거셌다.

정치적으로는 '진영론'으로 바꿀 수 있는 정치 병행성의 가장 큰 단점은 역시 상대편에 대해서는 엄격하고, 같은 편에는 너그러운 '적대적 미디어 신드롬'(Waisbord, 2006)이다. 이 신드롬하에서 언론의 임무는 '사실을 사실대로,' '가치 판단은 정당하게' 하는 것에 있지 않다. 수용자도 언론에게 '너는 누구 편이냐,' '이 기사는 어느 신문 것이냐'라고 묻는다. 이 신드롬에서 중시되는 것은 '얼마나 자기 진영에 도움이 되느냐'다. 같은 사건이라도 진영에 따라 중요도가 완전히 달라진다. 자기 편에 불리한 것은 가능한 다루지 않는다. 심지어 사실조차 왜곡하기도 한다. 상대편이 적이기 때문이다. 샹탈 무페(Mouffe, 2000/2006)는 지금의 민주주의를 갈등이 상존하는 사회로 설명하면서 적대antagonism를 경합agonism으로 만드는 것이 중요하다고 했는데, 이런 정치 병행성과 진영론은 오히려 경합을 적대로 바꾼다.

보수 측의 적대성이 노골화된 터에 진보 측 역시 대응이 없을 수는 없었다. 초유의 위기 시에 집권한 김대중 정부는 IMF의 주문을 받아들여 신자유주의 정책을 펼쳤지만, 정권 교체에 부응하는 민주적 개방성은 유지하려 애썼다. 방송 독립(방송위원회의 권한 강화)과 시청자 주권을 천명한 통합 방송법의 제정은 이의 사례다. 정부의 세무 조사가 주체나 수단 모두에서 반언론적 조치[109]임에도 불구하고 나름의 지지자가 있었

109 여기에서 '반언론적'이라는 말은 외부의 조치가 (언론) 내부의 변화를 일으키지 못하거나 오히려 반발을 살 때를 말한다.

던 이유도 이런 보수 측 연합에 대한 국민의 반발이 작지 않았기 때문이다. 물론 당초 내세웠던 언론 개혁 명분에서 세무 조사는 실패했다.

2) 노무현 정부와 적대적 미디어 신드롬

이런 김대중 정부보다 보수 언론의 특권과 편향에 대한 의식이 뚜렷하면서 이에 대한 비판과 반대를 지지 기반으로 삼은 노무현 정부 때의 양상은 또 달랐다. 대통령 노무현에 대한 이 신문들의 태도는 부정 일변도였다. 신문이 "최상층 기득 세력의 요구를 대변하고 이들을 결집시키는 역할"(최장집, 2010: 234)을 했다거나 정부가 시도한 개혁을 정체시키는 데 이 정부가 보장해 준 자율성을 십분 활용했다는 지적(송호근, 2005), 선거 시 자신의 이념이나 이해에 맞는 후보를 선택하는 '정권 창출적 언론'의 등장(이준웅 외, 2011), 언론에는 생명과 같은 신뢰도를 희생시키면서까지 편향·보수화되었다는 지적(양승목, 2007; 최영재, 2011), 독자나 정치권보다 신문이 오히려 더 많은 분열, 더 많은 '오버'와 갈등을 낳았다는 비판(김영욱, 2011; 이재경, 2008; 최영재, 2011)은 그래서 나왔다.

물론 당시 노 정부에도 조중동과 대각에 있었던 일부 진보 신문들·온라인 언론이 가세해 주었고, 방송 또한 미디어 비평 등으로 이를 도왔지만, 아무래도 '언론 전쟁'의 패자는 노 정부라고 봐야 한다. 대통령이야말로 '무한 책임'을 지는 존재이기 때문이다. 이 점은 노 정부와 유사한 위치에서 '신자유주의 좌파'로 불린 영국의 블레어 정부와 미국의 클린턴 정부가 가졌던 중간층 헤게모니나 주류 언론과 맺은 우호적 관계와 크게 대조되는 부분이다(조희연, 2012).

앞서 본 대로 민주화 이후 신문 시장이 자유화되었지만, 〈조선일보〉를 1위로 하는 신문 시장의 집중도는 오히려 더욱 높아졌다(조항제, 2003a). 이 점은 강명구(2004)의 지적대로 시장이 이전의 '후견적 시장'에서 치열한 경쟁을 위주로 하는 '약탈적 시장,' '기업 포획적 시장'으로 바뀌었기 때문이다. 그러나 새로운 미디어·수용층(인터넷/네티즌)이 급속하게 증가하는 2000년대 중반에 들어오면 이미 종이 신문은 사양길에 접어들어 그 자체로는 회생하기 어렵게 되었고, 그나마의 독자층 역시 소비 성향이 낮은 노년층에 국한되었다. 이런 위기에 조중동 등의 주류 신문이 택한 것은 제한적이나마 유지해 왔던 대표성·중립성 — 포괄적 의미의 공정성이라기보다는 정치 세력들 사이에서 노골적 편향을 그래도 덜 드러낸다는 점에서 — 을 폐기해 버리는 것, 곧 아직 남아 있는 정치적 영향력을 '자원화'해 특정 세력을 선택·지원하는 편향화·소수화 전략이었다(최영재, 2005). 이 전략은 진영적 미디어가 되기로 마음먹은 신문에게는 정치적 지위에서나 상업성 모두에서 썩 괜찮은 것이었다.

조중동이 취한 '소수화'는 신문이 영향력이나 자원 동원력 같은 힘 차원에서 약소화된 것을 자인했다는 뜻이 아니라 스스로가 전체를 대표하기를 포기하고 특정 성향을 노골화했다는 뜻이다(조항제, 2017). 이런 소수화에서 특기할 만한 것은 특정 층에 대한 긍정적 어필 못지않게 반대층에서 받는 부정적 반응도 같이 노린다는 점이다. 그러니까 조중동은 노 정부를 비롯해 진보층이나 젊은 층이 주는 혐오를 이용해 보수층·노년층을 동원한 것이다.

이들은 노무현 정부를 상대하면서 '스스로'를 정부에 대각으로 설정해 '우리'와 '그들'을 구분하였다. 이들은 자신이 갈등의 주체이므로 사안에 객관적인 거리를 두려 하지 않았다(김영욱·임유진, 2015). 이야말로 정치 게임에 '심판'(제3자)이 아닌 '선수'(당사자)로 뛰는 전형적인 모습이다.[110] 기자 집단 역시 자본가와 구분되지 않을 만큼 "권력 게임에 참여하는 컬트 집단"(강명구, 2004: 338)으로 전락했고, "정치 종속적인 집단적 특권의 취득은 한국의 전문직 프로젝트를 사실상 대표하는 행위 전략으로 자리매김"(박진우, 2015: 191)되었다. 이 시기 폭스 뉴스 같은 미국의 일부 언론이 편향화를 택한 것은 전체적인 객관주의 분위기 가운데서 일종의 '틈새'를 노리는 경제적 필요가 앞선 것이지만, 당시 한국의 시장 주류 신문은 정부에 대한 저항, 주 독자층의 노년화·부분화를 이유로 의식적으로 이런 편향을 보였다.

노 정부 역시 이처럼 중요하고 자신에 적대적인 언론에 대해 나름의 대응을 시도했다. 이와 관련해 노 정부는 집권 초반과 후반이 조금 달랐다. 원래 노 정부는 인적 지배보다는 시스템적 지배를 선호하는 편이었다. 그러나 집권 초반 노 정부는 개혁의 기치를 해치면서까지 〈중앙일보〉에 대해 유화적 태도(사주인 홍석현에게 주미대사 제안)를 보이면서 조중동 연합을 분리하는 정책을 구사했다. 이 의도는 당시의 보수 연합을 같은 방식으로 와해시키는 것이다. 만약 조중동에서 〈중앙일보〉가 이탈한다면 보수 연합의 힘도 상당히 떨어질 것이기 때문이다. 물론 이런 시도는 안티조선 운동을 자신의 지지 기반으로 삼고 언론 개혁을 측면에서 지원해 왔던 정부로서는 자가당착에 가까운 것이었다(한윤형, 2010). 그런 점에서 이 역시 반언론적이라는 판단에 조금도 과함이 없을 것이다. 그러나 갑자기 터진 X파일 사건[111]으로 홍석현은 도중하차했고,

110 심판 역시 좋은 비유는 아니다. 어떻게 언론이 심판 역할을 할 수 있다는 말인가? 코바치와 로젠스틸(Kovach & Rosenstiel, 2014)은 성실한 '관찰자'라고 한다.

111 X파일 사건은 1997년 당시 안기부가 홍석현을 사찰한 녹취 파일이

〈중앙일보〉의 태도 역시 변하지 않았다.

중반기부터 노 정부는 '신문 등의 자유와 기능에 관한 법률'(신문법)과 '취재 지원 시스템 선진화 방안'(취재 방안) 등을 통해 방향을 시스템 방면으로 틀고 다시 개혁을 시도했다. 그러나 신문법은 핵심 조항이 위헌 판결을 받으면서 무력화되었고, 취재 방안은 언론의 협조를 전혀 받지 못하면서 그나마 있던 진보 언론마저 등 돌리게 만들었다. 이 방안이 발표되었을 때, 단 하나도 이에 우호적인 기사가 없었다는 점은 많은 것을 시사해 준다(김춘식·이영화, 2008). "민주주의는 언론을 필요로 하지만, 정작 언론을 위해 할 수 있는 것은 거의 없다"(Josephi, 2012)는 주장이 실감나는 대목이다.

이렇게 실패로 끝난 언론 정책으로 인해 노 정부는 언론 개혁도, 언론의 협조적 태도도, 심지어는 부분적으로 성공을 거둔 진영 논리조차도 모두 의미를 찾기 어렵게 되었다. 그러나 잊지 말아야 할 것은 이렇게 내내 갈등 속에 있기는 했지만, 그래도 노 정부 때 언론의 자유가 직접적으로 공격받은 적은 한 번도 없었다는 점이다. 이는 다음의 이명박·박근혜 정부와 비교하면 매우 큰 차이로, 같은 시장주의라도 '자유주의적인 것'으로 부를 수 있을 것이다. 이후에는 대립이 자유주의와 반자유주의(권위주의) 사이에서 벌어졌기 때문이다.

노 정부의 언론 정책을 평가한 글에서 이준웅(2011)은 노 정부의 언론 정책 실패가 개혁주의적 목적론과 방임주의적 규범론 사이의 모순 사이를 원칙 없이 오간 때문이라고 보았지만, 내가 생각하기로는 목적

폭로된 것으로, 이에 따르면 홍석현은 15대 대선을 앞두고 삼성의 이학수로부터 불법 정치 자금 100억 원대를 받아 이회창 후보에 전달했다.

론적 시도 자체가 언론적일 수 없었던 게 이유가 아닌가 한다. 달리 말해 노 정부는 당시의 언론 판도와 정상적인 관계를 맺고서는 언론을 바꿀 수 없었다는 것이다.

그렇다면 여기에서 과연 '언론적' 개혁 정책이라는 게 실현 가능했을까 라는 의문이 자연스럽게 떠오르는데, 나는 그것이 기본적으로 불가능했다고 본다. 신문 비판('안티조선 운동')을 자신의 지지 기반으로 삼았던 노 정부에서는 설사 "동원할 수 있는 모든 방안을 동원"(이준웅, 2011: 399)했더라도 원하는 개혁은 가능하지 않았다는 것이다. 그도 그럴 것이 언론 개혁이란 게 언론 내부의 문화나 관행을 바꿔야 가능한 것인데, 개혁의 동력인 일선 언론인들이 이미 심하게 정부와 반목하고 있었으므로 언론 장에서 고유하게 무언가를 할 수 있는 여지는 사실상 없어졌기 때문이다. 이때쯤의 '언론 개혁'은 돌이킬 수 없게 정치 용어 또는 진영 용어가 되어 버렸다.

문제를 더 어렵게 만든 것은 상대적으로 훨씬 전문직주의에 가까운 행태를 보였지만, 형편은 더 어려웠던 진보 언론에도 진영적 정파성이 부분이지만 전이된 점이다. 그래도 진보 언론은 직접 선수로 뛰지는 않는 '제3자'였고(김영욱·임유진, 2015), 중립성이나 균형성에서는 몰라도 진실 추구에의 의지나 다양성, 개인적 윤리성 면에서 언론으로서의 기본도 비교적 잘 유지하고 있었다(손석춘, 2017). 그러나 시장에 유효한 영향력을 행사하기에는 너무 비중이 작았다.

3) 김대중·노무현 정부와 공영 방송의 후견주의의 약화

처음 정권 교체에 성공한 김대중 정부는 KBS와 MBC의 사장으로 박

권상과 김중배 등 '해직' 언론인을 임명함으로써 새로움을 증명했고, 뒤이어 KBS에는 노조위원장 출신(이형모)이 부사장이 되었고, 노무현 정부 때는 노조위원장 출신인 최문순이 MBC 사장이 되었다. 이로써 공영 방송의 인적 거버넌스는 획기적인 것이 되었다. 그러나 정작 제도적 부분을 손보기 위해 만든 방송개혁위원회는 지상파 방송 부분은 거의 건드리지 못했고, 그 결과 사장 임명의 비공식적 연고주의와 절차 없는 비민주성 등의 관행은 온존되었다. 이는 약한 자금이나 조직을 텔레비전 이미지나 인기로 대신하려 했던 소수 정부로서는 피하기 어려웠던 '도구화'의 함정이었다.

이의 근거로 하나 들 수 있는 것은 당시 김대중-노무현으로 이어지는 소수 정부의 대통령 라인이 약한 조직을 보완할 대안으로 미국식 이미지 정치에 주력했다는 점이다. 특히 노 대통령은 '주말 흥행'으로 불렸던 민주당의 국민 경선제와 월드컵 때의 대중 열기 등이 주도하는 미디어 정치에 상당한 도움을 받았다. 그러나 이 이미지·미디어 정치는 때로는 '통치 불가능한 상황'을 만들어 낼 수 있을 만큼 매우 위험스러운 것이었다(안병진, 2004).

민주화를 경험한 대부분의 나라에서 방송이 이전과 마찬가지의 도구적 지위를 벗어나지 못했던 이유는 당장에 가져다주는 정치 이익이 물리칠 수 없을 만큼 커서다. 이때도 같았다. 그나마 KBS 사장의 대통령 '임면권'이 임기를 보장할 수 있는 '임명권'으로 바뀐 정도가 당시 정부의 성과라면 성과였지만, 이 역시 나중에 정연주 사장의 해임 당시 기존의 임면권과 별 차이 없는 것으로 유권 해석이 되어 결국 한 일이 하나도 없게 되었다.

물론 이런 도구화를 이전 권위주의 때나 주류 신문과 권력형 연합을 형성한 나중의 이명박 정부 때의 후견주의와 같은 수준으로 볼 수는 없다. 말하자면 이는 도구화지만 '방어적'이고, 후견주의지만 '약한' 것이다. 여기에서 '방어적'이란 말은 열세에 처해 강한 외부(다수당과 주류 신문)의 공격으로부터 자신을 보호하고자 하는 행동을 가리킨다. 방어적 도구화는 '작용'이 아니라 '반작용'인 만큼 강도나 밀도가 약하다. 후견주의는 비공식적이면서 부패·반칙 등의 이유로 과정이 불투명하다는 특성(Örnebring, 2012)을 가지므로 방송 내부, 특히 현장에서 활동하는 젊은 인력으로부터 비판받기 쉽다. 그런데 오히려 이런 사장(정연주)이 비판보다 지지를 받았다면, 후견주의라 하더라도 상대적으로 훨씬 약한 것임에 틀림없다.[112] 요컨대 김대중·노무현 정부 당시의 정부–방송 관계는 도구화나 후견주의의 성격을 완전히 벗지는 못했지만, 방송이 나름의 자기 판단 능력을 발휘했다는 측면에서 이전과는 확실히 달랐다고 말할 수 있다.

노 정부의 첫 시도인 서동구 KBS 사장의 임명과 반대 과정은 이전을 그대로 답습한 것이다. 법적 절차는 여전히 무시되었고, 서 사장의 정치적 이력(대통령 특보)이 공정성에 미치는 악영향을 우려해 노조가 벌인 파업 역시 이전 정부 때와 똑같았다. 다른 점은 노 정부가 이를 빨리 철회해 극단적인 대립이 벌어지지 않았고, 이후의 다른 인물(정연주 사장)의 임명에서는 약간의 부대 절차(사장추천위원회)까지 용인했다는 점이다. 물론 이 절차 역시 충분히 제도화되지 못했고, 철회 역시 일회

112 당시 후견주의의 대표적 유산 중 하나는 아마도 '병풍'을 일으킨 김대업일 것이다. 당시 이회창 후보 아들의 병역 비리의 제보자였던 김대업의 발언을 KBS는 마지막까지 보도했다. 〈한겨레〉도 마찬가지였다(이봉수, 2017).

적·시혜적인 것을 넘지 못했다. 2006년에 정 사장이 연임된 때는 나름대로 제도화를 할 수 있는 호기였지만, 노 정부가 계속된 정책 실패로 곤경에 처하면서 또 당시 보수화된 노조를 믿을 수 없게 되면서 과거의 경로가 반복되었다(조항제, 2014b).

이 시기에도 공영 방송을 둘러싼 공정성 논쟁은 계속되었다. 특히 2004년의 탄핵 정국 당시 이를 보도한 KBS 등은 '아무리 느슨한 기준을 적용해도 공정하지 못했다'는 탄핵 방송 보고서(이민웅 외, 2008)의 비판을 받아야 했다. 이에 대해 반론을 폈던 측에서는 탄핵을 비판해야 했던 역사적 맥락을 제기하면서 KBS를 옹호했다(원용진 외, 2008). 이 논쟁이 보여 준 것은 한국 사회의 역사와 현실에 대한 인식에서 양자가 쉽게 좁혀지기 어려운 차이를 지녔다는 점이다(이에 대해서는 조항제, 2014b).

물론 양적인 측면에서 탄핵 보도는 비판 쪽이 훨씬 많이 보도되는 편중을 보였다. 문제는 이런 양적 편중이 질적 기준으로는 정당화될 수 있는가 하는 점이다. 만약 자본·국가·시민 사회 사이의 헤게모니·합의가 하나의 이데올로기가 될 수 있고, 이런 이데올로기('뉴스 이데올로기')에 방송이 충실했던 것이라면, 이는 편중으로 볼 수 없다(원용진 외, 2008). 물론 공정성을 엄격하게 절차적인 부분(양적 균형)에 한정해야 한다면, 이런 주장은 적절한 것으로 보기 어려울 것이다(윤석민, 2015). 편향으로 보지 않는 측에서는 방송이 과연 어떻게 이런 이데올로기를 확신하고 증명할 수 있는지를 밝혀야 한다. 편향인 측에서는 '절차'의 성격과 함께 언론과 사회(여론)의 분리가 어느 정도 되어야 적정한지가 불분명하다. 특히 절차를 강조한다 해서 반드시 뉴스 이데올로기가 면제되는 것은 아니라는 인식이 필요하다. 순수하게 절차에만 충실해도 이데올로기적 '지평'은 없을 수 없고, 이런 지평은 비단 언론 혼자 정할 수도 없다는데 공정성의 어려움이 있다.

다만 한 가지 꼭 짚고 넘어가야 할 것은 KBS보다 더 심하게 반대로 찬성 쪽으로 편파적이었던 조중동에게는 같은 강도로 비판이 이루어지지 않았다는 점이다. 이를 '자유로운 신문'과 '규제되는 방송'의 차이쯤으로 쉽게 치부할 수도 있지만, 조중동의 지배를 '기울어진 운동장'으로 생각하는 사람들에게는 상당히 억울한 노릇이 아닐 수 없다. 한국처럼 불평등이 구조화된 나라에서는 부의 재분배와 사회적 위계의 재편을 요구하는 주장이 민주주의에 좀 더 친화적이지만, 이를 검토하고 결정할 수 있는 절차, 곧 논의의 장 자체가 이미 편향적이라는 난관 속에 있다고 할 수 있다.

4) 이명박 정부와 권력 연합의 복원

노무현 정부를 교체한 이명박 정부는 언론 또한 교체했다. 정부의 언론 병행이 입장을 맞바꿔 진행되었다는 뜻이다(김영욱·임유진, 2015). 물론 이전에 비해 언론과의 친화적 밀도 또한 크게 달라졌다. 잘 알려진 대로 이명박 정부는 조중동의 큰 지원을 받았으며, 정부 측에서도 이들에게 숙원인 방송 진출(종편)을 허용해 주면서 '받은 것'에 어울리는 '줄 것'을 안겨 주었다.

'말'(이념)이 아닌 '실용'(실천)을 내세웠던 이명박 정부지만, 신자유주의가 고취하는 개인적 합리성을 넘어 민주적이고 자유로운 감성이 바탕이 된 저항(촛불 집회)을 만나면서는 민주 정부로서의 정당성이 크게 훼손되었다. '잃어버린 10년'을 복원하기 위해 주류 언론 대부분을 장악했지만(최영묵, 2012), 촛불 집회는 1인 미디어, 인터넷 중계 등 뉴 미디어 네트워크의 경연장이 되면서 막힌 표현의 자유를 해소했고, 기존 언론은 적어도 이 시점에서는 거의 힘을 발휘하지 못했다. 이런 민주적 역동성과 뉴 미디어 사이의 '상보성'은 자칫 사적 집단 행동에 머무를 수 있는 집회를 공적 저항의 차원으로 끌어올렸다. 이는 이전의 정당–언론 연합과 형태 면에서는 유사했지만, 수직성에서 수평성으로 작동의 방향이 사뭇 달랐고, 기능에서는 기존의 것을 비판·대체하는 '대안적인 것'이었다.

따라서 촛불 집회 이후 이명박 정부가 한 일은 권력의 권위적·세대 편향적 행사를 통해 기왕의 권력형 연합을 복원·확대하는 일이었다. 광우병 문제를 제기한 〈PD수첩〉의 제소, KBS 정연주 사장의 '불법' 해임(사법부의 최종 판단은 '부당'이다. 하지만 규범의 확신적 침해라고 보아 '불법'으로 썼다), 미네르바의 구속, 인터넷의 검열 등은 신문에 더해 (다음에 언급되는) 방송을 '회복'하고, 그간 대안이 된 인터넷 등의 뉴 미디어를 억압해 영향력을 차단하려는 시도였다. 시장 논리를 무시하고 네 개나 허용해 준 종편은 이의 정화라 할 만하다. 이로써 조중동의 편향은 체제를 대변하는 '관제적 공정성'으로 격상되었다.

물론 종이 신문의 몰락은 하나의 대세로 불을 보듯 빤한 것이었다. 당시(2010)의 조사로 보아 신문은 이용 시간, 빈도 등에서 인터넷이나 휴대용 단말기에도 못 미치고, 영향력의 지표인 열독률이나 신뢰도 또한 계속 하락해 완전히 소수 매체가 되었다(한국언론진흥재단, 2010). 그러나 인터넷 포털을 비롯한 다른 미디어를 통한 신문 소비는 여전해 경제적으로는 몰라도 정치적으로는 영향력이 그렇게 줄지 않았다. 그 이유는 이슈의 개발 능력, 곧 이슈 파이팅에서 앞서가서다. 특히 노무현 정부 때의 '정부 대 신문'의 대결 구도는 이런 진영적 이슈 파이팅이 상업적으로도 도움이 된다는 걸 알게 해 주었다.

〈조선일보〉는 〈시사저널〉의 매체 영향력 조사에서 2010년대 이후 줄곧 2위를 차지하는데, 1위인 KBS와 3위인 네이버와 노출도 차이를 감안해 보면 참으로 놀랄 만한 일이 아닐 수 없다.[113] 여기에 사실상 시사 채널이나 다름없는 종편까지 거느리게 되면서 주류 신문들의 이슈 능력은 더욱 커졌다. 그 이유로 18대 대선 당시 야당의 종편 출연 거부는 득보다 실이 많았다(김경환 외, 2013). 보수 신문들이 인터넷 포털과 모바일 디바이스로 이어지는 새로운 회로를 통해 속보 같은 뉴스 능력에서는 몰라도 의견이나 주장에서는 다른 미디어보다 여전히 강한, 일종의 상호 미디어intermedia 효과를 냈기 때문이다.

5) 박근혜 정부와 권력 연합 균열

박근혜 정부 초기 채동욱 검찰총장의 혼외 아들 사건은 초기 박근혜 정부의 대 언론 관계를 단적으로 보여 준다. 주지하다시피 이 사건은 채 총장을 중심으로 한 검찰이 박 정부의 정당성에 영향을 미칠 수 있는 국정원의 '댓글 공작'을 수사하는 와중에 〈조선일보〉가 터뜨린 것이다. 당시 〈조선일보〉는 이 보도를 통해 채 총장을 퇴임시킴으로써 댓글 공작 수사가 미칠 수 있는 정치적 여파를 사전에 차단했다. '도덕성' 프레임과 '알 권리' 프레임을 내세워 〈조선일보〉는 채 총장을 압박했다. 같은 블록으로 통하는 〈동아일보〉나 〈중앙일보〉와도 사뭇 다른 태도였고, 〈한겨레〉의 '정치 공작' 및 '사생활' 프레임과 시종일관 대립했다(조성식, 2015). 국정원

113 물론 한국의 독자들이 주로 인터넷 포털을 통해 신문을 보므로 〈조선일보〉와 네이버의 노출도는 부분적으로 중복될 것이다(안성모, 2016).

의 댓글 공작이 미친 대선 효과는 관련 연구가 없어 쉽게 판단하기 어렵다. 그러나 트윗 추이에 대한 다음의 분석(장덕진, 2017)을 조금만 보더라도 박근혜 후보 측이 이에 얼마나 매달렸는지를 알 수 있다.

18대 대통령 선거 기간 중(9. 1~12. 17), 박근혜·문재인 두 후보 지지자의 트윗 계정 수는 박 후보의 경우, 9.7%에서 18.2% 사이였고, 문 후보의 경우는 53.6%에서 79.5% 사이여서 그 차이가 매우 컸다. 그러나 트윗에 올라온 글의 수는 박 후보의 경우, 시간이 갈수록 줄어들기는 하지만, 많을 때는 80%에 육박할 정도로 많았다. 이 점은 박 후보의 지지자들이 공통적으로 문 후보 지지자들보다 많은 글을 쓰고 있음을 말해 주는데, 가장 격차가 컸을 때는 박 후보 지지자가 문 후보 측보다 무려 9배의 글을 더 많이 썼다. 사실상 '공작'의 냄새가 나는 것이다.[114] 이로만 보면 〈조선일보〉는 수사를 중단시킴으로써 박 정부를 위기에서 구해 준 것이 맞는 듯하다.

이 시기부터는 기존 보수 연합의 새로운 일환으로 등장한 종편이 중요한 변수로 떠올랐다. 초반만 하더라도 종편은 졸속 준비와 빈약한 자본력, 낮은 시청률로 제 구실을 하지 못했다. 시장 규모나 투자 액수 면에서 종편의 '글로벌 경쟁력' 주장은 곧 허구임이 드러났다. 그러나 종편은 곧바로 낮은 제작비와 재택 노년층, 평일 오후 시간대를 연결하는 최적의 장르, 곧 정치 시사 토크를 개발해 냄으로써 최소한의 수익과

114 여기에 더해 문재인 후보를 지지하는 층도 역시 리트윗이 좋다는 말만 믿고 자신들의 메시지만 옮기기에 바빴다. 결국 트위터는 끼리끼리 몰려다니는 '그들만의 리그'가 되어 버렸다. 이 때문만은 아니었겠지만, 18대 대선에서는 이전의 선거들에서 나타났던 투표 독려의 트윗 효과가 거의 나타나지 않았다(장덕진, 2017).

비용을 목표하는 타블로이드 TV로 변모했다(조항제, 2017). 18대 대선에서 종편은 시청률은 낮았지만 대부분의 시간을 시사 보도 프로그램에 할애, '문재인 명품 의자' 건 같이 조작성 높은 이슈를 선도하면서 주 시청층에 상당한 영향을 미쳤다(김경환 외, 2013).

종편이 모기업(신문)과 연계해 발휘한 시너지 효과는 왜 이들 신문이 방송 산업의 전반적 퇴조에도 불구하고 종편을 간절히 원했는지의 이유를 충분히 밝혀 주었다. 종편은 기존의 지상파 방송으로서는 할 수 없었던 편파성을 노골화해 자신의 차별성을 만들었다(원희영·윤석민, 2016). 이들에게 중립성·균형성을 내재한 객관성이나 격을 지키는 고상함, 사실 확인과 검증의 절차 같은 것은 언론의 정도가 아니라 오히려 자신의 존재 의의(이슈 선점)와 시청자층(노년 보수층)을 부정하는 자해 행위나 다름없었다.

이렇게 박 정부 들어 확장된 보수 연합은 세월호 사태, 이석기 내란 선동 사건, 통합진보당 해체, 역사 교과서 국정화, 테러방지법, 사드 배치 등 찬반이 극명하게 엇갈리는 여러 사안을 큰 저항 없이 밀어붙이는데, 달리 말해 지지 세력을 자극해 동의를 이끌어 내는 데 큰 역할을 했다. 일본 〈산케이〉의 세월호 7시간 보도나 〈세계일보〉의 정윤회 문건 보도가 있었으나 주류 언론의 침묵 속에 별다른 장애가 되지는 않았다. 문제의 발단은 2016년의 19대 총선이었다. 야권의 분열로 여당의 압승이 예상되었으나 결과는 정반대로 나타났다. 다시 여소야대 정국이 만들어진 것이다. 남성·보수·40대 이상 등이 과잉 대표된 부정확한 여론 조사가 예상을 깨뜨린 직접적 이유였지만(한국언론진흥재단, 2016), 언론들이 스스로 민심과 동떨어진 탓이 더 컸다.

박 정부의 보수 연합은 TV조선이 우병우와 K스포츠재단 보도를 시작하는 2016년 7월부터 균열되기 시작했다. 이전부터 조짐은 보였다. 2013년 방송인 손석희가 jtbc로 가면서부터 종편이 분열되었다. jtbc는 막강한 자금력을 바탕으로 지상파 채널과 다르지 않은 행보를 보였고, 2시간짜리로 확대한 〈뉴스룸〉을 통해서는 세월호 사태와 선거, 각종 파업 등의 보도에서 가장 진보적인 성향을 보였다(이를테면, 조은영·유세경, 2015). 이 진보성은 다른 종편의 보수 성향 및 지상파 방송의 후견주의 성향과 대조되어 한국 뉴스 시장이 다양성을 유지하는 데 크게 기여했다. 이 점에서 jtbc는 가장 중립적이지는 않았지만, 중요한 이슈를 가장 민감하게 제기했고, 가장 독립적이고 반권력적이었다는 측면에서 가장 공정한 방송이었다.

총선 이전에 박근혜 정부가 보여 준 것은 기왕의 보수 연합을 기반으로 하는 이른바 '시행령 정치,' '국정원 정치'였다(김동춘, 2015). 의회와 정당이 무력화되면서 정치 무대에는 오로지 대통령과 사정 기관, 이의 '조치'만을 무비판적으로 읊조리는 언론과 그 수용자인 콘크리트 지지층만 남았다. 수직적 명령과 맹목적 준수는 있지만, 수평적 견제와 자발적 협조는 없는 이런 위임 민주주의delegative democracy(O'Donnell, 1994)는 가뜩이나 집중형인 권력 체제를 더 집중시킨다. 이 단점은 20대 총선에서 지극히 편파적인 공천 권력으로 나타났고, 결국 참패와 내분을 불러왔다. 나는 이 내분이 TV조선에도 영향을 미쳤다고 판단한다.

그해, 7월에 TV조선은 정부 비판 보도를 시작했다. 7월 6일에 김종 문광부 차관 건을 시작으로 26일에는 본격적으로 미르재단을 다루었다. 처음부터 청와대(안종범 정책조정수석)가 등장하고 증거가 자신 있게 제시된 '마음먹은' 기사였다. 긴장한 청와대가 8월 21일 〈조선일보〉를 부패 기득권 세력으로 몰면서 반격을 하자 〈조선일보〉는 주춤했고, 그사

이를 〈한겨레〉가 이어받았다. 9월 20일부터 〈한겨레〉는 최순실을 직접 거명하면서 '국정 농단'의 가능성까지 시사했다. 그리고 마침내 jtbc가 최순실의 태블릿 PC를 폭로하고 대통령이 사과하면서 탄핵 정국이 열렸다. 모든 종편과 모든 신문, 그리고 마지못한 지상파 방송까지 동원되어 퍼부어진 '십자포화'는 천문학적 규모의 촛불 시위와 여당의 분당, 그리고 의회와 헌재의 대통령 탄핵 심판까지 몰고 왔다(조항제, 2017).

처음 TV조선이 보도할 때만 해도 〈조선일보〉 본사는 몰랐다고 한다. 같은 계열에서도 특종은 나눠주지 않을 만큼 언론사끼리의 경쟁이 심했기 때문이다. 이때까지만 해도 신문은 우병우에게만 매달렸다. TV조선의 보도가 나가자 본사도 알게 되었고, 청와대가 심각하게 반응하면서 양자 사이에는 갈등이 촉발되었다. 〈한겨레〉가 최순실을 거명하기 전, TV조선은 증거를 갖고 있었지만, 청와대 측의 압력 때문에 이를 보도하지 못했다. 이를 두고 이진동 취재팀장은 "〈조선일보〉 상층부가 박근혜 권력에 사실상 무릎을 꿇었다는 게 당시 상황에 대한 적합한 설명"이라고 했다(〈미디어오늘〉, 2018. 12. 6).

이런 설명이 크게 틀리지는 않을 것이다. 그러나 〈조선일보〉의 방상훈 사장이 당시 청와대 측에서 거명한 이른바 '부패 기득권'의 대표로 송희영 주필을 쫓아내고 난 후, '권력에 대한 비판과 견제'를 새삼 언론의 중요한 덕목으로 제기한 성명(〈조선일보〉 사보, 2016. 9. 2)은 상투적 수사修辭를 넘어서는 부분이 있다고 생각한다. 나는 이를 〈중앙일보〉 사주인 홍석현이 박근혜로부터 받은 손석희의 교체 요구에 응하지 않은 것과 비슷한 부분이 있다고 생각한다. 홍석현은 일부러 유튜브에 출연해 "외압을 받아 앵커를 교체한다는 건 자존심이 용서치 않았고, 21세기에 있을 수 없는 일이라고 믿었기 때문에" 손석희를 바꾸지 않았다고 말했다(〈오마이뉴스〉, 2017. 4. 18). 앞서 본 대로 홍석현은 노무현 정부의 권력 공유(주미대사) 제의는 받아들였지만, 〈중앙일보〉의 반정부 논조는 그대로 유지했다.[115] 나는 이 점이 오늘날의 정치 병행성이 갖는 형태라고 생각한다. 그러니까 이념과 논조가 중심이 된 이 정치-언론 연합은 권력을 중심으로 서로 병행하지만, 마지막 결정은 자신의 뜻대로 한다. 일상화된 정치 병행 속에서도 언론 장의 자율성 역시 최소 수준에서는 유지되고 있다는 것이다. 이를 공정성의 여지로 과장할 필요는 없지만, 그렇다고 아주 무관하다고 볼 수 없다.

지금까지는 정치 병행성에서 주로 권력형의 보수 연합만 다루어 상대적으로 진보 연합 분석에는 소홀했다. 이 연합 역시 소유나 조직 같은 구조적 연계를 맺지는 않지만, 주요 언론인의 정치 성향이나 수용자를 범진보 정당과 공유한다.[116] 앞서 잠시 언급한 대로 보수 언론에 비해 윤리나 규범에 충실하고, 인위적 비호와 이권(종편)을 수수했던 보수 연합과 대조적으로 권력이나 이익 공유에도 초연한 편이다. 진보 정부와의 관계도 결코 무조건적인 것은 아니었다.[117] 그런 면에서 보수가 진보 언론을 이념적이라고 비판하는 것은 부분적으로는 맞는 듯하다(김사

115 물론, 홍석현이 주미대사를 계속 수행했다면 달라질 가능성이 조금은 있었을 것이다. 그러나 나는 여러 다른 조건상 확언하기는 어렵다고 생각한다.

116 문재인 정부가 〈한겨레〉 기자 김의겸을 청와대 대변인으로 임명한 점은 아마도 이를 가장 단적으로 보여 준 사례라고 할 수 있다.

117 노무현 정부에서 언론을 담당했던 실무자인 김성재·김상철(2010)은 정부 입장에서 언론의 문제 사례를 책으로 모았는데, 이는 조중동뿐 아니라 진보 언론의 것도 적지 않다. 특히 후반기 때는 〈경향신문〉이 많다. 김성재는 〈한겨레〉, 김상철은 〈경향신문〉 출신이다.

승·채희상, 2009).

그러나 그렇다고 해서 이들에게 정치 병행의 폐해, 곧 진영적 정파성이 전혀 없다는 뜻은 아니다. 〈한겨레〉와 〈경향신문〉 등 진보 언론의 시민 편집인을 지냈던 이봉수(2017)는 이런 사례들을 제시하며 〈한겨레〉가 왜 영국의 〈가디언〉이 될 수 없는지를 살핀다. 특히 〈한겨레〉가 지속적으로 추적했던 미르·K재단 보도에서 마지막 결정타(최순실 테블릿 PC)를 jtbc에 빼앗긴 것은 여러모로 생각할 거리를 제공한다고 한다. 최순실 보도를 주도했던 김의겸 역시 한 대담에서 〈한겨레〉가 가진 '더 근본적인 문제,' 곧 여전히 낮은 시장적 지위를 고민한다(《기자협회보》, 2017. 10. 24). 이런 고민이야말로 지금의 무한 경쟁판에서 진보 신문이 해야 하는 가장 우선적인 일일 것이다.

6) 이명박·박근혜 정부와 공영 방송 후견주의의 온존

광우병 사태와 〈PD수첩〉은 초반 이명박 정부에게 큰 타격을 주었다. 이에 이명박 정부는 KBS와 MBC의 거버넌스를 자신의 입맛에 맞게 교체하고, 신문을 방송 시장에 진출시키는 미디어법을 추진해 공영 방송의 비중을 크게 감소시킨다. KBS 정연주 사장은 불법으로 해임되었고, MBC 역시 사장이 교체되었다. 조중동도 모두 방송에 진출했다.

이 과정은 미진했던 과거를 악용해 비정상을 오히려 정상으로 만들었다. 이전까지 '대통령 → 공영 방송 사장'의 후견주의적 결합은 하루 빨리 부정되어야 할 적폐였지만, 소수 정부였던 진보 정부들은 이를 근절치 못했다. 이명박 정부가 KBS 사장에 자신의 "국정 철학을 적극 구현할 사람"[118]이 되어야 한다고 한 것은 이를 빌미로 감행되었다. 이전에 서동구 사장의 사례가 보여 준 '~이어서는 안 된다'가 거꾸로 '~이어야 된다'는 식으로 바뀐 것이다. 이의 목적은 물론 조중동과 같은 관계를 KBS를 비롯한 공영 방송으로 확대해 기왕의 보수 언론 연합을 강화하려는 것이었다. 당연히 방송 구성원들이 반발했고, 이전까지 투쟁에 미온적이었던 KBS노동조합은 '본부 노조'와 'KBS 노조'로 이원화되기까지 하였다. 이처럼 사장을 해임시켜 노조의 반발을 부르고, 새로운 채널을 도입하기 위해 법(미디어법)을 제정한 것은 과거 1990년의 4월 투쟁 때와 완전히 닮은 꼴이라는 점에서 한국 공영 방송의 숙제는 여전히 후견주의였다.

MBC에 대해서는 촛불 시위에 대한 보복 조치 중 하나로 〈PD수첩〉을 제소했다(물론, 무죄로 끝났다). 당시 소유와 운영이 분리된 MBC의 특수한 위상과 활성화된 노조 문화는 보수층에게 상당한 골칫거리였다. 퇴진 압력을 못 견딘 엄기영 사장의 뒤를 이은 김재철 사장은 집권층의 '좌파 대청소' 주문을 현실로 옮겼다.[119] 민주화의 산물인 방송 노조는 신문 노조가 정치 무대에서 사실상 탈락한 이후에도 계속 상당한 역할을 해왔다.

100% 상업적 재원으로 움직이면서 특별한 소속이 없는 MBC는 시청률에 취약한 반면, KBS에 비해 훨씬 유연하면서 조직력이 강한 내적

118 당시 박재완 청와대 국정기획수석비서관의 인터뷰 때 나온 말이다(정현상, 2008).

119 '좌파 대청소' 표현은 당시 방문진 이사장이었던 김우룡이 인터뷰 당시 쓴 것이다(한상진, 2010). 물론 여기서 좌파는 한국의 주류가 상대를 공격하기 위해 쓰는 일종의 부정적 '낙인'이다. 실제 한국의 공영 방송 노조원들의 정치적 의식에 대해서는 그 어떤 조사도 체계적으로 해 본 적이 없다.

장점이 있었다(조항제, 2003b). MBC 노조는 1990년 KBS가 실패할 때에도 1992년 투쟁을 나름의 성공으로 이끌었다(조항제, 2018a). 김재철은 이런 노조를 파괴하기 위해 채용 문화를 바꾸었다. 1990년대 이후 연도별·기수별로 채용된 MBC 종사원들은 비슷한 출신과 구성으로 상당한 응집력을 가졌는데, 이를 노조의 조직적·정서적 기반으로 본 김재철 사장이 계약직·경력직으로 된 시용직을 채용함으로써 내부의 분열을 도모한 것이다. 김재철 이후 MBC에서는 이런 시용직의 도구화와 기존 노조 인력에 대한 보복적 잉여화가 동시에 진행되었다(임명현, 2017). 이 결과는 세월호 보도에서 〈문화일보〉 다음으로 정부 편향적인 형태로 나타났다(박종희, 2016).

그러나 그렇다고 해서 이들 공영 방송이 앞서 언급한 신문 중심의 보수 연합으로 완전히 편입되거나 이에 대항할 수 있는 자원 자체를 잃어버린 것은 아니다. 그러기에 방송 민주화와 공론장 모델은 아직은 힘이 있고, 노동조합을 중심으로 하는 전문직주의 역시 이원화(KBS)와 극심한 탄압(MBC)을 감내해 내면서 사상 최다 기간 파업(MBC)을 이끌어 냈다(조항제, 2018a). 이들을 투쟁의 주역으로 만든 건 공정성의 훼손, 더 구체적으로는 이슈 제기 능력에 대한 심각한 개입과 통제였다. 다음은 주역 중 하나인 MBC 이용마 기자의 토로다.

> "단협을 지키기만 했어도 지금과 같은 사태는 벌어지지 않았을 거예요. 예를 들면, 공정 방송을 훼손하는 일이 2번 이상 벌어지면 그 책임자에 대해 '보직 변경'을 요청할 권리가 단협에 명시되어 있어요. …… 그 이후 가장 먼저 발생한 문제가 내곡동 사저와 10·26 보궐 선거 문제였어요. 이 부분에 대해 우리가 공방협 1차 요구를 했고 사장 또한 잘못을 인정했어요.

…… 그 말을 한 날이 하필 한미 FTA가 날치기 처리된 날이었어요. 바로 근처 여의도에서 반대 시위가 열리는데 MBC 뉴스는 이 또한 보도하지 않았어요. 도저히 안 되겠다 싶어서 2차 공방협을 열자고 요구했죠. 그런데 그때부터는 요구를 절대 안 받아들이는 겁니다. 왜냐면 두 번째 걸리면 보직 변경을 해야 하니까. 문제는 거기서 끝나지 않았어요. 김문수 도지사 119 상황실 논란이 있었잖아요? 그것도 보도 안 했어요. …… 결국 1월 5일에 기자 총회가 열리고 기자들이 제작 거부 운동을 시작했잖아요. 그때부터 회사는 계속 무응답이었고 결국 파업이 여기까지 왔죠"(이용마 인터뷰; 홍유진, 2012: 32).

그러나 주지하다시피 이 투쟁은 성공하지 못했고, 보수 연합은 정권 재창출에 성공했다. 다른 부문과 마찬가지로 박근혜 정부 역시 이명박 정부의 후견주의를 그대로 이어받았다. 그러나 취임 1년 만에 일어난 세월호 사태는 이명박 때의 광우병 이상으로 박 정부를 흔들어놓았다. 특히 '기레기'란 신조어를 유행시킬 정도로 언론 보도 또한 물의를 일으켰다. 급기야 세월호 유족들은 KBS에 항의하는 상경 시위를 벌였다. 마치 대대적인 구조라도 하는 양 허위 보도를 한 것에 느낀 엄청난 불만의 표시였다.

이 과정에서 김시곤 KBS 보도국장은 이정현 대통령 홍보수석의 압력(녹취록)을 폭로했고, 이 책임으로 길환영 KBS 사장은 해임되었다. 앞선 정연주 사장의 해임은 부당으로 판정되었으나 길 사장의 것은 정당한 것이 되어, 결국 KBS 사장의 임기는 반드시 지키지 않아도 된다는 전례를 남겼다. 이명박–박근혜 정부에서 KBS 사장은 정연주–이병순–김인규–길환영–조대현–고대영 등이 했으나 이 중 임기를 지킨 것은 김인규뿐이었다. 이렇게 짧은 사장의 재임 기간은 그만큼 정부와 공영 방송의 관계가 불안정했다는 강력한 증거다(조항제, 2018b).

이정현의 녹취록과 민정수석 김영한의 비망록 등에서 폭로된 대통령과 공영 방송 사장의 수직적이면서 위계적인 관계는 진보 정부 때에는 상당히 약해지고 간접적인 것이 되었으나 보수 정부는 이를 역전시켰다. 이 과정에서 내부 분열이 조장되었다(최영재, 2014). 이를 잘 보여주는 것이 2016년 총선을 한 달 앞두고 발표된, 보도국장을 비롯해 주로 간부 사원들로 이루어진 111명이 서명한 'KBS기자협회 정상화모임'의 성명(2016. 3. 11)이다. 이 성명에서 '정상화모임'은 KBS기자협회가 정치적으로 편향돼 있고, 독단적으로 의사를 결정하며, 공정 방송이란 이름 아래 협회원 권익에는 무심하다고 주장했다.

> "기협의 가장 큰 잘못은 정치판보다 더한 독단적인 의사 결정 구조와 편향적 시각을 갖는데 그치지 않고 정치 조직화됐다는 점이다. 기협의 의제 프레임 설정은 사내에서 그치지 않는다. 성명서 정치에 익숙하다. 협회원들의 의견 수렴 없이 밀실에서 작성된 성명서나 내부 정보는 어김없이 특정 몇몇 매체로 흘러가 포털을 장식한다. 이는 명확한 해사 행위다. …… 일부 소수의 기협 간부들이 기자협회를 사유화해 전체 KBS 기자들이 편향된 정치적 성향을 가진 집단으로 왜곡시켜왔다."

이 가운데서 가장 눈에 띄는 대목은 "편향된 정치적 성향"이다. 정상화모임은 KBS기자협회가 마치 '민노총 산하 특정 노조의 2중대' 같고, 협회가 중심이 되어 작성되는 모니터 보고서는 '해사 행위'나 다름없다며 비판했다. 협회장이 KBS가 2001년에 노사 합의로 제정한 편성 규약이 정한 본부별 편성위원회 '보도위원회'의 실무자 측 대표자이고, 기자협회의 모니터는 이 위원회에 보고되는 내용의 일부라는 점을 감안하면, 이 성명은 단순히 협회 내부에서 벌어지는 불협화음만은 아니다. 모임 속에 데스크의 핵심인 보도국장까지 들어 있다는 것은 친위 쿠데타를 연상시킨다. 특히 기자협회의 활동이 보도국 특유의 위계제 문화를 중화시켜 KBS에 쏟아지는 각종 정치적 압력을 걸러내는 최소한의 장치였다는 점이 조금이라도 인정된다면, 더더욱 이 성명은 공영방송의 정체를 의심하게 만드는 것이다(조항제, 2017).

여기서도 나오는 '공정 방송'과 '편향'은 언론의 공정성이 또다시 정치적으로 화용話用되고 있음을 보여 준다. 편성 규약은 제작 현장의 목소리를 조직의 의사 결정에 반영하겠다는 제도적 합의다. 대규모 조직으로서는 불가피한 관료제가 현장을 소외시킬 위험성이 있고, 전통적으로 관官의 때가 여전해 보신적 자기 검열이 '내부적 타율'을 통해 경계되어야 할 필요성이 있다고 보기 때문일 것이다(조항제, 2017). 이를 보여 준 적절한 예는 초미의 관심이었던 '국정 농단'을 KBS는 jtbc의 1/3, SBS의 반이 채 안 되게 보도하는, 거의 배임 수준의 직무 태만이다(한국방송공사 대선감시단; 〈한겨레〉, 2017. 2. 10). 이런 중요 관련성의 함량 미달을 두고 '공정하다'고 말할 수는 없다.

더구나 이런 보도국의 내부 분열은 길 사장의 퇴진을 둘러싸고 KBS가 보여 준 단합 분위기와 현저하게 맞지 않는 것이다. 잘 알려져 있다시피 발단은 세월호 취재를 위해 급파된 1~3년차 기자들의 취재 소회가 공개되면서부터였다. 이들은 보도 책임자들에게 "권력으로부터 '편집권 독립'을 이루세요. 시민들로부터 후배들로부터 '편집권 독립' 외치시지 말고요"(〈한겨레〉, 2014. 5. 7)라고 호소했다. 세월호 유가족들이 KBS를 항의 방문하고 압박하면서 이정현–길환영–김시곤 라인에 균열이 생겼고, 김시곤의 폭로가 이어졌다. 이에 KBS 보도국은 최고 책임자인 보도본부장을 포함, 한 몸이 되어 정치적 독립을 외쳤다. KBS 이사회가 불신임을 결의했고, 마침내 길 사장이 중도 하차하게 된다. '간부–평기자'의 수직적 위계보다 '기자의 일원'으로 수평적 연대가 중요하게 작용한 이런 현상은 전문직주의의 중요한 표상 중 하나다. 그러나 이런 연대는 '정상화모임'에 의해 균열되고 정치화는 가속되고 있다(조항제, 2017).

공영 방송을 포함해 지상파 방송 전반의 시장 비중은 크게 줄어들었다. 닐슨의 통계에 따르면 대표적인 공영 채널인 KBS 1TV의 시청률(가구)이 2000년 15.87%에서 2018년 현재 8.41% 줄어들었다. 상업 방송인 SBS조차 15.08%에서 8.29%로 대동소이한 하락폭을 보였다. 가장 드라마틱한 하락은 MBC로 18.29%에서 5.9%로 무려 1/3도 안 되게 감소했다. 가장 많이 늘어난 것은 진보 종편 jtbc로 2012년 0.75%에서 3.92%로 3배가 넘게 증가했다. 물론 텔레비전 자체가 전체적으로 급감하고 있다(《미디어오늘》, 2018. 8. 23). 그러나 방송은 여전히 가장 신뢰받는 미디어다. '같은 사건을 동시에 보도할 때, 가장 신뢰하는 미디어'는 텔레비전(73.4%)이고, 다음으로는 인터넷(17.9%)이며, 신문은 불과 7.2%로 3위다.[120]

지금처럼 양적 범람의 시기에는 질적 신뢰가 무엇보다 중요하다. 앞서 미국이나 유럽과 관련된 데이터들에서도 보았듯이 미디어에 대한 신뢰는 전반적으로 하락하고 있다. 한국의 추이는 더 나쁘다. 그래도 그

120 한국언론진흥재단의 2013년 조사의 결과인데 이후로는 이 설문이 없어졌다. 전반적인 신뢰도와 크게 차이가 나기 때문이 아닌가 한다. 신뢰도에서는 지상파 방송이 4.13점, 전국 종합 신문이 3.65점, 포털 뉴스는 3.58점으로 나타났다(한국언론진흥재단, 2014a).

가운데 지상파 방송이 버텨 주고 있다. 나는 이 점이 공영 방송 중심의 방송 문화에 기인한다고 본다. 특히 KBS, MBC는 이명박·박근혜 보수 정부 10년간 여러 차례의 문제 제기와 파업 등으로 시청자의 신뢰를 잃지 않기 위해 노력했다. 그 결과 사장이 중도 퇴진하고 많은 해직자도 발생했다. 공영 방송은 '스스로 선택하는' 인터넷의 시대에, 공동체의 안위에 꼭 필요하지만, 잘 찾지는 않는 정보나 남의 목소리를 '의도하지 않더라도inadvertently'[121]들을 수 있게 해 주는 몇 안 되는 계기다. 정치와 병행되면서 지극한 편향을 가진 신문, 남을 포용하기보다 자기 말하기 바쁜 인터넷, 젊은 층에 의해 진보적으로 활용되기도 하지만 기본적으로 사적 성격을 띠면서 냉소적 집단 행동의 위험성이 내재된 SNS, 이런 언론·미디어에 의해 포위된 정당과 의회 등으로 이루어진 한국적 환경은 공영 방송의 역할을 매우 필요로 한다.

그러나 한국의 공영 방송은 기반이 약하다. 무엇보다도 수신료를 비롯해 제도의 실질적인 뒷받침을 받지 못하고 있다. 거버넌스 역시 여전히 후견주의적 굴레 속에 있다. 진보와 보수가 바뀌어 집권한 지난 20년의 경험은 한국의 공영 방송에 반후견주의의 비가역적 제도화를 절실하게 요구하고 있다. 과거에 진보 정부가 후견주의를 끊지 못한 것은 공영 방송의 지지 없이 의견 시장의 불평등에 대응하기 어려웠기 때문이다. 보수 정부는 이를 빌미로 공영 방송을 더 강한 후견주의로 끌어들이려 했다. 그 결과는 극단적인 대립과 저항, 반발과 내분이었다. 모

121 텔레비전의 여러 프로그램을 보면서 꼭 원하지는 않지만 자연스럽게 지식, 정보 등을 얻을 때의 상황을 묘사하는 제임스 커런James Curran 등(Curran, Iyengar, Lund, & Salovaara-Moring, 2009)의 용어다.

든 잘못이 미비한 법 규정과 잘못된 관행 때문이라고 할 수는 없지만, 극복의 출발점이 이로부터 되어야 한다는 것은 이미 하나의 사회적 합의다. 굳이 최적의 방안이 아니라도 개편의 시점을 놓치면 안 된다. 정치의 시즌(선거)이 도래하게 되면 또다시 어려운 정쟁 속으로 깊이 빠져들 수 있기 때문이다.

3. 현대 한국 언론과 공정성

대니얼 핼린Daniel Hallin과 파올로 만치니Paolo Mancini(Hallin & Mancini, 2004)의 미디어 체제 비교론은 네 가지의 큰 변수로 각 나라의 체제별 유형을 가늠한다. 그중 하나가 '신문 시장의 규모'다. 대체로 19세기 말부터 형성되기 시작하는 신문의 대중 시장은 그 나라의 언론을 정치 문화의 중심에 위치시킨다. 한국에서도 신문은 미국이나 독일, 스웨덴 같은 선진국 못지않게 국민이 정치를 읽는 미디어다. 정치 역시 신문을 자신의 중심 미디어로 활용한다. 물론 이 신문이 앞선 나라의 그것처럼 민주주의의 성숙에 기여했는지는 별개의 문제다.

한국의 후후발late-late 민주화에 이런 신문으로 대표되는 언론이 얼마나 기여했는지는 비교적 많이 다루어진 주제다. 긍정적인 답변이 거의 없었다. 오랜 권위주의의 엄혹한 정치 상황과 특히 보도지침까지 더해진 마지막 5공 때가 언론의 언론다움을 극도로 탄압했기 때문일 것이다. 그 시절 체제와 공생 수준으로 누린 경제적 혜택, 언론사의 기업적 성장뿐만 아니라 언론인 개개인이 누린 여러 특혜도 감안되었을 것 같다. 이런 의견에 나도 동참했고 언론을 비판했지만(조항제, 2003a), 그렇다고 언론이 기여한 바가 '정말 없다'고는 생각하지 않았다. '감동할 만한 것이나 눈에 띄는 것, 특히 희생이 거의 없었다'는 것뿐이다. 신문이 없었다면 1987년의 뜨거웠던 그 시절, 그 상황들을 제대로 알 수는 없었을 것이고, 그만큼 민주화는 지체되었을 것이다.

민주화 이후 언론이 민주주의의 진전에 얼마나 기여했나도 여러 번 나온 질문이다. 여기에 대해서는 앞의 것보다 부정적 답변이 더 많았다. 언론에 인색한 이런 판단에 서구 학자들은 의문을 가질 것이다. 그저 '거리의 정치'로만 평화적 이행이 가능하다고 보지 않기 때문이다. 그들 자신의 경험이 이런 이의를 제기하게 할 것이다. 민주화 이후에 언론의 기여를 인정치 않는 사람들은 대체로 진보 계열에 속하는 사람들이라고 생각한다. 왜냐하면 민주주의가 공고화된 이후부터는 민주주의의 본질을 어떻게 보느냐에 따라 판단이 달리 나타날 수 있기 때문이다. 민주주의와 권위주의를 나누는 선은 비교적 분명하고 규범적 판단도 대개 같지만, '대의제 엘리트민주주의'와 '숙의적 참여민주주의' 사이는 같은 민주주의론자들 가운데서도 판단이 엇갈릴 수 있는 부분이다. 같은 맥락에서 민주주의를 '절차적 민주주의'에 한정해서 보는 사람과 '실질적 민주주의'로 가야 한다고 보는 사람들 사이에서도 규범은 큰 역할을 하기 힘들다.

그러나 민주화의 첫 정부가 군부 2기였고, 그 이유로 민주화가 상당히 제한적인 형태로, 달리 말해 상당히 느린 속도로 이루어졌다는 것에는 대부분의 논자들이 동의하는 것이다. 또 그만큼 과거 권위주의 시절의 폐단이 쌓여 있고, 이를 해소하지 않으면 그나마 있는 민주주의조차도 위협받을 수 있다는 점도 어느 정도는 합의를 얻은 사안이다. 말하자면 민주화의 계속된 진전만이 민주주의를 정치판의 유일한 게임으로 만들 수 있는 길이었다는 것이다.

그러나 언론은 이런 길을 스스로의 것으로 만들지 않았다. 대부분 내부 개혁, '문화적 변화'에 실패했기 때문이다. 민주화 이후 한국 언론은 자유를 되찾았지만, 이런 '언론의 자유'를 현장에서 발로 뛰는 '기자의 자유'로 이어가지 못했다. 언론 '바깥'의 조건이나 환경은 바뀌었지만, '안'의 의사 결정 구조나 취재 방식은 과거를 답습했다. 보기에 따라서는 이전보다 더 악화되었다는 진단도 가능하다. 탈카르텔 체제 이후의 창·복간 경쟁, IMF 위기, 인터넷이 중심이 된 뉴 미디어들과의 무한 경쟁 등을 거치면서 언론 노조는 처음의 기치를 잃어버렸고, 사주 중심의 헤게모니는 더욱 확고해졌다. 그나마 다행인 것은 방송이 '공영' 방송으로서 자신의 명분을 숙지하면서 내부 역량을 쌓아가기 시작했다는 점이다. 1990년 KBS가 벌인 4월 투쟁은 3당 합당의 보수 연합을 완성하고 과거의 후견주의를 복원하려 했던 체제에 KBS 내부 구성원이 맞선 초유의 사건이었다.

보수 연합을 통해 집권한 김영삼 정부가 정권 교체의 징검다리 역할을 하는 과정에서 〈조선일보〉를 필두로 기존 언론이 보여 준 일종의 어깃장은 김 정부의 개혁을 가로막기에 충분한 것이었다. 이들 신문이 내세운 것은 엘리트 지배로 한정된 대의제민주주의와 기존의 보수적·냉전적 이념에 충실한 편파성이었다. 이들에겐 그것이 한국의 성공 모델을 유지하면서 분단 체제 내에서 안전을 도모하는 길로 보였다. 1998년 IMF가 오지 않았다면 아마도 정권 교체는 되지 않았을지도 모른다. IMF에 이례異例적인 일로 볼 수 있는 여러 부대 조건(이를테면, 보수 후보의 분열, DJP 연합 등)까지 겹쳐서야 그것도 불과 1.6% 차이로 비로소 야당은 집권할 수 있었다. 그만큼 이들의 여론 지배는 강력했다.

야당 정부를 맞는 보수 언론의 행태에 IMF 위기에 따른 구체제의 반성 같은 것을 찾기는 힘들었다. 여야가 서로 유사한 주장을 하는 언론과 병행해 일종의 연합을 구성한다는 정치 병행성 이론이 이때 처음 등장했지만, 이는 사실상 '진보 정부 대 보수 언론'의 구도에 가까웠다(조항제, 2014a). 그만큼 시장에서 진보 언론의 비중은 미미했다. 후견주의가 남아 있던 방송이 정부를 지지하고 뉴 미디어인 인터넷이 가세함으로써 약간의 균형이 만들어질 수 있었지만, '언론 전쟁'의 제반 조건은 진보 정부에 불리했다. 김대중 정부의 세무 조사 역시 무리한 반언론적 조치로 귀결되고 말았다.

노무현 정부는 이런 언론과 '전쟁'을 벌일 정도로 민감하게 반응했다. 그러나 이미 이 시절부터는 조중동의 소수화·편향화가 기획적으로 진행되어 정치 병행성이 극단에 달했다. 이전까지는 일부나마 유지했던 대표성·중립성·사실성도 이런 추세에 희생되기 일쑤였다. 2004년 탄핵 때는 KBS만 공영 방송이어서 논쟁이 되었지만, 조중동은 이보다 더 심한 편중을 보였다. 그러나 이들에는 중립성이나 균형성이 요구되지 않았다.

보수의 재집권인 이명박 정부는 신문에 방송 진출(종편)을 허용함으로써 기왕의 권력형 보수 연합을 더욱 강화하였다. 집권 초반의 촛불 시위로 홍역을 치른 이 정부는 KBS나 MBC에서도 후견주의를 강화했다. 그 결과 집권 말기에는 MBC가 사상 최장 기간 파업을 하고, 많은 언론인이 해직을 당했으며, KBS에서는 기존 노조에 반발해 새 노조가 출범하는 등 거센 저항을 만나야 했다. 메이저 언론에서 통제가 심해지면서 저항적 메시지들이 뉴 미디어에 몰려들어 팟캐스트나 페이스북, 트위터 등이 젊은 층을 중심으로 인기를 끌었다. 정치 병행성 역시 이전보다 더 심해져 적대적 미디어 신드롬이나 필터 버블filter bubble 현상을 연상시켰으며, 언론에 대한 신뢰는 더욱 떨어졌다.

박근혜 정부 초기의 채동욱 검찰총장 혼외 아들 사건은 왜 정치가 언론을 필요로 하는지 이유를 십분 밝혀 주었다. 세월호 사건은 다른 분야에서도 그렇지만, 언론에서도 '우리가 왜 존재하는지'를 근본적으로 자문하게 했다. 세월호 사건이 일단락되자 가장 큰 타격을 입은 곳은 해경과 KBS였다. 해경은 해체되었고 KBS는 사장이 해임되었다. '모든 인명 구조,' '대대적인 구조 작업'이라는 희대의 오보들은 씻을 수 없는 상처를 언론과 공영 방송에 남겼다. 2016년 총선에 참패하면서 기존의 정치-언론 연합은 균열되기 시작했다. TV조선-한겨레-jtbc의 순으로 폭로된 '국정농단' 사건은 모든 언론의 십자포화와 초유의 대통령 탄핵을 몰고 왔다.

이 사건은 언론의 폭로에 의해 시작되었지만, 사실 한국 언론의 문제는 권력 종속성 또는 친권력성에 있다. 최근 가짜 뉴스에 의해 제기된 정확성은 오히려 전문 언론인들에게는 그렇게 큰 문제가 아니다. 민주화 이후 지금까지 언론인의 의식을 조사한 자료에 따르면, 지난 연대 동안 언론인들이 가장 중요하게 여기는 가치는 '중립성'이나 '의제 설정' 같이 정치적인 것이 아니라 다소 기술적인 성격이 강한 '정확성'이었다. 정확성은 실행도 평가에서도 가장 높은 평가를 받았다. 이 점은 1993년부터 2017년까지 24년간 변화의 시계열적 추이에서도 잘 드러나는데, 다른 원칙들과 달리 언론인들은 지난 20년간 정확성에서만큼은 2.57점에서 3.34점(4점 만점. 2017년에는 5점 만점에서 3.81, 역시 1위)으로 대폭 높아졌다고 자평했다. 그러나 언론이 민주주의에 기여하는 중요한 기능으로 볼 수 있는 '(권력) 감시' 및 '공론장'의 수치는 상당히 낮아졌다.[122]

122 이에 대해 이강형·남재일(2017)은 '공론장 제공'이 기자들의 직업적

2017년에도 언론인들은 '기업 활동에 비판 및 감시'(3.15점. 5점 만점), '사회 현안에 대한 공론장 제공'(3.20점), '사회 현안에 대한 해설 비평 제공'(3.34점), '정부, 공인에 대한 비판 및 감시'(3.36점) 등을 가장 못한다고 대답했다(한국언론진흥재단, 2017).

이 점 때문에 박근혜 탄핵과 같은 '언론 혁명' 경험이 후대나 미래의 중요한 역사적 유산으로 남는다기보다는 '일회적인 것'으로 스쳐간다는 비관적인 느낌이 강하게 든다. 뭔가가 남기 위해서는 제도화에서라면 제도화가, 관행이나 마인드 등의 문화에서라면 그런 문화가 계속 논의되고 시도되어야 하는데 그런 움직임이 거의 보이지 않는다는 것이다. 정파성이나 후견주의, 권력 종속, 무책임, 피상성, 선정주의 등 문제는 산적해 있는데 이를 극복하려는 제도화나 자정 운동, 교육·캠페인 같은 것은 하지 않거나 관심조차 크게 없는 것 같다. 그런 면에서 한국 언론은, 특히 공정성과 관련하여 다음과 같은 미래의 숙제를 성찰·재고해야 한다.

첫째, 한국 언론을 지배하는 정파성을 어떻게 해야 할지에 대해 좀 더 깊이 성찰해야 한다. 앞서도 언급한 바대로 정치 병행성은 비단 한국만의 일은 아니다. 신생민주주의를 주로 연구해 온 영국의 학자 볼트머(Voltmer, 2013)는 언론의 정파성이 글로벌한 수준에서는 보편적인 형태이며, 오히려 미국의 객관성(중립성)이 예외적인 경우라고 지적한 바 있다. 유럽 대부분의 나라에서도 정당과 언론은 병행적이며, 그렇지 않

인 이해관계와 심리적 거리감이 있다고 일리 있게 추측한다. 중립성이나 정확성 등과 비교할 때, 몸에 와 닿는 준칙이 아니라는 뜻이지만, 몰인식 자체에 문제가 있을 수 있다는 분석(박진우·이정훈, 2016)이 틀린 것으로 보이지는 않는다. 공론장이란 말은 이제는 그렇게 생소하지 않다.

은 미국 역시 유럽을 닮아가고 있다(Nechushtai, 2018; Starr, 2012). 그러나 정치 병행도 정도가 다양하다. 프랑스나 이탈리아 같은 나라에서는 대립하는 세력 간 공역대가 작은 '극단'의 형태를 띠며, 정치 불신을 조장하는 부정성이 다른 나라보다 훨씬 높다. 독일이나 스위스도 정치 병행적이지만 갈등이 극단적이지 않다. 미국이나 영국은 중간이다(Esser & Umbricht, 2014a). 그렇다면 문제는 정치 병행이 아니라 이 극단에 있다고 봐야 한다.

극단은 양측이 서로를 심하게 불신하면서 서로의 공역대가 적을 때 나타나기 쉽다. 이는 갈등하고 경쟁하되 서로가 일종의 금도襟度 같은 최소한의 선, 전문직 언론으로서 지켜야 하는 윤리적·합리적 경계를 넘지 않아야 해결의 기미를 찾을 수 있다. 이런 경계는 이를테면 사실의 존중, 중요 관련성에 대한 폭넓은 합의, 주장의 일관성 또는 바뀔 경우의 해명, 만들어진 불일치나 '제조된 논쟁manufactroversy'[123]의 금지 같은 것이다. 상대편도 존중하는 상호성의 마인드가 있다면 더욱 좋을 것이다. 이는 '대북 지원'과 관련해 찬성과 반대를 거의 같게 다루었던 〈조선일보〉의 면모(찬성과 반대를 상쇄한 균형 지수 0) 같은 것을 말한다(최현주, 2010). 뉴 미디어들이 크게 성장하고, 전체 의견 시장에서 신문의 비중이 줄어들면서 '기울어진 운동장'도 노무현 정부 때 비해서는 상당히

123 이런 만들어진 논쟁은 뚜렷한 실체적 근거 없이 대중의 혼란을 조장한다(Wikipedia; Manufactured controversy). 한국 언론이 필요 이상으로 갈등을 부추긴다는 지적은 비단 언론학자, 국내 학자만의 것은 아니다(Gong & Lawnsley, 2018 참조). 국민보다 정당(정치인)이, 정당보다 언론이, 언론 내에서도 신문의 일부 정치부 기자와 언론사주가 이 갈등을 주도한다. 이 갈등이야말로 가짜 뉴스나 탈진실을 만드는 저변이다.

완화되었다. 한 사주가 보수/진보의 미디어(《중앙일보》/jtbc)를 같이 운영하는 때다. 이제 남은 것은 바로 이 윤리적·합리적 경계를 여하히 만들고 준수하느냐다.

여기에서 이재경(2008)이 했던 한국 언론의 도구화론을 돌이켜볼 필요가 있다. 이재경은 한국 사회에서는 언론을 그때그때 사정에 따라 개화와 계몽, 경제 발전, 민주화의 '도구'로 여겼을 뿐, "언론을 스스로 존재 이유를 갖는 대상으로 인식하지 않았다"(p.58)고 하면서 이 점이 결국 정치 권력·언론사 사주·언론인이 언론을 사유화할 수 있었던 근본적인 이유라고 한다. 그러나 언론의 '역할'에 시공간적 배경을 초월한 어떤 내적·보편적 본질이 있을 수는 없다(Hanitzsch & Vos, 2017). 언론이 상위 가치의 수단이 되는 것을 금기시한다는 것도 이상하다. 기본권에 해당하는 자유조차 '도구적 역할'과 '구성적 역할'이 공존하는 터이기 때문이다(Sen, 1999/2013). 이재경이 반도구화의 사례로 든 '객관 보도' 역시 근본적 철학이 되기는 어렵다. 앞서 민주주의를 '위한' 자율성을 말했던 셧슨처럼 도구화 자체보다는 무엇을 위한 도구인지, 그 안에 내적 타당성이 얼마나 잘 가동되고 있는지가 더 중요하다는 말이다. 내가 보기에 한국 언론의 가장 큰 문제는 권력(정부·기업)을 감시해야 한다고 생각하면서도 하지 못하는, '역할 정향'과 '역할 성과'[124] 사이의 큰 괴리를 확실한 보상과 처벌이 따르는 최적 행위, 곧 정파성이 조장하고 있다는 점이다. 이런 친권력-정파성이 적절한 시장 행위가 되는 구조야말로 도

124 역할 정향과 역할 성과의 괴리는, '해야 하고'(규범), '하고 싶지만'(인식), 실제로는 '하지 못하고'(실천), '한다고 말조차도 못하는 것'(언명)이다(Hanitzsch & Vos, 2017).

구화 자체보다 도구화의 대상·목적이 더 큰 문제임을 적시한다.

둘째, 정치 병행이라고 해서 연계 정당의 모든 것을 용인해야 하는 것은 아닐 것이다. 오히려 민주적 '역치'를 넘는다면 같은 편이라도 더 엄한 징계를 해야 한다. 그런 면에서 보수나 진보 모두가 생각해 봐야 하는 것은 일찍이 강명구(1994)가 제시했던 '이데올로기'다. 앞서 언론의 일반적 가치들을 살피면서 '사실' 계열과 '포용' 계열로 대별하였다. 여기에 강명구(1994)는 공정성에 대한 선구적 연구에서 '윤리성'과 '이데올로기'라는 변수를 더했다. 꼭 새로운 것은 아니다. 윤리성은 직업적 윤리 규범의 하나로 개인적 차원의 '진정성'이나 '본래성'과 거의 같고, '전체성'과 '역사성'으로 구성되는 이데올로기는 진실성에서 살펴본 맥락성과 비슷하다. 전체성이 사건을 구조적 맥락과 관련하여 인식하는 것이라면, 역사성은 사건을 시간적 맥락 위에서 파악하는 것이다. 전자가 하나의 사건을 전체와 연관시켜 사고한다면, 후자는 과거와 미래를 어떤 지향을 통해 보느냐다. 말하자면, 한국적 맥락에서 언론이 공정하기 위해서는 사건을 반드시 전체적 맥락과 역사 속에서 보아야 한다.[125]

나중에 자세히 살펴보겠지만 이런 전체성과 역사성, 선별적 경중 가리기는 실용주의적 객관성의 주장과도 상통한다. 이런 이데올로기에

125 이를 처음으로 주장한 이는 아마도 언론인 송건호(1987)일 것이다. 송건호는 '신문과 진실'에서 진실 파악의 방법으로 다음의 세 가지를 제시한다. 첫째, 사물을 부분이 아니라 전체로 보아야 하고, 둘째, 사물을 역사적으로 관찰할 줄 아는 안목이 있어야 하며, 셋째, 사물을 볼 때는 어느 면이 더 중요하고 어느 면이 덜 중요한지를 식별해야 한다. 첫째가 전체성이고, 둘째가 역사성이다. 셋째의 중요 관련성을 강명구는 거론하지 않았는데, 아마도 이유는 앞의 두 가지로부터 중요 관련성이 자연스럽게 도출된다고 본 듯하다.

서는 편향이 때로 공정하고, 오히려 균형이 허울이나 위장이 된다. 형용 모순으로 보일 수도 있지만, '객관적 당파성'이나 '편향적 균형성'이 얼마든지 가능한 것이다. 지금까지 진보 측이 이런 이데올로기를 많이 주장해 왔지만, 보수라고 이런 이데올로기를 면제받거나 주장하지 못할 이유가 없다. 이것이 바로 많은 연구자들이 주장해 온 '설명 책임'[126]의 일관성이다. 설명 책임은 떳떳함(정당함)·투명성으로 직결된다. 주위의 맥락을 지워 버리고 일부의 표현만을 극단적으로 따오는 '따옴표 언론'의 비겁함을 보라. 정치 병행 언론의 가장 약한 고리가 이것이다. 공격해야 하는 상대의 메시지를 의도적으로 왜곡·은폐·생략하는 무리를 범함으로써 스스로 떳떳하지 않은 것이다. 설사 언론 특유의 관행(이른바, 특종·단독 보도) 때문에 부실이나 편향이 불가피하다면, 나중에라도 심층적 분석과 논평이 따라야 한다. 정파적 공격이나 눈가림용 미봉책만으로는 결코 사회적 신뢰를 얻을 수 없다.

셋째, 잘 알려져 있다시피 언론이, 특히 자유주의 사회의 언론이 '제4부'가 되거나 주변을 '감시'하는 목적의 하나는 정부를 비롯해 권력이 자주 남용되기 때문이다. 여기에 자유주의는 인정하지 않는 시장(소유주·광고주·소비자)도 얼마든지 남용될 수 있는 권력의 하나다. 앞서의 조사에서만 보더라도 한국 언론은 '정부·공인보다 기업 활동에 대한 감시를 더 잘 못한다.' 이유는 간단하다. 이들이 조직의 생명선을 쥐고 있기 때문이다.[127] 역사적인 국정 농단 보도를 막으려 했던 명분도 미르

126 1장에서 본 대로 원 개념은 어카운터빌리티accountability이다. 주로 책무성으로 번역했지만, 여기에서는 질문이나 이의에 대해 말로 설명해야 하는 책임, 곧 설명 책임이 잘 어울리는 번역어다.

127 통계에 따르면, 2013년부터 한국의 17개 신문사의 매출이 전체 신

재단의 '협찬' 제안이었다. 후견주의를 못 벗은 방송을 제외하면, '보도에 간섭하는 요인'에서도 정부는 아래 순위로 내려간 지 오래되었다. 물론 이를 겉으로만 보아서는 안 된다. 한국에서 정부는 직접적으로는 아니라도 전체적으로는 아직도 권력의 양이 크기 때문이다.[128]

또 반대로 이를 비판하거나 영합하는 언론 권력, 단적으로 조중동이 발휘하는 권력 또한 결코 작다고 볼 수 없다. 언론이 권력이 될 수 있는 개연성은 그들의 입장이 항상 메시지를 (거의 독점적으로) 만드는 출처의 입장에 있다는 점에서 분명히 드러난다. 언론에 시민은 항상 수동적 '수용'에 그치는 그림자에 불과한 것이다(김경모 외, 2018). 한국 언론의 문제는 바로 이 권력(들)에서 출발하며, 이의 안티테제(공정성) 역시 결국 '권력' 또는 '지배'에 반대하는 것에서 찾아져야 한다. 하니취(Hanitzsch, 2011)의 비교 연구에 따르면, 선진국과 후진국 언론을 결정적으로 구분하는 것이 바로 이 권력에 대한 감시견 기능이다. 객관성이 문

문·잡지 광고 집행 금액을 뛰어넘었다. 광고 이외의 매출이 실적을 떠받쳐 상당수 신문사들이 광고 시장과 별개로 여전히 버틸 만한 것이다. 어째서 그럴 수 있을까? 기업으로부터의 음성적 수입(협찬·후원)이 그 정체다(이정환, 2018). 우리 사회는 어쩌자고 이런 언론을 믿고 있을까? 새삼 숙고해봐야 할 일이 아닐 수 없다.

128 세월호 참사 당시 이정현 홍보수석의 보도 개입이 드러난 것은 정말 예외적이다. 김시곤 보도국장의 녹취가 아니었다면 이 역시 지금까지의 무수한 홍보(또는 정무)수석–보도국장의 대화처럼 묻혔을 것이다. 더 중대한 것은 이정현이 방송법 위반(편성 개입)으로 유죄 선고를 받은 점이다(《한겨레》, 2018. 12. 14). 이정현의 변호인 주장대로 1987년 제정된 이후 31년이 지난 지금까지 이 조항으로 처벌받은 사람이 단 한 명도 없었다는 점에 비추어볼 때, 이 선고는 방송의 자율화 요구에 비로소 사회(법조)가 응답한 사례로 볼 수 있다.

제가 되는 것도 궁극적으로는 권력 종속 때문이고(McNair, 2017), 편향성이 죄악시되는 이유 역시 권력 자원의 구조적 불평등에 기인하거나 그 불평등을 정당화해서다(Entman, 2007), 기계적 균형성 또는 중립성도 꼭 필요할 때 필요한 선택을 하지 않고 수용자를 기만하므로 비판받는다. 이제 진보도 집권해 본 만큼 권력에 대한 비판성이나 성찰성은 보수나 진보, 정치나 언론 모두에게 같이 요구되는 덕목이다.

넷째, 윤리적·합리적 경계든, 이데올로기와 설명 책임이든, 또는 셋째의 반권력성이든 언론의 문제는 앞서 언급한 언론의 역할 정향과 역할 성과의 괴리에서 발생한다. 역할 정향은 구체적으로는 사시나 강령 등으로 표현된다. 이와 실제는 서로 달라 자주 문제를 발생시킨다. 〈조선일보〉의 사시인 '불편부당성'이 목표처럼 지켜진다고 생각하는 사람은 많지 않을 것이다. "정의를 추구하는 윤리적 자세로 접근할 때"(한국방송공사, 2015: 31), 공정성을 확보할 수 있다고 한 KBS의 강령이 발표될 시점에 KBS의 보도국 내부는 공정성과는 거리가 먼 정파적 분열 상태에 있었다(최영재, 2015). 그러나 이런 문제에도 불구하고 앞서의 설명 책임에서 본 것처럼 언론 자신뿐만 아니라 독자나 시청자도 명분이나 목표가 아예 없는 것을 원하지는 않는다. 나는 이것이 형식적인 면에서 언론이 스스로에게 다짐하는, 일종의 합당성의 틀로 생각한다.[129] 여기에는 언론의 필수적 기능 중 하나인 소통, 곧 나와 남, 우리와 타자 사이의 상호성이 반드시 개입된다. '어떻게 하면 우리가 **같이** 잘살 수 있느냐'는

129 정의론의 철학자 롤스는 갈등하는 여러 주의-ism 사이에 일종의 공존의 틀로 '옳음'을 내세우면서 이를 합당성reasonableness으로 불렀다(Rawls, 2005/2016).

'공존'의 질문은 한 사회를 대표하는 전문 언론이라면 피해갈 수 없는 것이기 때문이다. '불편부당성'도, '사회의 공정성'(《중앙일보》 사시)도, '조선 민중의 표현 기관'(《동아일보》 사시)도 같은 맥락의 것이다. 남과 내가 서로 입장을 바꾸어가며 말하고 듣는 호혜적 자세는 극단적 정치 병행이나 적대적 미디어 신드롬, 초적대주의, 필터 버블과는 결코 어울리지 못한다. 언론의 역할 정향과 역할 성과가 언론 사이, 독자·시청자 사이에서 활발하게 논의될 때, 공정성이라는 보다 큰 틀은 만들어질 수 있다고 생각한다.

다섯째, 넷째와 관련하여 언론이 공정하기 위해서는, 앞의 공평성 부분에서 언급한 기본적인 '떳떳함'이 회복되어야 한다. 한국 언론은 이런 떳떳함이 없거나 매우 약하다. 우선 기본적으로 '이해 당사자 stakeholder'에 대한 취재 지침 자체의 범위가 너무 좁다. 다른 나라의 유수 언론과 비교할 때, 한국 신문의 이해 당사자 수는 기사당 평균 2.6개로 〈뉴욕 타임스〉의 7.7개와는 비교되지 않고 〈아사히신문〉의 3.1개보다도 적다(김경모 외, 2018). 물론 우리가 다루는 공정성은 이조차 범위를 '언론 보도에 의해 영향 받는 사람들'로 확대한 것이다(이른바 '담론적 공중'; 이준웅, 2005). 하버마스의 '모든 영향 받는 사람들all those affected'을 원용한 것으로 보이는 이 개념은 사실상 언론 담론의 범위 안에 있는 수용자 전체를 대상으로 한다.[130] 한국 언론을 둘러싼 공정성 논의는 1차적으로는 이해 당사자에, 2차적으로는 이런 담론적 공중과 연관

130 "합리적인 담론은 **영향 받는 모든 사람들**을 포괄하고, **관련 당사자**를 평등하게 다루는 과정이다"(Habermas; Jezierska, 2019: 7에서 재인용. 강조는 재인용자). 하버마스의 담론 이론에서 이 용어는 권리를 가진 구체적인 당사자가 아니라 반사실적·추상적(도덕적) 주체에 가깝다.

된다. 그간의 수없는 논쟁이 웅변하는 대로 한국 언론에는 이런 공정성 논의를 감당할 만한 떳떳함이 없다.

언론이라면 가져야 할 떳떳함이 또 하나 있다. 한국의 언론이라면 자신을 설사 '중산층' 언론으로 규정한다 하더라도 사회 전반의 불평등 구조에 대한 나름의 견해, 언론으로서 일정한 대응이 있어야 한다는 점이다. 국민 전체에게서 수신료를 받는 공영 방송이라면 두말할 필요가 없다. 만약 대응이 필요하다면, 언론으로서 할 수 있는 '차별 철폐 조치 affirmative action'나 '긍정적 차별화positive discrimination' 같은 것을 검토해 봐야 한다. 일례로, 한국의 방송법에는 방송이 "상대적으로 소수이거나 이익 추구의 실현에 불리한 집단이나 계층의 이익을 충실하게 반영하도록 노력하여야 한다"는 조항(제6조 5항)이 있다. 실제 그렇게 효력을 발휘하지는 못하지만, 한국처럼 급속한 경제 성장으로 불평등이 구조화된 나라에서는 조문만으로도 의의가 큰 조항이라고 생각한다. 이 조항은 언론의 내적 속성intrinsic, 곧 언론적 준칙이나 관행만으로는 사회적 불평등을 교정하기 어려우므로 외적 차원에서extrinsic 따로 고려가 필요하다고 보는 것이다.

여섯째, 누누이 지적된 바이지만, 공영 방송의 후견주의는 하루빨리 극복되어야 한다. 한국의 후견주의가 핼린 등(Hallin & Mancini, 2004)이 주장했던 남미나 남부 유럽의 후견주의 모델에 비해 정도가 약한 것은 맞는 듯하다. 후견인(정부·여당)과 피후견인(공영 방송/사장) 사이의 사적·이원적 관계도 일부의 예에 국한되고, 특별주의적 거래 관계도 크게 드러난 적이 없다. 그러나 둘 사이가 사람(사장 인사권)을 매개로 비공식적이면서 불투명하고 부패(파벌 조성)에 취약한 관계라는 점은 부인하기 어렵다. 그런 면에서 후견주의는 한국의 공영 방송에서 극복되어야 할 최우선의 과제다(조항제, 2019). 물론 오랜 역사를 걸쳐 형성된 이런 관계는 쉽게 없어지지 않는다. 선진국에서도 당연히 후견주의적 관계는 존재한다.[131] 다만 어느 선 이상을 넘지 않을 뿐이다. 이 선과 앞서 언급한 금도는 같은 맥락의 것이다.

이와 다른 한편으로 종편을 비롯한 케이블 채널에 대한 감독권 역시 제대로 행사되어야 한다. 한국의 지상파 방송이 그래도 시청자에게 신뢰를 받는 저변에는 전방위적으로 가동되는 규제 체계가 있기 때문이다. "언론 장의 자율성은 정치적 개입으로부터의 자유에 의해서도 좌우되지만, 정치적 보호와 규제에도 의존한다"(Krause, 2011: 100). 그간 종편은 특혜를 받으면서 이런 감시는 거의 받지 않았다. 과거의 '막말 방송'은 그래서 가능했지만 이제는 다시 그런 전철을 밟아서는 안 된다.

131 후견주의에 대한 선진국의 대응은 정파 간 나눠먹기, 곧 '공유共有'다. 이탈리아의 로티차치오네lottizzazione나 독일의 프로포르츠Proporz 같은 것이 전형이다(Hallin & Mancini, 2004). 흔히 나눠 먹기 하면 부정적이고, 공유하면 긍정적인 것으로 보기 쉽지만, 둘은 같은 것이다.

4장

공정성의 이론적 구성

앞 장에서 나는 한국 언론이 공정해지기 위한 조건으로 '최소한의 신뢰성을 유지할 수 있는 윤리적·합리적 한계의 준수,' '자신의 입장(이데올로기)과 타당성을 설명하는 책무성,' '권력에 대한 비판적 태도,' 특히 '자유의 본질인 반지배성에 대한 성찰,' '화자가 되면 청자도 같이 되어야 한다는 호혜적 자세,' '역할 정향과 역할성과 사이의 괴리의 극복,' '차별 철폐 조치 같은 사회적 약자에 대한 공익적 태도,' '정치적 후견주의의 극복' 들을 제시했다.

이런 공정성을 이론적으로 구성하는 데 필요한 것은 먼저 합리적·윤리적 기준일 것이다. 여기에는 언론이라면 반드시 정립되어야 할 기본 철학인, 체험과 표상, 사실과 해석, 진실과 오류 등에 대한 내용이 담겨야 한다. 다음으로는 개별 언론이 나름대로 견지하는 이데올로기 부분으로, 타당성을 입증할 수 있는 책무가 동반된다. 이에는 자유로운 의견을 보장하는 가운데 불일치의 수위를 조절할 수 있는 그런 이론이 필요할 것이다. 반권력성·반지배성을 보장하는 데는 불공정한 사회에 대한 비판과 편향·왜곡을 경계할 수 있는 실재적 존재론이 요구된다. 특히, 한때 성행했던 반실재론은 탈진실론 등을 조장할 수 있는 위험이 있으므로 정당하게 비판되어야 한다. 약자를 보호하고 공익성을 높이는 데는 그들의 시점으로 사물을 볼 수 있는 인식론이 가장 철저할 것이다. 이런 인식론은 앞의 일반론과 어울리지 않을 가능성이 크므로 자칫 발생할 수 있는 내부적 부정합에도 주의를 기울여야 한다.

1. 객관성 옹호와 실용주의적 객관성

1) 실용주의와 객관성

미국 언론의 기본 이념인 객관주의는 그간 수많은 비판과 반비판을 거치면서 초기와는 다른 변모를 보인다. 앞서도 언급한 대로 객관주의는 저널리즘에 고유한 것이 아니다. 오히려 저널리즘은 자신보다 훨씬 근본적이면서 치열한 논쟁을 거친 과학계에서 객관성을 빌려왔다. 둘 사이는 차이가 있으나 근본적 원리까지 다르지는 않다. 과학철학적 접근에서 객관성은, 지식의 성격 면에서는 '근본주의적 인식론,' 존재론에서는 '형이상학적 실재론,' 실재가 알려지고 지식 주장이 정당화되는 방식 면에서는 '논리실증주의' 또는 '표상주의적 인식론,' 과학자의 역할로 보면 '초연'의 가치론, 과학의 지위 면에서는 '계몽주의적 권위' 등으로 구성된다고 볼 수 있다(Schwandt, 2007). 이에 비해 저널리즘의 객관성은 외부에 실재의 대상이 존재하고, 이를 '그대로' 곧 표상적으로, 주관을 개입시키지 않고 인식하는 것이 가능하며, 그런 경험을 적절한 언어로 다른 사람에 전달할 수 있다고 믿는다. 이런 객관성이 다른 가치나 방법보다 우월한 것으로 인정받음으로써(특히 미국에서) 하나의 권위로 자리 잡을 수 있었다.

이런 객관주의에는 무시할 수 없는 상대와 주변이 있었다. 객관성은 주관성과의 이분법적 대비 속에서 다양한 변인 및 범주들, 차원들과 연결되어 있고, 이는 대부분 근대의 인식론·가치론을 가늠하는 것이었다. '정신적인 것과 물질적인 것,' '외부적인 것과 내부적인 것,' '공적인 것과 사적인 것,' '명시적인 것과 잠재적인 것,' '기계적인 절차와 주관이 들어간 판단,' '특이한 것과 공유되거나 상호 주관적인 것,' '보편적인 것과 특수한 것,' '독립적인 것과 종속적인 것,' '절대적인 것과 상대적인 것,' '오류와 진실' 등이 그것이다(Hammersley, 2011). 흔히 이런 이분화는 대립하는 양자 사이에 어떤 유의미한 관계 또는 교집합이 없다고 전제하는 일종의 '법 dichotomy'이 됨으로써 현상에 대한 우리의 이해를 고착·왜곡시킨다.

이런 이분법을 극복하기 위해서는 양극단을 같이 지양하는 중간적 사고가 필요한데, 실용주의는 이의 하나다. 실용주의는 매우 다양한 함의를 갖지만 대체적인 합의점이 없지는 않다. 과학철학자 힐러리 퍼트넘 Hilary Putnam(Barkho, 2013: 188에서 재인용)에 따르면, 실용주의의 핵심은 대체로 다음의 네 가지다.

첫째, 수정의 여지가 없는 완벽한 관점이나 믿음을 제공하는 형이상학이란 존재하지 않는다고 주장하는 면에서 오류(수정)주의fallibilism 다. 둘째, 사실을 있는 그대로 보여 주는 객관성이나 편향이 없는 불편부당성, 사실과 가치를 구분하는 근본적인 이분법은 존재하지 않는다. 이는 시도 자체가 무위다. 셋째, 중요한 것은 세련되고 엄격한 이론이나 방법론이 아니며, 이를 행위로 옮길 수 있는 실천이다. 마지막으로 넷째, (사회)과학과 사회적 세계를 긍정적/부정적, 선/악 등으로 구분하는 절대성은 존재하지 않는다.

실용주의의 효과는 다음처럼 객관성을 나눠보면 잘 볼 수 있다

(McGill, 1994). 첫째의 객관성은 칸트 이래 과학(물리학)과 실증주의에 의해 주장된 전통적인 객관성, 곧 '절대적 객관성'이다. 실재를 온전하게 포착하기 위해서는 모든 주관적 요소가 배제되어야 하고, 또 배제될 수 있다고 하는 주장이 절대적 객관성이다. 이 객관성에서는 지식이 태어난 장소나 조건에 구애받지 않고, 보편적 타당성을 주장할 수 있다. 배제되는 '주관'에는 모든 특수한 요소들 — 연구자의 신원이나 관점, 이해관계, 연구의 장소나 조건 등 — 이 포함된다. 앞서 잠시 나온, 객관성 논의에서 빠지지 않는 비유적 표현인 '어디에도 없는 관점views from nowhere'에서 장소where의 비유는 그냥 쓴 것이 아니다. 요즘 유행하는 문화적 상대주의에서 '문화'의 의미를 생각해 보면 쉽게 알 수 있다.

둘째는 과학 같은 특정 분야에서 진리를 얻는 방법으로 추구되는 '훈련된 객관성'이다. 여기에서 객관성은 교육 받은 자(전문가)가 정해진 절차를 따르면 얻을 수 있는, 방법과 훈련의 산물이다. 물론 저널리즘에는 이런 절차가 없거나 약하며, 그 결과로 전문직주의 조건의 하나로 흔히 거론되는 비전적 지식esoteric knowledge 또한 없다. 그러나 각종 윤리강령이나 매뉴얼 등에서 볼 수 있듯이 저널리즘이라 해서 이런 절차가 전혀 없는 것은 아니다. "가장 좋은 해결책은 저널리즘을 과학 쪽으로 밀어내는" 것이라고 주장하면서 2002년까지 4판을 거듭해 발간해 온 《정밀 저널리즘*Precision journalism*》(Meyer, 2002)은 이의 전형이다.

셋째, 객관성을 상호 주관성으로 대체해 추구하는 '변증법적 객관성'이다. 이 객관성은 지식의 주체와 지식의 대상 사이에 상호 작용을 설정해 객관성 중에서 유일하게 주관성의 개입을 용인한다. 이런 객관성은 지식을 특정한 시간과 공간 속에 조건화하므로 전통적(실증주의적) 의미에서는 객관성으로 간주되지 않는다. '탐구'를 사회적 문제를 해결하기 위한 지식 추구 행위로 정의하는 실용주의에 가장 가까운 객관성으로 볼 수 있다.

넷째, 관료제를 예로 들 수 있는 일종의 표준화로서 '절차적 객관성'이다. 이 유형에서 진리는 "절차를 지키면 참"이라는 진술로 대체된다. 절차는 개인에서 출발하는 모든 주관적 견해나 해석, 이해관계를 배격하는 '비인격적'인 형태로 법칙화된다. 법(절차/방법/제도)이 이런 견해를 흡수하는 것이다. 이 객관성에서 '진리'와 '최선'은 공평함과 적법함과 같다.

이런 유형화에서 볼 때, 언론의 전통적 객관주의는 첫째를 내세우면서 둘째와 셋째를 편의적으로 혼합했고, 결국 넷째를 직업적·이데올로기적(곧 의례적이다)으로 활용해 온 것으로 보인다. 이와 달리 실용주의적 객관주의는 첫째를 부정하고 셋째를 새로이 받아들이면서 둘째와 넷째를 선택적으로 활용하는 것이다. 존재론의 차원에서 실재주의는 그대로이지만, 언론이 과학이 아니므로 절대적인 것은 한계가 있고, 주관성의 일부 수용은 지금까지의 객관성 비판을 받아들이면서 상대주의 추세를 존중한 결과이며, 절차의 단순성에 머물러서는 안 되지만 언론이 일상적 직업인 한 완전히 포기하기는 어렵다는 것이다. 결국 이는 객관성의 스펙트럼을 다양화하여 실재를 온전히 알기 어려운 인간의 부족한 인식을 보완하자는 입장이다.

이렇게 객관성을 세부화·유형화시켜 놓고 보면, 전통적 객관성 역시 객관주의의 한 유형에 불과하다는 점을 알게 된다. 많은 사람이 객관성을 비판하지만, 그것이 꼭 객관주의 전체에 대해 해당하는 것은 아니라는 뜻이다. 비판 때문에 객관성을 포기한다면, 자칫 더 큰 어리석음을 범할 수도 있다. 그런 면에서 라이언(Ryan, 2001)이 시도한, 객관주의의 대안에 대한 비판도 그렇게 치밀하지는 않다 해도 나름의 의의가 있다. 라이언은 도덕을 앞세우는 '실존주의'나 페미니즘 중심의 '입장인식론standpoint epistemology,' 그리고 실용주의 성격이 강한 '퍼블릭 저널리즘' 역시 장점 못지않게 단점 또한 많다고 주장했다. 최근의 하이퍼링크 환경에서 객관성의 대안으로 떠오른 투명성 역시 이론과 경험 모두에서 객관성을 대체하기는 무리다(Tandoc Jr. & Thomas, 2017; Vos & Craft, 2017). 앞서 본 대로 투명성은 인식론의 목적으로서의 지식의 지위를 자칫 단순한 정보로 격하시킬 가능성이 크다. 정보의 소재만 밝히면 책임을 다하므로 정보를 검증해야 하는 책임이 면제되기 쉽다는 말이다.

객관주의(특히 이의 중심 사고인 실증주의)에 대한 근본적 문제 제기로 상당한 곤란을 치렀던 과학계 역시 최근까지 이를 대체하는 새로운 이념까지 필요하다고 생각지는 않는 듯하다.[132] 학계의 논의를 모두 살피기는 어렵지만, 최근 집필된 《스탠포드 철학사전》의 '과학적 객관성'(Reiss & Sprenger, 2014) 항목은 결론에서 "'편향되지 않은' 과학이 가능하지 않다 하더라도 과학자들이 바람직하지 않은 편향에 대항해 자신의 이성적 사고를 지키기 위해 활용할 수 있는 많은 기제들이 있다"고 서술했다. 그렇다면 섣불리 '폐기하기'보다 '고쳐서 쓰거나' 다른 입장들과 절충할 수 있는 여지를 찾는 것이 유용할 수 있다. 그런 차원에서는 먼저 비판에 대해 얼마나 반박이 가능한지부터 검토해 봐야 한다.

132 이 점을 명확히 하기는 어렵다. 비판이 지금도 성행하고 반비판의 세는 상대적으로 약하지만, 의외로 학계에서는 언론과 달리 객관성이 '폐기되었다'는 주장이 있지는 않다. 이미 지적한 대로 미국 기자협회는 강령에서 객관성을 빼버렸다. 그러나 강령에서 빠졌다 해도 객관성과 가까운 가치, 이를테면 진실성이나 정확성까지 무시되는 것은 아니다(Kovach & Rosenstiel, 2014).

2) 객관성 옹호

객관성에는 비판이 많지만 옹호도 사실 무시할 수 있는 수준은 아니다. 특히 정치철학자 리히텐버그(Lichtenberg, 1990, 1998)는 언론을 비롯해 과학과 역사 전체에서 객관성을 지키기 위해 노력한다. 리히텐버그는 먼저 그간의 비판을 세 가지 명제, 곧 '언론은 객관적이지 않다'(객관적이지 않아서 문제다, 언론은 편향적이고 불공정하다), '언론은 객관적일 수 없다'(객관적인 것은 불가능하다, 객관성은 그저 언론이 스스로를 방어하는 '전략적 의례'에 불과하다), '언론은 객관적이어서는 안 된다'(객관적인 것은 바람직하지 않다, 잘못된 것을 추구한다) 등으로 요약한다. 언뜻 보아도 이 세 가지 비판은 논리적으로 모순이 있거나 서로 어울리지 않는다.

먼저 '객관적이지 않다'에서 많이 거론되는 사례, 곧 언론의 편향이나 불공정성 등은 적어도 객관성이 어느 정도 실현 가능하다는 입장에서 나온 것이다. 이는 '객관적일 수 없다'는 둘째의 비판과 완전히 반대된다. 언론인들에게 많은 반응인, '언론은 객관적일 수 없다'는 둘째 비판은 '객관적이어서는 안 된다'는 셋째와 상치된다. 객관적인 것이 불가능한데, 이를 바람직하지 않다고 비판하는 것은 모순이기 때문이다. 객관적이지 않아 문제인 첫째와도 안 맞는다. 불가능한 것을 하지 못한다고 비판할 수는 없다. '객관적이어서는 안 된다'는 셋째는 '객관적이지 않다'는 첫째 비판과 어울리지 않는다. 객관이 바람직하지 않은데, 객관적이지 않아서 문제라고 하는 것은 말이 안 되기 때문이다. 하고 싶지만 불가능한 것을 '바람직하지 않다'고 비판하는 둘째와도 맞지 않는다. 리히텐버그가 보기에는 이렇게 상반되는 여러 비판이 동시에 개진되면서 불합리하게 객관성을 몰아붙인다.

객관주의에는 크게 두 가지 측면이 있다. 하나는 인식론적 측면이고, 다른 하나는 윤리적 측면이다. 둘은 대개 합쳐져 작동하지만 분석적으로 보면 구분이 가능하다(Muñoz-Torres, 2012). 인식론적 측면에서는 '어떻게 편향을 불러올 수 있는 의견이나 가치의 해석 없이 있는 그대로 볼 수 있느냐'가 중요하다. 이럴 때 인간의 인식 내부를 이루는 관점·가치·신념 등은 칸트의 '개념'[133]과 달리 온전한 실재를 가리는 하나의 '그림자'에 불과하다. 윤리적 측면에서는 이런 인식에 임하는 사람의 도덕적 순수성이 강조된다. 있는 그대로 대상을 보려 하는 노력이 있어야 사실 또는 진실이 구현될 수 있다.

이 점은 '기대'와 '의심'이 공존하는 객관주의(Borden, 2010)에 일말의 가능성을 제공해 준다. 여기서의 기대는 진실을 추구하는 노력으로서 객관성이 방법이나 교육의 지침이 될 수 있는 가능성이다. 실제 셧슨(Schudson, 1978)은 미국 언론에서 객관성이 등장한 배경적 이유가 주관성의 부정이나 사실의 투명성을 믿는 나이브한 경험주의보다는 오히려 당시 팽배했던 회의주의에 대한 반작용, 곧 "사실조차 믿을 수 없는 세계(의 해체)를 (막기) 위해 고안된 방법"(p.122. 괄호 안은 인용자)이라고 한다. 사실 객관주의를 거부하는 이유가 엄격한 규율로서 이상이나 절차에 못지않게 많은 비용이나 노력이 필요한 현실의 어려움(Figdor, 2010)에 있다는 점을 감안하면, 객관성의 규범적 의의는 아직 완전히 사라진 것은 아니다.

객관성에 대한 의.심은 객관성 자체가 하나의 보수적 이데올로기로 작용할 가능성에서 나온다. 주지하다시피 언론은 제재인 언어를 비롯해

133 유명한 칸트의 "내용 없는 사유는 공허하고, 개념 없는 직관은 맹목적이다"라는 말 속에 들어 있는 '개념'을 상기해 보라.

출입처 제도나 브리핑, 인터뷰 같은 각종 관행, 뉴스 가치 등의 게이트키핑 결정 체계를 가져 그 안에서 추구되는 객관성을 자주 허구로 만들어 버린다. 그러니까 객관성이 '복권rehabilitation'되기 위해서는 먼저 인식론적 측면에서 논적들 — 예컨대, 탈근대주의나 로티 등의 신실용주의, 사회적 구성주의자(특히, 강한 구성주의)들의 반실재론 — 에 맞서면서 자신의 논리를 굳건히 해야 하고, 다른 한편으로는 구조나 관행을 비롯해 윤리적 측면의 객관성을 가로막는 각종 장애물들을 제거해야 한다. 특히 여기에서 중요한 것은 이런 언론 윤리가 비단 언론에 국한되지 않는다는 점이다. 객관성을 처음 제기한 셧슨의 명예교수 자리를 기념하면서 맥네어(McNair, 2017)가 지적했던 것은 '믿을 만한 출처'에 대한 맹목성이다. 이 맹목성이 권력 순응을 만들었고, 바로 그 권력이 지금 시점에 들어 정당성을 현저하게 잃어버렸다는 것이다. 따라서 객관성의 문제는 '언론의 권력 감시'와 '권력의 정당성'이라는 두 개의 축이 함께 회복되어야 해결될 수 있다.

이를 피그도르(Figdor, 2010)의 논의 속에서 다시 한 번 보자. 피그도르는 미국 언론의 역사적 관행을 분석한 민디치(Mindich, 1998)의 주장에 기초해 자신의 객관성 옹호를 시작한다. 민디치에 따르면, 언론의 객관성은 다음 다섯 가지 요소로 이루어진다. 첫째, 중립적 언어를 통한 기술로 현상과 거리를 둔다(중립적 '거리두기'). 둘째, 모든 측면을 포괄해 기사를 작성한다('비당파성,' '공평성'). 셋째, 역피라미드형 기사 작성법('중요성에 따른 사실의 제시')과 넷째, 순수한 경험주의('사실적 정확성')이다. 마지막, 다섯째는 모든 관련된 사실을 무시하지 않는 왜곡의 부재('균형') 등이다.

그러나 피그도르가 보기에 이 다섯은 넷째인 '사실적 정확성'을 제외하면 대체로 객관성의 본질과 거리가 멀다. 셋째인 역피라미드형 기사 작성법은 하나의 스타일에 가깝고, 첫째와 둘째, 다섯째는 당장은 달성하기 어려운 넷째를 위한 관행에 불과하다. 사실 객관성은 순수한 경험주의에서 비롯되는 사실적 정확성의 추구를 핵심으로 하는데, 앞서도 언급한 바 있는 유사 가치들, 이를테면 공평성이나 균형성, 중립성, 투명성 등에서는 오히려 이런 핵심이 없어져 버리고 만다는 것이다.

그러나 다른 한편으로 인식론적 측면이 과다 강조되면, 윤리적 측면의 객관성이 경시되기 쉽다. 윤리적 측면은 이를테면 롤스의 '원초적 입장'에 비견될 수 있다. 원초적 입장에 선 사람들은 '무지의 베일'에 가려져 자신의 신분이나 이익, 입장을 모르며 남이 어찌하든 서로 관심이 없다. 당연히 감정적으로 초연할 수밖에 없고, 특정 관점도 쉽사리 가질 수 없다. 이런 초연함과 비관점이야말로 객관주의가 얻고자 하는 것이다. 그러나 이는 가상 상황의 하나일 뿐이다. 현실에서 이런 태도는 매우 노력해야 약간의 가능성만을 얻을 수 있을 뿐이다. 필요하다면 제도적 제재까지 있어야 할 것이다. 또 다음에 나올 입장인식론의 주장에 따르면, 해당 사회의 지배·특권 집단(대부분 언론인도 포함된다)은 자신의 조건 때문에 빈곤이나 일탈을 비롯한 그 사회의 여러 문제에 대해 제대로 알지 못한다. 이럴 때, 빈곤자의 입장이 반영되어야 하는 것은 적어도 빈곤 문제에 관한 한 매우 '객관적'인 처사다(Graham, 2002). 원초적 입장에만 머물러 있다면 이런 객관성을 성취할 수 없다. 사실적 정확성을 추구하면서도 스스로의 입장을 돌이켜봐야 하는 것, 이런 객관성의 어려운 점을 해결하는 '첫 단추'로 고른 것은 앞서 조금씩 언급한 바 있는 워드(Ward, 2015)의 실용주의적 객관성이다.

3) 실용주의적 객관성

나는 실용주의적 객관성을 공정성을 구성하는 중요한 이론적 기초의 하나로 삼으면서 이와 경쟁할 수 있는 다른 이론을 메타분석 차원에서 따로 검토하지는 않는다. 객관성의 비판만큼이나 옹호에도 나름의 합리성을 발견할 수 있다는 판단에서 흔한 비유지만 목욕물을 버리면서 아기도 함께 버리고 싶지 않기 때문이다. 객관성 내에서는 다른 객관성도 있다. 가령 아랍의 위성 TV 알자지라가 내세운 '맥락적 객관주의'나 로빈슨과 컬버(Robinson & Culver, 2016)가 언급한 바 있는 '적극적 객관성' 등이 있다. 그러나 전자는 이론적으로 심화된 명제로 보기 어렵고(Berenger; Schudson & Anderson, 2009, 93에서 재인용), 후자는 실용주의적 객관성과 용어만 다른 것이다.

워드가 주장한 실용주의적 객관성은 저널리즘에만 고유한 것은 아니다. 철학이나 역사학에서도 절대주의와 상대주의, 역사주의와 반역사주의의 양극단에 빠지지 않는 절충적 대안으로 유력하게 검토된다(Hildebrand, 2011a, 2011b).[134] 여기에서 실용주의의 핵심은 '오류(가능)주

134 이를테면 역사학에서는 하스켈의 다음의 인용에서 '온건한 객관주의'를 분명하게 볼 수 있다. "내가 '객관주의'라는 제명 아래 최고로 삼는 것은 중립성이나 냉철함이 아니고, 최소한의 필수적인, 절제된 자기 훈련이다. 이는 사람으로 하여금 (주관적) 기대가 섞인 사고를 포기하게 하고, 나쁜 뉴스를 이해하며, 증거와 논리로 하는 기본적인 검증을 통과할 수 없는 낙관적 해석을 폐기하는 것이다. 가장 중요하게, 객관성은 반대로 생각하는 사람이 주는 생경하면서 불쾌할 기미조차 있는 관점도 동정적으로 생각할 수 있을 만큼 충분히 자신의 관점을 중단하거나 보류하는 능력을 필요로 한다. 이런 정신적 행위는 일정한 거리 두기, 즉각적으로 드는 생각이나 신념으로부터 떨어져서 판단하는 능력을 필요로 한다. 그러나 그것은 결코

의적'이면서 '반데카르트적'인 진리관이다. 실용주의적 객관성은 관점이 터부시되지 않고 여럿의 관점이 생산적으로 경쟁하는 객관성이다. 그러나 실용주의의 존재론은 통일되지 않고 모호하므로(Legg & Hookway, 2019),[135] 반실재론이 틈입할 가능성이 존재한다. 그런 면에서 비판적 실재론의 반실증주의·반상대주의는 이를 보완하는 의미가 있다. 제임스나 퍼트넘의 예에서 볼 수 있듯이 실용주의와 실재론은 결코 상호 배타적이지 않다. 사회적 구성주의 역시 같은 맥락에서 비판적 검토를 거쳐, 언어(담론)에 의한 '사회적 구성'이라는 합리적 핵심은 실용주의나 비판적 실재론 등 모두에 의해 공유된다.

(1) 실용주의적 객관성의 특징

워드(Ward, 2015)에 따르면 저널리즘의 전통적 객관성은 다음 명제로 구성된다.

(a) 사실성: 기사는 정확하고 포괄적이며 입증된 사실에 기초한다.

(b) 공평성: 논쟁적 이슈에 대한 기사는 각각의 견해를 공평하게 제시하면

무관심이 아니다"(Haskell; Hildebrand, 2011b: 8~9에서 재인용).

135 잘 알려진 대로 실용주의의 창시자들 가운데 찰스 샌더스 퍼스Charles Sanders Peirce와 윌리엄 제임스William James는 실재론, 존 듀이John Dewey는 반실재론 쪽에 가까운 입장을 보인다. 리처드 로티Richard Rorty 같은 신실용주의자는 물론 반실재론적 입장이다. 이와 논쟁을 벌인 퍼트넘은 반대로 (내재적) 실재론을 주장한다. 로티는 듀이와도 차이가 큰 완전한 반실재론자다(Hildebrand, 2005). 워드가 주장하는 실용주의적 객관성은 '약한' 실재론을 취한다. 이 글은 실용주의적 객관성을 비판적 실재론으로 보완해 좀 더 강한 실재론을 주장한다. 철학과 저널리즘에서 사실의 지위가 좀 다르다고 생각하기 때문이다.

서 주요 경쟁적 견해들의 균형을 맞춘다.

(c) 비편향성: 선입견, 감정, 개인적 관심사, 다른 주관적 요인들이 기사의 내용을 왜곡하지 않는다.

(d) 독립성: 기사는 두려움이나 편애 없이 자유롭게 보도하는 언론인의 작업이다.

(e) 비해석: 기자는 보도에 대해 자신의 해석이나 의견을 주입하지 않는다.

(f) 중립성과 초연함disinterestedness[136]: 기사는 중립적이다. 기사는 논쟁에서 어느 한 입장을 취하지 않는다. 기자는 (특정) 집단과 그것의 명분을 위한 지지자로 활동하지 않는다.

이 중 실용주의적 객관성은 다음의 언명처럼 특히 (e)의 비해석과 (f)의 중립성을 거부한다. 그러나 같은 (f)에서 초연함을 위한 노력은 오히려 강조한다.

"실용주의적 객관성은 기사가 어떠한 해석이나 평가, 결론을 제시함 없이 사건에 대한 사실적 기술이 되어야 한다는 전통적 객관성의 요구를 거부한다. 그것은 스트레이트 기사부터 사설에 이르기까지 저널리즘의 모든 행태를 해석으로 인식한다. 객관성은 해석의 부재가 아니다. 그것은 이용가능한 가장 최선의 방법과 저촉되는 기준에 의한 해석의 검증이라 할 수 있다. 언론인들이 자신의 기사를 비판적인 평가에 노출시킬 때 그들은 객

136 객관성 논의에서 자주 나오는 '초연함disinterestedness'과 '무관심indifference'은 혼용될 때가 많지만 함의는 상당히 다르다. 전자는 긍정적이지만, 후자는 부정적이거나 중립적이다. 직역하면 '거리를 둔다'는 detached도 의역하면 이와 유사한 뜻으로 긍정적 함의를 지닌다.

관적이다. 게다가 실용주의적 객관성은 여러 다른 환경에서 저널리즘적 초연함을 다양하게 허용한다. 기자가 모든 면에서 엄격하게 중립적이라는 것은 가능하지도 바람직하지도 않다"(Ward, 2015: 52~53).

철학적 태도 면에서 실용주의적 객관성의 핵심은, '오류주의'와 '실험주의,' '해석주의interpretism'로 구성되는 '불완전주의'다. 지식이나 제도, 인간의 본성, 또는 저널리즘에 '절대적'이거나 '엄격하게 규칙화'되거나 '협상 불가능하게 본질적'이거나 '완벽하게 목적을 달성'하기를 기대하는 태도가 완전주의다. 불완전주의는 이의 반대다. 불완전주의자는 우리가 불변하거나 완전무결한 무언가를 믿는다고 생각하지 않는다. 늘 오류를 범하므로 수정이 불가피하고(오류주의), 진보하기 위해서는 실패가 예비된 새로운 실험을 계속 해나가야 한다고 믿는다(실험주의). 불완전주의에서 진리가 필요로 하는 것은 '결함이 없는 토대'가 아니라 '스스로를 교정해 나갈 수 있는 사회적 과정'이다(Haskell; Lehtinen, 2012: 5에서 재인용). 불완전주의는 절대주의와 극단적인 회의주의, 순진한 이상주의와 냉소적인 절망 같은 양극단을 배척하면서 중간의 온건한 신념이나 제한적 회의주의를 추구한다.

해석주의는 의도하든 의도하지 않던 "인간의 이해가 해석으로 구성되며, 지식은 충분히 검증된 해석의 망"(Ward, 2015: 30)으로 보는 견해다. 인간에게 해석은 모든 인식 활동에서 '편재적ubiquitous'이다. 여기에서 해석은 인간이 외부 세계에 대해 알 수 있는 수단이자 습관으로, 듀이의 '경험'과 같은 것이다. 이런 해석주의는 사실과 해석을 엄격하게 분리해 객관을 사실에 국한시키는 절대적 객관성과 거리가 멀다. 해석주의에서 사실과 해석은 상호 배제가 아닌 상호 보완적인 관계에 있다.

해석이 사실을 구속하지만, 사실도 해석을 제한한다. 리히텐버그의 말을 빌리면, "사실의 해석이 객관적 평가의 범위를 넘어선다고 주장하는 것은 과도하게 단순화시킨 서술이다. …… (사실 자체가 아니라 사실에 대한) 어떤 특정 해석이 다른 것보다 낫고 그렇지 못한 해석은 못한 것이다"(Lichtenberg, 2005: 224~225. 괄호는 인용자). "모든 해석이 일련의 모든 사실과 맞지 않는 것처럼 어떤 해석은 다른 것보다 사실에 더욱 잘 맞는다"(Lichtenberg, 1998: 47). 다시 말해, '사실이 해석을 벗어날 수 없다'고 해서 '특정 해석을 벗어날 수 없는' 것은 결코 아니다. 여러 해석 중 이 해석이 좀 더 참이라거나 반대로 거짓으로 보는 것은 해석 자체를 부정하는 것과는 완전히 다르다. 진실 역시 사실과 해석의 한 조합인 것이다. 여기에서 해석주의는 비관점주의aperspectivism나 중립주의와 결별하며, '객관적인 당파성'(Gouldner; Williams, 2015: 80에서 재인용)같이 형용모순으로 보이는 논법도 얼마든지 용인한다.

실용주의적 객관성의 진리관은 최소한의 철학적 가정들만을 포함하는 '최소주의minimalist'적인 것이다. 워드는 형이상학적 진리 자체를 거부하는 신실용주의 철학자 리처드 로티를 비판적으로 검토해 그와의 공통점과 차이점을 제시한다. 로티는 정당화와 상호 주관적 일치 외에 진리와 객관성에 있는 것은 '아무것도 없다'는 진리부정론을 주장한다. 그에게 진리는 중요한 개념이 아니며, 진리상대론 역시 '위협'이 될 수 없다(Rorty; Ward, 2015: 289). 그러나 실용주의적 객관성은 진리를 여전한 탐구의 목적으로 본다.[137] 다만 이를 온건하고, 실재론적으로 재정의해

137 이 점에서 워드는 하버마스와 유사하다. 언어적 전환을 통한 화용론적 진리관에서 하버마스는 로티와 생각을 같이하지만, 일상의 실재론

규제의 기준으로 삼을 뿐이다. 진리는 합리적인 신념과 허위의식, 이성적 설득과 조작을 구분해내는 데 유용하다.[138] 실용주의적 객관성은 "오류를 언제든 허용하고, 조건적이며, 다원적이지만, 자의적이지 않은 진리 지향의 과정"(p.288)이다.

존재론적으로 볼 때, 실용주의적 객관성은 인간이 확인할 수 있든 없든 외부에 실재가 존재한다고 보는 '실재론'에 가깝다. 그러나 이는 전통적 인식론의 형이상학적 형태는 아니다. 적극적 절충론(나중에 다시 나온다)을 따라 이 실재론은 여러 요소가 '결합된 것'이다. 외견상 반대의 것으로 보이는 상대주의·다원주의와의 관계에서도 이런 절충과 결합은 불가능하지 않다. "실재론과 상대주의는 같은 인지적 체계의 산물이기 때문에 둘 다 신뢰를 받지 못할 이유가 없다. 하나를 하지 않으면 나머

적 직관을 택하면서 로티와 결별한다. '맥락 내재적 정당화'와 '맥락 초월적 진리'는 다른 길이 되는 것이다(윤형식, 2017; Strydom, 2018).

138 진리와 객관성보다 자유와 연대를 강조하는 로티의 입장에서 부시나 페일린, 트럼프 같은 정치인이 가짜 뉴스에 힘입는 현실을 생각해 보자. "만약 우리가 로티의 (진리) 부정 프로젝트를 그대로 따라간다면, 우리가 가장 반대할 수 있는 것은 그들(부시나 페일린, 트럼프 등)로 하여금 정치적 의제를 마음껏 추구하게끔 허용해 준, 사실이나 논리(적 정당성)에 대한 전면적이고 노골적인 무시가 아니라 기껏 트럼프의 무례함과 편협함, 폭력에 대한 무신경, 그리고 페일린의 레토릭이 지닌 사회적 분열성, 그리고 부시의 일방주의와 강경 일변도 태도 정도에 불과할 것이다"(Hannan, 2016, xxvi. 괄호 안은 인용자). 전체주의적 당黨이 두려워하는 것은 의지의 독립성이 아니라 정신의 독립성, 곧 진실과 객관성으로 당의 도그마를 의심하는 것이다. 조지 오웰의 《1984》에서 로티는 거부되어야 하는 것이 자유를 억압하는 구금과 고문이지 2+2=5라는 거짓이 아니라고 했지만, 구금과 고문을 각오하고라도 진실을 외치게 하는 것은 바로 그것만이 '눈앞에 보이기' 때문이다. 전체주의 사회에서도 당과 결합하는 의지·연대는 얼마든지 있을 수 있다.

지 하나도 하지 않는 것이다. 그들은 대상을 문화의 조직화된 인간 영역의 하나로 보거나 자연의 물질적·인간외적 영역으로 귀속시키는 근대적 체계의 일부이다. 모든 정체성이 그러하듯이 '타자' 역시 자기 정의에서 결정적으로 중요하다"(Ward, 1997: 784).

워드는 자세히 살피지 않았지만, 상대주의에는 '받아들일 수 있는 것'과 '그렇지 않은 것'이 있다(Costa, 2015). 뚜렷한 하나의 인식론적 입장이라기보다 '판돈'을 걸지 않으려 하는 '철학적 겁쟁이'라는 지적을 받는 상대주의(Heller; Costa, 2015: 416에서 재인용)는 무제한적으로 허용될 경우, 논의 자체를 완결 지을 수 없는 위험성을 갖는다. 말하자면, 끊임없이 상대성만을 부를 뿐이다. 이런 상대주의에서도 받아들일 수 있는 것은 개방성이 단순 과잉한 경우다. 이 개방성은 실재에 관한 관점을 '존재한다'와 '존재하는 것 같다 또는 존재해야 한다'로 이중화duplicate할 때에 발생하는 극단적인 형태에서만 가능하다. 이 경우, 실재론에 대해 적절한 거리만 유지하면 큰 문제는 없다. 받아들일 수 없는 것은 관점을 재중심화·고정시켜 존재의 두 질서(규범적인 것과 현실적인 것) 사이의 본질적인 긴장을 아예 없애버리는 것이다. 이것은 철학적 논쟁 자체를 가능한 피하려고 하는 게으른 상대주의의 전형이다.

실용주의적 객관성의 또 하나의 특징은 전체성holism이다. 언론의 기술과 해석은 지식이나 정보를 '습득'하고, '검증'하며, '제시'하는 과정으로 구성된다. 습득은 찾고, 선별하며, 평가하는 것이다. 검증은 확인하고, 오류를 찾으며, 스스로를 성찰한다. 제시는 집필과 묘사, 말하기twittering 등이다. 여기서의 모든 해석은 보다 크고 주로 잠재되는 개념적 도식, 곧 전체의 일부가 됨으로써 의미를 얻는다. "개념적 도식이 개별 사실들을 다른 사실 및 믿음과 연결시켜 주지 않는다면, 그 사실들은 우리의 인지적 삶에서 중요한 역할을 하지 못한다"(Ward, 2015: 296). 롤스가 제시한 '반성적 평형' 개념은 이런 개념적 도식 중 하나다. 롤스는 우리가 윤리를 구성하고 이를 평가할 때, 기존의 원칙, 규칙, 사실, 판단 등을 교차시키는 상호 조정 과정을 거친다고 주장한다. 이 과정이 반성적 평형인데, 모든 개념이나 규칙, 관찰된 사건들은 개념적 도식 내에서 종합적 적합성에 따라 전체적으로 해석되고 평가된다. 이는 "윤리적 사고의 각 수준에서 이루어지는 숙고된 판단 가운데에서 균형을 찾아내는 것이다"(Ward, 2007: 162).

이런 객관성의 기준은 다음의 세 가지다. 첫째는 스스로의 관찰을 통한 경험적 기준이고, 둘째는 기존 지식과 견주어 보는 정합성 기준이며, 마지막 셋째는 합리적 토론의 기준이다.[139] 경험적 기준은 객관적 사실의 존재론 차원이고, 정합성은 인식론에 해당하며, 합리적 토론은 절차적 의미, 즉 공정한 과정의 개념이다.[140] 일반 과학에서 필수적인 앎

139 이 기준은 해석 공동체의 '해석틀로서 객관성'을 주장하는 김상호(2007)와 같다. 김상호는 이를 통해 인간이 '타당하다고 생각되는 신념들과 기준들 속에서' '주어진 상황의 사리와 이치에 맞는 맥락적-해석적 객관성'을 확보할 수 있다고 주장한다. 객관성은 '윤리적 틀'로서, 미리 주어진 방법적 절차나 하부 구성 요소가 아니라 '해석 공동체와 그 공동체들 간의 대화와 커뮤니케이션'(pp.21~22)을 통해 만들어지는 것이다.

140 이를 통해 명제화할 수 있는 저널리즘의 일반적 인식론은 '체험주의experientialism'다. 체험주의는 인간이라는 유기체 자체의 언어·지식·감각을 중시한다. 일반적으로 기자는 눈으로 보고 귀로 들으며 문서로 확인하고 관계자를 인터뷰해 기사를 작성한다. 이 과정에서 이전 사건들에 대한 지식이 확인용 준거가 된다. 토대-상응론과 정합론은 이렇게 만난다. '진실 되려하기being truthful'와 '진실 자체truth itself'가 다른 것처럼 이런 기자의 산물을 매양 '진실'이라고 하기는 어려울 것이다. 그러나 근본적으로 기자의 체험은 인간이라면 대부분 공유하는 실재상에 근거하며, 진정성이

의 둘도 중요하지만, 합리적 토론인 셋째는 '옳고 그른' 판단과 연관되어 이 분야에서 특히 중요하다. 즉 이 결정은 "그 기준들이 일부라도 '실재와 상응'하기 때문이 아니라 …… 목적에 부합하고 개인적 편견을 줄여주며 공평성 개념과 일치하기 때문에 객관적이다. 절차적 객관성은 과학적 발견이나 형이상학적 진리가 아니라 정립된 목적을 달성하는 공평성과 최선의 수단에 초점을 둔다. 어떤 기준이 정말 객관적인가는 참여자가 어떤 제도(혹은 사회)를 구축하느냐에 따른 규범적 이슈에 달려 있다"(Ward, 2015: 48).

초연성으로 번역한 이해관계의 배제는 실용주의적 객관성의 특징 중에서 가장 윤리적인 것이다. 우리가 다른 이유가 아니라 진리를 위해서 자신과 비판적 거리를 두는 '인지적 덕성'을 실천할 때, 우리는 건강한 의미의 회의주의와 자기 성찰을 실천할 수 있다. 이런 거리 두기와 다음에 나올 사실/가치의 이분법은 전혀 다른 것이다. 말하자면, 이런 거리두기는 오히려 객관(사실)을 지키려는 주관적 태도(가치)다. 여기서의 객관은 '정신의 상태'이지 '사회적 상태'가 아니다(Williams, 2015). 이 배제와 감정 배제 또는 흥미나 관심의 부족을 혼동하는 것도 객관성에 대한 잘못된 이해다. 오히려 거꾸로 적어도 철학적 차원의 실용주의적 객관성은 진리를 향한 '열정'이며, 굳이 말하자면 감정에 좌우되지 않는dispassionate 탐구에 대한 열정적인passionate 헌신이라고 할 수 있다(Ward, 2015: 300).

보장되는 한에서 나타나는 변이는 그렇게 터무니없거나 자의적이지 않다(나는 이의 함의를, 노양진, 2007에서 받았다). '나이브한 경험주의'는 흔하게 비판받지만, 이런 기자의 체험 자체를 부정한다면 저널리즘은 설 땅을 잃는다. 나중에 살펴볼 입장인식론이 저널리즘과 크게 동떨어져 있지 않은 이유가 여기에 있다.

명시적으로 내세우지는 않지만, 실용주의적 객관성이 중시하는 사고의 기본틀은 적극적 절충론이다(Ward, 2007). 다양한 사조로부터 필요한 아이디어나 신념들을 취사선택하는 것이다. 실용주의와 실재론, 계약주의, 아리스토텔레스의 완전론 등이 실용주의적 객관성의 절충적 얼개다. 이런 절충론은 미리 정해진 하나의 원리가 모든 영역을 지배하는 일원적 사고를 거부한다. 몇 가지 기본 축만 설정되면, 나머지는 현실의 조건에 맞게 경중을 헤아려 선택하면 되는 균형적인 사고가 절충론이다. 워드(Ward, 2007)가 내세우는 '온건한 불편부당주의mitigated impartialism' 역시 이런 절충론의 산물이다.

개관 부분에서 마지막으로 지적하고자 하는 특징은 이 객관성이 지금까지의 논의에서 가장 많이 등장했던 '사실–가치'의 이분법 비판을 적극적으로 수용한다는 점이다. 인식론의 측면에서 볼 때, 사실과 가치·관점·해석·이론·판단 사이를 엄격하게 구분하는 것은 결코 이치에 맞지 않다. '어디에도 없는 관점'은 개념 자체가 가능하지도 바람직하지도 않다. 실용주의적 객관성은 앞서의 해석주의에서 보는 바대로 사실에 대한 판단도 해석의 일부분으로 본다. 물론 존재적 사실과 경험하는 주체 사이의 범주적 차이를 인정하지 않겠다는 뜻은 아니다. 관찰과 이론, 언어의 분석적 진리와 과학·관찰의 종합적 진리 사이를 이분법적으로 구분해 왔던 실증주의자들을 따르지 않겠다는 것이다. 객관성 역시 '가치(로 부터의) 자유'나 '절차주의'가 아니라 '특정하게 상호 주관적으로 수용된 가치'다(Williams, 2015).

사실과 가치, 경험과 해석은 서로 분리될 수 있는 것이 아니다. 사실과 경험 역시 가치와 해석이 부과된 행위이며, 가치와 해석 역시 사실과 경험을 도외시하고는 스스로 정립될 수 없다. 사실을 가치가 결정하는 것이 옳지 않은 것처럼 가치를 사실이 결정하는 것도 옳지 않다(이기홍, 2014). 사실과 가치는 보충적·경쟁적이고, 어느 한쪽이 어느 한쪽을 일방적으로 '결정'하지 않는다.

(2) 실용주의적 객관성과 저널리즘

워드(Ward, 2015)에 따르면 언론(인)이 객관성을 내세운 이유는 긍정적인 측면과 부정적인 측면이 교차하는 다음의 세 가지에서였다. 첫째, 객관성은 당시 성장하고 있었던 전문직주의와 밀접한 관계에 있었다. 언론인들은 객관성의 특수성을 과장하면서 그들의 실천이 전문직에 어울리는 것이라고 주장했다. 이런 객관성은 불편부당한 전문가와 사실에 가치를 부여하고, 공적 생활에서 정파적 태도를 폄훼하는 당시 사회의 성격을 반영한 것이다.[141] 부정적인 이유인 둘째는, 객관성이 당시 언론의 부정적 측면, 즉 상업적 황색저널리즘에 대한 적절한 해독제인 것처럼 보였다는 점이다. 객관적이고 전문적인 저널리즘은 타락한 정파 언론이나 선정적인 대중지에 대한 유일한 대안으로 간주되었다. 마지막, 부정적 측면과 긍정적 측면이 공존하는 셋째는 객관성이 당시 극단적으로 사익을 앞세웠던 언

141 이 측면은 특히 셧슨(Schudson, 2006)이 강조하는 것이다. 당시 벌어진 듀이와 리프먼의 논쟁에서 언론인을 위시한 '전문가들'은 듀이에 의해서는 폄하를, 리프먼에 의해서는 지지를 받은 것처럼 제임스 캐리James Carey는 곡해하면서 듀이를 찬양했지만, 사실 내용을 곱씹어보면 양자는 차이보다는 유사점이 훨씬 많은 논쟁을 펼쳤다. 어떻게 전문가(언론인)가 의사 환경pseudo-environment을 조성하는 각종 외부적 조작에 휘둘리지 않고 자신의 역할(정확한 정보 전달)을 다할 수 있는가가 리프먼의 관심이었다면, 듀이의 관심은 전문가들이 어떻게 하면 공중의 참여를 유도할 수 있을 것인가에 있었다(Anderson, 2017).

론 '영주들' 틈에서 언론인들을 보호하는 이상과 방법을 제공했다는 점이다.[142] 또 과도하지만 공중의 비판에서도 자유롭게 했다. 앞선 보호가 '경영과 편집의 분리' 같은 긍정적 측면으로 나타났다면, 뒤의 자유에서는 언론을 권력으로 만드는 부정적 측면으로 나타났다.

지금 시점에서 보면 부정적 측면이 두드러지지만, 한때 미국의 객관주의는 모든 나라의 부러움을 산 모델이었다. 그러나 주지하다시피 미국을 제외한 곳에서는 객관주의가 그렇게 위력을 떨치지 못했다. 미국과 가장 가깝다는 영국조차 그러하고, 대부분의 유럽에서 그리고 나중의 제3세계에서도 '가장 공통되면서 가장 성공적인 모델'은 정파적 언론이었다(Voltmer, 2013: 225). 그러나 정파적 언론은 신생 민주주의에서는 정쟁을 부추기고, 필요한 최소한의 합의마저 방해하는 걸림돌인 경우 또한 많았다. 자유주의 언론의 비유인 '이념의 자유로운 시장'은 그 시장의 특성 때문에 이미 민주적 관행을 제도화한 일부 선진국에서는 큰 문제가 없지만, 아직도 정국이 안정되지 못하고 민주 체제가 제대로 확립되지 못한 제3세계에서는 객관성과 이의 파생 가치인 중립성, 균형 등이 오히려 더욱 필요한 것이다.

지금까지 객관주의가 비서구 지역, 특히 과학보다는 종교적 가치가 중요한 지역에서 정착될 수 있는 전망은 그렇게 밝지 않았다(워드는 종교 부분은 전혀 언급하지 않았다). 이슬람 지역이 특히 그러한데, 그러나 중

142 1933년에 노동조합 성격의 신문 길드가 만들어진 것과 객관주의는 밀접한 연관이 있다. 노조원이 된 기자들이 친노동 성향을 띨 것에 대비해 신문자본가들이 동원한 것이 전문직주의와 객관성이었기 때문이다. 이때부터 객관성은 신문의 편집회의 등에서 자주 쓰이는 말이 되었다(Schudson, 1978).

동 연구자 하페즈(Hafez, 2002)의 조사에 따르면, 거기에서도 진실과 객관성(정확성, 사실 등을 통칭한 개념)은 성문화된 공식적 지침이다. 물론 정치적·문화적 이유로 자유가 제한되면서 서구의 수준으로 진실과 객관성이 성취되고 있지는 못하다. 그러나 이미 '재스민 혁명'에서 웅변된 것처럼 이들 나라에서도 형식이 실질을 얻는 계기가 빈발하고 있다. 그런 면에서 이전의 이기적 폐쇄성이나 미성숙을 넘어 주장되는 '성찰형 객관주의' — "기자 자신과 기사 사이에 일정한 거리를 두며, 증거와 반대 주장에 열려 있고, 다른 관점도 공평하게 반영하며, 공중 전체를 위해 진리의 사심 없는 추구에 헌신하는 지적 도덕"(Ward, 2010b: 146~147)으로서의 객관성 — 는 쉽게 폐기할 것은 아니다.

특히 최근 유행하는 반정보disinformation에서 볼 수 있듯이 만약 언론 문제가 허위나 조작까지 감행하는 다소 저열한 행위들을 통해 악화된다면 더욱 그러할 것이다. 라이언(Ryan, 2001)이 했던 객관성 옹호, 곧 객관적 언론인이야말로 '사실 배반'의 압력에 휘둘리지 않는다는 주장도 객관성을 문자 그대로 받아들인 인상이 짙지만, 이 경우라면 반드시 틀린 이야기는 아니다.[143] 21세기 미국 언론의 대표적 지침서 중 하나인 《저널리즘의 기본 원칙》(Kovach & Rosenstiel, 2014)이 실용주의적 객관성과 가까운 거리에 있는 점은 결코 우연이 아니다.

143 물론 이 사실은 그냥 사실이 아니라 정치적 특권을 지닐 수 있는 '의제'다. 언론이 다룬 특정 사실은 셧슨(Schudson, 1978: 5)의 말대로 하나의 '주장'에 가깝다. 그런 면에서 객관주의 실천은 '어떻게'보다 '무엇'을 중시하는 '중요 관련성'에서부터 출발해야 한다. 고티에(Gauthier, 1993)는 '무엇의 선택'은 객관성에 포함되지 않는다는 뜻에서 범주적 오류라고 주장하지만, 이는 객관주의의 범위를 너무 좁게 설정한 데서 비롯된 오류다.

사실 객관성과 (미국) 정치의 일대일 관계로 볼 때, 객관주의의 정체는 그렇게 일면적이지 않다. 객관성은 정파성과 관련해서는 중립적인 것으로 행세할 수 있었지만, 기자들을 포함해 당시 부상浮上하는 노동 계급 의식은 부인하고 억압했다. 언론의 공식적 엠블럼으로 내세워졌지만, '전략적 의례'라는 말에서도 볼 수 있듯이 그렇게 원칙대로 잘 실천되지도 않았다. 객관성은 저널리즘의 '공(개)적으로 운용 가능한 진실'에만 민감했던 것이다(Brewin, 2013). 그러나 헤아릴 수 없을 만큼 미디어가 늘어나고, 극단화된 정치 갈등으로 '적대적 미디어 신드롬'이 팽배한 상황에서 '팩트 체크'의 중요성은 그 어느 때보다 커졌다. 이 신드롬에서 미디어는 '나를 믿어라, 내가 사실을 사실대로 말하는 전문가다'가 아니라 '나를 믿어라, 나는 너희와 같은 편이다'라고 주장한다(Waisbord, 2006). 독자 역시 정보를 정보의 내용이 아니라 '출처가 누구냐,' '어떤 미디어에 나왔나'에 따라 믿고 안 믿는 게 달라진다. 자연히 사실 자체를 왜곡하는 경향이 늘어나면서 객관성 역시 과거와는 다른 이유로 새삼 주목 받고 있다.

(3) 실용주의적 객관성과 진실

실용주의적 객관성에 따르면 저널리즘은 다음과 같은 다섯 단계로 이루어진다(Ward, 2009).

- 1단계: 적극적으로 진실을 찾는 탐구로서의 저널리즘
- 2단계: 해석적 활동으로서의 저널리즘
- 3단계: 해석의 전체적 검증으로서의 객관성
- 4단계: 포괄적generic이면서 그 영역에 특수한 표준에 기초한 검증
- 5단계: 열정에 반대하지 않는 객관성

실용주의적 객관성도 객관성이니만큼 이 정도만 보아도 상당히 방법적인 것임을 알 수 있다. '객관적인 것'을 보도하는 것이 아니라 '객관적(인 방법)으로' 보도한다는 뜻이다. 코바치와 로젠스틸(Kovach & Rosenstiel, 2014)도 이 부분을 강조하는데, 언론의 객관성은 결코 기자의 견해를 부정해서가 아니라 긍정하기 때문에 따로 방법이 필요하다는 의미에서 고안된 것이다.

그런데 실용주의이니만큼 여기서의 진실은 '진리' 판단에는 많은 것을 유보하는 것이다. 유용성과 목적, 공동체의 '문제'에 초점을 두는 실용주의의 진실은 여럿일 수도 있고(기준이 따로 없다), 때로는 찾지 못할 수도 있다. 많은 경우, 이 진실은 진행형적으로 '되어가는veri-fication' 과정의 하나다. "사상의 진리는 사상에 내재된 속성이 아니다. 진리는 사상에 나타나는happens to 것이다. 그것은 진리가 되고becomes, 사건에 의해 진리로 밝혀진다. 그것의 진리성은 사실 속의 사건이며, 하나의 과정이다. 그것이 바로 진리화 과정이고, 진리화-되기다. 그것의 타당성은 타당화-되기의 과정이다."[144] 여기에서 핵심은 진리가 '되기 또는 안 되기'라는 진행형적 과정의 산물이라는 점이다.

이처럼 워드는 로티와 달리 진리의 존재 자체를 의심하지는 않는다. 진리는 잘 보이지 않지만 언제든 밝혀지며 실제로 그래왔다. 진리에 대해 필요한 태도는 겸손과 인내다. 모든 지식이 구조적 오류(수정 가능성)를 지닌다고 해서 더 나은 지식이 없는 것은 아니다(Costa, 2015: 415). 그래서 진

144 실용주의의 창시자 중 하나인 윌리엄 제임스의 말이다. 마라스의 연구(Maras, 2013: 90)에서 재인용했고, 진실이 아닌 진리로 번역했다(주 144 참조).

리는 시간과 공간에 조건화되어 있으며 부분적 초월성만을 지닌다. 실용주의에서 진리는 절대적 성격을 띤 기존의 토대(주의)를 포기하면서 일상적 행위를 위한 기초로 기능할 수 있는 정합적인 것, 곧 '과거의 것'이며 앞서 존재하는 세계의 '강제적인 것'이다(Maras, 2013; Coddington, 2015).

로티 같은 신실용주의자처럼 진리를 '우연적'인 것이라고 생각한다면, 뉴스 역시 "진실'the' truth"[145]처럼 보도해서는 안 된다. 실용주의의 비유인 '사상의 자유로운 시장'은 다양한 주장이 공존할 수 있고, 이의 경쟁이 중화와 절충을 낳아 파쟁과 갈등을 줄인다는 차원에서 의의를 갖는 것이지, 시장의 결론을 진실로 여기기 때문은 아니다. 실용주의의 진리-인식은 시도하려 하지 않을 뿐, 결국 다원주의가 경합하는 유보된 시간을 지나면 실재론의 상응으로 돌아가거나 공란이 되거나 아예 상대주의로 가버리기 쉽다(Hearns-Branaman, 2016). 실용주의가 '거시적 실용주의'와 '미시적 실재론'을 결합한 것이라는 지적은 그래서 나온다.[146] 이보다 진실을 강조하는 실용주의적 객관성은 다원주의의 균형 속에 진실을 가둬놓지는 않는다.[147] 그런 면에서 제대로 된 객관성은 결코 '인식론적 환

145 철학의 진리는 저널리즘에서는 진실이다. 진리의 '이치理'가 '사실實'로 바뀐다. 그저 말 교체가 아니다. 일반적인 실용주의에 비해 실재론과 (사실) 추구 입지가 훨씬 강해진다는 뜻이다.

146 이 용어는 히언스-브래너먼(Hearns-Branaman, 2016)의 것이다. 아랍의 위성 방송인 알자지라가 경제적 선/후진국인 '남과 북' 사이의 심한 정보 불균형을 극복하기 위해 남쪽에 더 많은 비중을 주어 균형을 맞추려 노력한다는 주장에, 그는 미시적 실재론에 거시적 실용주의를 결합한 것이라는 코멘트를 달았다.

147 실용주의와 다원주의의 관계는 오랜 동안 논쟁된 주제다. 나는 이 논쟁의 주역 중 하나인 애이킨과 탤리스의 바뀐 주장(Aikin & Talisse, 2016)에 찬성한다. 그들은 실용주의와 다원주의가 관계가 없다는 종래의

관epistemological eunuchs'이 될 수 없다(Ward, 1998). 이 점은 다음의 과학철학의 예에서 보는 바처럼 사실을 존중하는 태도와 진리를 추구하는 태도 사이를 긴밀히 할 때, 서로의 입장 차이를 좁힐 수 있다.

> "나치 치하의 독일에서 …… (a) 나라의 인구가 줄었다, (b) 수백만의 사람들이 줄었다, (c) 수백만의 사람들이 죽음을 당했다, (d) 수백만의 사람들이 학살당했다는 진술은 모두 참이다. 그러나 (d)가 가장 평가적일 뿐만 아니라 실제 일어난 일에 대한 최상의, 즉 가장 정확하고 정밀한 서술이다. 그리고 이 때문에 (d)를 제외한 나머지는 잘못된 언어 매개적 힘을 발생시킨다. …… 진술 (d)만을 과학적으로 적합한 서술로 인정하는 것이 서술의 과학적 적합성에 대한 기준이다"(Bashkar; 이기홍, 2014: 293에서 재인용).

'학살'이라는 단어 속에는 수백만 명이 "나치 치하의 조직적이고 잔인한 작전"에 의해 희생되었다는 '정확하고 정밀한,' 그래서 객관적인 의미가 들어 있다. 앞서 객관성의 가장 큰 해악, 곧 인용문의 (a), (b). (c)와 같은 '사실적으로 맞지만 실질적으로는 거짓일 수 있는 기사'가 횡행하는 현상은 의도하든 의도하지 않든 객관성 전체를 위협했고, 최근 들어서는 아예 진실 자체가 무시되는 탈진실 현상까지 초래했다.

이런 진실에 못지않게 중요한 것은 마지막 단계에 나오는 열정과 객관성의 관계다. 열정은 다른 말로 표현하면 '헌신'이나 '관여'다. 코바치

주장을 접고, 실용주의의 다원주의가 형이상학이라기보다는 인식론적 차원의 것이며 그중에서도 '온건한 것'이라고 한다. 이 다원주의는 능동적인 태도로 더 나은 것을 추구하는 인식론적 '겸손'이며, 관용, 열린 태도, 다양성, 포용 등에 헌신한다.

와 로젠스틸(Kovach & Rosenstiel, 2014)은 이런 용어를 '언론적'으로 사용해 '관찰자'나 '독립' 같은 객관성 용어를 수식하는 말로 쓴다. 말하자면 '헌신적인 관찰자'나 '관여하는 독립'이다. 엄격한 객관주의자에게는 '검은 백조'처럼 형용 모순으로 들린다. 그러나 이들의 주장을 들어보면 꼭 그렇지 않다. 이들에게 현장 속에서 물리적으로 공존하면서co-presence 언론적으로 참여하는 관찰은 결코 '방관'으로 표현되는 수동적인 행위가 아니다.[148] 워드 역시 관찰을 매우 열정적인 활동으로 보았다. 연결자, 번역자, 맥락 제공자, 해석자는 관찰자의 또 다른 얼굴이 될 수 있다. 그러나 이런 주장에서 언론은 관찰 이상을 해서는 안 된다. 특정한 방향의 해결책이나 결과를 성취하기 위해 행동하는 것은 언론의 일이 아니다.[149]

148 그런 면에서 기자들의 발로 뛰는legwork 현장 참여는 여전히 중요하다. 최근 미디어가 급증하고 경쟁이 치열해지면서 비용이 많이 드는 이런 참여는 상당히 줄어들었다. 그러나 언론의 전문직주의는 여전히 이 부분을 중시한다. 최근의 한 연구(Reich & Godler, 2017)에 따르면, 이스라엘 현장의 언론인들은 기사의 타당성이나 상호 검증에서 직접 '눈으로 본' 관찰을 중시했으며 발로 뛰는 취재의 증거력을 높이 평가했다. 한국에서도 지난 세월호 사태 당시 KBS의 신참 기자들이 눈으로 확인한 현장과 실제 뉴스 사이의 엄청난 괴리는 큰 공분을 일으켜 급기야 사장(길환영)까지 물러나게 만들었다.

149 이런 주장은 평화 저널리즘에 대한 상당히 논쟁적인 비판에서도 발견된다. 하니취(Hanitzsch, 2004)는 전쟁 보도가 평화보다는 갈등을 유발하고, 국수주의나 승리 열망을 고취시킨다고 비판하는 요한 갈퉁Johan Galtung 등의 평화 저널리즘 주장이, 언뜻 보면 옳은 듯 보이지만 때로 언론의 영역을 넘어서는 오류를 범한다고 주장한다. 평화 유지와 전쟁의 해결 자체는 기본적으로 저널리즘이 할 수 있는 일이 아니며, 지나친 관여는 자칫 중립성이나 불개입 같은 저널리즘의 준칙을 해칠 가능성을 높인다는 것이다.

(4) 실용주의적 객관성의 적용 사례

이런 실용주의적 객관성의 실제 사례 연구는 별로 없다. 논의 자체가 분석적 성격을 띠는 '이론'이라기보다는 당위를 내세우는 윤리적 '규범'의 색채가 강하기 때문일 것이다. 캐나다의 유명 언론인인 크리스티 블래치포드Christie Blatchford의 기사를 대상으로 한 터너와 케언스(Turner & Kearns, 2010)의 연구와 미국의 위스콘신 언론인들의 인종 차별 보도에 이를 적용한 로빈슨과 컬버(Robinson & Culver, 2016)의 연구가 거의 전부일 것이다. 이 연구에서 터너와 케언스는 실용주의적 객관성의 핵심을 '배를 타고 항해를 하면서도 배를 계속 수리하는 선원,' 곧 시간에 따라 바뀌는 환경과 조건에 발맞춰 자신의 규범을 지속적으로 수정해 나가면서 더 나은 판단과 설명을 찾는 점진주의에서 찾았다.

블래치포드는 스트레이트 정보에 의견이 약간 더해진 하이브리드 성격을 띤 기사를 써서 캐나다의 독자들로부터 '에토스적ethotic'이라는 호평을 받았다. 그러나 아프가니스탄에 파견된 캐나다군의 군사 작전을 다룬 기사들은 상당히 '관여적engaged'이어서 칼럼니스트와 기자 사이의 균형이 다소 무너졌다. 군대와 같이 생활하면서 썼던 그의 기사에는 캐나다군이나 인도 대사 등 캐나다의 공식 정보원 측의 것이 많아 기자로서의 불편부당성에 악영향을 미쳤다. 결론적으로 그의 기사는 반대의 견해에 공평한 존중을 해 줄 만큼 현상에 대해 충분한 거리 두기를 하지 못했으며, 지나친 관여는 그런 잘못을 낳은 계기가 되었다.

로빈슨과 컬버(Robinson & Culver, 2016)는 '백인' 언론인들을 심층 인터뷰해 지배성과 특권성을 내재한 이들의 전통적 객관주의 관행이 흑인에 대한 심각한 차별을 용인했다고 주장한다. 로빈슨 등의 대안은 '적극적 객관성'으로 바꿔 부르는 실용주의적 객관성이다. 전통적 객관성은 기존의 공식적(권력적) 출처들에 지나치게 의존적·수동적이며, 공동체 전체의 일이나 일반 구성원 사이의 관계는 자주 무시한다. 이에 따라 언론에서 흑인은 '범죄'의 피의자나 악당으로 주로 등장한다. 이는 사실도 왜곡하고, 이미지도 나쁘게 만들어 불필요하게 갈등을 조장한다. 출처나 데이터베이스의 선택, 기사의 프레이밍 등에서 언론의 이런 '부정적 구성'이 '긍정적 구성'으로 바뀌어야 하지만, 이런 패러다임 변환은 쉽게 일어나지 않는다. 흑인 언론인들을 늘리는 것이 하나의 대안이 될 수 있다. 그러나 이에 그칠 경우 차별을 자행하는 백인 언론인 전체에 면죄부를 줄 가능성이 있다. 그런 면에서 근본적으로 필요한 것은 언론 전체의 관행과 패러다임의 변화, 곧 기존의 권력적 취재망에서 탈피해 출처와 관점을 다원화시키고 '타자'와의 연계도 늘리는 적극적 객관성, 곧 실용주의적 객관성을 확립하는 것이다.

(5) 실용주의적 객관성 비판

만약 관찰이 이처럼 열정적이고 헌신적인 활동으로 되었다면, 객관성에 대한 비판은 상당 부분 반박되거나 아예 제기조차 되지 않았을 것이다. 그러나 매일 엄청난 양의 뉴스를 생산해야 하는 대규모 언론 조직에서 열정과 헌신은 원활한 운영을 해친다. 터크먼의 주장대로 객관성이 '전략적 의례,' 곧 관행이나 편의가 되는 이유가 바로 여기에 있다. 상업적 편의성만 봐도 다음의 인용에서처럼 객관성은 상당히 추구하기 유리하다. 객관성이 "사건에 대한 해석을 제공하기보다 '스스로 사실을 말하게 한다'는 것은 논쟁을 피하겠다는 뜻이다. 이 논쟁은 원하지 않는 해석을 …… 거부하는 고객을 공격하지 않겠다는 의미인 것이다. '사실에 집착'하고, 설명을 피함으로써 객관주의 양식의 저널리즘은 한 사람의 진실이 다른 사람에게 프로파간다가 되는 문제를 비켜간다"(Philips; Maras, 2013: 32에서 재인용).

관행적으로 이루어지는 관찰 역시 적극적인 헌신과는 거리가 멀다. 공식적 권위에 대해서는 맹목적으로, 진정으로 보도할 가치가 있는 영역은 오히려 공백으로 비워둠으로써 민주주의를 위협한다. "객관성을 충족하려면 모든 아이템은 어떤 권위자의 말에 근거해야 했으므로 …… 교통사고 하나에도 경사급 경찰의 말을 인용하지 않으면 보도할 수 없었고," '객관성'은 기존의 공식적 목소리에 다른 것과는 비교가 안 되는 중요성을 부여해, (정부) 권력이 말하지 않으면 진정으로 보도 가치가 있는 영역이라도 '없는 것'으로 되기 일쑤다(Bagdikian; Bennett, 2009: 391에서 재인용).

이런 수용자 무시의 편의성과 권력 순응적 관행을 극복하지 않는다면, 객관성이 언론인의 시민적 역할을 억압하고 그들을 도덕과 분리시키고 정치적으로 불능으로 만든다는 비판(Glasser, 1992)은 여전히 유효하다고 할 수 있다. 윤리 강령의 문자대로라면 객관성 역시 규정적prescriptive 성격을 지닌 도덕적 규범임에 틀림없다(Schudson, 2001). 정직성, 성실성, 공평성 등이 없다면 객관성은 달성될 수 없기 때문이다. 초연성 역시 '사심 없음'이라는 도덕적 가치의 또 다른 표현이다. 그러나 객관성의 현실적 양상이 엘리트 중심의 체제적 헤게모니로 구현되는 것은 정치·경제·언론이 모두 작동해 '중층적으로 결정된 것over-determination'[150]으로 단순한 이념 하나의 오·남용 문제가 아니다. "객관

150 프랑스의 마르크스주의 철학자 루이 알튀세르Louis Althusser의 용어다. 알튀세르는 기존 마르크스주의의 경제 결정론을 비판하고 다양한

성의 부상이 공적 생활에서 시민 참여의 침체와 맞물려 있다"(Iggers, 1998: 140)는 지적은 너무 이념을 부풀리는 것이다.

그렇다면 객관성의 수정판은 이런 왜곡된 면모를 바꾸지 않으면 안 된다. 먼저 생각해 볼 것은 파레시아parrhesia 같은 진실 추구의 용기와 객관성을 좀 더 어울리게 해야 한다는 점이다. 근대적 공론장의 생존 조건이 된 시장은 많은 시간과 비용을 들여야 하는 진실보다는 편의적 의례로 왜소화된 객관성을 선호한다. 설사 전통적 객관성이 실용주의적 객관성으로 변모한다 해도 진실 추구의 노력이 따로 경주되지 않는다면, 객관성과 진실 추구가 반대의 입장에 놓이는 최악의 경우(Hackett & Zhao, 1998)는 여전히 배제할 수 없다.[151] 특히 가짜 뉴스나 탈진실이 시장에서 버젓이 통용되고, 장場 자체의 논리가 전문직 언론에 더 많은 '목표 수용자'와 정파성을 요구할 때, 진실이 억압받을 가능성은 상존한다고 할 수 있다. 이쯤 되면 자유주의가 신봉하는 언론의 자유가 과연 무엇을 위한 것인지가 의심스러워진다(Hansen, 2015).

객관성은 누누이 나온 비판대로 정보원(출처)의 다원화가 절실하다. 그러나 실용주의적 객관성 역시 이 부분에는 그렇게 주의를 기울이지 않

요인들이 복합적으로 얽혀 결정하는 '중층 결정'론을 제시했다. 라우(Lau, 2004)는, '사실'을 중시하는 객관성이 진실을 품은 하나의 특권으로 된 절차와 과정 역시 사회-경제적('민주적 시장 사회'의 부상), 경제적(독자층의 확대, 비용 문제, PR의 부상), 역사적(당파성에 대한 반작용), 정치적(전쟁 프로파간다, 진보 시대의 영향), 그리고 기술-경제적 요인(전신) 등이 얽혀 중층적으로 결정된 것이라고 주장한다.

151 최소주의적 진리관이라 해서 진실성 자체의 의미가 부정되지는 않지만(임건태, 2017 참조), 아무래도 진리가 갖는 비중은 줄어든다고 할 수 있다.

는 것 같다. 앞서 나온 원칙만 보더라도 '무엇을'을 위한 것이 없다. '무엇을'을 위해서는 기존의 권력 중심이 아니라 공중과 '상호 주관적'으로 교감할 수 있는 의제 위주의 '중요 관련성'이 보도 원칙의 근간으로 격상되어야 한다. 뉴스 판단이 보통 사람과 다른 전문인의 '비밀 영역'으로 언론인의 '성스런 지식'의 일부이면서도, 다른 한편으로는 시민과 공유하는 '상식적인 것'이라는 터크먼(Tuchman, 1972: 672)의 지적은 이를 말한다.

자유 민주주의가 나름의 정당성을 유지하고 있을 때는 그래도 좀 나았다. 워터게이트나 베트남 전쟁 때는 비록 일부이지만 과거 매카시즘의 때를 벗는 듯했다. 그러나 '트럼프'나 '브렉시트'로 상징되는 최근에 이르러서는 뉴스 판단에서도 언론 나름의 특별한 자기 반성이 불가피하다고 생각한다(McNair, 2017; Zelizer, 2018).[152] 이 반성이 헌신적 관찰이나 열정적 독립의 필요성으로 직결됨은 두말할 필요가 없다. 이렇게 되면 기사의 '진실성'과 언론인도 가질 수 있는 특정한 정치적 원리, 계급적·성적·지역적 정체성 사이에 모순이 없다. 단지 '어떻게'의 방법(객관

152 1992년에 출판된 것이지만 베넷(Bennett, 2009, 2016)이 10판에 이른 자신의 저서(《뉴스, 허깨비를 좇는 정치*News: The politics of illusion*》)에서 한 번도 빠지지 않고 인용하는 연구가 있다. 이 연구는 정치학자 토머스 패터슨Thomas Patterson이 미국과 유럽 5개국의 언론을 비교해 각각의 특성을 산출한 것이다. 여기에서 미국 언론은 다른 나라에 비해 가장 제한 없이 자유로웠지만, 실제 기사를 쓸 때는 오히려 선택의 폭이 가장 좁았다. 눈에 보이지 않는 권력의 언론 플레이와 작업 관행의 압력이 그만큼 강하다는 뜻이다. 이럴 경우, 제도와 구조가 잘 작동할 때는 큰 문제가 없다. 그러나 반대일 때는 변화의 계기가 없어 더 깊은 난관에 빠지기 쉽다. 이를 극복해야 하지만 전망이 밝지는 않다. 사회-제도 전체가 전면적으로 수정을 감행해야 하기 때문이다. 허위 정보인 이라크 전쟁의 '대량 살상무기'설이 아직도 극복되지 않는 점(Bennett, 2009)이 이를 웅변한다.

주의)에 머무르지 않고 '무엇을/왜'의 존재 이유(민주주의나 시민 정신)까지 포괄하는 이런 일종의 '범주 전환category shift'(Maras, 2013: 172)은 다음에 살펴볼 입장 인식론과도 밀접한 관련이 있다.

다음으로는 객관성을 좀 더 유연하게 해석할 필요성이다. 거리두기와 애착 어린attached '열정'[153] 사이의 대립을 말하는데, 후기의 워드는 다소 엄격해진 감이 있지만, 사실 양자는 그의 초기 주장대로 양립 불가능한 것이 아니다(Ward, 1998). 열정 없는 저널리즘은 객관적이지 않은 저널리즘 못지않게 문제가 많다. 이상적인 저널리즘은 '단단하면서, 관여 높은' 보도다(p.123). 객관성은 자칫 저지르기 쉬운 추측과 선동을 통제해 주고, 열정은 공식적 정보원의 말이나 뻔한 사실만을 나열하는 피상적인 보도의 수준을 끌어올려 준다. 의견이나 주장 중심의 기사는 말할 것도 없고, 사실을 위주로 하는 기사에도 기자의 주관과 열정이 숨어 있다.

이외에도 샌더스(Sanders, 2017)는 실용주의적 객관성에 젠더와 서구 중심성 등 두 가지 문제를 더 제기한다. 그는 워드가 "저널리즘이 다양성을 진작시키고 피지배 집단의 목소리를 대변하기 위해 정치적 선을 추구하는 것이 필요하다고 주장하면서도 정작 자신의 저널리즘 윤리와 학문의 발전에 대해 설명할 때는 거의 남성 위주였다"(p.387)고 비판한다. 윤리의 글로벌화 문제에서도 "자유민주주의적 기획을 발전시키려는 열망과 근본적으로 어울리지 않는 세계관을 어떻게 다룰지에 대해서는 단 하나의 언급도 발견하지 못했다"(p.387)고 한다.

153 워드는 애착을 주어로 했지만 나는 열정과 애착의 순서를 바꾸었다. 직접적으로는 애착 외에 'attachment'의 다른 번역어를 찾지 못했기 때문이지만, 열정이 우리말의 뉘앙스 측면에서 애착보다 좀 더 포괄적이고 긍정적인 말이기도 하기 때문이다.

'진실'과 '자유 언론'이라는 두 가지 계몽주의의 이상을 대변한다고 볼 수 있는 실용주의와 객관성의 결합은 조화 못지않게 긴장도 많이 안고 있다고 할 수 있다. 이는 '실재를 비추는 거울'과 '사상의 시장'이라는 대조적 비유에서 잘 엿볼 수 있다(Hearns-Branaman, 2016). 양자는 과학적 진리의 일원주의monism와 정치의 민주-다원주의, 저널리즘으로 보면 진실과 균형을 대변하기 때문이다.[154] 이 둘은 양립하기 힘들지만 현실의 언론에서는 모순적으로 공존하면서 저널리즘 윤리를 대표한다.

사실 둘의 공존은 언론에 상당한 실익을 준다. 둘이 역할을 분담해 바깥으로부터의 비판에 대응하기가 좋기 때문이다. 예컨대 이런 식이다. 만약 언론이 부정확하다거나 편파적이라고 비판을 받으면, 실용주의가 나서서 사실의 다원성과 우연성, 상대성을 내세운다. 일부 언론의 독점으로 사상의 자유로운 시장이 제대로 기능하지 못하고 있다고 비판받으면, 이번에는 객관성(실재주의)이 나서서 훈련받은 소수의 전문인이 뉴스의 수집·검증·분배를 어느 정파에도 유리함 없이 '불편부당하게' 처리하고 있다고 반박한다(Hearns-Branaman, 2016).

학계나 언론계의 객관성 비판이 기대만큼 좋은 정치적 효과를 낳지 못했으며, 특히 저널리즘의 윤리를 향상시키는 데는 오히려 악영향을 미쳤다는 문제의식에서 출발한 워드의 실용주의적 객관성은, 그러나

154 이는 결국 진실과 자유가 어떤 관계를 맺느냐에 해결의 관건이 있다. 주지하는 바대로 현실의 '사상 시장'에서는 자유의 보장이 진실의 추구로 이어지지 않는다. 푸코식으로 말하면, 소극적 자유와 파레시아 사이에는 큰 괴리가 있다. 그런 면에서 진실을 위한 용기는 아무리 강조해도 지나침이 없게 중요하고, 소극적 자유는 '무엇을 위한 자유인가'를 말하는 적극적 자유로 연결되어야 한다. 물론 유감스럽게도 현실에서 이런 주장은 아포리아 속에 있다(Hansen, 2015).

그렇게 큰 반향을 일으키지는 못한 것으로 보인다. 서구의 학계, 특히 객관성이 관행화된 미국의 언론계에서는 이를 독립적인 하나의 패러다임으로 간주하지 않는 듯하다.[155] 시장적 이유 또한 상당히 크게 작용했을 것이다. 지금 같은 초 경쟁 상황에서 객관성을 제대로 실천하려면 많은 비용이 들기 때문이다(Figdor, 2010). 그러나 패러다임으로서 객관주의가 완전히 수명이 다했다고 보기도 어렵다. 위기는 겪고 있다 해도 뚜렷한 대안은 아직 없다(Vos, 2017). 패러다임이 교체되려면 언론 밖의 조건도 같이 달라져야 하므로 아직은 더 많은 시간과 계기가 필요한 것 같다. 실용주의적 객관성은 이런 객관주의의 끝자락과 새로운 전기 사이를 잇는 가교 역할을 할 것으로 보인다.

2. 진실과 정치

우리가 사건·사실을 만나 진실을 확인하고 합의에 이르는 확률은 얼마나 될까? 또는 반대로 끝까지 합의에 이르지 못해 계속해서 극한적 갈등과 분쟁 속에 있는 사안은 얼마나 될까? 아마도 적지 않은 사안이, 그것도 중요할수록 이런 합의와 분쟁 사이에 있을 것이다. 우리는 매양

155 물론 나는 실용주의적 객관성이 객관성의 패러다임 주기(실험–도입–형식화–규범화–재고려)에서 마지막인 '재고려' 단계의 것이라고 생각한다. 즉 같은 객관성이란 말을 쓰기는 해도 기존에 대한 반작용의 의미가 크다고 보는 것이다. 이런 문제의식을 전개한 보스와 무어(Vos & Moore, 2018)는 이 단계를 '근대'에 대한 '탈근대' 또는 '재귀적 근대'로 불렀다. 이들의 대안은 투명성이지만, 투명성은 앞서 본 대로 객관성의 대체물이라기보다 보완물이다.

갈등하지만, 갈등이 파국에 이르지 않도록 늘 조정하고 절충하므로 사회를 유지한다. 어떤 면에서 진실의 존재는 밝혀진 정체에서 오는 개명開明 못지않게 그런 조정과 분쟁의 최소한의 기준으로, 설사 부재한 가운데서도 많은 역할을 하는지 모른다. 다음 리히텐버그의 주장은 이 점을 설파한 것이다.

> "문제는 우리가 같은 사건을 정말 완전히 다르게 이해할 때가 있느냐 그렇지 않느냐에 있지 않다는 점이다. 그런 경우는 확실히 있다. 오히려 **관건은 그런 상반된 이해가 과연 바람직한 것이냐에 있다**. 우리는 어떤 일의 결말에 이르러 갈등하는 견해를 그저 보기만 하고 심지어 수용까지 해야 하는가? 아니면 그 둘 사이에서 (진위 여부를) 판단해야 하는가? …… 우리가 해야 하는 것에 대한 하나의 규범으로서 그리고 우리가 지금 실제로 하고 있는 일을 보여 주는 것으로서 나는 후자를 강하게 지지한다. …… 어떤 해석이 다른 것보다 더 정확하다 — 진실에 더 가깝다 — 고 믿는다면"(Lichtenberg, 1998: 48. 강조, 괄호 안은 인용자).

리히텐버그의 주장대로 과연 일상에서도 이렇게 상반되는 이해가 있을까? 만약 있다면 같은 사회에 사는 사람들의 이런 상반성이 과연 바람직할까? 바람직하지 않다 해서 진위 여부를 판단하려 할 때, 의견이 합치되지 않는다면 어떻게 해야 되나? 진실이 끝까지 밝혀지지(합의되지) 않는다면, 그때는 그냥 덮어야 할까?

정치야말로 이런 상반과 불일치, 진실 부재의 어려움이 공존하는 영역이다. 이와 닮은 언론 역시 그러하다. 특히 정치와 논조나 내용이 병행하는 언론이라면 이 유사성이 더욱 클 것이다. 영국의 언론평의회는 이를 다음처럼 담담하게 진술한다. "보수적 신문은 나름의 의견을 내고, 사회주의 신문은 이에 명확하게 반대한다. 둘 다 옳을 수는 없을 것이다. 그럼에도 불구하고 그들은 자신이 믿는 것을 주장할 수 있는 권리가 있다"(Hampton, 2008: 485에서 재인용). 이렇게 '보수주의'와 '사회주의'(이들은 그저 하나의 대명사일 뿐이다)와 맞부딪히는 정치와 언론의 장에서는 갑자기 무소불위의 진실이 등장해 판을 가름하지는 않는다.

정치철학자 아렌트(Arendt, 1968/2005)에 따르면, 진리의 적은 거짓말이나 의도적인 허위가 아니라 정치이고, 더 좁히면 의견이다. 그는 진리를 '학문적rational'(철학·과학) 진리와 '사실적' 진리factual(정치·시민적)로 구분하면서, 후자의 진리에서 의견, 논쟁, 이해, 합의가 가진 중요성을 강조한다. 그에게 '단수'의 고독한 철학적 진리와 '복수'의 합의적 정치는 대척점에 있다. 타인의 의견을 고려하지 않는 진리는 그만큼 전제적tyranny이다. 그러나 그 진리 역시 '시장'에 들어오면 본질이 변화하여 의견이 된다. 사실과 의견은 서로 떨어져 있지만 적대적이지는 않다. 사실은 의견에 정보를 제공하며, 사실을 존중하는 의견은 정당성을 가진다. "이성적(철학적) 진리가 철학적 성찰에 정보를 제공하는 것처럼 사실적 진리도 정치적 사고에 정보를 제공한다"(p.238. 괄호는 인용자). 사실적 진리 역시 '진리'인 한, 논쟁을 차단하면서 마치 철학적 진리처럼 대우받기를 요구한다. 그러나 바로 그 논쟁이 정치적 삶의 본질을 구성한다는 데 딜레마가 있다.

주지하는 바대로 거대 서사로서 '하나의 진실the Truth,' 곧 진리는 존재할 수도 있다. 그러나 모든 분야에서는 아니고, 지금처럼 탈진실의 시대에는 더더욱 아니다. 정치는 이런 때에 필요하다. "본질foundations(토대)이 철회되는 곳에서만 정치가 등장한다. 어떤 기초나 믿을 만한 입장을 갖고 있지 못했을 때, 우리는 정치를 한다. 다른 말로 해서 책임감과 권리, 곧 본질이 해체될 때, 우리가 하는 대답과 주장이 정치를 구성한다"(Keenan; Coleman, 2018: 162에서 재인용). 진리를 독점하는 절대적 의미의 '본질'이 없는 곳에서만 정치가 살아나고 의미를 갖는다는 것이다.

정치에서는 사실적 진리도, 의견도 자명한 것은 없다. 정치에서 의견은 '담론적'이다. 담론 정치는 "이 장소에서 저 장소로, 세계의 한 부분에서 다른 한 부분으로 종횡무진하면서 모든 종류의 상충하는 견해들을 거쳐, 처음의 특수성들로부터 마침내 '불편부당한 일반성'에 이를 때까지 계속된다"(p.324. 번역 일부 수정). 판단의 진가도 의견의 진가도 불편부당성의 정도에 달려 있다. 이런 담론-불편부당성을 위해서는 '모든 가능한 관점에서 다양한 논의가 전개되는 공개적인 장'이 필요하다. 정치와 언론은 이렇게 다시 만난다. 정치 때문에 언론은 갈등을 조장하지만, 바로 그 정치 때문에, 또 그 정치가 잘되기 위해서 언론은 불편부당성의 책무를 받게 된다.

그러나 이런 아렌트의 주장에 대해서는 비판도 귀담아들어 둘 만하다. 즉 베이너(Beiner, 2008)는 이 글에서 아렌트(Arendt, 1968/2005)가 정치의 중요성을 부각하기 위해 진리의 '독재' 또는 '강제성'을 과장했다고 비판한다. 그가 '유클리드는 진정한 절대 군주이고, 그의 기하학적 진리야말로 진정으로 전제적인 법칙이다'라는 말을 인용할 때가 특히 그렇다고 한다. 문제는 아렌트가 의견 속에서 진리가 재수렴될 수 있는 여지를 전혀 남겨 놓지 않았다는 점이다. 의견도 일정한 토론과 숙고의 과정을 거치면 설득력을 얻어 '잠정적 진리'로 간주되고, 우리가 인정하는 대부분의 과학적 진리 역시 처음에는 이런 의견으로 출발했다는 점을 무시한다. 그런 점에서 아렌트는 자신이 비판하는 플라톤의 이분화 오류에 스스로 빠져 버린다.[156] 베이너의 아렌트 비판에서 우리가 얻는 것은 '다수'의 자유로운 의견 개진이야말로 진리를 지향하는 과정과 절차를 존중하면서도 진리를 물신화시키지 않는 방안이라는 점이다.

진리를 추구하면서도 진리 추수론 또는 최대주의적 진리론에 빠지지 않는 이런 태도는 절대적인 것이라기보다는 '상호 주관적'인 것에 가깝다. 영국의 미디어정치학자 콜먼(Coleman, 2018)은 정치와 절대적 의미의 진리를 대립시켜 정치 속에서 '진실'을 찾는 아렌트(Arendt, 1968/2005)의 주장을 따른다. 아렌트의 정치-진리관에서 정치는 '복잡하게 갈등하는 여러 관점들의 협상 불가능성'을 병폐가 아닌 존재 조건으로 여긴다. 이를 담당하는 사람은 사익을 추종하는 '소비자'도, 다른 사람에게 관심이 없는 '수용자'도 아닌 민주적·집합적 시민이다. 이런 시민만이 공동의 이해를 통해 서로의 이익을 조정하고, 공존의 바탕을 마련한다. 시민의 '정치적 판단'이야말로 비록 항상은 아니더라도 우리를 "'함께하는 관계'의 공통적 형식에 일치를 보게 한다"(Beiner; Coleman, 2018: 162에서 재인용).

콜먼이 정리한 민주적 커뮤니케이션 원리는 다음과 같은 세 가지인데, 실용주의적 객관성과 맥락이 통한다. 첫째는 '사회적 지적 욕구

156 같은 난관에 처했던 하버마스의 대안은 비인식적non-epistemic 진리관의 수용이었다. 하버마스는 한편으로는 무조건적 타당성을 전제하는 진리의 독단주의적 태도를 인정하지만, 다른 한편으로는 모든 지식이 오류 가능하다는 것을 아는 실용주의자의 반성적 태도를 보인다. 하버마스는 이런 야누스 같은 양면적 진리 개념이 모두에게 하나의 동일한 객관 세계를 가정했기 때문에 가능하다고 한다. 인식의 오류 가능성을 인정하면서도 인식의 객관성, 즉 진리 개념의 무조건성도 확보하자는 것이다. 이 덕분에 우리는 일상에서 우리의 지식과 믿음을 바탕으로 한 행위에 확실성을 부여할 수 있고, 반대로 오류도 발견할 수 있다(윤형식, 2017).

social curiosity'의 원리다. 이는 타자의 관점, 새롭고 상상력이 풍부한 판단을 포용하면서 자신이 가진 기존의 정치적 도그마나 도덕적 정형을 벗어나는 것이다. 이를 위해서는 양적으로뿐만 아니라 질적으로도 다양성을 보장할 수 있는 진정한 다원주의 미디어 체제가 필요하다. 실용주의가 제기하는 다음과 같은 탐구용 '질문'의 특징(Hildebrand, 2011a) 역시 이런 콜먼의 지적 욕구와 비슷하다. (1) 실용주의의 질문은 '동적'이다. 그것은 느낌, 관찰, 분석, 가설, 그리고 실험 행위 등을 포괄하는 문제 해결의 과정이다. (2) 그 결과는 근본적으로 '잠정적'이다. 법이든 원칙이든 타당하고 보증할 만하지만, 결코 절대적인 진리가 될 수는 없다. (3) 효과적인 방법이 되기 위해 실용주의의 질문은 '자기 교정적'이다. (4) 그것은 '사회적'이다. 그것은 사람 사이의 협동과 커뮤니케이션을 필요로 한다. 이런 질문들을 통해 사람들은 '공중'을 구성한다.

둘째는 '집단주의적 해석'의 원리다. 독단과 권위를 배제하기 위해서는 가능한 넓은 범위의 '인풋'이 있어야 한다. 기존의 엘리트 지배의 여론 구조나 경직된 객관주의의 '열정 없는 단언'으로부터 벗어나 다양하면서 이질적인 관점들의 자유로운 절충을 추구해야 한다. 칸트가 '토론disputieren'과 구분한 '논쟁streiten'에서는 미리 결정된 개념이나 확실한 증거가 없으므로 제한 없는 협상을 통해 타당한 것을 찾으며, 공적 상상을 활발하게 할 수 있는 정치적 기준을 필요로 한다.

> "토대가 되는 개념 언어 또는 반박 불가능한 증거를 결정할 수 있는 방법이 없는 경우(진부하지 않은 정치적 해석이 단 하나도 도전하지 않는 것이 특징인 '부재'), 상호 주관적 판단은 어떤 정치적 현상 또는 사건이 의미하는 바에 대해 경쟁적으로 제기되는 여러 설명에서 타당한 것을 찾기 위한

제한 없는 협상을 추구할 뿐만 아니라 설득력 있게 경험에 호소함으로써 공적 상상을 활발하게 할 수 있는 정치적 의미, 이에 도달하는 기준을 필요로 한다"(Coleman, 2018: 164).

셋째, '불일치 수행'의 원리다. 여기에서 '수행working through'이란 의견의 차이에 시간을 두고 충분히 생각하고 논의하는 과정을 말한다. 권력은 항상 '산만'과 '간과'를 종용한다. 여유를 두고 '어느 것이 진실이냐'를 따져보고 필요한 증거를 찾는 노력이 필요하다. 대중의 한순간 주목에 매몰되는 경제attention economy는 이런 노력을 위한 시간을 확보해주지 않는다. 그런 면에서 콜드리가 지적한, 환경적 부대 효과를 일으키는 '쓰레기(기사의) 양산'은 우리가 인식하지 못했던 또 다른 미디어 부정의임에 틀림없다(Couldry, 2012: 246).

진리-진실의 존재를 무시하지 않으면서 의견의 불일치를 참는 노력은 지금 시대의 시민과 언론이 견뎌야 하는 가장 큰 긴장 중 하나다. 진실은 보이지 않은 채, 탈진실을 넘어 가짜 뉴스까지 판치는 세태는 자칫 상대주의의 무덤 속에 모든 타당성을 덮어 버려야 하는 어리석음까지 조장하고 있다. 매일의 뉴스 홍수 속에서 언론이 진실을 추구하는 건 매우 어렵기 때문이다. 그렇다고 언제까지 '지적 마비epistemic paralysis'로까지 불리는 권력의 추종적 중계('여당이 말했고, 야당이 말했다'는 식의)에 머무를 수도 없다. 중요한 것은 문제(곧 불일치)를 잘 관리해 다음 단계로 도약하고자 하는 의지다. 아렌트와 하버마스(주 156 참조), 그리고 콜먼의 주장은 문제를 중심으로 현상을 보는 실용주의와 서로 통하며, 동일한 객관 세계를 인정하면서도 다원주의적 논의의 틀은 유지하고자 하는 강한 절충적 의지를 표현한다.

3. 입장인식론과 '강한 객관성'

미국 언론의 '엠블럼'(Schudson, 1978)으로까지 불린 객관성이 지금같이 동네북이 된 언론 내외적 조건을 살펴보면 다음의 세 가지가 짚어질 수 있다(Ward, 2009). 첫째는 근대를 신랄하게 비판했던 탈근대적 회의주의의 등장이다. 이들의 객관성 비판은 근대가 표방했던 과학주의를 상당히 훼손시켰다. 둘째는 이윤 추구적 뉴스 조직이 초래한 저널리즘 윤리에 대한 냉소주의다. 객관성은 이러한 뉴스 조직이 스스로를 규제하는 기준으로보다는 비판(특히, 공중이 정당하게 하는 비판)에서 벗어나는 방어 기제로 더 많이 활용되었다. 셋째는 비객관적 언론이 오히려 시민 기자들과 블로거들이 판을 치는 지금과 같은 '상호 작용적' 미디어의 시대에는 더 잘 어울릴 것이라는 믿음이다. 첫째 이유는 비단 언론에만 해당되지 않으며, 과학계에서는 한때 '전쟁'으로 불릴 정도로 심각한 논쟁을 몰고 왔다. 둘째에서는 객관성이 모체인 전문직주의 역시 심각하게 비판받았다(Craft, 2017). 셋째에서는 객관성이 과거의 '전성기 근대주의'(Hallin, 1992)에나 어울리는 규범으로, 지금 같은 미디어 범람의 시대에 이르러 퇴조하는 것은 당연한 일이라고 한다.

입장인식론standpoint epistemology의 주장은 첫째와 셋째 비판과 밀접하게 연관된다. 입장인식론은 페미니즘 과학자인 샌드라 하딩Sandra Harding(1993)이 근대 과학의 남성중심주의를 비판하면서 시작되었으며, 탈근대주의의 이성-계몽주의 비판과 맞물려 사회과학 전반으로 확대되었다. 저널리즘론에서는 그렇게 많이 다루어지지는 않았다(Durham, 1998; Ryan, 2001; Steiner, 2018; Ward, 1997). 그러나 입장인식론은 하딩이 스스로를 '강한 객관성'으로 부르는 것처럼 앞서 본 객관성의 절차적 기준을 비롯한 여러 측면, 특히 저널리즘의 체험주의와 밀접한 관련이 있어 검토의 의의가 높다고 할 수 있다.

입장인식론의 주장은 비교적 단순한 편이다(Harding, 1993; Durham, 1998). 과학-지식은 이를 생산하는 사람의 경험으로부터 비롯되므로 정치·경제를 비롯한 사회적 조건은 지식을 제한하고 구속한다. 특히 성차별주의와 인종주의, 이성애중심주의와 계급 억압 등이 결합된 지금 사회의 권력 관계는 이런 경험을 왜곡시켜 객관성을 해치기 쉽다. 여성·노동자·소수 인종·소수 민족 등 주변부의 관점이야말로 그런 문제를 제대로 보면서 '강한' 객관성을 성취해 낼 수 있다. 하딩(Harding, 1993)의 주장을 보자.

> "관찰과 성찰의 직접적인 대상이 되는 자연과 사회 제도 등에 초점을 둔, 객관성을 극대화시키기 위한 모든 종류의 절차들은 관찰자와 성찰자, 곧 과학자들과 그들이 공유하는 더 큰 사회의 가정들에도 집중하지 않으면 안 된다. 그러니 과학자와 그들의 공동체의 최대한 비판적인 연구는 단지 그 공동체에 의해 주변화된 사람들의 관점에 의해서만 성취될 수 있다"(p.69).

지식 생산자, 곧 주변부 집단의 관점에 집중하는 이런 객관성은 앞서 맥길 등이 제시한 네 가지 객관성 유형 중에서 '담론적 객관성,' '상호 주관적인 객관성'에 가까우며, 워드에 따르면 객관성의 절차적 기준에 따른 공정성과 유사하다.

입장인식론이 언론인들에게 요구하는 것은 언론인 자신의 정체성과 그들이 쓰는 여러 관행 또는 수사적 기법들이 과연 주변화된 타자들과 어떤 관련을 맺는지에 대한 성찰이다. 미국편집인협회가 자신의 소속 언론인들에게 자성의 한 방편으로 묻게 하는 다음 질문은 이를 반영한다(American Society of Newspaper Editors; Durham, 1998: 131에서 재인용).

1. 우리는 언론의 테이블 위에 어떤 가정과 견해를 올려놓고 사고하는가 — 우리가 그 기사를 프레임하기 전에 이런 견해들이 어떻게 우리 보도에 영향을 미치는가?
2. 기사의 본질은 무엇인가 — 우리는 어떻게 보도 방향, 곧 이슈가 시작된 장소와 상황의 뉘앙스와 사람들이 전하고자 하는 의미를 프레임해야 하는가?
3. 우리는 어떻게 듣고, 누구에게 들어야 하는가 — 우리는 우리의 보도를 분명하게 하기 위해 어떤 목소리를 필요로 하는가? 또 그러한 목소리를 찾기 위한 다차원적인 노력commitment을 어떻게 경주해야 하는가?
4. 나중에 우리는 우리의 보도를 어떻게 반추하는가 — 우리가 나중에 우리의 보도를 생각할 때, 뉴스룸 내에서 우리의 대화는 어떤 목소리로 들리는 것이 좋을까? 우리는 기존 뉴스룸 내의 여러 가지에서 어떤 관점, 경험 그리고 지식을 이용할까?

결국 입장인식론은 언론인들 스스로 자신의 자리가 어디인지, 그들의 관점이 어떤 집단의 것인지, 스스로를 재조정repositioning할 것을 요구한다. 주변부와의 관계에서 대부분 '백인 남성 기업인'처럼 아예 정반대이거나, 아니면 '검은 지식인'이나 '여성 철학자' 같이 모순적 위치에 있을 수밖에 없는 언론인들에게 필요한 것은 특권적 자기 계급에 대한 일종의 '자기 부정'이다. 좀 완화시켜 말해 주변부 타자들에 대해 더 성찰적이고 더 비판적인 관점을 갖도록 책임을 지우는 인식론적 방식이다 (Graham, 2002). 게오르크 루카치Georg Lukacs의 '계급 자살'을 연상시키는 이런 급진적 주장은 그만큼 지금 사회의 중심/주변부 사이의 격차가 심각하고, 언론이 이를 늘상 무시해 왔다는 것의 방증이기도 하다.

이런 입장인식론이 유효했던 사례를 하나 들어 보자(Shultziner & Shoshan, 2018). 2011년 이스라엘에서는 수도인 텔아비브를 중심으로 큰 규모의 시위가 벌어졌다. 주택 가격이 급등하면서 시내에 살 수 없게 된 25세의 한 젊은 비디오아티스트가 항의의 표시로 도심 가운데 텐트를 치고 거주하자 비슷한 처지의 젊은이들이 집단으로 행동을 같이하면서 시위가 시작되었다. 그런데 이 시위에 대한 언론의 보도 양상이 예전과 달랐다. 대체로 보수적 성향을 띠는 이스라엘 언론은 높은 뉴스 가치에도 불구하고 이런 저항에 우호적이지 않았다. 그러나 이번 경우는 완전히 달라 거의 두 달 동안 매달렸다. 정부의 주택 정책 실패와 부동산 가격의 급등에 젊은 기자들이 동조하면서 시위가 언론의 메인 의제로 급부상한 것이다. 전통적 객관성에 따르면, 이 현상은 기자들이 개인적일 수 있는 자신의 이익을 공적인 일에 결부시켜 필요한 초연함을 해친 비객관적인 것이다. 그러나 입장인식론에서 보는 판단은 다르다. 기자들은 무주택자이면서 정부 정책의 피해자, 곧 주변부의 입장에서 이를 보았고, 시위 보도는 공과 사가 일치하는 '강한' 객관적 행위가 되었다.

그러나 여러 연구자의 지적대로 입장인식론 역시 문제는 많다 (Anderson & Baym, 2004; Ellis & Fopp, 2009; Hammersley, 2011; Ryan, 2001; Ward, 1997). 가장 큰 것은 '주변부-사람들'을 본질화시키고 있다는 점이다. 이들의 '체험적 토대(본질)주의' 입장이 외부 세계와의 관계에서 참과 거짓을 결정할 수 있다는 주장에는 찬성보다 반대가 더 많다(물론 선

악을 도덕적으로 판단하는 것까지 반대하지 않는다). '아는 사람'과 '아는 대상'을 극단적으로 분리시키는 객관주의 못지않게 이 둘을 전적으로 일치시키는 것 또한 '보고 느끼고 좋아하되 이에 머무르지 않는' — 체험을 반성할 수 있는, 그래서 그 토대를 일부라도 벗어나는 — 인간의 능력을 무시하는 것이다(Williams, 2015).

또 설사 체험의 유용성을 인정한다 하더라도 문제가 끝나지는 않는다. 주변부 관점이 우위에 있는 이유는 이들의 피해의 경험이 관점 속에 온전히 반영되어서인데, 실제 이들은 오히려 지극한 허위의식의 담지자인 경우가 더 많다는 것이다. 피해 속에서 나왔다는 것이 강한 객관성을 입증하는 이유임에도 불구하고 입장이 가해자의 그것과 비슷하다면, 그런 주장의 의의는 크게 떨어질 수밖에 없다.[157] 그렇다면 이들은 기존 과학을 근본적으로 부정하면서도 결국은 1차적(토대주의적 상응) 진리에 머무르거나 중심/주변부에 대한 판단은 기존의 것에 의존하는 모순적 주장을 펼치는 셈이다. 같은 맥락에서 주변부로 규정짓는 근거 역시 분명하지 않아 주변부 사이, 이를테면, '여성'과 '노동자,' '여성'과 '소수 인종'에서 경쟁이나 갈등이 벌어질 경우, 어느 것을 '더 강한 것'(객관적)으로 보아 우선권을 두느냐 하는 어려운 문제를 낳는다. 보다 근본적인 차원에서 경험과 지식의 일치가 그렇게 자명하지 않다는 비판도

157 입장인식론과 유사한 주장을 하는 센의 '입장 객관성positional objectivity'에는 이 부분에 대한 답이 있다. 센은 '숙의' 과정 속에서 참가자들의 당초 생각이나 기존 선호가 변화·해체될 수 있다고 주장한다(Sen; Bonvin et al., 2017: 959에서 재인용). 이에 따르면, 입장인식론이 강한 객관성을 '획득'하기 위해서는 피해의 경험만이 아니라 숙의라는 노력이 필요하다. 물론 이런 센의 주장을 입장인식론은 충분히 받아들일 수 있다.

있다. 입장인식론이야말로 나이브한 경험주의에 가깝다는 것이다.

물론 입장인식론도 자신의 논리가 없지 않다. "페미니스트를 포함해 어떤 특정한 집단도 위치 때문에 자동적으로 다른 이들보다 더 낫거나 더 많이 알게 되는 것은 아니라고" 반박한다(Steiner, 2018: 1857).[158] 또 입장인식론도 경험적 타당성, 절제, 겸손, 성찰 같은 부가적 덕목을 필요로 한다고 한다. 그러나 입장인식론은 기본적으로 '장소도 없고,' '상황도 없으며,' 그래서 '책임도 없는' 객관적 지식에 대립하는, '부분적이고,' '장소적이며,' '몸을 가진embodied' 그래서 책임성도 강한 지식임에 틀림없다. 전통적 객관성에 비할 바는 아니라도 실용주의적 객관성 역시 객관성인 한, 이렇게 아는 대상과 주체를 부당하게 분리시킨다.

다음 사례 역시 이런 입장인식론의 장점이 잘 드러난 것이라고 할 수 있다(Steiner, 2018). 〈뉴욕 타임스〉의 조디 캔터Jodi Kantor와 메건 투오히Megan Twohey, 〈뉴요커〉의 로넌 패로Ronan Farrow 기자는 할리우드의 유명 영화 제작자 하비 와인스타인Harvey Weinstein이 지난 30년간 수많은 여성들을 성희롱 내지는 성폭행을 해 왔음을 폭로했다. 주로 남성으로 이루어진 이들 언론의 상사들(편집진)도 이 보도에 협조적이었다(물론 전혀 딴판이었던 다른 사례도 많다). 어머니로서, 유대인으로서 또는 전직 언론인의 딸로서 이 기자들의 개인적 경험이 기사에 영향을 미친 건 사실이지

158 다음 괄호 안을 보라. 입장인식론이 얼마나 조심스러워졌는지를 잘 보여 준다. "입장 이론은 경험적 타당성을 위한 강한 기준을 필요로 한다. 그것의 주체적인 '강한' 객관성 버전은 지식 생산으로부터 자주 배제되는 사람들의 살아있는 경험으로부터(자동적으로는 아니다) 질문을 시작함으로써(여기서 끝나지 않는다) 극대화된다(완벽하게 성취되지는 않는다)"(Steiner, 2018: 1858. 괄호 안은 원저자).

만, 그렇다고 이들이 편견을 가졌다는 평가를 받지는 않았다. 동생인 딜런 패로가 양부인 우디 앨런Woody Allen에게 상습적으로 성추행을 당한(당했다고 고발한) 로넌 패로의 경우에만 "가족 배경이 아마도 나를 (성추행의) 권력 남용을 잘 이해하는 사람으로 만들었을 것"이라고 말했다. 그러나 그 역시 와인스타인 사건을 결코 개인적인 것으로 받아들이지는 않았다고 주장했다. 와인스타인의 폭로를 시종 주도했던 것은 여성들의 수치, 좌절, 슬픔, 공포, 분노 같은 경험이었다. 그러나 이 경험은 객관 보도의 반대와 달리 오히려 진실을 밝히는 터전이 되었다.

입장인식론의 장점은 체제적 헤게모니의 틀 내에 갇히기 쉬운 언론에 새로운 관점, 주변부의 목소리를 강조했다는 점에 있다. 언론인의 정체성에 대한 자의식이 얼마나 큰 성찰과 책임의 밑거름이 되는지도 보여 주었다. 무엇보다도 "여러 다양한, 잠재적으로 진보적 또는 저항적 관점과 더 나은 지식, 그리고 사회 정의 사이의 연계를 확립하는 데" 중요한 계기를 마련해 주었다(Steiner, 2018: 1863). 제대로 된 언론인이라면, 자신의 것과 다른 인식틀에서 나온 문제도 같이 고민할 줄 알아야 한다. 실용주의를 도입해 기존의 객관성을 일신한 워드의 관점 역시 다소는 인식론에 치우쳐 이런 관점 다원화를 절차에서만 일부 다루는 데 그쳤다. 워드의 편재적 해석주의와 다원적 진리론, 롤스적 계약주의에 근거한 서구식 자유 민주주의만으로는 현대 사회의 곳곳에 스며든 모세관적 권력 관계를 극복하는 데 한계가 있다.[159] 주변부의 관점으로 객관성

159 워드(Ward, 1997)는 이런 입장 인식론을 다음의 네 가지, 현상 및 이론과 움직임을 같이하는 현상으로 본다. 첫째는 노동이나 국가(권위주의 체제)에 치우쳤던 저항 운동을 인종이나 젠더, 지역, 평화 등으로 확장시킨 신사회 운동이다. 둘째는 자크 데리다Jacques Derrida 등의 해체주의다. 해

을 강하게 만드는 것은 실질적인 언론의 다원주의를 실천하는 데 첩경이 될 수 있다. 물론 이를 구체적으로 어떻게 실천하는가 하는 방안은 각 사회나 언론에 맡겨진 '열린' 문제다.

4. 실재론과 사회적 구성(주의)

1) 저널리즘과 인식론

예외가 일부 있기는 하지만(Ekström, 2002; Örnebring, 2017), 저널리즘 연구에서 인식론은 사실 그렇게 심각하게 다루어진 적이 없다. 여기에는 일천한 학문적 연조나 실증적 경험 연구에 치우친 학계의 성격 같은 여러 이유가 작용했을 것으로 짐작되지만, 인식론이 저널리즘 연구의 본령이 아니라고 전제한 게 가장 컸을 것으로 보인다. 그러나 객관주의 연구가 심화되기 위해서는 인식론 연구가 지금 수준에 머물러서는 안 된다. 특히 객관주의의 가장 심각한 논적인 반실재론적 사회적 구성주의에 대해서는 깊은 연구와 대응이 필요하다.

스웨덴 학자 에크스트룀(Ekström, 2002)이 지적한 바대로 저널리즘

체주의에서 대표적인 근대의 개념인 (실재의) '표상'은 언제나 잠정적이고 우연적인 것이 된다. 사실과 허구의 경계 역시 의미를 잃어버린다. 셋째는 '과학과 테크놀로지 연구'에서 비롯된 지식의 구성주의적 관점이다. 여기에서 기존의 과학적 실재론은 사회적 실재론으로 대체된다. 마지막은 역시 페미니즘이다. 이 관점에서 과학적 객관성은 세계에 대한 '남성'의 관계일 뿐이다. 이들 네 가지는 '부정'되어야 하기보다는 '소화'되어야 할 대상이다.

의 인식론 연구에서는 철학적 접근보다 사회학적 접근이 우세했다. 철학적 접근이 지식과 진리의 일반 이론에 집중한다면, 사회학적 접근은 지식의 형태와 표현 방식을 결정하는 규범과 관행, 절차에 주목한다. 지식 그 자체가 타당한지를 규명하기보다는 현실의 언론과 언론인이 인정하는 지식의 정체가 무엇인지에 관심을 기울이는 것이다. 언론이 사회적 실체이고 제도적 산물임에 분명하지만, 저널리즘의 궁극의 가치는 결국 진리(실)의 문제에 귀착하므로 근본적인 차원을 도외시할 수는 없다.

앤더슨과 배임(Anderson & Baym, 2004)은 커뮤니케이션학 내 철학 연구의 동향을 파악한 글에서 인식론을 '토대주의,' '커뮤니케이션,' '담론' 등의 존재론에 따라 세 가지 유형으로 나누어 분석했다. 토대주의는 실증주의나 데카르트적 이원론이 전형적인 예로 관찰자와 관찰 대상, 인식의 주체와 객체를 엄격하게 구분한다. 이 존재론의 인식론은 '이해'와 '존재' 사이에 상응을 정확한 표상의 문제로 본다. 이에 따라 이 주의의 지식은 진정한 '하나' 밖에 없고, 사고의 형태 역시 환원적이다. 루트비히 비트겐슈타인Ludwig Wittgenstein의 '언어 게임'론을 따르는 커뮤니케이션 존재론에서는 언어가 행위와 분리될 수 없으며, 언어와 행위는 인간의 경험과 지각, 사고, 행동에 토대를 형성한다. 여기에서 인식론은 '사회적인 것'이며, 실재는 결코 하나(보편적인 것)가 될 수 없고, 지식은 선험적 진리와 상응하는 것이 아니라 하나의 언어 게임, 곧 상호 주관적 또는 공동체의 동의의 결과다. 세 번째 유형은 담론적인 것으로 여기에서 지식은 항상 권력의 산물이다. 미셸 푸코Michel Foucault의 권력-지식론이 앞서의 비트겐슈타인에 더해져 모든 지식은 정치적인 것이 된다.

이런 세 가지 인식론에서 보는 바대로 진리의 문제는 언어 게임의 '커뮤니케이션'이나 권력의 '담론'에서보다 상응설에 기반하는 '토대주의'

에서 좀 더 강하게 주장된다. 이 토대주의는 근대 과학의 인식론으로 대표될 수 있는 경험주의를 단순화시킨 것으로(Anderson & Baym, 2004), 때로 '나이브한 실재주의'로 폄하되기도 한다. 사건 현장에서 눈으로 보고 귀로 들으며 문서로 확인하고 목격자를 인터뷰하는 저널리즘의 체험주의 인식론 역시 이런 토대주의에 근거한다. 이 주의는 인간의 감각(관찰)과 외부의 실재 사이에 (완전히 같지는 않다 해도) 상응 관계를 설정한다. 그러나 이는 일대일 대응의 단순 명제라면 몰라도 서로 견주는 대상이 여럿이 되는 복잡한 현상을 설명하기는 불충분하다(Hearns-Branaman, 2016). 그렇다면 토대주의의 핵심, 곧 진리가 중요하고 진리가 인간·저널리즘 윤리를 결정할 수 있다는 사고는 유지하면서 '커뮤니케이션'과 '담론'의 문제 제기를 받아들이는 절충적 사고가 필요하다. 이 점은 실재론적 '사회적 구성'은 받아들이면서 반실재론적 '구성주의'는 거부하는 라우 등(Lau, 2012; Lau & Morgan, 2014)의 '사회적 구성주의' 비판에서 뚜렷하게 드러난다.

사회적 구성주의(이하 구성주의)는 철학적 연원을 따지면 멀리 데카르트까지 올라가지만, 지식과 사회의 관계를 구성주의적으로 제기해 현시대에 영향을 미친 학자는 피터 버거Peter Berger와 토머스 루크먼Thomas Luchmann(Berger & Luckmann, 1966/2013)이다. 이들의 책 제목은 《실재의 사회적 구성*The Social Construction of Reality*》인데, '사회적'은 집단적·역사적이라는 뜻이고, '구성'은 건조building나 해석에 가까운 말이다. 그러니까 사람들이 실재라고 생각하는 것은 집단적·역사적으로 만들어지고 해석된 것이다. 이에 따르면, 인간의 인식과 지식은 개인과 대상의 일대일 관계에서가 아니라 사람들의 상호관계에서 만들어진 개념이나 정신적 표상들이 사회 속에 깊이 틈입·제도화되어 '제2의 자연'처럼 기능하는 가운데 형성된다.

"이런 의미에서 지식은 사회의 근본적인 변증법의 한가운데 있다. 지식은 외재화가 어떤 방향으로 객관적인 세계를 생산할지에 대한 프로그램을 작성한다. 지식은 언어와 언어에 기반한 인지 기제를 통해 이 세계를 객관화한다. 즉 지식은 이 세계를 실재로서 이해될 수 있는 대상들로 질서 짓는다. 그 지식은 다시 사회화의 과정에서 유효한 진리로서 내면화된다. 그래서 사회에 대한 지식은 이중적인 의미에서, 곧 객관화된 사회적 실재의 이해라는 의미이자 그 실재를 지속적으로 생산한다는 의미에서 실재화다"(Berger & Luckmann, 1966/2013: 109).

구성주의는 객관적 사실을 알 수 있는 가능성을 '괄호 속에 넣으며bracketing'(알려고 하지 않으며), 지식의 사회성을 강조함으로써 인식론적 상대주의를 주창한다. 언뜻 보면 유아론solipsism을 연상시키지만, 구성주의는 존재론에서 '(존재를)알 수 없다'는 불가지론을 견지한다는 점에서 유아론과는 확실히 다르다.[160] 형이상적 진리에 반대하고 인간 지식의 한계를 주장한다는 점에서는 과거 소피스트나 지암바티스타 비코Giambattista Vico, 이마누엘 칸트, 루트비히 비트겐슈타인 등을 통해 일정한 주기로 반복되어 나온 회의주의의 일종이기도 하다(Poerksen, 2008).

160 "구성주의는 존재론(존재의 철학적 탐구)과 언어철학(언어와 실재 사이의 관계)을 해체함으로써(그 둘을 의미 없게 만들어 버림으로써) 교착된 철학적 논쟁을 종식시킨다. 실재론이 객관적 실재에 가까이 갈 수 있다고 하면서 인식론적으로 도를 넘는 주장을 하는 데 반해 구성주의는 지적으로 정직하다"(Danelzik, 2016: 208. 괄호 안은 원저자).

지금의 구성주의 역시 앞서 잠시 나온 푸코의 권력–담론[161]과 맞물려 근대 과학의 절대성과 이를 둘러싼 권력 관계를 지적·비판한다. 구성주의에 따르면 근대의 사회적 질서, 지식, 세계관은 결코 필연적이지 않으며, 권력의 필요에 깊게 연계되어 있다.

버거와 루크먼은 물리적 실재에는 구성주의를 적용하지 않았다. 그러나 나중의 구성주의(강한 구성주의)는 사회적·심리적 실재에 이어 물리적 실재로도 이를 확대시킨다. 구성주의는 실재론과 정반대로, 다음처럼 주장한다. (a) 언어는 실재의 '반영'이나 '지도map'가 아니기 때문에 언어와 실재는 별개의 것이다. 언어는 실재를 기술할 수 없다. (b) 이론적 담론은 항상 언어적이므로 앞서 말한 a로 인해 이론은 실재와 관련해 경험적으로 평가되거나 판단될 수 없다. 이 두 가지에 따라 실재는 알 수 없는 것이며, 담론은 참도 아니고 거짓도 아닌 게 된다.

a명제는 구성주의자들이 언어의 객관성을 거부하는 것을 가리킨다. b명제는 인식론적 객관성을 말하는데, 구성주의는 모든 관찰에 이론이 부과되어laden 있다고 주장한다.[162] 여기에서 구성주의는 두 가지, 즉 관

161 푸코는 다음과 같이 말한다. "진리는 이 세상의 일이다. 그것은 여러 가지 형태의 조건을 통해 만들어진다. 진리는 권력의 정규적 효과를 유도한다. 각 사회는 그 자신의 진리의 레짐, 곧 진리의 '일반 정치'를 가진다. 말하자면, 진리로 받아들여지고 기능하는 것은 담론의 한 유형이다"(Foucault, 1980: 131).

162 이 점은 실재론도 같이 주장하는데 맥락이 조금 다르다. 실재론은 경험적 증거에 이론이 반드시 내재적이라고 하는 주장이 실제의 과학적 실천을 오도한다고 비판한다. 관찰을 인도하는 이론과 이론에 의해 구성되거나 함축되는 이론은 다르다는 것이다. DNA의 예를 들면, 처음에 부과된 것은 X선 회절 이론이었지만 이는 나중에 밝혀진 DNA 구조와 아무런 관련이 없었다(Lau & Morgan, 2013).

찰(실험)에 의해 이론이 결정되기에는 불충분하기 때문에 사회적 이해관계가 개입한다는 콰인-두헴Quine-Duhem 테제와, 패러다임과 패러다임 사이에는 공통점이 없다는 토머스 쿤Thomas Kuhn의 공약 불가능성의 논리에 기초한다(Lau & Morgan, 2013).

2) 구성주의와 반실재론

구성주의는 저널리즘 연구와도 깊은 친화성을 지닌다. 현대의 지식은 저널리즘이 제공하는 뉴스·정보와 상관성이 높아 우리가 경험하는 "실재는 뉴스 생산 과정의 특수한 결과로서 뉴스에 의해 구성된다"(Lau, 2012: 887)는 주장이 가능해진다. 우리의 삶과 세계상이 미디어-뉴스에 의해 구성된다는 명제는 이제 이런 구성주의가 아니라도 거의 상식에 가까울 만큼 보편화되어 있다. 그런 면에서 라우(Lau, 2012)는 개념으로서의 '구성'과 이론으로서의 '구성주의'를 구분할 필요가 있다고 주장한다. 그가 이런 구분을 하는 이유는 구성의 문제의식을 해치지 않으면서 구성주의의 반실재론을 벗어나기 위해서다. 반실재론은 인식론적 구성의 힘을 과도하게 강조함으로써 현실에서 경험적으로 확인되는 물질적 이해나 권력관계가 갖는 비인식론적(담론 외적) 요인을 부당하게 약화시킨다.

라우는 먼저 구성주의의 자기모순, 곧 '인식론적 게리맨더링'을 지적한다. 게리맨더링은 자신에게 유리하도록 선거구를 정하는 정치학의 용어다. 구성주의는 사회적 문제를 다룰 때, 다음처럼 쉽게 인식의 게리맨더링을 자행한다. 구성주의의 논리적 얼개는 다음과 같은 네 가지 단계로 이루어진다. (1) 추정되는(객관적이지 않은) 어떤 조건이 드러난다. (2) 그것에 관한 다양한 주장들이 열거된다. (3) 시간이 지나면서 그 주장이 변화되는 데 비해 처음의 조건은 변하지 않았다고 한다alleged constancy. (4), (3)에 의해 다양한 시점에 다양한 주장이 성행했다는 사실은 순수하게 사회적 구성에 불과했다는 점이 밝혀진다.

여기에서 문제는 (3)에서 등장하는 사실상 실재론적인 '변하지 않은 처음의 조건'이다. 일례로 아동 학대를 생각해 보자. 아동 학대를 파악하는 방법이나 시각(이론)은 시대에 따라 달리 나타났다. 그러나 아동 학대라는 현상은 존재론적으로 변하지 않고, 이론과 관계없이 독립적으로 존재했다. 방법이나 시각은 사회적 구성물이지만, 아동 학대는 실재다. 실재가 있어야 구성물의 존재도 증명된다. 구성주의는 객관적 실재를 괄호 속에 넣는다고 주장하면서도 '다양한 주장이 사회적 구성물이었다'고 반실재적 결론을 내릴 때는 갑자기 실재를 등장시켜 게리맨더링을 범한다(Woolgar & Pawluch; Lau, 2012: 890에서 재인용). '헤게모니에 의해 구성된 실재'를 비판적으로 논의할 경우에도 '실제의 실재underlying reality'가 이와 다르다는 함축이 이면에 깔려 있지 않다면 주장의 의의는 반감된다. 고작 다른 헤게모니와 비교될 뿐이고, 상대주의의 틈입을 막을 길이 없다.

이런 반실재적 구성주의는 의외로 저널리즘 연구에서도 적잖게 발견된다. 라우는 피시먼과 터크먼, 몰로치와 레스터 등을 대표적인 연구자로 꼽는다. 예컨대 피시먼은 "뉴스는 실재의 반영도 왜곡도 아니다. 왜냐하면 이것들은 모두 '거기 바깥out there'에 있는 것을 기록할 수 있다고 간주하기 때문이다. …… '뉴스 선택'의 개념은 '거기 바깥'에 있는 실체의 존재를 가정한다는 점에서 잘못되었다"(Fishman; Lau, 2012: 890에서 재인용)고 주장한다. 이들에게 뉴스 가치는 객관적 실체 속에 잠재되어 있지 않으며, 언론인의 실천과 관습을 반영할 뿐이다. 실재는 뉴스에 의해by 구성된다.

그러나 실재주의자 라우는 실재는 뉴스에 의해서가 아니라 뉴스를 통해, 또는 뉴스를 거쳐through 구성된다고 생각한다. 그 점이 구성주의의 게리맨더링을 피하면서 담론 이론의 문제의식을 포용하는 방법이다. 라우(Lau, 2004)는 몰로치와 레스터, 피시먼 역시 '발생한 것,' '발생함,' '실제로 발생한 것,' '일어난 일,' 그리고 '사건' 등의 말을 수시로 사용하면서 게리맨더링을 범한다고 비판한다. "만약 무언가 이러한 지시 대상물('실제로 발생한 것' 같은)이 있다면, 확실히 그것은 거기 바깥에 있어 우리 눈에 뜨인 것이다. 설사 그것이 보도되지 않고 뉴스의 '이벤트'로 바뀌지 않는다 하더라도 그렇다"(p.701). 그의 생각에 더 정확한 것은 머릿속에 들어 있는 인식론-담론적 요소만을 고려하는 구성주의자가 아니라 바깥에서 '발생된 것'과 이런 인식론적 요소 사이의 관계를 같이 고려하는 회의론적 실재주의자다. 이런 실재주의만이 다수의 인식론적 주장의 진위를 가려낼 수 있는 경험적 평가와 판단을 할 수 있다.

라우와 모건(Lau & Morgan, 2014)은 같은 구성주의에서도 '약한 구성주의'를 가려내면서 이와 실재론의 통합 가능성을 모색한다. '맥락적 구성주의'로도 부르는 이 주의는 (1) 객관적 실재를 알 수 있는 존재로 간주하고knowable, (2) 실재와 관련해 경합하는 담론들이 경험적 인지 판단에 의해 판별될 수 있다고 본다. 이들이 구성주의자를 자처하는 이유는, 구성주의가 "알 수 있는 객관적 실재와, 이 객관적 실재와 관련해 허위로 확인되는 헤게모니 담론에 의해 구성되는 실재 사이에 괴리를 보여 주는 가치 있는 통찰"(p.580)이어서다. 통합은 실재론과 이런 구성주의의 장점을 결합하고자 하는 시도이지만 그렇게 순조롭지만은 않다. 약한 구성주의는 아직도 인식론적 상대주의에서 자유롭지 못하고, 실재론은 실재론대로 여러 갈래로 나누어져 있기 때문이다. 그러나 구성주의가 가지는 비판적 요소, 즉 나이브한 경험주의의 거부와 실재에 대한 회의주의, 헤게모니 요소에 대한 비판적 예각edge이나 같은 맥락에서의 해방적 관심 등은 실재론도 갖길 원하는 것이다.

영국의 사회학자 대브 엘더-배스Dave Elder-Vass(2012)는 아예 헤게모니가 '실재적인 것'이 아니라는 비판, 곧 실재론과 구성주의는 화합할 수 없다는 주장에 정면으로 반대하면서 '실재주의적 사회구성주의'를 주장한다. 그는 보이지 않는 '사회적 구성'을 주장하는 구성주의에, 규범을 만들고 지키면서 눈에 보이는 '규범 집단norm circle'의 존재를 제시하면서 양자의 결합을 시도한다. 그가 보기에 사회적 구성에서 큰 비중을 차지하는 규범은 이들 실체가 있는 집단 때문에 힘을 가질 수 있다. 규범을 준수하려는 집단과 이 집단의 힘이, 규범이 사회를 '구성'하는 보이지 않는 작용을 지지하는 '실재'라는 것이다. "…… 우리가 권력에 순응하지 않을 때, 초래할 수 있는 위험이 없다면, 과연 우리가 … … (권력에 대한) 순응을 선택하려 할까? 이것은 우리의 주체성이 구성되기 이전에 이미 자율성이 존재함을 보여 주는 것 아닌가"(p.17. 괄호는 인용자). 그가 시도하는 푸코의 담론 작업과 실재론적 존재론은 '행위적 주체agentic subject'를 매개로 결합한다. 이 주체론에서 인간은 사회적으로 구성되는 수동적 존재이지만, 동시에 바로 그 사회를 바꿔나가는 능동적 존재이기도 하다.

문화연구를 비판하는 윈드셔틀(Windschuttle, 2000)은 (문화연구의) 반실재론이 저널리즘 교육이나 윤리에 혼란을 초래할 것이라고 했지만, 사실 언론인들은 구성주의의 '구성성'과 일부 '창작성'을 부인하지 않는다(Hearns-Branaman, 2016). 물론 반실재론에 전적으로 찬성하는 이도 거의 없다. 반실재론이 뉴스와 실재의 일대일 상응을 부정하는, 편향(가치,

관점)의 상존성, 진실의 어려움, 잘못된 균형 등을 지적해 주지만, 반대로 그만큼 진실을 추구하는 의지도 약화시키기 때문이다. 수용자 역시 자신과 같은 목소리를 언론에 원하고 반대의 목소리를 피한다(또는 꼭 진실을 추구하려 하지 않는다)는 점에서 반실재적 또는 비진실적 성격이 일부 있다고 볼 수 있다. 그러나 이 역시 극단화된 상황의 산물일 뿐 정상으로 보기는 어렵다. "반실재론은 뉴스 미디어를 비판하는 데는 옳았지만, 뉴스 미디어 텍스트에는 언론인과 소비자 둘 다를 위한 실재가 아직 남아 있다"(Hearns-Branaman, 2016: 108).

3) 반실재론 비판

강한 구성주의, 곧 반실재론에 대한 비판을 살펴보기에는 이스라엘 연구자인 이갈 고들러Yigal Godler의 글(Godler, 2016)이 적합하다. 고들러는 반실재론이 미친 해악의 대표 사례로 에드워드 허먼과 노엄 촘스키의 '프로파간다 모델'(Herman & Chomsky, 1988/2006)이 과도하게 무시된 점을 꼽는다. 다음은 고들러가 자신의 글을 요약한 것인데, 학술 논문에서는 보기 힘든 자못 격앙된 기세다.

> "사회 속의 중심적 권력 관계를 통렬하게 폭로한 연구를 인정하지 않으면서 기업적 소유와 엘리트 의견에 동조하는 커뮤니케이션학자들은 특정한 형태의 반계몽주의obscurantism를 좇아가는 것이다. 이런 반계몽주의는 맞지 않는 내용을 잘못 전했을 뿐만 아니라 명백하게 불가해한 — 멍청한 짓임에도 불구하고 — 반실재론적 철학을 지지한다. 이 철학은 기존의 제도적 구조와 이를 보호하는 커뮤니케이션학자들을 폭로하려 하는 생각을

사전에 저지한다"(Godler, 2016: 1).

주류 커뮤니케이션학자들은 프로파간다 모델을 무시한다. 설사 같은 발상이고 같은 주장이라 하더라도 허만과 촘스키 대신 핼린이나 베넷을 인용한다. 멀런(Mullen; Godler, 2016: 4에서 재인용)이 낸 통계에 의하면, 저널에 실린 논문 3000편 중에서 불과 2.6%만이, 교과서 48종에서는 11개만이 프로파간다 모델을 인용했다. 고들러는 이런 무시 또는 주변화가 개인적 선호나 학문 내적 문제가 아니라고 생각한다.

이런 풍조에 기여한 사람으로 고들러가 먼저 꼽은 연구자는 의외로 사회학적 기초에서 출발한 마이클 셧슨이다. 일찍이 셧슨(Schudson, 1989)은 프로파간다 모델을 '정교한 체제를 분석하기에는 어울리지 않는 다소 무딘 도구'로 간주했고, 이 모델이 중앙아메리카의 선거 보도들을 활용한 것을 두고 '조심성이 없다'(시의성이 떨어지는 과거의 데이터를 인용했다)고 비판했다. 프로파간다 모델의 가장 큰 오류로 셧슨이 꼽은 것은 이 모델이 소련(당시)의 〈프라우다〉와 미국의 언론 제도 사이에 근본적인 차이가 없다고 주장한 점이다. 그러나 고들러에 따르면, 이런 비판들은 셧슨도 설득력 있는 다른 대안을 찾지 못하거나 자세한 근거를 제공하지 못했고, 심지어 상당한 오독까지 동반한 것이다. 특히 마지막의 〈프라우다〉와 〈뉴욕 타임스〉의 비교를 고들러는 상대방의 없는 약점을 만들어 공격하는 진짜 '허수아비' 논법이라고 비판했다(Godler, 2016: 6).

그러나 이 비판에 셧슨은 다소 억울하다고 느낄지도 모르겠다. 그가 마치 자본주의성(상업주의)을 찬양하는 것처럼 들리기 때문이다. 물론 '코카콜라와 토머스 제퍼슨의 결합'을 좋아하는 자유주의자 셧슨(Benson, 2017: 1214)과 미국 언론의 은폐된 이데올로기성을 폭로하려는 마르크스주의자 촘스키의 차이는 확실히 크다. 촘스키가 독자에 충격을 주기 위해 〈뉴욕 타임스〉의 비판성을 다소 낮추어 서술한 것은 어느 정도 사실로 보인다. 그런 면에서 고들러가 셧슨을 비판한 것은 다소 심한 측면이 있다. 그러나 셧슨이 촘스키를 그렇게 배려해서 읽지 않은 점 또한 분명하다. 적어도 핼린보다는 그렇다. 셧슨이 상업주의보다 상업주의의 비판자들에게 더욱 비판적이라는 점도 맞는 듯하다.[163] 특히 셧슨뿐만 아니라 미국 학계 전반이 프로파간다 모델을 거부부터 한다는 고들러의 지적은 기본적으로 옳다.[164]

고들러가 보기에 셧슨의 다음 잘못은 몰로치와 레스터 같은 반실재론자를 용인한 것이다. 몰로치와 레스터는 "진실을 말하는 것과 허위를 말하는 것 사이의 객관적인 차이를 명시적으로 인정하지 않는다"(Molotch & Lester; Godler, 2016: 7에서 재인용)고까지 했다. 처음에 셧슨은 이를 코멘트 없이 인용했으나 나중에 가서는 이에 반대하는 방향으로 바뀐다. 그러나 지금에 이르러서도 그의 입장은 여전히 분명치 않다.

163 셧슨이 상업주의를 보는 눈은 '복합적'이고(단선적이지 않고), '상쇄적'이며(단점을 보완하는 다른 요소들이 존재하고), '모순적'이고(내부에 갈등이 존재하고), '우연적'이며(우연찮은 사건들이 종종 체제와 언론 사이의 갈등을 야기하며), '문화적'(다양한 요소가 복합되어 있는)이다(Benson, 2017).

164 물론 그렇다고 해서 프로파간다 모델이 무조건 옳다는 건 아니다. 기본 주장이 무시당하는 이유가 부당하다는 말이다. 나도 이 모델이 현상을 일방향적으로 너무 단순화한다고 생각한다. 가장 최근의 연구(Zollmann, 2019)까지도 나는 이 문제가 완전히 해결되었다고 보지 않는다. 그러나 그렇다고 이 모델이 상정하는 전제와 다섯 가지 필터가 가짜 뉴스를 성행시키는 작금에 더욱 큰 의의를 갖는다는 주장(Fuchs, 2018)까지 무시하는 것은 아니다.

미디어의 편향에 대한 셧슨의 비판은 갈수록 강도가 약해졌고, 2014년에 나온 한 에세이(Schudson, 2014)에서는 별다른 근거 없이 과학사회학의 극단적인 반실재론적 입장을 긍정한다.

고들러는 반실재론이 다음의 세 가지 이유 때문에 상당히 보수적(또는, 반진보적)이라고 주장한다. 첫째, 만약 실재가 없다는 반실재론의 입장이 맞다면, 편향 연구 역시 설 자리를 잃는다. 기준(실재)이 없는 곳에서 편향과 그렇지 않음을 따지는 게 의미를 지닐 수 없기 때문이다. 실재를 반영하는 것이 불가능하다면, 편향 또한 성립되지 않는다. 둘째, 실재가 없으므로 경험적 연구 역시 분명한 논리적 모순이다. 일관성이 있으려면, 경험적 연구를 그만두든지 실재를 인정하든지 해야 한다. 셋째, 몰로치와 레스터가 권장하는 경험적 연구는 실재나 사실과 관련된 것이 아니라 사람들의 신념, 성향, 언론인들의 미시적 실천에 대한 것일 뿐이다(실재나 사실은 없으므로).

이처럼 반실재론의 세계에는 기준이 존재하지 않으므로 참과 거짓, 공정과 불공정, 정직과 왜곡 사이의 경계가 있을 수 없다. 정부와 기업 편에서 언론이 편향된 정보를 시민에게 전해 준다는 프로파간다 모델 역시 반실재론에서는 근거가 없는 주장이다. 그러나 반실재론에는 입장을 바꾸면서도 셧슨은 여전히 프로파간다 모델에 대해서는 부정적이다.

> "미디어가 대기업의 지배에 들어가 반대를 억압하고, 기존의 권력 분배를 수동적으로 받아들이게끔 공중의 태도를 조장한다는 경직된 견해는 민주사회에서 활동하는 대부분의 언론인들이 공통적으로 믿는 것과 전적으로 일치되지 않는다. 그것은 특히 기업 권력에 비판적인 뉴스, 기업적 스캔들과 갈등, 불법, 그리고 실패 등을 다루는 대부분의 뉴스 콘텐츠를 설명하

지 못한다"(Schudson; Godler, 2016: 13~14).

이에 대해 고들러는 두 가지 이의를 제기한다. 첫째, 프로파간다 모델은 민주주의 사회에서 셧슨이 지적한 '비판적인 뉴스'를 결코 무시하지 않았고, 오히려 이를 면밀하게 분석하는 것이 '어렵다'고 했다. 둘째, '민주 사회에서 활동하는 대부분의 언론인들이 공통적으로 믿는 것'은 프로파간다 모델을 비판하는 데 적절하면서 신빙성 높은 '추론의 결과'가 아니다non-sequitur. 언론인들이 '믿는 것'과 실제 '하는 것'의 차이가 클 터이지만, 셧슨은 이에 대해 그렇게 분명한 근거를 내놓지 않고 있다. 요컨대 대부분이 이런 식이다. 허먼과 촘스키의 프로파간다 모델에 대해서는 많은 연구자들이 제대로 읽지 않고 먼저 거부부터 한다.

몰로치와 레스터 외에도 터크먼과 피시먼, 그리고 갠스 등이 모두 반실재론의 기미를 보인다. 이를테면 저널리즘 분야에서 가장 많이 인용된다고 해도 과언이 아닌 터크먼의 책 역시 사실이나 진실을 말할 때는 '사실'·'진실'처럼 꼭 작은따옴표를 붙여 표기한다. 사실이나 진실을 논의하더라도 사실이나 진실 그대로는 아니라는 뜻이다. 정치인들이 공방을 벌일 때에도 참과 거짓을 가릴 수 있는 실재는 늘 '괄호 속'에 있다(Godler, 2016: 10). 고들러는 이런 반실재론이 의도치 않게 정부나 기업이익에 봉사할 우려가 있다고 비판한다. 그가 보기에 "정직하고 명쾌한 사회과학적 작업은 사회 속의 권력관계의 실제적 본성과 그 체제적 결과를 인식하는 쪽으로 유도하기 때문에 (기업이나 정부의 입장에서 볼 때) 그런 작업은 근절되어야만 한다"(p.12. 괄호는 인용자). 그러나 학문에 직접 개입하는 것이 불가능하기 때문에 이 분야 내의 '세련된 도구'가 필요한데, 고들러가 볼 때는 반실재론이 이런 역할을 한다. 이 때문에 반실재론을 무비판적으로 수용하는 것은 자칫 현존 제도에 대한 사회적·정치적 충성의 결과로 나타날 수 있다.

이런 고들러의 주장은 반실재론에 대한 노골적 고발이다. 반실재론은 '해방'과 관련해 양가적 측면을 가진다. 언론인(언론의 생산과정)을 비롯해 저널리즘의 결과가 '거기 바깥'이 아닌 우리 안의 헤게모니에 의해 좌우된다는 점을 지적하면서 비판성을 보여 주지만, 정작 어떤 헤게모니인가를 선택하는 기로에서 참과 거짓을 가리려 할 때는 오히려 기준(실재)을 제거해 버리면서 상대주의에 빠지게 하기 때문이다. 고들러가 지적한 반실재론의 보수성이 다소는 학문의 정치성을 과장했다는 느낌이 들기는 하지만, 현 체제에 대한 가장 근본적인 비판론 중 하나인 프로파간다 모델이 이런 반실재론 때문에 부당하게 무시당했다는 점은 상당히 귀담아들어 둘 만한 것이다.

4) 실재론과 저널리즘 논의

인식론 논의가 충분치 않은 결과로 실재론도 그렇게 활발하게 연구되는 분야는 아니다. 객관주의 논의에서 '나이브한 경험주의'나 비유적 '거울론'(현실 반영론) 등으로 비교적 짧게, 다소 부정적으로 언급될 뿐이다(Maras, 2013). 이를 앞서의 고들러처럼 반실재론의 잘못된 영향으로 볼 수도 있겠지만, 이런 사고의 본산인 철학계에서도 반실재적 진리론이 만발하는 것(이를테면, Wrenn, 2015)을 보면, 반드시 그렇지는 않은 것 같다. 그러나 최근 등장한 '탈진실'이나 '진실스러움,' '탈실재론' 등이 보여 주는 무규범성과 혼란상을 감안하면, 아무리 "다중 인식론적 질서multi-epistemic order"가 팽배하더라도 기존의 진실 추구적 미덕이 폐기될 것 같지는 않다(Dahlgren, 2009). 그런 면에서 객관주의와 실재론이 부활할 가능성 — 물론 과거와 다른 모습이다 — 도 적어도 윤리적인 면에서는 그렇게 작지 않다.

실재론이 반실재론에 비해 학계의 지지도 낮고 논의도 활발하지 않은 거 같지만, 찾아보면 반드시 그렇지만은 않다. 실재론realism의 'res'는 라틴어로 '물thing'의 뜻이다. 외부의 물리적 대상, 물질적 욕구는 추상성이 높은 다른 주의들은 잘 다루지 않는 영역이다. 그런 면에서 실재론이 객관주의와 밀접한 관계를 맺는 것은 당연하다. 적어도 제도화된 형태의 객관주의는 그것이 '나이브'하든, '고답적'이든, '감상적'이든, '날 것 그대로'이든, '폭로적'이든, 실재론의 자장 내에 있기 때문이다(Shi; Maras, 2013: 92~93에서 재인용). 19세기 때만 해도 실재론은 급진적 이념이었지만, 실증주의나 객관주의의 처지가 그렇듯 지금은 위명을 잃고 있다. 오히려 구성주의의 번성이 실재론이 합리적 핵심을 유지할 수 있게 하는 역설적인 통로가 되고 있다.

캐나다 연구자 질 고티에Gilles Gauthier(2005)가 펼치는 실재론 주장은 다소 도식적이다. 그렇지만 원론적이기도 해서 먼저 살펴볼 필요가 있다. 고티에는 존 설John Searle의 언어학에 기반해 자신의 실재론을 펼친다. 고티에 역시 뉴스의 사회적 구성의 문제를 중시한다. 그러나 존재론 차원에서 뉴스는 독립적이지 않으며, 다른 대상이 필요 없는 '자기 준거적' 존재가 아니다. 뉴스는 내적인 의도를 지니며, 특정한 방향성을 갖지만, 무언가의 표현이다. "어떤 현상이 없으면 뉴스도 존재할 수 없다"(p.52).

물론 이런 뉴스는 일정하게 사회적으로 구성된다. 현상이 자동적으로 뉴스가 되지는 않는다. 설은 2부로 된 이론을 전개하는데, 두 번째 부분이 '외부적 실재주의'다. 그는 외부에 순수한brute 실재가 있으며 사회적으로 구성된 것의 처음에는 바로 이런 실재가 존재한다고 믿는다. "사회적으로 구성된 실재는 모든 사회적 표상으로부터 독립적인 실재를 전제한다. 예를 들어 화폐, 재산, 그리고 언어를 구성하기 위해서는 조그마한 금속, 종이, 토지, 소리, 인쇄된 표시 같은 원료가 있어야 한다"(Searle; Gauthier, 2005: 54에서 재인용). 이 원료는 반복적이고 중첩된 사회적 구성 과정을 거쳐 다른 '사회적 현실'로 변모한다.

설의 주장은 다음처럼 역순의 도식으로 될 수 있다. SoA(x–n)B ← SoA(x)C ← N(SoA)C. 이 도식에서 SoA는 현상state of affairs이다. N은 뉴스이며, C는 구성되었다는 것을 말한다. N(SoA)C는 지금의 현상이 뉴스를 통해 구성되었다는 뜻이다. x~x–n은 사회적 구성이 셀 수 없을 만큼 반복적(n)으로 이루어진 것을 지적한 것으로 숫자인 x–n은 최초의 상태를 말한다. 그러므로 B는 처음의 것, 그대로인 것이다brute. 뉴스는 사회적으로 구성되고 그 현상은 수많은 반복의 결과가 누적된 것이지만, 원초적 형태, 곧 출발점은 가감 없는 사실이다.[165] 개인이 진실의 궁극적인 '노동자arbeiter'(발견자가 아니다)이며, 그 개인이 자신의 경험과 주관적 판단을 통해 진실을 정하는 구성주의와는 명확하게 반대되는

165 설(Searle, 1995)이 사회적 '사실'과 '실재'를 논하면서 나눈 주관과 객관은 앞서의 객관주의 논쟁에서도 그렇고, 다음에 살펴볼 실재론에 대해서도 많은 시사를 준다. 실재론자인 설은 화폐, 자산, 정부, 결혼 같은 사회적인 것 또는 제도적 사실에 대해서는 '존재론적으로 주관적'이고 '인식론적으로는 객관적'이라는 주장을 편다. 그가 예로 든 다양한 사회 현상들은 사람들이 '있다고 믿는다'는 면에서 주관적이고, 누군가의 태도나 느낌과 '별개로 (사회적으로 구성되어) 작동한다'는 면에서 객관적이다. 그러므로 사회적인 것에서 그의 객관은 사회심리학적 차원의 문제이며 상호주관적 일치의 한 단면이다. 물론 이 사회적인 것은 순수한 실재의 다음에 있는 2차적인 것이다.

것이다(van Zoonen, 2012).

고티에에 따르면 이런 순수한 저널리즘적 사실은 다음과 같은 여덟 가지로 유형화된다. 먼저 비교적 자명한 '자연 현상'이나 '생물학적 사실'이 있고, 공포나 염려 같은 감정으로 이루어진 '비의도적 정신적 사실'과 따로 설명이 필요 없는 '재난'이 또한 있다. 미식축구의 터치다운이나 선거에서의 투표처럼 어떤 (규칙의) 표상의 내용을 담은 '선택적 행위,' 재산처럼 오랫동안 한 대상을 소유하는 것 같은 '지속적 행위,' 어떤 특정한 문제에 본능적·자동적으로 나타나는 행위인 '경향·성향·자연적 기호,' 정치지도자에 의한 공적 발표가 대표적 사례인 '언어적 표명verbal manifestations' 등이 또한 있다. 이 중 '자연 현상'만이 전혀 인간의 행위가 포함되어 있지 않으며, 다른 일곱 가지는 뒤로 갈수록 인간의 행위가 부각된다. 고티에의 〈뉴욕 타임스〉 조사에서는 '언어적 표명'과 '선택적 행위'를 다룬 기사가 각각 75.9%, 10.0%로 많았다.

그러나 고티에의 이런 시도가 성공한 것 같지는 않다. 한 범주(언어적 표명)가 너무 많아 분류 자체가 의미를 갖기 어렵기 때문이다. 고티에는 재난 같은 자연 현상은 인간적 범주가 아니라고 했지만, 주지하다시피 재난 역시 인재냐 자연재해냐에 따라 다루는 방식이 완전히 달라진다. 고티에 역시 '인간'과 '담론 행위'가 압도적이라는 점을 인정하면서 언어적 표명에 세부적 범주를 설정해 재분류할 수 있을 것이라는 제안을 하기도 했다. 결론에서 고티에는 뉴스가 반복되므로 그간 실재를 구성해 온 매개 개념들의 중요성이 크기는 해도, 구성을 위해서는 항상 구성되는 무언가(실재)가 필요하다는 점을 다시 강조한다.

5) 비판적 실재론

(1) 비판적 실재론의 특성

비판적 실재론critical realism은 '외부 실재 자체에 주체의 인식이나 언어 게임은 영향을 미치지 않는다'는 형이상학적·초월적 실재론의 하나로, 실재론 중에서도 강한 측에 속한다. 엄격하게 보면 비판적 실재론과 실용주의적 객관성은 서 있는 지평이 다르다. 실용주의는 인간 주체와 존재론적으로 이전부터 있던 '자동사적 실재intransitive reality' 사이에 사회적으로 매개된 교환 행위에 집중하기 때문이다. 실재론자라지만 제임스나 퍼트넘의 것도 약한 실재론, 또는 최소 실재론에 가깝다.

그러나 우리가 다루는 대상은 엄격한 과학이 필요한 객관적 외부 세계가 아니라 '사회적 세계의 사회적 사건'을 다루는 언론이므로 (나중에 볼) 비판적 실재론의 Dr(실재·본질의 영역)과는 아무래도 거리가 있다. 실재론이 문제가 되는 것은 Dr을 설명하는 과학의 이론 체계가 혁명적으로 달라질 때, 그 개념에 대응하는 어떤 외부의 대상도 지적해 보일 수 없을 때다(배식한, 2013). 실재론이 엄연하다면, 어떻게 이렇게 존재의 개념 체계가 완전히 달라지는 것을 용인할 수 있을 것인가?

그러나 다행히 언론에서는 그런 일이 벌어지지 않는다. 이를테면 우리는 물리학의 복잡한 전자 개념의 변천을 알지 않아도 매일의 뉴스 시간을 채울 수 있다. 존재론을 충분히 정립하지 않고도, 다른 말로 비트겐슈타인처럼 알지 못하는 것에 '침묵'하더라도(배식한, 2013), 다음 단계로 넘어가는 데 큰 지장이 없다. 퍼트넘의 말처럼 '실재론과 개념적 상대성은 양립 가능하다. 사람은 동시에 실재론자와 개념적 상대론자가 될 수 있다'(Putnam; Salinas, 2016: 11에서 재인용). 실재론만 해결되면, 비판적 실재론의 인식론적 상대주의와 판단적 합리주의 같은 다른 주장들은 실용주의에도 그대로 적용될 수 있다.[166] 저널리즘의 객관성 연구사를 고찰하면서 좀처럼 자기 주장을 하지 않는 마라스(Maras, 2013) 역시 '실용주의적 진실'이 저널리즘의 객관성과 양립 가능하다는 점은 예외로 했다.

그렇다면 여러 실재론 중에서도 왜 '비판적 실재론'이냐가 중요하겠다. 가장 큰 이유는 비판성에 있다. 이 비판성은 두 가지 의미를 지닌다(Wright, 2011). 첫째는 이론적인 것으로, 실재를 불충분하게 반영하는 다른 (메타)이론들, 예컨대 실증주의나 강한 구성주의에 대해 비판적이다. 둘째는 실천적인 것으로, 사회적 고통과 악을 만드는 사회 구조에 대해 비판적이다. 실재를 잘못되게 또는 불충분하게 반영하는 이론은 이런 사회 구조를 만드는 데 간접적으로라도 일조한다. 실재론의 규범적 측면은 저널리즘의 일반적 기능론의 '사실적 정확성'(Shapiro, 2014)과도 잘 어울린다.

그러나 이런 장점에도 불구하고 사실 저널리즘 분야에서 명시적으로 이를 따르거나 연구하는 학자는 그렇게 많지 않다. 출간된 문헌에 비추어 보면, 앞서의 라우와 고들러, 해킷과 자오(Hackett & Zhao, 1998), 그리고 라

166 비판적 실재론에 대해서는 과학사회학자 이기홍의 연구(2014)를 많이 참조했다. 실용주의와 비판적 실재론의 절충론도 주장하는 사람이 없지는 않다(Khin & Lee, 2012). 코스타의 다음과 같은 주장은 이런 '양립 가능'의 가장 바람직한 전형이 된다. "적절한 거리를 두는 것의 의미는 세계에 대한 '절대적' 관점이 아니라 경험한 내용에 대한 일종의 탐구적 자세와 관련해 재해석할 수 있다. 이런 의미에서 풍부한 관여 실재론engaged realism은 상대주의가 실질적인 세계관으로 바뀔 수 있는 상존하는 위험에 대한 '해독제'로서 작용할 수 있다. 반대로 상대화된 태도는 실재론이 갖는 다양성의 일부다. …… 이렇게 이해된 상대주의는 진리에 대한 실재주의적 태도와 양립하지 못할 이유가 없다"(Costa, 2015: 419).

이트(Wright, 2011) 정도일 것이다. 비판적 대신 '과학적'이란 다른 수식어를 쓰면서 논리 실증주의와 상대주의적 관점주의perspectivism 사이의 제3의 길로 실재론을 주장하는 파빗(Pavitt, 1999)도 이에 포함시킬 수 있다.

비판적 실재론 역시 원래의 실재론이나 앞서의 사회적 구성주의와 마찬가지로 상당히 복잡하고 다양하다. 공통되는 것은 실재(존재론)가 지식(언어; 인식론)과 혼동되어서는 안 된다고 주장하는 점이다. 비유하자면, 실재는 '자동사적transitive'이고, 인식은 타동사적intransitive이다. 물체/대상은 스스로 존재하면서(자동사적) 사람의 인식에 의해 포착되거나 변형된다(타동사적). 이런 존재가 인식 가능하고 사회적으로 구성된 개념을 통해 기술·설명된다고 보는 것에 비판적 실재론의 핵심이 있다.

> "관습주의conventionalism와 다르게 비판적 실재론은 강하게 실제 세계, 곧 관찰자로부터 그리고 그/그녀의 범주나 개념으로부터 독립적인 존재를 긍정한다. …… 게다가 비판적 실재론자는 세계가 접근 가능하며, 이해 가능하다는 생각을 견지한다. 세계는 언어나 사고를 피해 나갈 만큼 영원히 불투명하거나 틈입 불가능한 존재는 아니다. 오히려 그것은 의미 있게 기술되고 설명될 수 있다. …… 실증주의와 대조적으로 비판적 실재론은 실재의 기술이 사회적으로 구성된 개념을 통해서만 이루어질 수 있다는 점을 인정한다. …… 그러나 비판적 실재론은 세계가 개념이나 담론으로 환원될 수 있다는 관습주의적 사고를 거부한다"(Hackett & Zhao, 1998: 129).

비판적 실재론자들은 자신의 주장을 관습주의를 극복한 '제3의 길'이라고 한다. 관습주의는 실증주의나 구성주의 같은 것이다. "만약 저널리즘에 관한 지식 …… 으로 간주될 수 있는 것을 지지하는 존재론의 발상을 **재검토**하고 **재작업**하려 한다면, 구성주의와 실증주의 사이에 '제3의 길'로 활용될 수 있는 메타이론을 발전시키는 것이 가능할 수 있지 않을까?"(Wright, 2011: 158. 강조는 원저자)다. 실재론자의 주장은 구성주의의 통찰력을 버리지 않으면서 반실재론을 극복하고자 하는 길, 바로 존재론을 재정립하는 것이다. 이는 "존재론적 실재론과 인식론적 상대주의, 그리고 판단의 합리성 사이를 결합하고 절충하는 것이다"(Archer et al., 1998: xi).

여기서의 판단은 다음의 인용처럼 지식(심지어는 사실까지)과 개념의 불가분성을 인정하는 가운데 점진적으로 '설명'의 합리성을 높여가는 방법이다. "지식의 개념 의존성, 그래서 '진실'이라는 마지막 명제를 획득하는 것의 불가능성을 주장한다 해서 마치 모든 지식의 주장이 똑같은 가치를 가지고 있는 것처럼 그들의 주장을 다루(어야 하)는 것은 아니다. 오히려 비판적 실재론은 실재의 설명이 갖는 불충분성에 대해 합리적인 판단의 필요성을 강조한다. 그리고 항상 이런 충분성을 향상시키기 위해 노력하자는 것이다"(Wright, 2011: 160).

이에 따라 비판적 실재론자들은 실재가 우리의 지식과 떨어져서 독립적으로 존재함에 '틀림없다must'고 주장한다. 왜냐하면 우리는 언제나 실수를 저지를 수 있는데, 이를 교정하기 위해서는 견줄 수 있는 기준(실재)이 필요하기 때문이다. 우리는 한때 지구가 평평하다고 믿었고, 지금도 태양이 지구 위로 솟아오른다는 잘못된 표현 등을 하지만, '둥근' 지구의 실재는 이를 교정해 주었다.

(2) 비판적 실재론과 뉴스 생산

라우(2004)는 이런 비판적 실재론을 뉴스 생산에 적용한다. 라우는 저널리즘에 영향을 미치는 요인 중 내부 요인에 주목하면 앞서 본 반실재론적 구성주의가, 외부 요인에서는 실재론이 중요하다고 전제한 후, 실재론이 '이중 존재론'을 갖고 있다고 주장한다. 이 중 하나는 외부적 요인들이 객관적으로 존재한다는 점이고, 다른 하나는 뉴스가 (거울 비유에서처럼) 정확하게 실재를 반영하지 않는다 해도 뉴스 자체는 객관적 실재로부터 나온다는 것이다. 이를테면, 다음 명제 같은 것이다. "세계에는 여러 사건이 있다. 우리는 이를 형태화하고, 왜곡하고, 재해석할 수 있지만, 그러나 근본적으로 바꿀 수는 없다. 케네디 대통령은 암살범에 의해 살해당했다. 이 사실을 읽는 방법은 수십 가지다. 그러나 그중 어느 것도 케네디를 살릴 수는 없다. 그는 **실재에서** 죽은 것이다"(Schudson; Wright, 2011: 159에서 재인용. 강조는 재인용자).[167]

라우는 비판적 실재론자인 바스카를 인용해 실재의 영역을 세 가지로 구분한다. 첫째는 '실재의 영역'(Dr; Reality), 둘째는 '실제의 영역'(Da; Actuality), 셋째는 '경험의 영역'(De; Experience)이다. 이 세 영역은 모두 실재다. Da는 일어난 '사건'이다. De는 이 사건을 '경험'하는 영역이다. 경험은 사건의 전모가 아닌 일부만을 지각할 뿐이다. 물론 숙련된 지각은 이 차이를 줄일 것이다. 바스카(Bhaskar, 2005)는 De를 인간이 경험의 주관적 주체로서 경험의 객관적 대상과 상호 작용해서 생산하는 주관적 구성물이라고 한다. Dr은 이런 벌어지는 일(Dr도 지각만 안 되지 벌어지기는 한다) 이면에 존재하는 실재의 본질에 가까운 것이다. 이를테면, Dr은

167 앞서 고들러가 반실재론을 용인했다고 비판했던 셧슨이 대표적인 실재론자로 인용되는 게 재미있다. 고들러는 2005년 저작을 예로 들면서 셧슨이 좀 바뀌었다고 했는데(그렇지만 아직은 분명치 않다고 했다), 여기서 재인용한 것은 2008년 저작이다. 그러므로 고들러의 주장은 틀린 것이 아니다.

표 5. 존재의 세 영역

구분	실재의 영역(Dr)	실제의 영역(Da)	경험의 영역(De)
객체	●		
사건	●	●	
경험	●	●	●

출처: Bhaskar, 2005: 103.

물질적 대상과 전자기장의 화학적 결합물 같은 복합적이면서 이미 형성되어 있는 구조다. Dr은 인간의 오감으로 확인되지 않으며, 실험실에서나 Dr은 Da와 비슷해질 뿐이다. 현실의 장에서 이 셋이 같아지는 일은 거의 없다. 그런 면에서 실재는 표 5에서 보는 것처럼 층화되어 있다.

이를 사회 세계로 옮겨보면 Dr은 일종의 '사회 구조'로 구성된다. 사회 구조는 개인과 집단의 지위-실천(+관행)의 체계와, 사회 관계 및 그들의 산물의 총합이다. 이런 구조는 사회적 구성 인자나 그들의 실천과 분리되지 않으나 일정하게 독립된 관계를 가진다. 예를 들어 물은 산소와 수소(H_2O)로 구성되나 산소와 수소로 환원되지 않는다. 그래서 물은 불을 끄지만 산소와 수소는 불을 붙인다. 앞서 전자기장 사례에서 본 대로 Dr은 특수한 조건 아래에서만 확인이 가능할 뿐, 현실에서는 지각되지 않는다. 물론 그렇다고 존재하지 않는 것은 아니다. 그래서 리히텐버그(Lichtenberg, 1990)가 "객관적 진실은 있는가"라는 존재론적 질문과 "뉴스는 객관적 진실에 도달할 수 있는가"의 인식론적 질문이 다르다고 한 것이다. 이처럼 사회적 실재는 사회 구조, 사회적 인자, 그리고 그들의 실천으로 구성되며, 사회 구조는 Dr에서, 나머지는 Da와 De에 존재한다.

이런 사회적 실재의 존재론적 성질 속에 뉴스를 결정하는 변인인 뉴스 가치도 존재한다. 반실재론자들은 언론 내부의 논리가 많이 반영되는 뉴스 가치를 반실재의 대표적 실례로 거론하고 있으나, 사실 언론인은 보통 사람들과 마찬가지로 경험 영역(De)의 수준에서 취재한 사실을 기사화할 뿐이다. 이벤트로 만들고, 의인화하고, 드라마화까지 하는 것은 길고 어려운 기사들을 싫어하는 대중의 취향을 반영한 것이다. 그런 면에서 뉴스 가치는 실재하는 보통 사람-대중의 상식적인 지각-심리와 밀접한 관련이 있다. "뉴스는 특정한 뉴스 가치에 기초한 실재의 특정한 표상을 제시한다. 그러나 이것은 어떤 비실재적-자의적 특징 때문이 아니라 이 가치가 뉴스 생산으로 옮겨진, 자연적인 일상의 인지적(De에 한정된) 그리고 선택적 지각(De 내에서) 때문이다"(Lau, 2004: 700. 괄호는 원저자).

앞서 객관성/구성주의 논의에서 본대로 저널리즘에서 '사실'은 실재와의 관계도 그렇지만 그것이 사회적으로 인정받는 과정 또한 중요하다. 이와 불가분 관계에 있는 진실 역시 마찬가지다. 여럿의 진실이 동시에 가능하고 이런 다중적 진실이 해소되지 않은 채, 역사 속에 묻히는 일 또한 그렇게 드물지 않다. 뉴스 역시 이와 유사하다. 실재(사건, 출처 등)와 비실재(뉴스 가치, 언론의 정치 경제적 필요, 체제의 헤게모니 유지), 그리고 Dr과 Da, De가, 열린 체계에서 복합적으로 상호 작용하면서 중층 결정되는 것이다. 그런 가운데 실제적인 범죄율이 줄어드는 것과 관계없이 어떤 범죄는 언론에 의해 체제 전체의 위기로 확대된다. 그럴 때 이 사건은 비실재적non-reality-based 위기가 된다.

뉴스의 편파성을 지적하는 많은 사람들이 언론이 De에 머무르는 것, 심지어 그것조차도 여러 개입으로 온전치 않게 되는 것을 비판하지만, 언론인이나 수용자는 '과학자'가 아니므로 De의 영역은 쉽게 확대되기 어렵다. 그러나 언론이 '권위의 위계'를 설정하고 권력적 정보원(출처)에 의존해 실질적인 편파성을 조장한다는 것을 의식하는 언론인들은 De의 상대성을 활용해 Da에 근접하고자 한다. 이 상대성이 정보원의 평등성까지 실현한다면 De는 때로 Dr 차원으로 승화될 수도 있을 것이다.[168]

말하자면, 자신의 선입견을 인정하고, 관계자의 사건에 대한 경험, 특히 자신과 다른 정체성을 지닌 사람의 경험을 평등하게 종합해 가능한 진실에 가까운 결론을 끌어낸다. 물론 현실에서 이런 행위는 자주 나타나기 어렵다. 그러나 이런 얼마 안 되는 인식적-실천적 지평도 실재주의의 사고틀 내에서만 가능성을 엿볼 수 있다.

언론인 출신 학자 라이트(Wright, 2011) 역시 "인용 부호를 붙이지 않은 실재reality without scare quotes"를 주장하면서 저널리즘의 적절한 존재론으로서 비판적 실재론을 주창한다. 인용 부호 없는 실재란 지금까지 실재를 괄호(인용 부호) 속에 넣고 이에 대한 판단을 유보해 왔던 반실재론 또는 불가지론자에 대해 반대하면서 실재를 그대로 인정하자는 말이다. 특히 라이트는 저널리즘 교육에서 일부 문화연구자의 구성주의가 '정신분열적' 실재관을 학생들에게 주입한다고 비판하는 윈드셔틀(Windschuttle, 2000)을 옹호한다. 윈드셔틀의 주장에 다소 과장된 측면이 있기는 하지만, 만약 반실재론처럼 진실과 객관성을 부정한다면 지금까지 존재한 저널리즘 윤리는 전체가 온통 무가치하게 되어 버린다.

앞서 언급한 대로 비판적 실재론에서는 인간의 표상이 심지어 '사

168 De가 여럿의 De로 산재된 채 머무른다면, 정말 실재의 "모든 것은 담론으로 환원될 것이다"(Allan, 1995: 134). 그러나 여럿의 De가 모여 어느 정도 Da에 가까운 형태로 재구성되면서 유태인의 '죽음'은 '학살'로 마무리될 수 있었다. 이야말로 '재구성되지 않은 현실'이라는 실증주의의 오류를 극복하는 이론적 대안이다.

실'까지 이론-의존적이다. 이는 전통적 객관주의를 추종하는 언론인에게는 상당히 도전적인 명제다. 존재 자체를 의심하는 구성주의만큼은 아니라 해도 비판적 실재론 또한 언어와 실재의 차이를 중시한다. 그 차이를 가리키는 '사실성facticity' 개념은 비판적 실재론에서도 나름의 의의를 가진다. 다만 실재론은 실재의 존재를 인정하고 사실성이 사실이 될 수 있게끔 합리적 '판단'을 하려고 노력할 뿐이다.

그런 면에서 비판적 실재론은 어떤 특정 주제의 '어떻게'보다는 무슨 주제를('무엇을') 다루느냐를 중시한다. 여기에서 작동하는 선택성은 현장 언론인에게는 뿌리 깊은 성패의 요인이다. 편집회의는 '무엇을 얼마만큼 어떤 깊이로 어떤 관점으로 어느 정도 시간으로' 다룰지를 결정하는 '몸싸움tussles'으로 가득 차 있기 때문이다. 애써 취재해 놓은 기사의 '운명'이 이 회의를 통해 결정된다. 언론사가 처한 내외부의 모든 가치들과 사안들이 회의석상에 몰려나온다. 언론사의 편집회의야말로 존재론과 구성론이 합치되는 현장이다.

라이트는 자신의 개인적 경험에 비추어 비판적 실재론의 의의를 특히 인간 주체의 '생성적' 측면에서 찾는다. 인간은 주변의 요인에 밀접하게 영향 받지만 자신도 '창조적'이고 '성찰적'으로 이에 대응한다. 그러나 자주 성공하지는 못한다. 언론인도 이와 비슷한 처지에 있다. 언론인은 여러 겹의 층위 속에서 자신의 성찰적 행위를 수행한다. 그러나 라이트는 언론인이 주관적·감정적 판단에서조차 개인적·조직적·전문직적 배경에 의해 '무의식적'으로 영향 받는다고 주장한다. 의식적·자발적 행위의 비중이 그렇게 높기 어렵다는 것이다.

라이트가 정리하는 비판적 실재론의 의의는 크게 두 가지다. 첫째는 저널리즘 윤리나 실천 규범과 어울리지 않는 도덕적 상대주의를 피하면서도 구성주의가 저널리즘 연구에 가져온 의의를 살리는 방식으로 실재와 진실, 그리고 지식을 접합시킬 수 있다는 점이다. 저널리즘에서 사실과 진실은 부인할 수 없는 필수적 개념이지만, 그간 여러 방식과 경로로 오염되거나 다변화되어 재정립이 절실하다. 비판적 실재론은 이런 필요에 부응하면서 언론인에게 그들의 '표상'과 '대리'가 얼마나 책임이 필요한지를 알게 해 준다. 둘째, 비판적 실재론은 구조와 행위, 주관과 실재 사이의 '반복적 연계'를 설정함으로써 저널리즘의 주체와 언론의 물적·사회적 구조를 모두 고려할 수 있게 해 준다. 실재론에서 주체(언론인)의 선택은 구조에 의해 영향받으면서 또 이에 영향을 주기도 한다. 상대적으로 정치경제학이 '구조'에, 실증주의가 반대로 '개인의 실천'에 중점을 둔다면, 비판적 실재론은 양면을 모두 바라보면서 종합을 지향할 수 있다.

이런 비판적 실재론을 객관주의식의 다소 옛날 버전으로 주장하는 유명한 언론인은 BBC와 〈뉴욕 타임스〉의 전 사장인 마크 톰슨Mark Thompson이다. 마크 톰슨은 다음과 같이 주장한다. "(언론인은) '비판적'이어야 한다. 왜냐하면 우리가 접하는 사실이 복잡한 내러티브와 가정들에 의해 매개된 것이고, 우리 각각은 이를 이해하기 위해 정교한 분석과 개인적 판단을 모두 해야 할 필요가 있다는 점을 받아들여야 하기 때문이다. 그러나 또한 '실재론자'이어야 한다. 왜냐하면 우리는 사실에 접근해 가능한 객관적이고 정확한 세계관을 형성하는 것이 가능하고, 이것이 우리의 의무라는 점을 믿기 때문이다"(Thompson; Maras, 2013: 182에서 재인용). 실재-사실을 추구하면서 이를 해석하는 틀(내러티브, 가정)을 비판적으로 분석·판단한다는 뜻이다. 사실은 해석에 의해, 또 해석은 사실에 의해 서로 비판적인 긴장을 만들어 낸다.

6) 세월호 보도

실용주의적 객관성, 저널리즘 인식론, 사회적 구성주의, 입장인식론, 비판적 실재론 등 앞에서 언급한 다양한 저널리즘적 이론 등을 지난 시절, 크게 물의를 일으킨 세월호 보도에 적용시켜 보자. 일단 한국의 보수와 진보를 대표하는 네 개 신문의 4월 17일 같은 날짜 보도, 제목과 첫 단락을 살펴보자(주형일, 2015에서 재인용).

〈조선일보〉

제목: '침몰까지 140分 … 눈뜨고 아이들 잃는 나라'

"경기 안산 단원고 2학년 학생 325명 등 승객과 승무원 462명을 태우고 인천에서 제주도로 가던 여객선이 전남 진도 앞바다에서 16일 오전 침몰했다. 사고 후 175명이 구조됐으나 5명은 숨지고 282명이 실종됐다. 실종자 중 200여 명이 단원고 학생들이다. 이번 사고는 292명이 사망했던 서해 훼리호 사고 이후 최대의 해난 사고로 기록될 것으로 보인다."

〈동아일보〉

제목: '277명이 저 아래 … '

"16일 오전 전남 진도군 조도면 병풍도 북쪽 약 3.3km 해상에서 462명을 태운 여객선 '세월호'가 침몰했다. 17일 오전 1시 현재 179명이 구조됐지만 6명이 사망하고 277명이 실종됐다. 사고 현장에선 한 명의 생명이라도 더 살리기 위한 필사의 구조가 계속됐다."

〈경향신문〉

제목: '여객선 침몰 290명 실종 … '골든타임' 놓쳤다'

"제주도 수학여행에 나선 고교생 등 459명을 태운 여객선이 전남 진도 해상에서 침몰, 5명이 숨지고 290명이 실종되는 대형 참사가 발생했다. 여객선 운항사는 배가 침몰하고 있음에도 승객들에게는 30분 동안이나 '가만히 있으라'며 구조 조치를 제대로 취하지 않은 것으로 드러났다."

〈한겨레〉

제목: '어디 있니, 얘들아 …'

"들뜬 마음으로 수학여행 길에 올랐던 꽃다운 10대들이 차디찬 바닷물 속으로 사라졌다. 여객선과 함께 생때같은 자식을 집어삼킨 바다를 속절없이 바라보며 엄마 아빠는 가슴을 쥐어뜯었다."

동일 사건을 두고 네 신문은 각기 같으면서 다른 입장을 보인다. 우선 〈조선일보〉에게 이 사건은 눈 뜨고 아이들을 잃은 최대의 '해난 사고'다. 〈동아일보〉는 여객선 '침몰'로 277명이 실종, 필사적인 구조 작업이 벌어지고 있다고 말한다. 〈경향신문〉은 구조 조치를 제대로 취하지 않아 5명이 숨지고 290명이 실종된 '대형 참사'로 본다. 〈한겨레〉는 가장 감성적으로 접근해 '수학여행 길에 올랐던 10대들이 속절없이 사라진 일'로 보도한다. 이를 주형일(2015)은 '팩트'에 대한 서로 모순되거나 상반되는 수많은 언어적 묘사들의 사례로 보고, 이 묘사들이 "벌어진 일에 의미를 부여하고 그 일을 특정한 방식으로 이해하도록 만든다"(p.273)고 주장한다. 그에게 언어는 '이미 편향되어 있는 것'이며, 진실은 '언제든 바뀔 수 있는 구성물'로 언론이 사실을 객관적으로 보도하

는 것은 불가능하다.[169]

그러나 "갈등하는 견해를 그저 보기만 하고 심지어 수용까지 해야 하는가? 아니면 그 둘 사이에서 (진위 여부를) 판단해야 하는가?"의 양자택일에서 단호히 후자를 택한 리히텐버그의 주장을 따르면, 전통적인 의미의 편향 없는 객관은 불가능할지 모르지만, "단순한 구성물이 아니라 우리에게 영향을 주는 구체적 실체"(p.275)로서 경험한 것(De)에 충실하면서 가치 판단에서 '옳음'을 주장하는 내용으로 재구성할 수 없는 것은 아니다. 재조사에 인양까지 이루어진 지금 시점에서 돌이켜볼 때, 사실 확인은 비교적 용이하다. 보도 방식에 따라 '(재)구성'되는 걸 피할 수는 없겠지만, 이 구성이 낳는 차이에 근거한 존재론적 의심은 해소할 수 있다.

우선 네 신문이 가리키는 사실에서 공통점과 차이가 교차한다(차이만 있지 않다). '해난 사고,' '침몰'(사고), '대형 참사,' '10대들이 바닷물 속으로 사라진 일'('참사'나 '비극'에 가깝다)인데, 사고의 사전적 뜻이 '뜻밖에 일어난 불행한 일'이고, 참사는 '비참하고 끔찍한 일'이므로 완전히 반대되는 정도는 아니다. '자연재해'와 '인재'라는 정의였다면 좀더 '공약이 불가능한' 상반에 가까웠을 것이다. 물론 사고와 참사의 차이도 주형일의 지적대로 다른 현실 구성과 대응을 부른다. 그러나 적어도 당시에는 '불시에 일어난 사고'에서 어느 정도 합의가 있었으며, 실재론을 위협할 정도는 아니었다(김영욱 외, 2017). 〈동아일보〉가 유일하게 '필사적인 구조'를 언급했지만, 이는 잘 알려진 바대로 오보로 판명되었다. 기자가 현장에서의 경험(De)에 충실했어야 되는데, 정부 측 보도 자료에만 의존

169 언어의 표상성에 대한 확고한 불신을 보여 주는데, 물론 언어의 공동적 이해와 합의성을 전제·지향하는 이 글에서는 이를 따르지 않는다.

해 기사를 작성한 탓이다. 이후에도 '대대적인 구조 작업' 보도는 상당 부분 허위로 드러났다. 이를 풍자한 '기레기'라는 신조어는 지금까지도 한국 언론을 비판하는 유력한 단어로 회자되고 있다.[170] 시간이 흘러 조금씩 실제(Da)가 드러나면서 〈경향신문〉의 보도대로 제때 조치를 취하지 않아 골든타임을 놓친 인재였음이 분명해지기 시작했다. 필요한 구조가 아니라 언론 대응에만 급급했던 정부는 지탄을 받았다.

이런 과정과 갈등을 거치면서 세월호 사건은 결국 자연재해가 일부라도 암시되는 '사고'보다는 미숙한 대처와 직무 불성실에 따른 인재적 '참사'로 점차 굳어져 갔다. 이 둘을 놓고 경합이 벌어졌지만, 보수와 진보지 모두 세월호 사고가 국가적 비극과 국민적 참사라는 크게 보는 관점에서는 일치했고 정부에 대해 비판적 입장도 같이 취한 것이다(김영욱 외, 2017).[171] 이로써 세월호 사건은 어느 정도는 실제(Da)가 밝혀진 셈이다. 마치 앞서 언급한, 2차 세계 대전 때의 수백만 유대인의 죽음이 그저 '죽음'이 아니라 '학살'인 것처럼 말이다.

물론 이런 결론이 "인간의 이성으로 도달할 수 없는 저 너머의 진실"(p.265)[172]까지 될 수는 없다. 이 판단까지 되려면 비판적 실재론에서 말

170 '기레기'에는 슬픔에 잠겨 있던 유족들을 대상으로 뭔가 '읽을거리'를 취재해야 하는 상업 언론 나름의 숙명과 무력감도 들어 있다. 당시 〈한국일보〉 초년 기자들의 술회를 읽어 보면, 기레기라는 말이 오보나 조작 이상이라는 점을 알 수 있다(조원일 외, 2019).

171 물론 사건의 규정, 책임의 소재, 사후 대책과 같이 쟁점이 발생하는 부분에서는 신문의 정치적 성향에 따라 차이가 드러났지만, 이는 세월호 사건 자체보다 이후의 정치 상황과 관련된 부분이 더 크다고 할 수 있다(김영욱 외, 2017; 박종희, 2016).

172 주형일은 이 글에서 진실이 "인간의 이성으로 도달할 수 없는 저 너머에 있다"(p.265)고 하거나 "언제든 변할 수 있는 구성물"(p.268)이라고 한

하는 구조적 원인(Dr)까지 모두 밝혀져야 되는데, 이는 사실상 불가능한 일이다. 인재였음은 어느 정도 합의를 얻었고 보상도 이루어졌지만, '누가 더 책임이 있고, 궁극적 원인은 어디에 있는지'는 지금 시점에도 정확치 않기 때문이다. 그러나 비판적 실재론은 Dr만 의미 있다고 가르치지는 않는다. De를 통해 Da에 가까이 가면서 Dr을 위해 노력해야 한다고 한다. Dr이 없다고 해서 세월호가 주는 교훈인 재발 방지가 불가능한 것도 아니다(물론 완전히 그럴 수는 없을 것이다). 여기서의 Da는 실용주의적 객관성의 목표와도 일치한다. 물론 이 결론 역시 잠정적이다. 그러나 그렇다고 우리 모두의 많은 믿음이 그렇듯이 언제나 쉽게 깨지는 것도 아니다.

5. 뉴스-진실의 혼란: 가짜 뉴스/반정보

1) 가짜 뉴스의 정의

'가짜 뉴스fake news'는 말 그대로 뉴스가 아닌 것이 마치 뉴스인 것처럼 유통되는 현상이다. 앞서 잠시 언급한 대로 가짜 뉴스 역시 진실을 둘러싸고 최근 유행하는 '진실스러움'이나 '탈진실'과 같은 맥락으로 볼 수 있다. '진실스러움'이나 '탈진실'에서는 실체적 진실 여부나 증거를 통한 논리적 검증은 중요치 않다. 개인의 감정이나 신념, 그때그때의 상황

다. 전자는 '부동의 실체'로서 보편적 '진리'에 가까운 것을 뜻하는 듯하고, 후자는 진실로서 구성되는(인정받는) 당대의 사실적 '가치 판단'으로 보인다. 언론의 입장에서는 당연히 후자가 목표이고, 잠정적이고 특수하다고 해서 꼭 의미가 없는 것은 아니다.

이나 기대에 따라 믿을지 안 믿을지(진실로 간주할지) 결정하면 끝이다. 그러므로 이 담론에서 중요한 것은 왜 그런 담론이 유행하는가다. 왜 진실 여부(검증)가 중요하지 않은지, 과연 그렇게 감정이나 기대로 진실을 판단해도 되는지, 감정이나 신념이 서로 달라 최소한의 진실조차도 합의할 수 없을 때 정말 문제는 없는 건지, 그런 경우에도 같은 사회의 구성원으로 살아갈 수 있는 건지가 우리가 해야 하는 질문이라는 것이다. 만약 조금이라도 문제가 있다면, 우리는 이런 진실 담론을 하루빨리 '정리'하지 않으면 안 된다.[173]

그러나 2015년의 미국 대선에서 여론의 집중적인 주목을 받은 '가짜 뉴스' 현상은 이런 진실 담론이 아예 '고장'의 수준에 도달해 있다는 것을 보여 준다. 가짜 뉴스 역시 다른 유행어들과 마찬가지로 그렇게 엄밀한 개념으로 쓰이고 있지 않다. 학자들이나 언론인들도 일반 대중보다 그렇게 나은 수준이 아니다. 2003년부터 2017년까지 학자들이 쓴 34개 논문에서 가짜 뉴스 개념을 분류한 탠독 등(Tandoc, Lim & Ling, 2018)에 따르면, 가짜 뉴스는 '뉴스 풍자,' '뉴스 패러디,' '뉴스 조작,' '사진 조작,' '광고·PR,' '프로파간다' 등의 여섯 가지 유형으로 나누어진다. 이 여섯 가지에 모두 가짜 뉴스라는 용어가 쓰인다는 것이다. 이 중 그들이 가장 병폐로 삼는 것은 수용자를 기만할 의도로 전혀 사실이 아

173 특히 이런 정리의 하나로, 기존의 권위가 제시하는 진실을 거부하고 다른 상대화된 진실'들'을 추구하는 탈진실은 적어도 교육받은 일부 자유주의자들이나 좌파들에게 지지받는다는 점에서 다른 경우와 구분될 필요가 있을 것이다(Calcutt, 2016). 특히 앨런(Allan, 1995)은 탈진실이 객관성이 조장하는 체제적 진실(헤게모니)을 성찰할 수 있는 발판이 된다고 주장한다. 그러나 21세기 초엽까지도 비판적 의미를 지니고 있었던 탈진실은, 가짜 뉴스가 횡행하는 지금 들어서는 완전히 맥락이 달라졌다.

닌 것을 퍼뜨리는 '뉴스 조작news fabrication'이다.

영국의 미디어학자 탐비니(Tambini, 2017) 역시 여섯 가지 유형으로 분류하는데, 특별한 기준을 밝히지는 않아 언론 등에서 쓰는 일반적인 활용을 정리한 것으로 보인다. 그의 분류에서 특기할 만한 것은 '권위나 합의에 도전하는 뉴스'도 가짜 뉴스의 한 유형으로 보았다는 점이다. 그가 예로 드는 것은 경기 호황에 제동을 거는 뉴스다. 이런 뉴스는 시장을 지배하는 경기 순행적procyclical 세력에 의해 '가짜'가 된다. 이런 뉴스는 때로 진실을 말하기도 하는데, 예컨대 금융 위기 때는 오히려 '진짜' 뉴스들이 전혀 위기를 예고하지 못했다.[174] 그 외에는 트럼프가 주로 쓰는, 자신의 의견과 다르거나 이념적으로 반대하는 뉴스를 가리키는 경우도 한 유형으로 제시했고, 나머지는 앞서의 탠독과 비슷한 '패러디,' '나쁜 뉴스(실체 없는 루머),' '허위 정보 1(선거에서 이기기 위해 상대 후보를 해치고자 알면서도 배포하는 것),' '허위 정보 2(경제적 이득을 위해 배포하는 광고)' 등이다. 지금 문제가 되는 것은 후자 쪽의 허위 정보들일 것이다.

워들과 데락샨(Wardle & Derakhshan, 2017)은 이런 정의들에 대해 체계화를 시도한다. 먼저 그는 이런 정보 세계 자체의 문제를 '정보 무질서' 개념으로 포괄하고, 이런 정보를 '정보가 얼마나 허위적인가,' '누구에 의해 기획·제작·배포되느냐,' '어떤 목적(고의성과 타인에 대한 위해)으로 만들어지느냐' 등을 기준으로 다음 세 가지로 유형화한다. 첫째

174 기존 언론의 잘못된 헤게모니를 고발하는 이런 지적이 의미가 없는 것은 아니지만, 올바른 저널리즘의 개념 자체가 '정확한 예측'으로까지 확대되는 것은 그렇게 바람직하지 않다고 생각한다. 왜냐하면 병폐로 지적되는 가짜 뉴스는 실체에서 '허위'로 판명되거나 의도에서 '고의성'이 강한 일부에 국한되기 때문이다.

는 '오보misinformation'다. 정보는 허위이지만 누군가를 해칠 고의적 목적은 없는 것이다. 보도자가 실수나 오류를 범했을 경우가 많은데, 수용자를 잘못된 방향으로 이끌거나 사실을 오해시킬 가능성이 높다. 둘째는 '불량 정보malinformation'다. 정보는 허위가 아니지만 배포하는 행위에는 누군가를 해칠 목적이 들어 있다. 특정 목적을 위해 정보를 누설하거나 누군가를 괴롭히거나 증오를 드러내는 표현이다. 셋째는 '반정보disinformation'다. 반정보는 정보 자체가 허위이며, 사람 또는 조직, 정당 등을 해칠 목적으로 만들어진다. 전혀 어울리지 않는 맥락, 사기를 위한 정보 역시 조작된 것이어서 반정보다. 그림 1에서 보는 것처럼 앞서의 '오보'와 '불량 정보'의 교집합, 곧 '허위성+유해성'이다.

물론 가짜 뉴스라 해서 허위만 있는 것은 아니다. 로제키와 메라즈(Rojecki & Meraz, 2016)는 출처, 동기, 공적 중요성, 진실 여부 등 세 가지 기준으로 허위 정보와 유사한 여러 개념들 — 루머, 가십, 반정보, 프로파간다, 허위 정보 조합factitious information blends 등 — 의 차이와 공통점을 구분한다. 이 중 가짜 뉴스와 관계 있는 것은 허위 정보 조합과 반정보다. 허위 정보 조합은 특정한 목적을 위해 진짜와 가짜, 사실과 기대를 적당히 섞는 것을 말한다. '섞여 있으므로' 완전히 허구는 아니지만, 잘못된 연결, 비논리적 맥락, 조작된 내용이 들어 있어 사실상 가짜 뉴스다. 언뜻 보기에는 가짜 같지 않고 추측이나 기대가 때로 맞기도 하므로 신빙성이 전혀 없지는 않은 정보이지만, 그런 만큼 나쁜 의도가 있을 때, 해악 또한 크다.

반정보는 미상의 정부 관료에 의해 공적 지지를 약화시킬 목적으로 역시 허위의 정보가 제작·배포되는 현상이다. 로제키와 메라즈가 별다른 설명 없이 '미상의 정부 관료'를 반정보의 출처로 간주하는 것으로

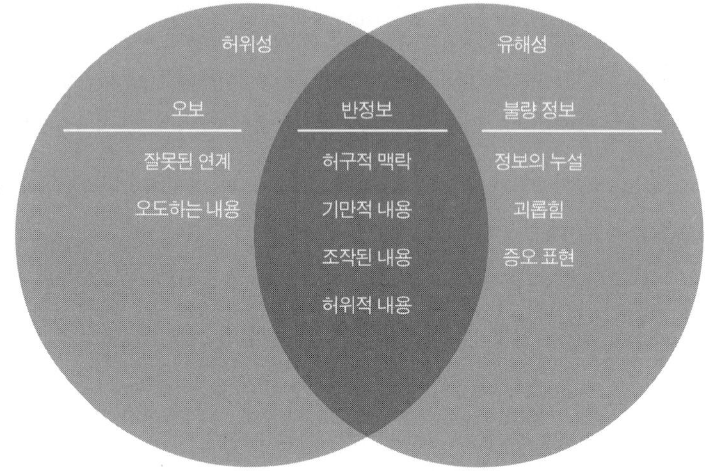

출처: Wardle & Derakhshan, 2017: 20.

그림 1. 정보 무질서의 구성

보아 미국의 맥락으로 치면 이라크 전쟁 당시 화학 무기나 핵무기를 연상케 하는 '대량 살상 무기' 같은 허위 정보를 사례로 삼는 것 같다. 허위 정보 조합의 출처 역시 다른 허위 정보와 다르게 '엘리트와 의견업자 opinion entrepreneurs'로 되어 있다. '업자'란 개인적인 행동가이든 유사 정치 집단이든 전문적·체계적으로 움직인다는 특징을 갖는다. '허위 정보 조합'은 주로 선거 같은 정치적 이벤트에서 상대 후보나 정당을 음해할 목적으로 의도적으로 뿌려진다. 가짜 뉴스에 이런 조합까지 포함시킨다면 가짜 뉴스의 범위는 확대될 수 있고 여러 논자들의 지적대로 꼭 지금 시대의 예외적 현상이 아닐 수도 있다.

2) 가짜 뉴스 분석

가짜 뉴스에 대한 연구자 대부분의 공통된 주장은 그렇게 새로운 현상이 아니라는 점이다. 가짜 뉴스는 이전에도 있었고 지금도 있다(Tandoc, Lim & Ling, 201; Waisbord, 2018). 그러므로 중요한 것은 가짜 뉴스 자체가 아니라 가짜 뉴스가 횡행하고 문제가 되는, 미디어나 사회와 연관된 다음의 두 가지, 지금의 특수한 사정이다(Corner, 2017). 하나는 허위를 진짜로 유통시키는 뉴스 생태계 자체의 불건강성이다. 이전의 루머나 가십과는 다르게 지금의 가짜 정보는 아무런 여과 장치도 거치지 않은 채 순식간에 사회 전체로 퍼진다. 누구나 자유롭게 참여할 수 있는 디지털 환경은 이의 가장 큰 배경적 조건이 된다. 다른 하나는 정부와 대통령이 기존 뉴스를 비난하는 말의 무근거나 저열성, 그리고 이를 대중적으로 소비하는 양태와 관련된 것이다. 여기에서 정부와 대통령은 믿고 싶은 것만 믿게 하는 극단화된 정치 전반으로, 대중적 소비는 기존 미디어의 상업적 행태와 직접적으로 연관된 것으로 바꾸어도 큰 무리는 없을 것이다. 악화가 양화를 구축하는 시장 메커니즘의 폐해는 이를 두고 하는 지적이다(Fenton & Freedman, 2018).

둘째, 가짜 뉴스가 적극적으로 정보에 반反하는 '반정보,' 곧 '정치적 목적을 위해 뉴스 기사로 배포되거나 다큐멘터리로 가장된 의도적 거짓말'로 확대된다고 보는 문제의식(Bennett & Livingston, 2018)이 의미심장하다. 이 문제의식에서는 가짜 뉴스를 "허위와 혼란을 초래하는 일시적 사건"(p.124)으로 보는 관점을 넘어 이보다 더 체계적으로 정보 소비자들을 기만하고, 일정한 전략에 따라 기존의 공식적인 정보 흐름을 방해하는 행위로 간주한다. 그간 가짜 뉴스는 주로 극우 정치 세력에 의해 생산되었고, 정치적 계기로는 2016년에 벌어진 미국의 대통령 선거가 꼽히며, 국제적으로는 러시아가 사이버 공격의 하나로 활용해 원인을 밝히기 어려웠다. 트럼프의 예에서 본 대로 정치인이 자신을 비판하는 미디어를 역공하기 위해 쓰는 새로운, 그렇지만 상투화된 수법이기도 했다. 그러나 만약 지금 같은 정치·미디어 환경이 이어진다면, 특정한 의도를 숨긴 '아니면 말고'식의 허위 정보 조합이나 반정보는 하나의 고질로 정착될 가능성 또한 없지 않다.[175]

허위 정보 조합의 예는 수없이 많다. 다음은 전형적인 가짜 뉴스의 하나로 꼽혔던 것인데, 역시 허위와 진실을 적당히 섞은 것이다. 트럼프가 당선되기 며칠 전, 유세에 나서 갑자기 '어젯밤 스웨덴에서 벌어진 일을 봐라. 바로 스웨덴이다. 이걸 믿을 수 있느냐?'라고 강하게 외쳤다. 사람들은 어리둥절했다. 어젯밤 스웨덴에서는 아무 일도 벌어지지 않았기 때문이다. 나중에 트럼프는 자신이 폭스 뉴스에서 보았다고 실토했다(그러니까 보기는 본 거다). 전날 밤, 폭스 뉴스는 아미 호로위츠Ami Horowitz라는 한 다큐멘터리 감독을 출연시켜 그의 영화 일부를 방송하였다. 영

175 론 서스킨드Ron Suskind 기자가 인터뷰했던 부시 행정부의 한 수석 보좌관의 다음과 같은 주장은 이를 웅변으로 증명한다. "그는 내 말을 자르면서 '그건 이제 더 이상 세상이 돌아가는 방식이 아니에요'라고 주장했다. '**우리는 지금 제국이고, 우리가 행동할 때, 우리는 우리의 현실을 스스로 창조합니다.**' 그리고 당신이 그 현실을 공부하는 동안 …… 우리는 다시 행동해 다른 새로운 현실을 창조할 겁니다. 당신은 또 공부할 거고요. 일은 그런 식으로 정리될 겁니다. 우리는 역사의 배우들이며, 여러분 모두는 우리가 하는 일을 연구하게 될 것입니다"(Suskind; Allen, 2008: 327에서 재인용. 강조는 재인용자). 뒤늦게 무언가가 밝혀질 수 있겠지만, 또 다른 현실이 전개되면서 앞의 것은 그저 '공부의 대상'이 될 뿐이라고 한다. 이들에게 진실은 만들어지는 것이지, 존재하는 것이 아니다.

화에는 과연 무슬림 이민자로 보이는 유색 군중이 경찰을 폭행하고, 방화로 차가 불타는 장면이 있었다. 그러나 이 필름만으로는 장소가 어디인지 알 수 없었고, 영화 자체도 편집 조작으로 해당 경찰관이 호로위츠를 고소까지 한 믿을 수 없는 것이었다. 트럼프는 정확하게 보지도 않았고 실제 검증도 되지 않은 것을 유세 현장에서 말해 허위 정보 조합을 만든 것이다(Bennett & Livingston, 2018). 트럼프의 주 지지층이 이민자를 싫어하는 백인 중장년층인 것으로 미루어 볼 때, 이 유세와 그 유세를 보도한 뉴스 등이 효과를 미치지 않았다고 말하기는 어렵다. 이 모든 것이 허위로 밝혀진 것은 이미 선거가 끝난 후다.

최근 한국에서도 일례가 있다. 〈조선일보〉가 2018년 7월 21일자로 보도한 노회찬 의원의 '아내 전용 운전기사'다. 같은 것을 〈국민일보〉는 4월 16일자에 "아내의 운전기사로 선거 운동을 돕던 자원봉사자"로 보도했다. 정확하게는, '선거 운동 20일간의 운전 봉사 도우미'다. 〈국민일보〉의 운전'기사' 표현에도 문제가 있지만, 〈조선일보〉는 이를 더욱 왜곡해 자원봉사조차 뺀 전용 기사로 바꾸었다. 사실과 허위를 섞은 전형적인 허위 정보 조합이다. 이 기사로만 보면, 정의당의 운동권 출신 노회찬 의원은 마치 부인까지 전용 운전기사를 두고 부유하고 사치스런 삶을 누리는 것처럼 보인다. 순수성이나 청렴성을 내세운 정의당이나 노회찬 의원은 이 기사를 통해 상당히 이미지가 훼손되었을 것이다. 그러나 이 허위 정보의 정정은 첫 보도가 있은 지 거의 20일이 지난 8월 11일에 조그맣게 나왔을 뿐이다.

셋째, 가짜 뉴스나 반정보의 분석에서 연구자들이 보여 준 또 하나의 합의는 기존 언론의 문제점이다. 가짜 뉴스는 우연적 해프닝이 아니라 단기적 보상과 상업적 영향을 노린 미디어 시장판의 논리적 결과라는 것이다(Fenton & Freedman, 2018). 가짜 뉴스를 유통시켜 가장 이득을 얻은 측은 정작 이를 비판한 기존 언론이라는 다음의 지적은 정곡을 찌른다. "트럼프가 언론을 공격할 때조차 …… 그는 여전히 주류 언론에 기여했다. 선거 때 트럼프를 보도하면서 뉴스 조직들 특히 텔레비전 방송들은 어마어마한 수입을 올렸기 때문이다. 이 시즌에 케이블 뉴스 조직의 예상 수익은? 기록을 깨 버린 25억 달러다"(Pickard; Fenton & Freedman, 2018: 8에서 재인용). 가짜 뉴스의 다양한 유형 중 하나로 '기존 합의를 부정하는 뉴스'가 꼽힌 것(Tambini, 2017)도 이 점에 국한하면 충분히 이해가 된다.

이 문제를 BBC 출신 언론학자 젤리저(Zelizer, 2018)는 영미권 저널리즘의 정신, 그는 앵글로 아메리카의 '상징imaginary'으로 부르는 것에 한정시켜 구체적이고 역사적으로 분석한다. 젤리저는 앵글로 아메리카의 저널리즘이 지금 같은 위기에 도달한 이유를 1950년대의 냉전과 매카시즘 보도에서 찾는다. "매카시에 대응해 미국의 언론인들은 '**왜** 그것이 중요한지' 묻는 것은 잊어버리고, '언론이 **어떻게** 보일지'에 치중해 뉴스만 기계적으로 중계하는 데 신경 썼다. 여기서 아이러니는 미국의 (국제적) 권력이 결정結晶되는 시점에 언론이 그 권력에 너무 무비판적으로 결합함으로써 저널리즘의 권위가 쇠퇴해 버렸다는 것이다"(p.145. 강조는 원저자, 괄호 안은 인용자). 트럼프가 기성 저널리즘을 비판하고 가짜 뉴스 논란을 조장할 때, 미국 언론이 보여 준 것은 정의로운 거부 같은 민주주의 정신이 아니라 관료적 권력에 약한 잘못된 관행, 곧 객관성이었다. 미처 떨치지 못한 이 관행으로 인해 2016년 대선 당시 미국 언론은 트럼프의 '이해 상충'과 힐러리의 '이메일' 스캔들을 같은 위치에 놓음으로써 우파 이데올로그의 허위 주장과 사실을 밝힌 뉴스를 동치同値시키는

엄청난 잘못을 범했다.

상당히 오랫동안, 적어도 20세기까지는 어느 나라나 본받아야 할 모델로 추앙받던 미국과 영국의 언론이 어쩌다가 이 지경이 되었을까 하는 이유가 궁금할 때, 나오는 분석의 결론은 역시 권력에의 순응이다. 젤리저의 판단이 가진 다소의 극단성을 감안한다고 해도 이들 언론의 이면을 흐르는 사상적 기초, 즉 시장자유주의나 객관주의에 권력 감시의 정신이 차지하는 비중이 현저하게 작은 것도 부인할 수 없다. 객관성의 수많은 비판자들이 이구동성으로 지적한 것도 바로 이 점이고, 영국의 학자 맥네어(McNair, 2017)가 객관성을 회고하는 자리에서 뚜렷하게 '객관성 이후'를 제시하지 못하면서도 단 하나, 객관성(곧 지금 언론)이 버리지 않으면 안 되는 가장 큰 단점으로 지적한 것도 역시 이것이다.[176]

넷째, 반정보가 마치 진짜처럼 소비되는 데는 기존의 지식·저널리즘 전체를 비롯해 보다 큰 근대의 모순이 자리하고 있다는 거시적 시각도 있다. 21세기 들어 미디어–뉴스 세계에서 가장 큰 변화는 이른바 레거시 미디어의 비중이 현저히 저하되었다는 점이다. 달리 보아 서구 민주주의에서 수없이 지적되던 거대 미디어의 지배는 사라졌으며 기존의 공적 커뮤니케이션은 다변화되었다. 심지어 정치인과 국민 사이에 '무매개화 disintermediation'로 부를 수 있는 직접 대화까지 빈번해지고 있다(Bennett & Pfetch, 2017). 이에 따라 거대 미디어의 대표성을 정당화시켜 온 저널리즘의 엘리트–전문직주의 또 이의 기초가 된 (훈련된) 과학·지식의 실재

176 대부분 권력인 출처의 말을 그대로, 거짓 없이 옮겨야 하는 객관 언론에는 출처가 거짓을 말할 경우, 이를 교정할 수 있는 방법이나 수단이 없다(Altmeppen et al., 2012).

주의 방법론이 불필요해졌다. 여기에 앞서의 탈진실론의 배경을 이루는 탈근대주의나 사회적 구성주의 같은 비판적인 지적 흐름까지 가세하면서 진실과 거짓, 설득과 기만, 권위와 반권위, 사실과 의견을 구분하는 체계 전체가 온통 흔들리기 시작했다. 이를 아르헨티나계 미국 학자 실비오 웨이스보드Silvio Waisbord(2018)는 다음과 같이 진단한다.

> "이것은 사회적 구성주의의 진영에 속한 사람들에게는 이미 뉴스가 아닐 수도 있다. 사회적 구성주의는 진실-말하기가 복잡하고 동적인 과정이며, 진실은 좀처럼 포착되지 않고 끝없이 논쟁적인 것이라고 한다. 새로운 것은 저널리즘과 공적 생활에서 상대주의가 가져온 결과에 대한 경각심이다. 상대주의는 주관성들의 지속성과 인식론적 규범과 가치의 다양성을 보여준다. 그것은 커뮤니케이션적 합리성과 사실성에 의해 인도되는 집단적 프로젝트로서 진실-말하기를 희구하는 하버마스적 열망에 대한 심각한 도전을 의미한다. 그것은 과학적 실재론과 결합한 저널리즘과, 당파적이면서 이데올로기적이고 종교적이기도 한 인식론에 깊이 연루된 신념 공동체 사이의 큰 괴리를 반영한다. 방대하면서 혼돈에 휩싸여 있는 정보 세계에서 전문직주의 저널리즘을 지탱해 온 엘리트-지배적, 과학적 실재론 모델의 한계가 노골화되고 있다"(p.6).

구성주의와 실용주의에 공통되는 것은 논쟁적이고 과정적인 진실관이다. 반대되는 것은 구성주의가 실용주의에 비해 '당파적이면서 이데올로기적인 인식론,' 곧 상대주의에 더 깊이 연루되어 있고, 이 상대주의가 구래의 하버마스적 진실-말하기, 합리성과 사실성을 필요 이상으로 거부하고 있다는 점이다. 강한 구성주의는 앞서 본대로 과학적 실재론 모델까지 거부해 장점보다 단점이 훨씬 더 많은 결과를 초래한다.

실용주의에 따르면, 진실(여기서는 진리가 가까운 번역어지만, 통일성을 위해 진실로 했다)은 사상에 내재되어 있지 않고, 진실이냐 아니냐는 '진실-되기'의 동적인 과정을 통해 밝혀진다. 실용주의는 뉴스와 진실의 관계가 공중들이 뉴스/정보를 접해 얼마나 질 높은 독해를 해내느냐, 이런 독해와 기존 신념 사이가 얼마나 잘 조화를 이루느냐 사이에서 조정되는 일종의 '계약'으로 형성된다고 본다. 진실 여부는 이 계약이 얼마나 안정적이면서 통합적인 기반을 갖고 있느냐에 의해 결정된다는 것이다.

여기에서 웨이스보드는 심각하게 반문한다. 과연 지금 사회가 그런 기반을 갖고 있는가? 오히려 '차이의 주관성들'로 해체되어 통합이 어려운 '개별의 공론장들'로 가득 차 있지는 않은가? 그런 게 과연 공론장일 수 있는가? 만약 그렇다면, 이런 정치사회적 조건이야말로 계약을 늘 불안정하게 만드는 이유가 아닐 수 없다. 저널리즘은 진실을 주장한다고 말하고 싶어 하고 실제로도 많은 (주류) 언론들이 아직은 그런 대접을 받고 있지만, 지금의 환경과 조건은 점점 더 그것이 어려운 방향으로 가고 있다. 어쩌면 가짜 뉴스는 이런 사회가 보여 주는 한낱 징후에 불과한 것이다.

3) 가짜 뉴스의 함의와 극복 방안

웨이스보드가 보는 지금의 세계는 상당히 어지럽다mixed. 기존 모델(근대)의 한계는 이미 드러날 만큼 드러났는데 이를 대체할 수 있는 새로운 약속은 실현되지 않고 있다. 전前 시대를 부정하지만 오히려 전 시대보다 악화된 것도 많다. 과학과 자유에 기초한 테크노-자유주의의 꿈은 사라진 가운데 그 자리를 채운 건 다름 아닌, "모든 게 진실이지만 진실된 건 아무것도 없다"(p.6)는 자폐적 회의주의와 혼란이다.

가짜 뉴스가 이런 혼란과 갈등의 징후인 건 미국과 영국, 독일과 오스트리아 등 네 나라를 비교한 연구에서 일부 실증된다(Humprecht, 2018). 상대적으로 정치 지식이 낮고, 정치 구도가 더 극단화되어 기성 언론을 포함해 사회적 신뢰가 적은 미국과 영국에서는 독일과 오스트리아에 비해 이런 반정보가 훨씬 더 많이 소비되었다. 미국과 영국에서 정치인들은 훨씬 더 극렬한 용어를 써서 상대 정당 또는 정부를 공격하며, 뉴스 언어 역시 이에 영향받아 스캔들에 민감하고, 감정적이며, 갈등 친화적이다. 로이터 연구소의 조사에 따르면, 최근 영국에서는 미디어에 대한 신뢰가 7%나 떨어졌고, 미국인들은 자신이 자주 이용하는 미디어를 반 정도(53%)밖에 믿지 않는다(Reuters Institute; Wardle & Derakhshan, 2017: 65에서 재인용). 영국과 미국 미디어의 전반적 신뢰도는 각각 43%, 38%로, 조사한 36개국에서 17위와 28위를 차지했다. 1위는 핀란드였고, 꼴찌는 23%밖에 신뢰를 못 얻은 한국이었다. 정치에 대한 신뢰 역시 바닥세인데, 통치 제도 전반에 대해서는 33%밖에 믿지 않고, 정치에 관심이 있는 사람들 중에서도 1/3 정도(35%)만이 효능감('나라를 바꿀 수 있다')을 느꼈다. 41%가 참여하고 싶은 의지가 있지만 13%만이 그렇게 하고 있고, 이는 삶의 풀뿌리 현장인 지역에서도 각각 46%와 25%에 그쳤다(Hansard Society; Fenton & Freedman, 2018: 3에서 재인용).[177]

177 최근 미국에서는 뉴스 미디어에 대한 신뢰도가 더 떨어져 '사실' 부문은 1985년 55%에서 2011년 25%로, 여러 측면을 두루 다루는 '공평성' 부문은 34%에서 16%로 감소했다(Pew; Groeling, 2013: 131에서 재인용). 객관주의를 신봉한다고 하는 미국의 수치가 이럴 정도이므로 저널리즘의

그런 면에서 가짜 뉴스와 반정보는 결코 미디어 내부의 고유한 문제가 아니다. 어쩌면 진실이냐 허위냐의 비교적 단순한 문제도 실제 가짜 뉴스가 활용되는 수사와는 거리가 있다. 고의냐 아니냐를 따지는 것은 이보다는 낫지만, 위법성 여부에 치중하게 될 경우 문제의 성격을 호도할 수 있는 위험이 있다. 정적의 정당성을 훼손할 목적으로 가짜 뉴스가 거론되는 것, 특히 트럼프처럼 언론(에 나온) 비판에 대응해 '아니다'나 '반대한다'가 아니라 '가짜다'라고 반박하는 것에는 '비어 있는 기표'의 비유처럼 확실히 참/거짓의 차원과는 사뭇 다른 측면이 있다(Farkas & Schou, 2018).[178] 아렌트식으로 말하면, 정치적 논쟁에서 조금이라도 자신에 불리한 정보가 나오면 '가짜'로 몰아붙여 실재 세계에서 논쟁의 의미를 분별하는 감각이나 인식 자체를 파괴시켜 버리는 더 치명적인 효과를 낳는다는 것이다(Arendt, 1966/2005). 따라서 단순히 미디어가 윤리를 회복하거나 팩트 체크용 플랫폼이 만들어진다거나 소셜 미디어의 운영자들이 가짜 뉴스에 경각심을 갖는 정도로는 문제가 해결되지 않는다.

물론 구체적인 근절 방안은 미디어 영역에서 강구되어야 할 것이다.

'이즘-ism' 시대는 이제 갔다고 해도 과언이 아니다.

178 파르카스와 슈(Farkas & Schou, 2012)가 정리한, 가짜 뉴스가 횡행하는 이유와 관련된 담론적 계기는 크게 세 가지다. 첫째는 디지털 자본주의 비판이고, 둘째는 극우적 정치와 미디어 비판이며, 셋째는 (미국의) 주류·자유주의적 미디어 비판이다. 그러니까 가짜 뉴스는 극우적 정치에서 비롯되었지만, 주류 미디어의 심각한 기능 장애로 격화되었고, 이의 이면에는 디지털 자본주의가 가진 심각한 모순이 있다는 것이다. 하나를 더 추가할 수 있는데, 이는 탈사실·탈진실적 맥락 비판이다. 과학을 비롯해 기존에 진실로 여겨졌던 여러 지식·정보들의 신뢰성이 현저하게 떨어진 것이다. 이처럼 가짜 뉴스는 갈수록 처방도 진단도 다른 다양한 맥락으로 확대되고 있다.

특히 가짜 뉴스가 기존 언론에서 더 많이 소비된다는 디지털 미디어 시장 자체의 지극한 상업성 문제, 완전 허위보다 더 큰 문제가 적당하게 진짜와 가짜를 혼합하는 허위 정보 조합이라는 점이 유념되어야 한다. 수용자의 미디어 해독 능력을 신장시키는 것이 이런 악화의 유포를 몰아내는 궁극적인 해결책이라는 점도 빼놓아서는 안 될 것이다.[179] 탈근대주의와 사회적 구성주의(특히 강한 구성주의)의 오류에 대한 대안을 마련하는 것도 지식계에서는 유력한 방안이 될 것이다. 그러나 베넷과 리빙스턴(Bennett & Livingston, 2018)의 주장대로 역시 정부를 포함해 정치 제도와 사회 제도 전반의 반성과 신뢰 회복이 보다 근본적인 해결책일 것이다.

179 한 연구(Allcott & Gentzkow, 2017)에 따르면 반정보에 가장 취약한 층은 '미디어 소비에 상대적으로 시간을 쓰지 않는 사람들,' '교육을 받지 못한 사람들,' '소셜 미디어를 많이 쓰는 젊은 사람들'이었다.

5장

공정성의 지향점

미디어 정의와 부정의

1. 롤스의 정의론과 공정성

한국 언론의 공정성 이념은 서구 중심의 전통적 저널리즘론으로는 확실하게 포착하기 어려운 다층적·복합적 개념이다. 나는 이를 이론적으로 해명하고 저변을 풍부히 하기 위해 실용주의적 객관성을 언론인의 인식과 윤리의 기본 태도로 삼고, 이의 약점을 보완하면서 다른 한편으로 긴장도 주는 정치적 진실론, 입장인식론, 비실재론(구성주의) 비판, 비판적 실재론, 가짜 뉴스 등을 살펴보았다. 이제 마지막으로 공정성의 지향점에 대해 알아보고자 한다.

나는 공정성이 적극적·최대적인 의미에서는 '미디어 정의'의 실현이고, 소극적인 의미에서는 '미디어 부정의'의 극복이라고 생각한다. 물론 이 부정의에 소극적인 측면만 있지는 않다. 언론의 자유나 공정성을 실현하는 과정에서도 불가피하게 부정의가 발생할 수 있기 때문이다. 대표적인 것으로 균형성을 들 수 있다. 대립되는 이슈, 정당 사이의 균형은 언론이 준수해야 하는 가치다. 신문에서는 상대적으로 덜하지만, 방송에서는 거의 제도화되어 있고, 수용자들도 균형에서 공정함을 느낀다. 그러나 균형은 '기계적'으로 지켜질 때, 너무나 자주 장식이나 허울로 전락한다. 공

정하기 위해 지키는 원칙이 오히려 언론을 불공정하게 만드는 것이다.[180]

미디어 정의란 말을 분석적으로 쓴 예는 내가 알기로는 신아리스토텔레스주의자인 영국의 미디어학자 콜드리가 처음이다(Couldry, 2012). 그 역시 이 용어를 사용하는 것에 많이 주저했다. '어떻게 하면 정의로운지'를 미디어 영역에서 밝히기가 매우 어려웠기 때문이다. 그의 해법은 롤스보다 센에 의존해 '정의의 실현'이 아니라 '부정의의 극복'에 착안하는 것이다. 센은 추상적이면서 초월적인 정의의 실현보다 당장 눈앞에 보이는 부정의의 극복이 사회 전체적으로 볼 때, 더 나은 결과를 가져온다고 주장했다. '경제 복지의 실현'보다 '기아의 퇴치'가 더 가시적이고 즉각적이라는 것이다.

센은 주지하는 바대로 유명한 정의론의 철학자 롤스에게 많은 영향을 받았다. 콜드리의 문제의식을 확장하고 이의 적용 가능성을 높이기 위해서는 롤스와 센, 콜드리로 이어지는 영향 관계와 논리적 회로를 살펴봐야 한다. 롤스에게서 제기되는 공정성으로서의 정의와 공적 이성·약자 보호, 센의 자유와 부정의, 비이상론의 문제의식, 이를 적절하게 원용·비판하면서 현대의 미디어 상황에 접목시키려는 콜드리 등은 한국 언론의 공정성이 대체로 무얼 지향해야 하는지를 잘 보여 준다.

1) 정의론과 공정성

롤스는 정의가 공정성fairness이라고 말했다. 이른바 '공정성으로서의 정

180 이를 두고 '공정하기 위해 불공정하기'라는 역설이 성립한다고 하는 것이다(Altmeppen et al., 2012). 독일 연구자들에게 이런 관점은 흔하다.

의'다. 앞서 영어 'fairness'를 이 책의 공정성과 구분하기 위해 공평성으로 번역했지만(특히 FCC 정책의 경우), 롤스의 경우는 공정성으로 하는 것이 더 적절하다고 생각한다. 그만큼 그의 개념이 한국적 공정성과 밀접한 관계에 있다고 보기 때문이다.

롤스는 언론에 대해서는 '자유' 일반을 논할 때 외에 따로 관심을 보인 적이 없다. 후기 저작인 《정치적 자유주의*Political Liberalism*》에서는 오히려 언론을 공적 이성이 적용되지 않는 '배경 문화'로 간주하기도 했다(Rawls, 2005/2016). 《정의론》에서는 이른바 '잘 정비된 사회well-ordered society'의 기본적인 조건으로 공시성publicity[181]을 강조했지만, 하버마스의 공론장처럼 따로 이를 이론화하지는 않았다(Rawls, 1999/2003). 그런 이유로 폭스의 연구(Fox, 2013) 정도를 제외하면, 롤스와 언론을 연계시킨 연구는 거의 없다. 물론 일반론적 미디어 윤리 측면에서 그의 정의 개념은 언제나 즐거운 원용 대상이다(대표적으로, Plaisance, 2009). 또 언론의 공정성을 추구한다면 그의 여러 개념이나 방법론에서 도움을 받아야 한다(Ward, 2010a). 특히 다음에 나오는 센으로 넘어가기 위해서라도 롤스에 대한 고찰은 빼놓을 수 없다.

폭스(Fox, 2013)는 롤스의 당초 주장을 수정하더라도 언론의 객관성이 그의 공적 이성 개념에 방법론적으로 '헌신'하는 방향으로 재구성되어야 한다고 주장한다. 꼭 의도한 것은 아닐지라도 롤스가 언론의 정치적 중요성을 그렇게 높게 평가한 것 같지는 않다. 폭스는 이를 수정해 언론과 민주주의의 관계를 롤스보다 더욱 분명하고 확실하게 연계시키

181 번역은 공지성으로 되었지만, 일반적으로 이 용어는 '공시성'으로 많이 쓰이므로 그렇게 했다.

려 한다. 폭스가 보기에 언론은 지금의 민주주의에서 필수 불가결하지만, 다른 정치 제도들처럼 그렇게 세밀한 얼개나 장치가 있지도 않고, 따로 정치적 책임을 지지도 않으므로 많은 문제를 낳는다.

폭스는 공적 이성을 중시했지만, 이는 후기의 개념이므로 앞서 잠시 다룬, 롤스의 유명한 '무지의 베일veil of ignorance'과 '원초적 입장original position'부터 살펴보는 것이 좋겠다. 그의 유명한 정의의 원칙 역시 이런 개념에 의해 가정된 조건의 산물이므로 같이 나올 것이다. '무지의 베일'은 말 그대로 베일을 씌워 내부를 모르게 하겠다는 것이다. '원초적 입장'은 이 베일의 실험 속에서 해당 구성원들이 취하는 기본적 사고다. 무지의 베일에서 내부는 그 안에 들어 있는 사람들 개개인이 처한 '특수'한 조건에 대한 정보다. 이미 다른 '보편'(기본)적 조건들은 베일 속에 있지 않아 모두 알고 있다. 여기서의 보편적 조건들은, 예컨대 그들이 살고 있는 체제, 국제 정세, 평등과 차별의 존재 및 조건, 특히 희소한 자원에 대한 필요성 등을 말한다(그래서 앞서 나온 공시성이 필수적이다). 이들 무지의 베일 속에 있는 사람들은 매우 합리적이고 이기적이며 서로에게 무관심하다. 샌델(Sandel, 1984)의 비판적 용어를 빌리면 이들의 자아에는 연고가 없다unencumbered self. 이들은 주어진 조건 속에서 최선을 다해 자신의 이익을 추구한다.

그러나 정작 이들은 자신이 어떤 조건에 있는지는 모른다. 자신의 피부색이 어떤지, 어떤 종족인지, 어떤 계층에 속해 있는지, 종교가 무언지, 심지어 자신의 능력이나 가치관·심리적 성향조차 모른다. 이는 남들을 희생시키고 자신의 이익을 배타적으로 추구할, 그러니까 차별을 해야 할 기회나 필요를 아예 제거하는 장치다. 따라서 이들이 만약 사회를 스스로 구상한다면, 인종·민족·계층·종교·능력 등에 의해 구애

받지 않는 사회를 원할 것이다(Rawls, 1999/2003: 139~140). 이것이 바로 원초적 입장에서의 선택이다. 플로이드(Floyd, 2017)는 이런 원초적 입장이 어떤 초월적 진리라기보다 옳든 그르든 우리가 이미 잠재적으로 동의하고 있는 그런 원칙일 뿐이라고 주장한다.[182] 사실 그도 그럴 것이 다음에 볼 정의의 원칙은 그렇게 새롭거나 경이적인 것이 아니다.

롤스가 보기에 원초적 입장에서 나올 수 있는 정의의 원칙은 다음의 세 가지다. 원전을 문자 그대로 하면 롤스의 완벽주의적 서술 방식 때문에 다소 난삽하고 복잡하므로 앞서 나온 대로 간단히 요약한다(Plaisance, 2009). 첫째는 최대한 많은 자유의 보장, 그러면서 평등한 자유다. 둘째는 두 가지로, 하나는 차등이 불가피하다면 가장 수혜가 적은 집단에게 최대의 이익이 되는 방향으로 이루어져야 한다고, 다른 하나는 기회의 평등으로, 이는 특히 자원을 배분하는 자리, 공직에서 그러하다. 이 원칙들은 앞에 우선성이 있어 첫째가 먼저 보장되어야 둘째가 의미를 갖는다. 그러니까 첫째의 기본적 '자유'는 사회 경제적 이익으로도 볼 수 있는 둘째의 '선good'(재화의 뜻도 있다)과 각각 '옳음'과 '좋음'으로 대조되지만, 옳음이 먼저이고 다음이 좋음이다. 이런 방식으로 첫째와 둘째가 보장되는 사회는 '공정해서' 정의를 보장할 수 있다(그리스어에서 '공정'과 '정의'는 같은 뜻이다).

182 물론 이에 대해서는 이견이 많다. 롤스 자신이 "원칙의 엄격한 준수라는 가정을 통해 이르는 이상론"이라 자인하기도 했다(Rawls, 1999/2003: 459). 플로이드의 해석이 오히려 소수인 셈이다(물론 그런 해석도 얼마든지 가능하다). 특히 다음에 나올 센(Sen, 2009)은 롤스를 불필요한(잉여적인) 이상론자로 비판한다. 센에게 '원초적 입장' 같은 롤스의 사고 실험은 초월적 이론을 위한 장치일 뿐이다.

당시 롤스의 논적은 '최대 다수의 최대 행복'을 주장하는 공리주의였다. 공리주의의 행복이란 '욕구의 만족'이다. 공리주의는 욕구-만족의 최대 용량을 목표하지만, 이 욕구가 무엇에 관한 것인지, 만족의 원천이나 성질이 무엇인지는 따지지 않는다. 롤스는 바로 이 점 때문에 공리주의가 정의롭지 못한 행위나 정책을 옹호할 가능성이 있다고 비판한다. "만일 사람들이 서로 차별 대우를 함으로써 어떤 쾌락을 얻는다면"(Rawls, 1999/2003: 69), 이 쾌락은 사회적으로 파괴적인 경향을 띠고 있으므로 처음부터 "한계를 명시한 정의의 원칙들을 통해서 그들의 욕구와 포부를 제한"(p.69)해야 한다. 옳음이라는 개념이 좋음이라는 개념에 선행해야 하는 이유다. 언론의 자유는 결사·양심·사상·인신의 자유 등과 함께 옳음의 영역인 기본적 자유 중 하나다.

공리주의를 따른다 해도 실제에서 '최대'와 '행복'의 조건을 논리적으로 실현하는 것은 거의 불가능에 가깝다. 공리주의에서 행복은 개개인의 차이 없이 하나의 셈법(롤스의 용어로는 합리적 타산)으로 집단화된다. 그렇다면 이 최대는 결국 투입 대비 산출의 '효율성'이나 수적인 면의 '다수' 또는 권력적인 면의 '주류' 이익으로 귀결될 가능성이 높다. 이런 공리주의가 지배하는 사회에서는 주류의 이익이 총합을 늘린다는 미명하에 아무런 제한 없이 관철될 것이다. 이 과정에서 소수 또는 주변은 최소한의 사회생활을 위해 필요한 기본적 재화primary social goods조차 보장받지 못하기 쉽다. 이 기본재는 권리와 자유, 기회, 소득과 부, 자존감 등을 말한다.

이런 롤스의 정의의 원칙은 여러모로 언론 분야에서도 응용이 가능하다. 특히 언론의 '자유의 최대한 보장'과 언론에 대한 참여 '기회의 평등'(또는 언론 자원 배분의 평등), 차등할 경우 '최소 수혜자에 대한 배

려' 등은 다소 기계적으로라도 원용이 가능하다.[183]

특히 자유나 기회의 평등이 자유주의나 (참여)민주주의 일반에서도 공통적으로 강조되어 온 부분이라는 점을 감안하면, 롤스의 의의는 두 번째 원칙의 최소 수혜자 부분에서 찾을 수 있다고 생각한다. 그러나 이 점이 그저 추상적인 원칙 수준에서라면 몰라도 구체적으로 언론에 어떻게 적용될 수 있는지는 그렇게 분명치 않다.[184] 뒤에 자세히 다루지만, 나는 이 최소 수혜자에 대한 배려 또는 최대한 이익이 이슈 정치에서 이루어질 수 있는 담론적 보상과 밀접한 연관이 있다는 점을 강조하고 싶다.

롤스의 최소 수혜자 우대 원칙이 이미 실시되고 있는 '차별 철폐 조치affirmative action'와 어느 정도 관련이 있는지도 궁금하다. 차별 철폐 조치란 교육이나 고용에서 그간 억압을 당해 온 일부 주변부 집단(유색 인종, 소수 민족, 여성 등)에 특별한 혜택을 제공하는 것이다. 생전의 롤스는 저작에서는 이를 전혀 다루지 않았지만, 강의에서는 이를 언급하면서 찬

183 최영재·홍성구(2004)는 롤스가 언론을 '배경 문화'로 간주한 점을 지적하면서 언론에 정의의 원칙을 적용할 수 없다고 주장한다. 그러나 폭스는 반대로 롤스의 주장까지 바꾸고 싶어 한다. 언론에 좀 더 강한 책임을 부여하려 한다면 폭스의 주장대로 해야 한다. 최영재와 홍성구 역시 다음 대목에서는, "언론의 공정성을 '민주 사회 내부에서 관용 가능한 언론 자유의 범위를 규정하고 시민들의 자율적 합의에 의해 민주주의를 발전시키는 규범적 가치'로 규정하고자 한다. 이때, 민주주의를 발전시키는 규범적 가치를 '정의'로 불러도 무방하다"(p.334)고 하면서 사실상 정의와 언론을 (도덕적으로) 연결시킨다.

184 물론 뉴 미디어 정책에서는 일부가 '문제화'되어 있기는 하다. 합병이나 소유 집중, 시장 개방 등을 위한 법 개정에서 '최소 수혜자에 과연 얼마나 도움이 될 수 있는가'를 중요한 판단의 근거로 삼는 것이다(Schejter & Tirosh, 2016).

성의 뜻을 밝혔다고 한다(Freeman; Taylor, 2009: 476에서 재인용). 사실 롤스는 앞서 언급한 정의의 원칙을 매우 '실용적인 것'으로 보고 '철저한 준수'를 가정했다. 그러나 그렇다고 일부만 실천되는 비이상적 사회를 완전히 무시한 것은 아니다. 테일러(Taylor, 2009)는 이런 사회에서는 여러 유형의 차별 철폐 조치를 검토할 수 있다고 주장한다.[185] 이 중 쿼터 같은 조치는 이전의 억압과 부정의를 상쇄하는 의미를 지녀 언론사의 채용에 도입해 볼 가치가 크다고 할 수 있다. 공정성 체계를 제대로 설계하려면 이런 쿼터 등을 포함한 다양한 대안들을 검토해 봐야 한다.

2) 공적 이성과 공정성

앞서 잠시 언급한 대로 폭스는 언론의 객관주의 규범이 방법론에서 롤스의 공적 이성을 따라야 한다고 주장한다. 폭스에 따르면, 공적 이성은 "여러 포괄적 원리들comprehensive doctrines이 공존하는 정치 공동체가 이런 원리의 차이에서 연유하는 확실히 절충할 수 없는 갈등에도

185 이는 다음 다섯 가지 범주로 나눌 수 있다(Taylor, 2009).

- 범주 1: 형식적인 기회의 균등: '능력에 따른 성취'를 위한 법적 장벽의 제거
- 범주 2: 적극적인 형식적 기회의 균등: 감수성 훈련이나 외부적 감시와 격려(예: 균등고용기회위원회), 범주 1을 보완할 수 있는 각종 지원 활동
- 범주 3: 보상적 지원: 효과적으로 경쟁할 수 있는 각종 특별 훈련이나 금융 지원 프로그램
- 범주 4: 가벼운 쿼터: 정해진 쿼터 없이 보너스 점수를 더해 주는 보상적 차별화 조치
- 범주 5: 무거운 쿼터: 일정 비율을 쿼터로 정하는 방법

불구하고 어떻게 집합적으로 근본적인 정치 문제를 결정하는가"(Fox, 2013: 262)라는 질문에 대해 롤스가 내놓은 답이다. 공적 이성은 자유롭고 평등한 개개인들이 논리적으로 '추론'하고 이 과정을 '정당화'하는 양식의 하나다. 이 이성은 포괄적 원리들, 곧 각종 선의 판단에 대해 중립적이다. "시민들은 각자가, 남들이 합당하게 지지해 주기를 기대할 수 있는 가치에 기초한 정치적 정의관의 틀 내에서 그들의 근본적 주장을 하는 것이다"(Rawls, 2005/2016: 364. 번역 수정).

이 대목에서 중요한 것은 합의를 이끌어주는 합당성의 '틀'이다. 다양하게 나뉠 수 있는 포괄적 원리들에 의존해 자신의 주장을 펼친다면, 다른 이들의 동의를 얻기 어려울 것이다. 예컨대 낙태를 반대하는 가톨릭교도의 생각은 페미니즘 정치 이념을 가진 이들에게 지지를 받을 수 없다. 개혁적 사회주의자는 체제에 안주하는 자본주의 이념에 결코 찬성하지 않을 것이다. 그러나 합당성은 이들에게 마치 '공통적 모듈'처럼 작용해 갈등은 적대가 아니라 관용의 대상으로 바뀐다. 이 점 때문에 롤스의 정치적 숙의는 갈등이나 해체에 머무르지 않고 (재)구성을 지향하며, 이에 가장 큰 역할을 하는 것은 역시 그가 정치의 합당한 틀로서 제시한 '정치적 자유주의'이고 이를 구현한 '헌정 질서'다(Rawls, 2005/2016).

공적 이성은 커뮤니케이션, 곧 논의와 소통을 통해 합의를 지향한다. 이 과정에서 보다 나은 선을 얻는 방법은 객관성이다. 이는 "토론과 적절한 성찰을 거쳐 추론과 증거에 입각해 판단 개념이 적용되고 결론 또한 도출될 수 있기에 충분한 공적인 사고의 틀"이다(Rawls, 2005/2016: 220. 번역 수정). 그런데 여기에 필요한 것은 '상호 간에 인정된 척도와 증거'다. 말하자면, 척도와 증거를 서로 확인하고 토론과 성찰을 거친 후에 나온 결론은 합의를 얻는 데 큰 문제가 없다는 것이다.

롤스는 이 원칙 외에도 네 가지를 더 제시한다(Rawls, 2005/2016). 둘째는 객관성이 규정적definitive 판단의 성격을 지닌다는 점이다. 실천 이성의 원칙들로부터 유래한 옳음과 정의의 원칙들이 올바른 판단을 규정하는 논거다. 셋째는 원칙이나 기준으로 '논거들reasons의 질서'를 갖춰야 한다. 행위자들은 이 논거들을 특정의 상황에서 비교 평가하고 지침으로 삼는다. 넷째, 객관성의 관점은 어떤 특정한 시기의 어떤 특별한 행위자, 곧 특별한 개인이나 법인, 집단의 관점과 구별되어야 한다. 다섯째, 객관성은 합당한 행위자들 간의 판단 일치를 '설명'할 수 있다는 점이다. 객관성은 그것이 가치 질서가 되었건, 실천 이성에 기초한 옳음과 정의의 원칙이 되었건, 나름의 원칙과 기준 그리고 동일한 참된 정보에 기초한다면 동일한(유사한) 결론에 도달할 수 있다는 점을 확실히 한다. 이러한 다섯 가지 요소들을 충족시키는 사유, 추리 및 판단의 구조가 객관성이다.

마지막 여섯 번째 요소는 그런 과정에서 발생할 수 있는 불일치를 설명한다. 모든 증거를 조사하거나 상반되는 논거들을 철저하게 비교 평가하는 어려움을 예상한다면 합당한 사람들 역시 상이한 입장을 취할 수 있고, 이런 불일치는 얼마든지 객관성과 양립할 수 있다. 물론 객관성의 '추론'은 그 어떤 '판단'보다 합의에 근접할 수 있도록 만들어 준다.

롤스는 공적 이성이 적용되는 범위를 다음과 같이 다소 좁게 설정한다(Rawls, 2005/2016: 346). 첫째, 공적 이성은 시민의 이성 그 자체로서 공중의 이성이다. 둘째, 대상이 공중의 선과 근본적 정의의 문제들이다. 공적 이성은 모든 정치적 질문이 아니라 헌법적 본질들과 기본적 정의의 문제와 관계된 사항들에만 적용된다. 셋째, 본질적 성격과 내용이 사회의 정치적 정의관에 의해 표현된 이상과 원칙들에 따르고, 이것에 입각해 공개적으로 검토되어 행해진다. 이 이성이 가장 전형적으로 적용되는 일은 대법원의 재판이고, 이런 법적인 일이나 정부와 관련된 공무들, 의회에서의 발언이나 기타 공직의 선출과 관련된 일들에 적용된다. 그러므로 공적 이성은 이른바 비공적 이성, 곧 시민 사회에 존재하는 교회, 대학, 과학적 및 전문가 조직에 해당하는 이성과 대비된다. 롤스는 언론 역시 비공적 이성에 속한다고 한다(p.634). 이런 비공적 이성(사회적 이성이나 가정적 이성)은 롤스의 용어인 이른바 '배경적 문화'를 이루는 이성이다. 이 이성 역시 이성인 한, 근본적 개념들과 이성의 원칙들을 수용하고 정확성과 정당화의 기준을 따라야 한다. 그러나 일정한 강제(법적)가 동반되는 공적 이성과 달리 이들의 준거는 '도덕적'이다.

폭스는 이런 롤스의 생각을 수정하고 싶어 한다. 롤스는 언론이 표현의 자유 영역에 속하므로 공적 이성이 가져오는 제약이 자칫 자유를 훼손할 수 있는 점을 우려했다. 그는 공적 이성의 개념idea과 이상ideal을 구분하면서 일반 시민들이 누리는 다원주의를 제한하게 된다면 이상은 위선이 되어 버릴 것이라고 경고했다. 그러나 지금같이 미디어화된 정치 구도에서 '공적 정치 포럼'은 더 이상 의회나 정부에 한정되지 않는다. 너무나 중요한 '정보의 질' 역시 공적 이성의 전제 조건 중 하나인 상호성이나 협동을 위해 필수적이다. 이 점이야말로 폭스가 공적 이성을 언론에도 적용해야 한다고 보는 이유다. 어떤 특정한 원리들에 한정되지 않은 합당한 틀로서의 공적 이성이라면, 또 그와 직접적으로 연관된 객관성의 추론을 따른다면, 언론을 비롯해 정치의 문제가 많이 극복될 수 있을 것으로 보는 것이다.

폭스는 다소 협소하게 설정된 공적 이성의 범위를 넓혀 과거에 비해 위상이 크게 달라진 21세기의 언론에 대한 규범적 사고를 환기하려 한다. 특히 '근본적인 정치 문제,' '공무원,' '공직 후보자,' '선거,' '법'

과 '토론' 등 롤스가 제시한 주제들이 언론의 중심 이슈인 한, 공적 이성과 언론이 무관하기는 어렵다고 본다. 그러나 롤스가 공적 이성의 폭을 제한하려 한 당초 이유를 폭스가 무시하고 있다는 느낌이 들지 않는 건 아니다. 특히 롤스가 말한 바대로, 언론을 포함해 일반 시민으로서는 도저히 지킬 수 없어 이상이 허울이 되거나 자칫 위선으로 뒤바뀐다면 오히려 문제를 악화시킬 수도 있는 것 같기 때문이다. 그렇다면 공적 이성이 아닌 사회적 이성이나 가정적 이성의 가능성도 좀 더 연구해 봐야 하는 주제다. 폭스 역시 이를 의식해 '반대'의 장章을 두어 예상되는 비판에 대한 반박을 했으나[186] '포괄적 원리들'에 충실해 정당과 보조를 맞추는 정치 병행성이나 '가짜 뉴스'가 횡행하는 언론 현실에 비추어 볼 때, 이 제안이 얼마나 먹힐 수 있을지는 미지수다.

무지의 베일과 원초적 입장, 자유의 보장과 약자 배려, 합당성과 포괄적 원리, 객관성과 불일치, 공적 이성과 사회적 이성 등은 롤스의 정의 사상에서 핵심적인 개념들이다. 이런 개념들을 직접 미디어에 적용시키기는 어렵다. 그러나 앞서 본 실용주의적 객관성이나 입장인식론과 이런 원리들은 밀접한 연관이 있다. 롤스가 가진 초월적·이상적 원칙을 좀 더 현실에 적응시킨 센을 보면 우리는 그의 주장을 더 잘 이해할 수 있게 된다.

186 그가 예상하는 가장 강한 비판은 공적 이성의 도입이 언론(인)을 위축시킬 가능성이다. 그러나 이에 대해 그는 "우리는 남들이 **이성적으로** 받아들일 수 있는 것을 **이성적으로** 기대할 수 있는 방식으로 언론인에 맡길 수 있다"(Fox, 2013: 270. 강조는 원저자)면서 공적 이성의 기준을 너무 높게 잡으면 안 된다고 반박한다. 언론의 논조에 찬성하지 않는 사람이 비록 많다 하더라도 '생산 기준'(여기서는 객관성)에 스스로 충실하다면 언론은 정당성이 있다는 것이다.

2. 센의 부정의 비판과 비교 기준

1) 센과 현실적 비교론

아마르티아 센은 잘 알려진 바대로 노벨상을 수상한 유명한 경제학자이고 이런 경제학에 윤리학을 결합한 철학자이며 롤스를 비판적으로 계승한 정의 연구자이기도 하다. 이런 센에 미디어 연구자들이 접근하는 이유는 그의 평등론, 자유론과 권력론 등이 갖는 풍부한 시사를 미디어와 언론 연구의 이론적 자원으로 삼고자 함이다. 센이 '자유'를 강조하면서 언론의 필요성도 비교적 많이 언급했지만(Sen, 2009), 사실 일반론적 수준을 크게 벗어난 논의는 아니라서 그에 대한 연구가 많은 것은 앞서의 롤스에 비추어 볼 때, 의외의 현상이라 아니할 수 없다. 특히 이 연구들이 최근에 주로 나온 데는 나름의 이유가 있을 것으로 보인다(Couldry, 2012; Hesmondhalgh, 2017; Jacobson, 2016; Moss, 2018; Sourbati, 2012).

가장 먼저 센에 대해 연구한 사람은 아마도 BBC 출신의 미디어 정치경제학자인 간햄일 것이다(Garnham, 1997). 비교적 이른 시기에 간햄은 센을 주목하면서, '돈이 될 만한' 것에만 상품이나 서비스를 선택적으로 제공하거나 진입 경쟁을 벌이는 미디어 시장의 '크림 스키밍cream skimming' 현상을 문제로 들었다. 그는 윤리적 경제학자 센이 이런 시장이 낳는 커뮤니케이션 불평등을 교정할 수 있는 방법을 제공해 주지 않을까 하는 기대를 가졌던 것으로 보인다.

센의 특징은 실용적 경제학자답게 칸트를 닮은 보편적(초월적) 철학자 롤스를 자신의 용어인 '현실에 초점을 둔 비교realization-focused comparison'의 관점으로 넘고자 하는 데 있다. '현실'과 '비교'의 관점은 센에게 이상적인 정의의 함양보다는 현실적인 부정의의 극복을, 초역사적 최선보다는 비교 사회적 차선을 선택하게 했다. 그는 미리 정해진 개념이나 판단을 지양한다. 비교 기준에서도 마찬가지다. 그는 GDP 같은 '외연적 결과culmination outcomes'를 거부하며, 민주적 논의를 통해 그 사회가 스스로 만든 기준, 그가 '내포적 결과comprehensive outcomes'로 부르는 것을 좋아한다(Sen; Bonvin, Laruffa & Rosenstein, 2017: 10에서 재인용).

앞서 본 대로 롤스는 공리주의를 비판하면서도 '뿌리 깊은 불평등과 박탈'을 해소하기 위해 '기본재'라는 필수적인 일차 자원에 집중했다. 그러나 이런 기본재는 '행복'이나 '욕망'처럼 사회-심리적으로 계량된, 이를테면 시장화된 것이다. 이런 시장화는 '만든다'기보다는 '주어지는' 것에 가까우며, 당연히 개인차 같은 것은 존재하지 않는다. 그러나 센은 같은 필요라 하더라도 이런 재화가 활용되는 방식이 다르다고 주장한다. 사람들의 구성과 조건이 다양하기 때문이다. 그는 "사람들이 재화로부터 얻는 것은 다양한 요인에 의존한다. 단지 재원과 서비스를 개인적으로 얼마나 소유하느냐에 의해 혜택을 판단하는 것은 잘못될 가능성이 높다. 재화 그 자체에서 벗어나 인간이 그것을 가지고 무엇을 하는가에 관심을 두는 것이 합리적"(Sen & Nussbaum; Garnham, 1997: 28에서 재인용)이라고 한다.

물론 센의 이런 주장은 다소는 논란을 낳는 것이다. 센과 이론(다음에 나올 역능 이론)을 공유하는 마사 누스바움Martha Nussbaum과도 결정적으로 다르다. 누스바움은 롤스처럼 어느 사회에나 반드시 필요한 기본재가 있다고 생각한다. 누스바움은 이런 기본재로 자신이 생각하는 '핵심 역능' 열 가지를 제시한다(Nussbaum; Hesmondhalgh, 2017: 213~214에서 재인용). 그러나 센은 이를 미리 정하기보다 구성원 사이의 논의와 추론, 곧 해당 사회의 공적 이성이 결정해야 할 일이라고 본다. 그는 이런 공적 이성이 많은 나라나 사회에 (비단 민주적 체제가 아니었더라도) 실제로 존재했다는 점을 성실하게 추적한다(Sen, 2009). 그가 드는 사례는 유럽 중심의 세계사에서는 나오지 않는 일본이나 이란, 박트리아, 인도와 남아시아 등이다. 이들에게도 고대 그리스에 못지않은 토론 문화가 존재했다. 이런 센에게 '토론 없는 정의'란 '감금된 이념'에 불과하다(Sen, 2009: 337). 이 때문에 센 역시 공적 이성을 '초월적인 것'으로 만들었다는 비판을 들어야 했다(Dryzek, 2013). 칸트주의자인 간햄은 누스바움보다는 센에 좀 더 가깝지만,[187] 다른 연구자들, 이를테면 아리스토텔레스주의자인 콜드리나 '사회과학자' 데이비드 헤스몬달프David Hesmondhalgh는 누스바움에 좀 더 가까운 입장이다(Moss, 2017).

센은 '기능functionings'과 '역능capabilities'이라는 자신이 개발한 두 개념을 복수형·단수형을 혼용해서 쓴다. 나는 복수형이 맞다고 생각한다. 역능에는 개개인이 가진 환원될 수 없는 다양성(복수)이 전제되기 때문이다. 기능은 사람들이 가치를 두고 실제로 '하고자 하는 것' 또는 '되고자 하는 것'이다(그래서 진행형이다). 복지도, 부도, 윤리적 융성도 모두 이런 기능의 하나다. 역능은 이런 기능에 가까이 갈 수 있는 기회다. 역능은 선

187 간햄은 센이 '혼란스러워torn' 보인다고 한다. 한편으로는 평등주의적 공공 정책에 어울리는 객관적 이익과 이를 찾게 해 주는 합리적 토론의 공간이 필요하다고 하면서도, 다른 한편으로는 자유 자체를 '가치 있는 기능'으로 여기면서 자유주의자들과 함께한다. 센에게 가치는 "관련된 사람들에 의한 식견 있는 판단 …… 을 통해 얻어지는 하나의 기초다"(Garnham, 1997: 30). 그러니까 센은 기본재에 관한 것은 얼마든지 쉽게 합의할 수 있다고 보는 것이다. 콜드리 역시 환원되지 않는 다양성을 강조하면서도 호네트의 인정론을 비판하는 자리에서는 '기아'를 '무시'와 같은 자리에 놓아서는 안 된다고 하는 가치의 위계를 주장한다(Couldry, 2019).

택의 자유, 선택의 가능함과 능력을 포함한다. 센은 이 개념을 아리스토텔레스의 '두나민dunamin'(존재/행동하는 능력)에서 가져왔다. 공리주의자의 욕구 충족 같은 마음 상태를 센은 개개인에게 다양한, 이런 기능으로 대체했다. 그러므로 기능은 기본적인 것에서부터 복잡한 것을 망라한다.

그러나 이런 기능을 위해 반드시 가져야 하는 역능에는 조심해야 할 것이 있다. 그것은 개개인의 하고자 하는 바 자체가 여건의 제한으로 제대로 형성조차 되지 못하는 경우가 많다는 점이다. 이런 선호는 '본래 장착된 것hard-wired'이 아니라 일종의 '적응된 것adaptive'으로 그대로 따라서는 안 된다. 이런 적응된 것은 스스로를 발견하는 민주적 토론을 통해 해체 또는 재확인의 과정을 거쳐야 한다.[188] 흔히 평등을 말할 때, 많은 사람들이 역능의 수준에서 논의를 하지만 사실 역능이 기능으로 바뀌지 않으면 의미를 갖기 어렵다. 그럴 때 필요한 것은 추가적 자원으로서 '변환 요인conversion factor'이다. 기회·과정을 성취·결과로 바꾸어 주는 변환 요인은 개인적·사회적·환경적인 차원에서 매우 복잡하고 다양해 '다층적 모델'을 형성하며, 센의 논의 역시 이를 두고 계속해서 발전했다.[189]

188 이는 사실 네 개의 원칙인데, 나머지 셋은, 둘째, 인간은 '본래부터 다른' 선호를 지녔다, 셋째, 설령 같은 것을 선택하더라도 그것을 성취하는 데 필요한 자원은 다른 것이 된다(그래서 그들의 선호의 효과는 같지 않다), 넷째, 같은 객관적 필요와 자원을 지녔을 때조차 다른 기능을 선택한다(Couldry, 2019).

189 이 논의는 정의의 실현 경로를 밝히는 데 매우 중요한 것이다(Hvinden & Halvorsen, 2018). 만약 긍정적인 순환 속에 있다면 역능은 쉽게 기능으로 전환되고, 이는 다시 처음의 역능 배분에 영향을 미쳐 평등이 더욱 가속된다. 반대로 부정적인 순환은 역능이 기능이 되는 것을 좌절시켜 처음의 배분을 더 왜곡시킨다. 내가 보기에 전환 요인의 핵심 중 하나가 바로 미디어·언론이고, 이를 매개로 하는 사회적 담론의 구조와 형태다.

이런 센에게 자유는 여러 면에서 이중적 존재다. 자유는 그 자체로 목적이 될 수도 있고 때로는 더 나은 무언가를 위한 수단이 될 수도 있다. 그는 이를 자유의 '구성적 역할'과 '도구적 역할'로 부른다(Sen, 1999/2013). 깨끗한 환경은 내 자유를 '구성'하고, 자유롭게 말할 권리는 정부가 올바른 환경 정책을 펴게 하는 '도구'가 된다. 같은 맥락에서 자유는 과정의 측면과 기회의 측면을 같이 가진다. 과정 측면은 흔히 '~으로부터의 자유'를 의미하는 소극적 자유에 가깝다. 기회 측면은 "어떤 사람이 가치 있게 여길 이유가 있는 것을 달성할 실제 능력"(Sen; Couldry, 2010/2014: 85에서 재인용)이다. 신자유주의적 시장의 문제는 이렇게 양 측면이 공존하는 자유에서 전자만을 과다하게 강조한다는 점이다. 자유 자체에 못지않게 '무엇을 하기 위한 자유'인지도 중요하다. 이는 자유를 논의하는 자리에서라면, 다른 가치(곧 목적적 가치) 역시 배제할 수 없음을 의미한다. 말하자면 '가치의 가치'다(Couldry, 2019). 센에게 이 가치는 역시 정의 같은 것이다.

센은 이제 자유가 '진정한' 자유의 초월적·절차적·추상적인 이상에서 벗어나 사람들이 즐길 수 있는 효과적이면서 현실적인 자유로 바뀌어야 한다고 생각한다(Sen, 2009). 역능 개념을 제시한 이유 또한 원하는 결과를 얻고 싶어 하는 개개인의 실제적 능력(기회)을 중시하기 때문이다. 간햄이 주장한 다음 대목은 센이 그에게 준 영감을 통해 나온 것이다. "우리는 신문과 방송을 소비용 콘텐츠의 흐름을 만들어 주는 공급자로보다는 일정 범위의 역능을 실현시켜 주는 능력 제공자로 간주하기를 원한다"(Garnham, 1997: 32). 그저 외부의 간섭만 없는 표현의 자유가 아니라 무언가 사람들의 커뮤니케이션 역능을 실현시켜 주거나 반대로 무분별한 남용은 제한되는 자원, 곧 기회의 평등한 분배가 중요하다는 것이다.[190] 그런 면에서 센은 절차적 민주주의(과정)와 실질적 민주주의(결과)의 어느 한쪽을 과도하게 주장하지 않는다. 그는 양자가 맺는 밀접한 관계가 정당하게 주목되기를 원한다(Bonvin, Laruffa & Rosenstein, 2017).

이런 센에게 중요한 통찰의 지점은 이상보다 현실에서 차선을 찾는 비교이다. 롤스의 '원초적 입장'이 제시하는 완전한 정의는 가상적이고 절대적이므로 이런 현실에 초점을 둔 비교가 필요하지 않다. 그러나 센의 '정의의 이론'은 '완벽하게 정의로운 사회적 편재를 드러내 보여 주는 것'이 아니라 '정의를 촉진시키는 것이 지금 어떻게 가능한지'에 대해 실제적 답을 내놓고자 하는 것이다(Sen, 2006: 216). 그는 정의의 이론이 불평등과 권력 비대칭이 지배하는 현실의 난관들에 정면으로 대응하길 원한다. 이상적인 정의론의 추구보다 더 정의에 가깝게 가는 길은 이런 불평등과 비대칭, 곧 부정의를 제거하는 실천이다.

그는 다음 세 가지를 근거로 제시한다(Sen, 2009: ix~xii). 첫째, 완전한 정의 이론이 없이도 얼마든지 부정의를 식별해 낼 수 있다. 에베레스트에 올라가 보지 않아도 킬리만자로와 매킨리를 비교할 수 있다. 둘째, 다양한 문제들에 대해 다양한 해답이 존재하지만, 이는 미리 정해지는 것이 아니라 공적 추론 과정의 산물이다. 셋째, 극복 가능한 부정의의 상당 부분은 제도적인 것이기보다는 사람의 '행위'와 관련된 비위非違가

190 이상론에 치우쳐 현실의 정책이나 상황에 큰 도움을 주지 못하는 지금의 자유론에서 이런 분배를 찾아보기 어렵다는 지적은 비단 센만이 한 것은 아니다. 롤스나 하버마스의 '이상론적 자유'에 거슬러 '비이상론적 자유론'을 추론·주장해 보는 카르피넨(Karppinen, 2018)에게는 호네트와 무페 등도 센과 같은 범주에 속한다.

많다. 이는 제도보다 교정이 좀 더 쉽다.[191] 부정의를 극복하기 위해 현실의 민주주의는 좀 더 참여를 보장해야 하며, 힘없는 사람들의 목소리에 귀를 기울여야 한다. 결코 자유, 특히 소극적 자유만으로는 이런 부정의를 극복하기 힘들다(Karppinen, 2018).

그러나 이런 센에게도 단점은 있다. 힐의 비판은 다음처럼 예리하다. "센은 민주적 제도 및 외부 효과와 공공재에 대해서는 국가 개입의 필요성을 말함에도 불구하고 국가의 계급적 성격을 분석하지는 않는다 …… 그는 권리와 자유는 자신의 연구에 통합하는 반면, 그 기원을 지배와 종속의 사회관계 내에 위치시키지는 않는다. 그는 한 집단이 다른 집단의 자유를 제한하는 데서 오는 이익과 인센티브는 논의하지 않는다"(Hill; Jacobson, 2016: 798에서 재인용). 센이 개인-시장-권리(선호)에 기초해 집단(계급)과 국가, 권력을 경시했다는 지적이다. 롤스나 하버마스와 마찬가지로 너무 이성적인 부분에 치우쳐 감성적인 부분을 소홀히 했다는 지적도 많다(Bonvin et al, 2017; Jacobson, 2016).[192] 물론 모든 단점에도 불구하고 센의 의의가 작다고 할 수 없다.

191 한 가지를 더 추가하자면 일반 수용자가 이해하기 쉽다는 점일 것이다. 부정의는 정의에 비해 훨씬 가시적이고 구체적이므로 대책도 쉽다.

192 말하자면 감정적·정서적인 부분이 간과됨으로써 평등주의가 충분하게 설정되지 않은 점은 문제로 인식된다. 그러나 드라이젝(Dryzek, 2013)이 (문화적) '맥락 초월적'이라고 비판한 것은, 선험적 절대성을 인정하지 않고 결과주의자도 아니면서 토론을 중시하는 센에게는 그렇게 맞지 않는 것 같다.

2) 센과 미디어의 '목소리'

센은 비교적 미디어를 많이 언급한 연구자다. 정의론의 집대성으로 볼 수 있는 《정의의 이념*The Idea of Justice*》에서도 한 절을 이에 할애하고 있다. 그는 기아나 빈곤과 관련된 이전 저작에서도 미디어의 침묵이 없었다면, 이런 참상은 빚어지지 않았을 것이라는 언급을 자주 했다. 미디어를 살펴보기에 앞서 민주주의와 공적 추론 과정을 비교 사회적으로 고찰하면서 센은 이런 현상이 결코 서구에 한정된 것이 아니라고 주장하면서도, '자유롭고 독립적인 미디어'(센 역시 언론을 '미디어'와 혼용하지만, 나는 여기서 미디어로 통일한다)가 비서구에는 없었다는 차이도 아울러 지적한다. 공적 추론에서 미디어가 차지하는 큰 비중을 고려할 때, 비서구 사회에서 이런 미디어의 필요성이 최근 들어 빠르게 확산되기 시작한 점도 그의 '정의의 실현(부정의의 극복)－정치적 자유－민주주의－공적 추론'의 얼개로 이루어진 이론틀에서는 충분히 당연하면서 고무할 만한 현상이다.

첫째, 센은 이런 미디어가 하는 가장 기초적인 기여를 자유로운 발언이 우리의 삶에서 갖는 '직접적인 혜택'에서 찾는다. 우리가 이웃과 마음을 나누고 우리가 사는 세계를 이해하는 것은 미디어와 커뮤니케이션이 없이는 불가능하다. 만약 권위주의 체제에서처럼 이 자유가 억압받는다면, 그 체제가 설사 높은 부를 축적하더라도 우리의 삶의 질은 급격하게 나빠질 것이다.

둘째, 미디어는 지식을 전파하고 권력을 비판적으로 감시하는 데 중심 역할을 수행한다. 이 역할을 위해 미디어는 특별한 보도 기술을 습득하며, 그 과정에서 과학적 발전을 이룩하기도 하고, 문화적 혁신을 도모하기도 한다. 미디어가 전달하는 정보로 사람들은 우리가 사는 세계에서 무엇이 일어나는지 어떤 방향으로 가야 하는지를 이해한다. 특히 심층 보도는 보도되지 않았으면 몰랐거나 넘어갔을 사안을 일러준다.

셋째, 미디어의 자유는 소외받거나 불리한 입장에 있는 사람들이 목소리를 낼 수 있는 '보호 기능'을 수행한다. 대체로 권력자들은 이런 보통 사람들의 집단으로부터 유리되기 쉽고, 이 사람들은 기아를 비롯한 각종 재난이나 위해에 노출되어 있다. 권력자들이 이런 집단의 비판이나 아우성을 지속적으로 접하면서 선거에 임한다면, 위기들은 미연에 방지될 가능성이 높다.

넷째, 식견이 풍부하고 규격화되지 않은unregimented 가치가 형성되려면 커뮤니케이션과 토론이 제한받아서는 안 된다. 미디어의 자유는 이 과정에 필수적이다. 합리적인 가치는 상호적 과정을 거쳐 형성되며, 미디어는 이의 충실한 매개가 된다. 공적 담론을 통해 새로운 기준이나 권리가 형성되지만, 이 규범을 여러 지역으로 퍼뜨리는 것 또한 공적 담론의 몫이다. 다수결과 소수자들의 권리 보호 사이는 관용적인 가치와 권리가 얼마나 잘 보장되는가에 조화 여부가 달려 있다. '상호적으로 관용하는 선호와 선택'이야말로 자유와 자유권을 다수결과 만장일치제에 일치시킬 수 있다.

다섯째, 잘 기능하는 미디어는 공적 추론을 활성화시키는 데 결정적인 역할을 한다. 현실을 중시하는 센에게 이 논의와 추론의 중요성은 새삼 강조할 필요가 없다. 공적 추론은 앞서 지적한 대로 정의를 추구하는 데서도 유용하게 쓰인다. '어떤 정의인지' '어떤 방법을 쓸 것인지' 같은 세부적 지침은 롤스 같은 초월주의자에게도 논의의 대상이었다. 공적 추론 과정에서도 미디어의 역할은 필수적이다.

이런 자유로운 미디어–발언의 직접적 '혜택'과 '지식과 정보 전달의 중심 역할,' 소외 집단의 '보호 기능,' '가치의 형성 기능,' '공적 추론의 활성화' 등은 소외 집단 보호를 제외하면 고전적인 매스 미디어의 기능론을 상기시킬 만큼 사실 그렇게 새로운 것이 아니다. 물론 센은 스스로의 삶에 이유를 부여하는 '내러티브 행위,' 곧 '목소리'를 자유의 결정적인 부분으로 여기면서 이를 중시했다(Couldry, 2010/2014). 또 센은 '공적 추론'을 시민 사회 전반으로 확산시켜 미디어를 '배경 문화'로 간주, 공적 이성에서 이를 제외했던 롤스와 큰 차이를 보인다. 특히 센은 기존의 불평등과 박탈에 대항하기 위해서는 '공적 선동'까지 해야 한다고 주장했다(Sen, 2009: 351). 그런 면에서 센의 인식은 문제를 마무리한다기보다는 문제를 출발시키는 지점이다. 과연 시장 지배 사회의 일원인 미디어가 이런 역할을 원활히 수행할지는 큰 의문이 아닐 수 없기 때문이다. 센을 즐겨 인용하는 콜드리(Couldry, 2012)이지만 이 부분에서는 다음 대목처럼 격앙되어 비판한다.

> "어떤 정체polity에서든 기초적인 차원에서 자유로운 미디어 제도의 존재는 인간의 발전에 근본 요소 중 하나이므로 자유로운 미디어가 없다는 것은 하나의 부정의다. 해결책은 그런 미디어를 만드는 것이며, 그것이야말로 센이 오랫동안 주장해 온, 기아를 퇴치하는 데 필요한 미디어의 역할이다. 그러나 그런 원칙적인 주장은 자유로운 미디어 제도가 제 자리를 잡았을 때에도 존재할지 모르는 특정한 형태의 부정의를 밝히는 데는 큰 도움을 주지 못한다. 여기에서 센은 …… 자유로운 미디어와 자유로운 커뮤니케이션의 차이를 간과하는 것처럼 보인다elide. 그의 표현대로라면 '자유로운 미디어의 부재와 서로 커뮤니케이션하는 사람들의 능력의 억압'('와'로 두 개가 묶여 있는데 이 둘 사이가 직접적으로 연결되지는 않는다. 자유로

운 미디어와 자유로운 커뮤니케이션은 서로 동떨어진 사안일 수도 있는 것이다)이 직접적으로 생활의 질을 낮추고 부정의를 자행한다. 그러나 현대 미디어에 대한 많은 설명들이 함축하듯이 미디어 영역에서 부정의는 공식적으로 자유로운 미디어가 존재할 때에도 얼마든지 가능하다"(p.202. 괄호 안은 인용자).

초월적 제도주의를 거부하면서 현실 개선에 초점을 둔 비교를 주장하는 센이 이런 자유로운 미디어의 모순을 보지 못했다는 것은 아무리 센이 미디어학자가 아니라고 해도 다소는 의아스럽다. 간햄은 콜드리와 달리 센이 시장을 비판하고 거부했다고 해석한다. 물론 센이 반시장주의자인 것은 결코 아니다. 센은 오히려 시장의 '독점 권력'까지 그렇게 크게 문제시하지 않았다는 비판까지 듣는다(Jacobson, 2016). 그러나 그의 자유와 다양성, 논의와 추론을 강조하는 역능 접근이 시장의 무차별적 계량을 용인하지 않는 것도 분명한 듯하다.[193]

언론에 대해서도 시장과 비슷하게 이중적 태도를 보인다. 센은 '자유' 외에 언론에 다른 부대적 조치를 병행시키지 않았다(센은 인도·영국 출신이라 BBC도 잘알 것으로 여겨지지만 결코 언급하지 않았다). 콜드리가 기대 삼아 덧붙인, "미디어 개혁의 운명과 사회 정의 연구는 서로 긴밀

193 간햄은 다음과 같이 센을 해석한다. "역능 접근이 강조하는 바는 접근만으로는 불충분하다는 것이다. …… 우리는 어떤 범위와 유형의 서비스가 필수적일지, 어떻게 달성된 기능의 수준을 평등하게 할 수 있을지에 대해 현실에서 이성적 일치를 볼 수는 없다. 그렇다면 역능 접근에서 볼 때, 첫째로 결정적인 지점은 이것이 교환의 계량(사람들이 실제적으로 구입하는 것)이나 효용의 계량(사람들이 실제로 즐기는 것)으로는 정당화될 수 없다는 점이다"(p.32).

히 엮여 있다"는 로버트 맥체스니Robert McChesney의 주장 같은 것을 센에게서는 찾을 수 없다(Couldry, 2012: 200에서 재인용). 내가 보기엔, 센이 더 이상의 깊은 논의를 부적절한 것으로 판단했을 가능성이 높다. 달리 말해 미디어 연구자의 몫으로 남겨 놓았다는 뜻이다. 그러나 원칙만 제시했다 해도 센의 것은 나름의 의의가 있다. 특히 '사회적 약자에게 목소리 주기'는 그의 기능-역능 이론에서 볼 때, 특히 민주주의와 복지적 평등 전체에서 큰 비중을 차지한다.

자유를 강조한 부분도 이해가 되지 않는 것은 아니다. 센이 주로 다룬 대상은 민주주의나 사회 정의가 실종되면서 기아나 빈곤 같은 사회적 재난이 수시로 발생하는 나라다. 이들에서 '자유로운 미디어'의 존재는 콜드리가 말한 '자유로운 커뮤니케이션'과 상당히 가깝다. '민주주의 체제에서 기아는 없다'는 엄연한 사실 또는 명제는 기아의 퇴치 같은 기본권이 실현되지 않았을 때, 민주주의와 미디어 자유 사이에는 큰 공감대가 생길 수밖에 없다는 점을 잘 보여 준다. 물론 이미 이런 제도가 정착되고 이른바 '자유로운 미디어'의 역설, 곧 시장이 미디어의 또 다른 짝으로 등장했을 때 등장하는 새로운 모순 역시 경시되어서는 안 된다. 여기에는 센도 지적한 '적응적 선호'의 문제가 미디어의 기본 원칙을 위협하기 때문이다. 센에 공감과 비판을 같이하는 모스(Moss, 2017) 역시 콜드리의 지적에 동의한다. 이에 덧붙여 모스는 지금의 시장 선호가 마치 자동-가부장제처럼auto-paternalistic 학습된다며 문제가 더 심각해지고 있다고 한다.

그런데 이 문제는 센이나 앞서의 롤스나 자주 언급된 하버마스를 비롯한 많은 연구자들이 대안으로 내세우면서도 대답하지 않은 측면, 곧 그것의 용어가 '공적 추론'이 되었건, '담론'이나 '숙의·심의·토론'이 되었건, 또는 '공론장'이 되었건, 이 장에서 '공정하다'는 평가를 어떻게 받을 수 있는지, 그래서 정말 권력까지 중립화시킬 수 있는지를 규명하지 않는 데 있다(롤스의 '원초적 입장'이나 하버마스의 '이상적 대화 상황' 등은 권력 불평등을 중립화시키는 장치다).[194] 이를테면 센을 비판하는 드라이젝(Dryzek, 2013: 331)의 입장은 이렇다. '센은 제도를 다루지 않는다.' 그가 대안으로 내세우는 공적 추론의 장에 '누가 참여하는지,' '어떻게 그들이 선택되는지,' '그 과정이 어떻게 진행되는지,' '어떻게 결정은 되는지,' '어떻게 다양한 입장이 관계 맺는지'에 대해 그는 말하지 않는다. 만약 서로의 목소리만 키울 때, 크고 길게 말할 수 있는 사람이 우위를 점하는 일종의 '소리만 큰 정치thorubocracy'의 위험이 없지 않다.[195]

모스 역시 포르스트Rainer Forst를 빌어 센을 비판한다(Moss, 2017). 포르스트는 센이 '과정'을 중시하지 않고 '결과'에만 치중했다고 지적한다.[196] 말하자면 '어떻게 역능의 불평등이 발생하는지,' '공적 추론이나 기

194 이는 '더 나은 논변'이 논의에 참여하는 사람들을 설득시켜 원래 가진 의견을 바꿀 수 있는가 하는 질문과도 통한다. 백(Bagg, 2018)은 불행히도 '그렇지 않다'고 한다. 은연중에 이기적이면서 자기방어적인 방식으로 사고하게 하는 경향성('동기화된 추론')이 워낙 뿌리 깊다는 것이다. 만약 이 주장이 맞는다면, 민주주의의 숙의 모델은 상당 부분 설득력을 잃으며, 기존의 필터 버블이나 극(단)화 모델의 주장이 부각된다. 이 문제는 논리적 추론보다는 경험적 사례 연구를 통해 가름할 수 있을 것이다.

195 "소리만 큰 정치"는 존 파킨슨John Parkinson(2006)의 신조어다. 파킨슨은 '작게 나누어진 공론장들mini-publics'의 문제를 지적하면서 '토론'과 '의사 결정'이 구분되는 것이 좋다는 주장을 폈다. 양자가 한 덩어리로 있을 때, 통제되지 않는 목소리가 중요한 의사를 결정하는 '소리만 큰 정치'의 위험성이 생길 수 있다는 것이다.

196 여기에는 이견이 있다. 센이 오히려 절차에 치우쳐 실질에는 등한히 했다는 지적도 있다(Bonvin et al., 2017). 이런 엇갈림을 이 글이 판정할 수는 없다. 다만 과정과 결과, 절차와 실질을 엄격하게 구분하기는 매우 어렵

타 방법에서 문제가 있다면 어떤 것이 있는지'에 대해서는 설명을 하지 않는다는 것이다. 이렇게 되면 처방이나 관점이 완전하게 다를 수 있는, 불평등의 이유가 자연 재난인지, 일상적 시장의 구조적 왜곡인지의 차이가 드러나지 않는다. 이건 단순히 절차냐 실질이냐의 선택의 문제가 아니다. 만약 대안(공적 추론)으로 제시한 것에서 불평등이 발생한다면, 그의 이론 자체가 의의를 잃어버리기 때문이다.[197] 이 점은 미디어의 자유에 대한 센의 다소 나이브한 인식과도 밀접한 관련이 있다. 그의 이론을 미디어 정치경제학으로 심화시켜야 한다는 지적은 그래서 나온다.

3) 센과 심화된 제안들

모스는 미디어 정치경제학의 문제 의식을 다음의 질문으로 확대시킨다. '미디어 체제는 일종의 권리entitlements로서 어떤 역능을 권장해야 하는가,' '역능을 권장하기 위해서는 어떤 유형의 미디어 구조와 실천이 필요한가,' '이런 질문에 대한 결정은 어떻게 정당화되어야 하는가.' 정의가 센의 주장대로 (미리 정해진) 초월적 존재가 아니라 공적 추론의 산물이라면, 이 추론은 정말 민주적으로 평등하게 이루어져야 한다. 지금 시점에서 이 추론이 행해지는 장場은 면 대 면으로 직접 만나는 장

다는 점은 유념해 둘 필요가 있다.

197 '형식적으로 주어진 기회의 평등'을 '기회의 효과적인 활용 능력'으로 바꿀 수 있는 계기가 필요한데, 오히려 현실에서는 더 나은 조건, 곧 교육이나 가용 자원, 미디어 활용에서 우수한 사람이 우위를 차지하는 현상을 쉽게 발견할 수 있다. 기존 민주주의의 대안으로 제시되는 숙의민주주의가 오히려 상황을 악화시킬 수도 있다는 뜻이다.

도 완전히 없지는 않겠지만, 대부분은 매개된 장, 곧 미디어의 장이다. 어떤 미디어냐, 어떤 미디어 체제·구조가 이런 논의의 과정에 정당성을 보장해 줄 수 있는지가 핵심인 것이다.

앞서도 잠시 나온 대로 그저 언론의 자유, 특히 정부의 개입만을 안티로 삼는 소극적 자유로서는 이런 체제나 구조를 만들기 어렵다. 이런 자유는 "우리가 스스로에 가해진 여러 한계를 뚫고 자유를 확장하는 데 필요한 혜안은 전혀 제공해 주지 못한다"(Kioupkiolis, 2009: 480). 자유주의의 원조인 영국에서조차 이제 언론의 자유는 특혜가 되어 개인의 표현의 자유와 갈등하며, 오히려 필요한 개혁에 장애물로 바뀌었다(Tambini, 2012). 이의 이론적 대안인, 목적을 지향하는 적극적 자유 역시 위로부터 강제되는 온정적 본질주의에 빠져 자유로워야 할 개인(성)을 정해진 목적에 구속시켜 버리고 만다.[198] 이를 벗어나는 방법은 비현실적 이상론이 아니라 가능한 현실적인, 센의 말을 빌리면 현실 집중적 비교론에 기초한 개혁적 해결책이다.

그런 맥락에서 모스는 정의에 대한 기본적인 요구가 '권력의 자의적 행사에 대한 저항'으로부터 나온다는 포르스트의 주장을 활용해 미디어(연구)에 다음 세 가지를 주문한다(Moss, 2017: 10~107). 첫째, 미디어가 유포하는 정당화 담론이 평가의 대상이 되어야 한다. 일정한 기업 논

198 본질주의는 개인의 자유를 특정한 목적, 필요, 관계, 법칙에 묶어 놓는다. 이의 대표적인 예는 칸트의 '정언 명령'이다. 마르크스 역시 '해방'을 목표로 했으나 정작 독단의 울타리를 뚫고 해방된 자아는 이미 고정된 가치들, 예컨대 세속주의, 국가 정체성을 대체한 보편주의적-휴머니즘적 정체성, 자연에 대한 실증주의-공리주의적 입장 등에 머무르고 만다(Kioupkiolis, 2009). 이런 자유가 구성원의 자발적 실천을 불러오기란 쉽지 않다.

리를 가진 미디어는 권력 관계를 민감하게 재생산한다. 저항 집단, 소외 집단의 목소리는 미디어에 의해 지속적으로 배제될 가능성이 높다. 미디어가 대안에 의해 검증·비교되지 않은 지배적 담론을 어떻게 정당화하는지를 '상호성reciprocity'과 '일반성generality'의 기준으로 (재)검토해 봐야 한다.[199] 둘째, 첫째의 맥락에서 미디어가 제대로 된 정당화를 방해하는 건 아닌지, 이런 요인들에 유의할 수 있어야 한다. 이를테면, 미디어 특유의 엘리트 관점, 재원의 제한성과 구속성, 소유의 집중성, 파편화와 사사화私事化 문제, 접근에서의 불평등 등은 각종 사회적 배제, 소외, 특권의 관계를 정당화한다. 셋째, 어떻게 미디어가 정당화된 평등을 함양하는 데 기여할 수 있을지를 고민해야 한다. 앞서 말한 대로 숙의민주주의론의 큰 문제점은 진정한 의미의 정치적 평등, 곧 공론장에서의 평등을 먼저 확보하기가 어렵다는 것이다.

만약 사회 정의가 그저 주어지는 무언가가 아니라 시민 스스로가 결정하고 쟁취해야 하는 것이라면, 그리고 이 시민이 매개되지 않으면 대표될 수 없는 큰 규모라면, 미디어와 사회 정의는 상당히 직접적인 관계에 있다고 보아야 한다. 특히 어느 정도 자의적 성격을 지닐 수밖에 없는 권력에 정당성을 요구하는 것이 시민의 당연한 권리라는 점에 비추어 볼 때, 미디어에서 이런 정당화의 기회와 자원이 얼마나 평등하게

199 '상호성'은 남의 요구가 자신의 것과 같은 때 반발하지 않는 것(내용의 상호성), 남이 자기와 똑같은 가치와 관심을 가진다고 여기지 않는 것 또는 남이 공유할 것 같지 않은 '고도의 진실'에 의존하지 않는 것(이성의 상호성)이다. '일반성'은, 일반적으로 통용되는 규범의 근거가 관련된 모든 사람들에 의해 공유되어야 한다는 것을 의미한다(Forst; Moss, 2017: 104에서 재인용).

배분되는지, 얼마나 다양한 집단이 이를 실천에 옮기는지, 과연 정당화 역능을 스스로 결정하는지 등은 '매개된 정의'를 실현하는 데 필수적으로 검토해 봐야 하는 요소다.

센을 아리스토텔레스와 칸트 버전으로 읽은 간햄의 최종 방안은 집단을 나누어 '약자'를 우대하는 '긍정적 차별화positive discrimination' 정책이다. 그저 단순히 자원만 재분배하는 수준이 아니라 이를 필요에 맞춰 활용할 수 있는 조건을 창출하는 것이다. 여기서의 자원은 미디어에 대한 '접근권'으로도 바꿀 수 있다. 물론 이런 차별적 재분배는 쉬운 문제가 아니다. 성공하려면 매우 세밀한fine-grained 방법과 지표가 필수적이다. 어떻게 약자를 구분하느냐, 어떤 방식으로 우대하느냐에 따라 여러 갈래와 방법이 있는 만큼 논의와 합의의 수준도 높아야 한다.

콜드리가 센을 통해 하는 처방은 이와 달리 명백하고도 실제적인 '부정의'의 제어에 초점을 맞춘다. 추상적인 정의의 진작이 현실 개선에는 큰 도움이 되지 않는다는 센의 롤스 비판에 따른 것이다. 그가 제시하는 부정의의 유형은 다음의 네 가지다('텔레비전'을 '미디어'로 바꾸었다). 첫째, 특정한 사람이 미디어에 의해 해를 입었는데 이를 구제할 효과적인 수단이 없는 경우다. 미디어의 권력 관계에서 드러나는 엄청난 비대칭은 결코 '정상'으로 간주될 수 없는 불평등의 소산이지만, 이를 권리의 차원에서 접근해 교정하려 시도해 본 일은 거의 없다.

둘째는 특정한 집단이 미디어 제도 또는 미디어 영역의 결과물에서 적절한 인정을 받지 못하고 배제되는 경우다. 예를 들어 칠레의 원주민부터 호주의 장애인, 영국의 이민 노동자에 이르는 집단은 각 나라의 주류 미디어에 거의 등장하지 않는다. 이들은 배제를 넘어 억압받았다 해도 결코 과언이 아니다. 콜드리는 언급하지 않았지만, 체계적으로 배제된 것에는 앞서 본 대로 노동자 계급 같은 상대적 '다수자' 집단도 빼놓을 수 없다. 과연 이런 배제가 어떤 방식으로 '회복redeeming'될 수 있는지 사실 지금까지 그 어느 곳에서도 해결책이 제시된 적이 없다.

셋째는 개인이나 집단이 직접적으로 목소리를 내야 하는데 표현의 수단에 대한 접근권이 없는 경우다. 지금까지는 미디어에 대한 접근, 목소리를 낸다는 것이 기본권의 하나로 인정받지 못해 왔다. 그러나 지금은 아니다. 미디어에서 낼 수 있는 자신의 정치적 목소리는 다른 권리가 제대로 행사될 수 있는 전제 조건 중 하나다. 디지털 시대가 되어 콘텐츠의 제작 능력이 높아졌지만 인터넷 거버넌스가 가진 불평등 구조에는 미치지 못한다.

넷째는 미디어 영역에서 잠재적 공적 공간, 곧 '공유지commons'가 사라지는 현상을 말한다. 이 공유지의 폐쇄는 장차 공적 주장에 필요한 자원이나 사회적 인정을 요구하는 여느 개인이나 집단·운동에 불이익을 줄 수 있다. 공유지를 활용한 예로는 기존 온라인 플랫폼에서의 정보 비대칭 구조에 중요한 도전을 하고 있는 위키리크스나 스웨덴의 파이러트베이The Pirate Bay[200] 등을 들 수 있다.

콜드리는 사실상 다섯째인 것은 본문에서 언급하지 않고 다음의 언명을 각주에 붙이는 정도로 했는데, 이 또한 매우 중요한 지적이라고 생각한다. "또 다른 유형의 미디어 부정의가 잠재해 있다. 그것은 미디어 과정의 환경적 부대 효과다"(p.246). 우리 미디어들이 사실상 '쓰레기'에 가까운 것을 너무 많이 생산하고, 그 비용이 결국 부대 효과로 사회적 불평등을 낳고 있지만, 이에 대한 논의는 아직 시작조차 하지 않았

200 스웨덴에서 만들어진 세계 최대 규모의 파일 공유 토렌트 검색 사이트.

다는 것이다. 모든 것에 기회비용이 있다고 한다면, 우리가 생산하는 '쓰레기'는 결국 해야 하는 것을 하지 않은 유기遺棄의 산물이거나 그 자체가 부정의일 뿐이다.

콜먼과 모스(Coleman & Moss, 2016)는 텔레비전 토론을 시청한 시민들에게 '나에게는 ~의 권리가 있다'는 식의 질문을 던져 적극적인 답을 끌어낸 바 있다. 토론에 대한 전통적인 연구 태도는 연구자나 정치 엘리트의 입장에서 '과연 대중의 토론 시청이 정치적으로 의미 있는 결과를 낳을 수 있는가'였다. 그러나 이런 접근은 민주적 정의의 관점에서는 부적절한 것이다. 왜냐하면 사람들이 자신의 사회적 위치(이미 가진 사회적 역능치)에 의해 정해진 기대에 순응해 버리기 때문이다. 그 대신 콜먼과 모스는 "시청자들이 토론으로부터 얻을 수 있는 **권리(또는 자격)가 있다고 느끼는 것**"(강조는 인용자),[201] "토론 시청에 의해 이 역능이 어느 정도 올라가는지, 내려가는지 아니면 아예 영향을 받지 않는지"를 질문한다(p.19). 앞서의 것과 이 둘은 사뭇 다르다. 후자에서는 '어떻게 사람들이 스스로를 민주적 시민으로 상상하는가,' '스스로 결정한 시민적 역능의 발전이 어떻게 시민적 연계(참여 이전 단계에서 느끼는 정서)에 영향을 미치는가'를 설명하고자 하기 때문이다. 어떤 것이 정말 필수적이고 가치 있는 정보인지를 결정하는 것이 다른 사람들이 그렇다고 느끼는 것

201 이런 권리 또는 자격으로 주요한 것은 다음 다섯 가지였다(Coleman & Moss, 2016). '나는 합리적이고 독립적인 의사 결정자로서 존경받을 권리가 있다,' '나는 정치적 주장을 평가하고 식견 있는 결정을 할 수 있는 권리가 있다,' '나는 민주적 문화 이벤트인 토론의 일원으로 참여할 수 있는 권리가 있다,' '나는 나를 대표하기를 원하는 지도자와 서로 소통하고 지도자에 의해 인정받을 권리가 있다,' '나는 정치 세계에서 발생하는 일에 영향을 미칠 수 있는 자격이 있다' 등이다.

에 대한 접근보다 더 긴요하고 정당하다.

3. 미디어 정의와 담론적 보상

공정성의 가치론적 의미와 사회 정의, 민주주의, 공적 추론과 미디어의 관계를 위해 롤스와 센의 관련 주장을 살펴보았다. 센은 롤스의 방법적 수단에 비판적이었지만, 사실 센은 롤스의 사고를 폐기하기보다는 확대했다. 다양성과 현실성을 강조한 자유, 영역을 확대시킨 공적 추론, 전환 요인으로 심화시킨 기회(역능)와 성취(기능), 사회적 약자를 보호해야 하는 정당성 등이 그것이다. 미디어를 배경 문화의 하나로 간주해 공적 이성을 적용시키지 않았던 롤스보다 센의 그것은 훨씬 더 위상이 강화되었다.

만약 롤스나 센의 주장 또는 기대대로 민주주의가 확산되고 공적 추론이 심화되기 위해서는 어떤 것이 가장 필요하고, 또 어떤 것이 가장 먼저 변해야 할까? 내 생각으로는 바로 포럼과 대변의 장으로서 미디어다. 그 어떤 정의도 그 어떤 자유나 평등도 이 장에서 제대로 된 기회와 성취를 보장받지 못한다면, 아무리 많은 자원이 확보되더라도 "기계적이고 불완전한 점유"(Garnham, 1997: 25)에 불과할 뿐이다. 지금의 사회 자체가 이미 모든 메시지가 미디어를 통하지 않으면 사회화되기 어려운 미디어화mediatization의 길에 들어서 있기 때문이다.[202] 이런 추세라

202 글로벌화, 개인화처럼 미디어화 역시 거시적 사회 변화의 한 추세로 간주된다(Krotz, 2017).

면 미디어 역능 역시 인간이라면 누구나 누려야 하는 기본재의 하나가 될 수 있다고 생각한다. 미디어 역능도 자유처럼 이중적 측면, 곧 방법이자 목적으로서의 성격을 띤다. 그러나 여기에서의 평등이 다른 평등의 수단이 된다는 점에서 아무래도 목적보다는 방법적 측면이 더 강하다고 볼 수 있다.[203]

나이트와 존슨(Knight & Johnson, 1997)에 따르면, 이 장에서의 평등은 다음과 같은 세 가지의 관련 능력에 의해 보장된다. 첫째, 기본적인 인지 능력과 기술이다. 이것은 정보와 의사 결정 과정에 접근할 수 있거나 하려 하는 능력, 의제와 집단적 의사 결정 과정의 프레임을 정의하고 특정한 이슈에 대한 스스로의 정보 또는 지식을 설계하는 능력이다. 나이트와 존슨은 이를 셋째로 놓았지만 나는 가장 중요한 것으로 보아 첫째로 인용했다. 센 역시 이 능력이 불확실성을 줄이고 효과적인 결정을 하는 데 필수적인 것이라고 보았다(Sen; Knight & Johnson, 1997: 299에서 재인용). 둘째, 자신의 선호를 정식화formulate하는 능력이다. 앞서도 언급한 적응적 선호나 남이 조장해 준 허위의식을 자신의 것으로 잘못 아는 경우를 미연에 방지하는 능력이다. 자원의 비대칭적 배분 구조 때문에 불이익을 당하고 있는 상태에서 나오는 선호는 진정한 것이 아니므로 진정한 선택으로 보기 어렵다. 셋째, 인정된 문화적 자원을 효과적으

203 이 점에는 커뮤니케이션·언론(깊게 보면, 표현의 자유까지)을 정의와 연관시킬 때, 이를 '실질적 정의'로 볼 것인지, 아니면 '절차적 정의'로 볼 것인지, 아예 목적이 아닌 '수단'으로 봐야 하는지 등의 어려운 문제가 내재해 있다. 핸스카(Hänska, 2019)는 이를 검토하면서, 만약 수단으로 본다면 제대로 역할을 하지 못할 때, 대체가 정당화될 수 있다고 한다. 지금의 언론이 과연 민주주의나 인권, 복지에 기여하는지를 깊이 생각해 봐야 한다.

로 활용하는 능력이다. 이것은 특히 소수자 집단이 지배 집단의 언어로 자신의 견해를 말하려 할 때, 문제가 되는 부분이다. 이런 언어에 익숙하지 않은 소수자 집단은 결국 주변이나 사회를 설득하기 어렵게 된다.

약자가 계속 약자로 있는 이유는 약자임을 극복할 수 있는 이런 인지 능력, 정식화 능력, 자원 능력 등이 결여되어 있어서다. 반대로 보면, 이는 특권 집단의 재생산 노력과 이의 정당화가 지속적으로 성공하고 있다는 증거이기도 하다. 보다 근본적 측면에서 이 비대칭은 정치(대의제 민주주의)의 무능력, 경제의 재분배 정책 실패, 교육의 특권 재생산 등에서 이유를 찾아야 하겠지만, 나름의 고유성을 갖고 전개되는 사회적 담론 및 미디어-언론 영역에서의 말과 표상에 의한 지배(상징 권력) 또한 이의 원인이자 결과로 결코 작은 비중이라 할 수 없다.[204] 나는 이 점이 미디어 정의 인식의 출발점이 되어야 한다고 생각한다. 미디어 개혁·공영 방송의 강화·미디어 리터러시의 필요성 등 자주 거론되는 정책 행위들은 이의 구성 요소가 될 것이다. 가장 규모가 큰 대중 미디어인 텔레비전이 일익을 감당한다면 정책이 훨씬 효율적으로 구사될 수 있다(이를테면, Curato & Ong, 2015).

204 헤스몬달프(Hesmondhalgh, 2017)에 따르면, 노동자 계급의 과소 대표성 역시 이런 지배의 한 사례다. 헤스몬달프는 '미디어 생산 분석'의 관점에서 이 과소대표성이 생산자들의 출신 계급(비노동자층/중산층), '상업화' 같은 생산 논리, 장르 논리(특히 뉴스 생산에서 '정규적이고 예측 가능하며 활용이 용이한' 주요 출처나 제도의 활용) 등이 복합적으로 어울려 나타난 결과라고 주장했다. 물론 궁극적인 이유는 노동자 계급의 전반적 지위 악화나 노동조합 같은 자구 제도의 약화, 노동자 계급의 스스로에 대한 신뢰 저하 등 역사적·구조적인 것에 있다. 그의 처방은 계급적 처지를 그들이 받는 교육이나 기술로부터 분리해 노동자 스스로 자존감을 찾게 하는 길인데, 물론 쉽지 않다.

이런 정책에는 상황에 대한 사회적 합의가 필수적이다. 사회 전반에 불평등과 차별이 만연하고, 이 때문에 사회가 안정적인 존속을 늘 위협받으며, 이를 극복하기 위한 논의와 대책이 절실하다는 점 말이다. 그러나 이런 합의는 상당히 쉽지 않다. 권리에 대해 갖는 일반적 정서인 심리적 '반맹목성half-blindness' 같은 것 때문이다(Pratto & Stewart, 2012). 백인-노동자-중년-이성애자-기독교인이라는 여러 정체성을 가진 사람은 자신의 '노동자성'(저소득층)에서는 박탈감을 갖고 민감하게 반응하지만, 자신이 누리는 다른 특권적 요인에 대해서는 '맹목적'이다. 말하자면, 특권이라고 생각하지 않고, 반대로 차별하는 것도 모른다. 다른 사람 역시 마찬가지다. 백인-중산층-여성-이성애자는 자신이 불이익(여성)을 느끼면서도 다른 측면에선 특권(백인-중산층)을 누린다는 걸 미처 깨닫지 못한다. 흑인-중산층-남성-이성애자 역시 흑인과 중산층-남성의 정체성이 엇갈리게 되는 것을 상반되게 느끼지 않는다. 이민자에 의해 자신의 일자리를 잃은 미국의 백인 노동자들은 이에 대한 피해의식이 너무 커서 자신의 선택이 가져올 수 있는 다른 해악은 전혀 고려하지 않고 트럼프에 투표했다. 특권과 박탈감이 모순적으로 결합하는 이런 이기적 심리 때문에 합의는 이루어지지 않고, 평등 정책은 자주 난관에 봉착한다.[205]

이런 사고로 보면, 서구의 백인은 지난 200년 동안 사실상 '우대 조치'를 누려온 셈이다(Hastie & Rimmington, 2014). 그러나 백인은 우대를

205 나라나 사회에 따라 유난히 차별이 차별처럼 느껴지지 않는 게 있다. 한국 사회에서는 종교 정도를 제외하고 거의 모든 정체성이 차별의 대상이지만, 지역(수도권/지방, 전라도)이나 교육(대졸/대졸 이하), 성(이성애자/동성애자) 등에서는 자의식조차 거의 없다.

대부분 인종과는 무관한 보편적 가치, 예컨대 자유주의, 실력주의, 응분의 보상 원칙, 개인주의, 자연화(자연적 차이)에 따라 획득된 것으로 보아 이를 특혜라고 느끼지 않는다. 이렇게 한 범주가 다른 범주를 규범화하고 자연화함으로써 차별 구조를 견고하게 하는 게 지금의 방식이다. 이처럼 차별이 다층적이고 다차원적이라면, 대책도 이에 맞게, 여러 차이와 균열을 세심하게 고려해야 한다.

이런 세심함이 더욱 요구되는 것은 약자를 위한 '보상적 담론'이다.[206] 여기서의 약자는 사회 구성의 여러 균열에서 "지배당하기 쉬운 집단"이다(Hänska, 2019). 모든 관행이나 구조에서 '일하지 않고 얻은 unearned' 재산이 있는 강자는 미디어에서도 강자다. 생산자들의 계급적 출신(중산층), '상업화' 같은 생산 논리, 장르의 효율성 논리 등에서 모두 우위에 있다. 약자를 따로 배려하지 않으면 형평을 맞출 수 없다(그래야 그나마 비슷해진다).[207]

물론 보상의 방법과 구체적 정도는 사회와 미디어가 나름의 논의를 통해 결정해야 할 것이다. 특히 방법이 중요한데, 적절한 정책 수단이 개발되지 않은 채 주장만 외치는 것은 자칫 소리만 크고 정작 효과는 없는 이른바 '소리만 큰 정치'로 전락될 수 있기 때문이다. 프랑스의 역사

206 보상을 특혜로 여기는 사고도 있을 수 있다. 그러나 소외 집단에 대한 배려는 정권조차 좌우하는 가장 경쟁적인 분야인 대학 입시나 군대에서도 얼마든지 있다. '소수자 보호'를 방송 공익성의 첫 번째로 생각하는 제작 PD들의 마인드(조명희 · 장하용, 2011) 역시 같은 맥락으로 볼 수 있다.

207 언론인 이대근(2009)은 이를 "수평 저울의 양측이 길이와 무게가 다를 경우, 추의 균형점이 중간이 될 수 없는 것과 마찬가지"(p.71)라는 적절한 비유로 설명했다. 추(언론)를 옮겨 균형(보상적 담론)을 맞춰야 한다는 말이다.

사회학자인 피에르 로장발롱Pierre Rosanvallon의 지적대로, 지금 사회에서는 시민이 불만을 표시할 수 있는 기회가 없는 게 아니라 그런 목소리를 더 넓은 정책 개발 과정 안에서 가치 있는 것으로 다룰 수 있는 수단이 결여된 게 정말 문제다. 그것이야말로 바로 '비정치적 민주주의'이며, 민주주의의 원칙과 실천에 대한 신뢰를 갉아먹는 '반정책counter-policy'이다(Rosanvallon; Couldry, 2010/2014: 262에서 재인용). 말하자면 목소리를 내는 것에 국한하지 않고, 목소리를 가치 있게 여기면서 정책을 통해 이를 소화할 수 있어야 한다.

마지막으로 미디어 정의와 부정의에 대한 요약적 논의로 이 장을 마치고자 한다. 미디어 정의는 공정성의 가장 적극적이면서 최대적인 이념이다. 미디어 정의는 미디어에 의한, 미디어를 통한 (사회) 정의의 추구이고justice by(through media), 미디어 스스로 정립하는 내적 정의다justice in media. 미디어 부정의는 여러 이유로 미디어가 저지르게 되는 부정의다. 주로 미디어가 처한 조건에 따라 외적 부정의가 미디어 내로 이어지기도 하고, 정의를 실천하는 과정에서 부산물로 내적 부정의가 생겨나기도 한다. 후자의 예로는 자주 허울에 빠지는 '균형'이나 유효한 증거 없이 주장만 앞세우는 무모한 주창성 등을 들 수 있다. 부정의에는 다룰 것을 다루지 않아 스스로 책임을 방기하는 기회 비용적인 것도 있다. 미디어 정의는 당대 사회의 균열이나 권력 관계를 감안해 세심하게 추구되어야 한다. 미디어 정의론은 더 많은 미디어가 더 많은 민주주의와 커뮤니케이션을 만들지 못하는 역설을 풀기 위한 이론적 기초가 될 수 있다.

6장

공정성의 절차적 보장

숙의의 질과 측정

공정성이 구체적으로 어떻게 하면 잘 구현되는지, 반대로 어떻게 하면 가장 이를 침해하는지를 알아보는 척도에 대해서도 생각해 볼 필요가 있다. 이에 가장 가까운 것은 숙의민주주의론에서 '숙의의 질deliberative quality'을 따져 보는 연구다. 숙의의 질이 높을수록 공정성이 잘 보장된다고 보는 것이다. 소집단 공중mini-publics을 대상으로 한 연구에서는 기준이 정형화되어 지수로도 만들어져 있다(최근 것으로, Himmelroos, 2017).

미디어를 통한 숙의에 대해서는 숙의민주주의자들 사이에 '미디어를 숙의의 장으로 볼 수 없다'는 반대 주장이 많아 비교적 최근 들어 연구가 이루어졌다. 반대자들은 숙의를 이상적인 커뮤니케이션으로 간주하면서 미디어를 숙의와 관계없거나 아예 해치는 것으로 취급한다. 그러나 미디어가 현대 사회를 살아가는 보통 사람의 정치적 숙의의 구성에서 단지 '주변'이 아니라 '기본'으로 생각하는 연구자들은 이에 동의하지 않는다(Curato & Ong, 2015). 미디어 가운데는 신문을 대상으로 한 것이 많고, 텔레비전 뉴스를 위한 것도 드물지만 있다.[208] 한국에는 이런 연

208 미디어정치학자 콜먼(Coleman, 2013)의 눈에는 오히려 텔레비전이 "드라마와 정보를 전달하는 테크닉과 장르의 독특한 조합으로 이루어져

구가 없지만, 언론의 경향성(부정의다) 극복을 위해 실행 규칙을 모색한 이준웅의 연구(2010)가 이에 가깝다고 볼 수 있어 여기에서 검토했다. 이들의 출발점은 앞서 조금씩 언급했던 하버마스의 타당성 연구이므로 이 장 역시 이를 먼저 살펴보았다.

한 가지 전제해 둘 것은 이 장이 하버마스의 이론을 중심으로 하지만 하버마스의 '보편화 가능성'이나 '합의'의 테제에 꼭 동의하지는 않는다는 점이다. 하버마스에 대한 많은 비판대로 언어를 토대로 한 하버마스의 숙의·공론장 이론은 지금 같은 다원주의 사회에서는 현실성이 거의 없는 '합의'를 지향한다. 숙의 역시 궁극적 목표는 만장일치다. 그러나 숙의에서 합의보다 중요한 것은 '이해Verständigung'다(Jezierska, 2019). 이 이해는 언어적 이해부터 생각의 일치에 이르는 상당히 포괄적인 개념이다. 이해를 위한 숙의의 조건은 의외로 간단하지만, 효과는 크다. '내 입장을 공개적으로 표명하며,' '남의 이야기에 귀를 기울이고,' '내 생각을 바꾸거나 조정하는 것'이다. 이 조건은 서로 모르는 사람들이 갈등의 자리에서 '총'이 아닌 '말'로 상대방과 대화하게 한다. 숙의적 미디어는 사회 전체가 가진 구성원 간 이해와 신뢰를 높여 갈등을 줄이고, 투표 같은 효율성 장치들이 결여하기 쉬운 정당성을 보완해 준다.

합리적인 정치 논쟁의 고급한 정신과 참여민주주의의 매혹적인 어필 사이에서 적절한 '시민적 결합'을 제공하기에 적합"(pp.25~26)한 미디어다.

1. 타당성 주장과 언론

'약자의 배려'를 비롯한 공정성 원칙은 상당히 추상적이다. 이 원칙이 공론의 장에서 잘 구현되려면, 알기 쉬운 절차나 준칙으로 구체화되어야 한다. 절차나 준칙이 제정되면, 지속적으로 타당성이 현장에서 검증되고, 이는 다시 지침 수정으로 이어지는 긍정적 순환이 이루어져야 한다. 그저 만드는 것만으로 끝나서 '원칙 따로, 관행이나 실행 따로'가 되어서는 아무런 의의를 얻을 수 없다.

공정성의 절차나 준칙은 많은 나라에서 성문으로 제정되어 있다. 이름이 공정성이 아니고 객관성이나 불편부당성, 중립성이라 하더라도 공정성과 밀접한 연관이 있다. 이 책에서처럼 공정성을 복합적 준거틀로 보면, 이들은 공정성을 표현하는 일종의 '기표'로도 볼 수 있다. 다른 말로 쓰더라도 궁극적 '기의'는 공정성이라는 뜻이다. 이 기의는 앞서 언론의 가치를 진실-정확-사실-투명성의 '사실 계열'과, 정치를 비롯한 전체 체제 내에서 언론의 지위나 역할과 관련된 불편부당-다양-균형-중립-공평-반편향 등의 정치사회적 '포용(평등)-정당성'으로 크게 나눈 대로, 이 속에서 세부적 지침을 정할 수 있다.

이 두 계열은 진실론 부분에서 일부 살펴본 바 있는 하버마스의 타당성 주장의 틀과 유사하다. 하버마스(Habermas, 1981/2006)는 우리가 남의 말을 적극적·의식적으로 이해하려 할 때, 필요한 요건을 다음과 같은 세 가지로 제시했다. 첫째, 그들이 말한 것이 우리가 보고 느끼는 외부 세계와 맞을 때, 곧 '참'일 때다. 둘째는 말한 것이 일반적으로 우리가 알고 있는 사회적 규범과 어울릴 때다. 셋째는 그 말이 그들의 속마음에서 우러나온 것일 때다. 사람이 '말한 것'(언어·표현)에는 세 가지 세계가 결부

표 6. 하버마스의 타당성 주장

타당성 주장	언어의 기능	세계(현실의 영역)	언어 행위 유형	행위 단위
'참'	인식적 사용	객관적 세계	기술적 constatives	외부(자연)
규범적 '옳음'	상호 작용적 사용	사회적 세계	규제적	우리(사회)
진정성	표현적 사용	주관적 세계	표현적	나

출처: 골드쿨(Goldkuhl, 2000: 4)의 정리. 행위 단위는 필자가 추가.

되는데, 이는 "외부적 자연인 '유일한the' 세계, 사회라는 '우리의' 세계, 내부적 자연이라는 '내안의' 세계"에서 주장되는 세 타당성으로 요약될 수 있다. 이 타당성은 타당성 주장을 제기하는 행위자가 실재와 언어의 관계, 상호 작용의 대상과 매체 사이의 관계를 내용적으로 미리 결정하지 않는다는 점에서 형식적formal이다. 각각은 타당성이 서로 다른 세계를 대상으로 하므로 사용하는 언어와 행위 유형, 행위 단위 역시 달라진다(Goode, 2006/2016). 이는 표 6으로 도식화될 수 있다.

하버마스의 진리 타당성은 앞서 본 사실 계열과 유사하다. 이 타당성은 객관적 세계에 대한 인식을 언어를 통해 기술한다. 이 영역에서 따라야 할 준칙은 얼마나 언어가 외부의 객관 세계를 참되게(있는 그대로; 정확하게) 기술하느냐다. 언론의 문체가 다른 장르와 달리 정확성을 강조하는 것도 이 때문이다. 외부의 세계가 무한한 만큼 왜 이 현상(사건)이 선택되었느냐도 중요하다. 이 선택에는 이유, 곧 가치가 전제될 것이고, 이 가치가 얼마나 사회적으로 '옳음'을 인정받느냐가 논의의 대상이 된다. 이 점에서 언론의 객관성은 순수한 과학적 객관성과 다르다. '현실의 사회적 구성'에서 구성이 되는 제재는 바로 이런 선택된 사건들이다. 여기에는 앞서 여러 번 언급한 뉴스 가치, 게이트키핑 편향 등이 준거 역할을 한다.

여기서 자연히 규범적 옳음을 강조하는 두 번째로 넘어간다. 두 번째에서는 우리 안의 상호 작용으로 구성되는 사회적 세계에서 얼마나 규범적으로 옳은가가 검토된다. 먼저 옳음을 주장할 수 있는 근거가 있어야 할 것이다. 이 근거가 외부 세계의 것이라면, 앞서 나온 참의 영역과 밀접한 관계를 맺는다. 객관적 세계와 사회적 세계는 이렇게 너와 나, 우리가 공유하는 것, 곧 근거의 확인을 통해 만난다. 만약 근거가 우리 내부의 것이고 상대방과 서로 옳음을 경쟁해야 하는 관계에 있다면, '상호 작용'(커뮤니케이션)의 측면에서 서로의 주장과 반박을 같이 제시할 수 있어야 할 것이다. 다음으로는 '우리'로 정의되는 집단의 포용성이 문제가 된다. 우리의 포용 영역이 좁다면, '타자'는 늘어나고 옳음이 적용되는 범위는 줄어들 것이다. BBC가 이슬람에 자신의 불편부당 원칙을 적용하지 않는 것은 (BBC가 들어 있는) 영국 체제가 이슬람을 포용하지 않기 때문이다. 규범적 옳음의 영역에서 언어는 가치 판단을 담고 있으므로 앞서 객관적 세계의 기술과 달리 '규제성'을 띤다.

마지막 세 번째는 내가 현장에서 보고 들은 대로, 관련 자료를 읽고 분석한 대로 실천하는 진정성이다. 나의 주관적 세계는 나를 둘러싼 객관적 세계의 현상·사건과 사회적 세계의 가치(판단)를 반영해 나를 표현하게 한다. 스스로를 참되게 하는 본래성은 '내 안의 세계'를 주재한다. 여기에서 방해자는 자신을 속여 본래성을 부정하게 하는 자기기만, 자기 검열 같은 것이다. 자기 검열에는 검열체와 검열 대상이 일치하는 '사적 자기 검열'과 검열체와 검열 대상이 일치하지 않는 '공적 자기 검열'이 있지만(Cook & Heilmann, 2013), 여기서의 자기 검열은 전자인 사적 자기 검열이다. 투명성은 이런 과정을 소상하게 밝힘으로써 자신이 옳음을 스스로 증명하는 방식이다.

표 7. 언론의 경향성 극복을 위한 실행 규칙

기사 종류	경향적 특징	타당성 요구	언론 윤리적 가치	언론인의 실행 규칙
스트레이트 기사	사실의 선택	사실*의 범위에 대한 요구	중요 관련성과 전체성**	• 배경 자료의 검색 • 관련 정보원 인터뷰
	윤색적 표현	참을 위한 표현 정당성 요구	표현의 타당성	• (불필요한 의견이나 표현을) '더하지 말 것' • 표현 근거의 제공
	전제된 가치	참을 위한 적절성 요구	전제된 가치의 적절성	• 취재 동기의 투명성 • 예상된 독자의 가치
의견 기사	근거 없는 의견	옳음의 전제인 사실성 요구	의견 근거의 정당성	• 관련 자료의 수집 • 정보의 사실성 확인
	비일관성	옳음의 일관성 요구	책무성***에 근거한 일관성	• 자신의 과거 주장 검토 • 상황 논리 검토
	불공정	옳음을 주장할 수 있는 상호성의 요구****	이해 당사자 배려	• 당사자 목소리 반영 • 적절한 대변자 찾기

출처: 이준웅(2010: 206)에서 일부 수정.

* 원문은 '참의 범위'이나 '사실의 범위'가 더 적합할 듯함. 사실의 세부 내용 못지않게 제시된 사실의 범위(전체성)가 참을 결정하기 때문임.

** 원문은 관련성과 완전성이나 이 책에서 사용한 유사 개념인 중요 관련성과 전체성으로 바꾸었음.

*** 원문은 진정성으로 되어 있으나 본문의 설명에 따르면 책무성(설명 책임)이 더 적합함.

**** 원문은 '옳음의 공정성 요구'로 되어 있으나 이 책에서는 공정성을 복합적 준거틀로 보고 있어 상호성으로 바꾸었음.

표 7은 공정성을 훼손한 언론의 경향적 특징이 어떤 타당성 요구를 받는지, 어떤 윤리적 가치와 관련되고, 어떤 규칙을 실행해야 하는지를 보다 구체적으로 예시한 것이다(이준웅, 2010). 여기에서 경향적 특징으로 꼽힌 예들은 참(진리·진실)을 기준으로 하는 스트레이트 기사의 경우, '사실의 선택,' '윤색적 표현,' '전제된 가치' 등이고, 옳음과 관련된 의견 기사의 경우에는 '근거 없는 의견'과 '비일관성,' '불공정' 등이다.

'사실의 선택'은 여러 사건 중 어떤 것을 선택하고 어떤 것을 생략했느냐를 말한다. 이는 언론이 현실을 어떤 성격으로 구성했느냐, 곧 구성의 중요 관련성·전체성holism을 말해 준다. 만약 잘 되었다면, 언론은 우리에게 중요한 사실을 참에 가깝게 총체적으로 보여 줄 것이다. '윤색적 표현'에서는 표현이 얼마나 정확한가, 또는 독자(시청자)들의 주의를 얻기 위해 윤색이 필요했다면(불가피한 과장이나 미화, 표현적 왜곡이 있다면),[209] 어느 정도 타당성을 띠는가를 판단해 볼 수 있을 것이다. 이를테면, 현상에 대한 이해를 돕기 위해 상황을 단순화시키는 윤색은 특정한 의도를 위한 왜곡과는 완전히 다를 것이다. 스트레이트 기사에 부적절한 정치적 주장이나 단정을 섞는다면 이 역시 참과는 거리가 멀 것이다. '전제된 가치'에서는 앞서의 사실 선택이 어떤 이유(가치)로 그렇게 된 것인지, 그 이유의 적절성을 따져보고자 하는 것이다. 윤색이나 왜곡이 가장 참을 저해하는 것처럼 보이지만, 더 중요한 것은 특정 사실을 선택·조합하는 것이 과연 적절한가, 그렇게 하도록 이끄는 가치가 과연 정당한가다.

의견 기사에서는 '근거 없는 의견'과 '비일관성,' '불공정'이 경향성의 대표 사례로 꼽혔다. 의견에는 근거가 있어야 하고, 그 근거는 사실로 입증되거나 과거의 검증된 지식(자료)에 의해 뒷받침되어야 한다. 진리 이론으로 보면, 상응설과 정합설에 해당한다. 좋은 토론은 각 주장

209 가장 많은 것은 윤색의 어의에 맞는 '표현의 과장이나 미화'보다 맥락과 동떨어지게 특정 어휘만 골라 인용한다거나 이를 따옴표로 인용해 제목으로 쓰는 경우다. 역사상 유례없이 특정 신문에 대한 반대 운동(안티조선 운동)을 벌어지게 했던 사건도 〈월간조선〉이 김대중 정부 당시 최장집 국정기획위원장의 글에서 탈맥락적으로 떼어 온 '김일성의 역사적 결단'이란 말이다. 당시 〈월간조선〉은 이 말이 김일성을 미화시켰다고 비판했으나 글 전체의 맥락은 일부러 무시했다. 이야말로 앞서 잠시 언급한 바 있는 인위적으로 만들어진 불일치, '제조된 논쟁'이다.

에 근거의 유무가 드러나게끔 해서 청중이나 참여자가 올바른 결론을 내도록 유도하는 것이다. 그런 식으로 모든 토론이 진행된다면 참여자들은 근거 없는 주장을 하기가 점점 어렵게 될 것이다. (다음에 다시 나오지만) 숙의민주주의가 꼽는 중요한 조건 중 하나도 '이유를 제시하는 reason-giving' 정당화다.[210]

'비일관성'은 상황에 따라 주장이 바뀌면서도 바뀐 이유를 제시하지 않는 경우다. 생각이 바뀌었다면 자기 확신에 따라 이를 솔직히 표현할 수 있지만, 일관성을 위해서라면 자신이 변화한 이유도 반드시 같이 설명해야 한다. 그러나 정치 병행성 속에 있는 한국 언론은 자신과 연합한 정파를 위해 자주 종전 주장을 뒤집으면서도 이런 의무(설명 책임)는 게을리한다. 이런 일관성과 근거 제시는 챔버스(Chambers, 2010)가 제시한 숙의의 두 가지 원칙 중 하나인 '지식적인 것intelligible'에 해당한다.

'상호성' 또는 '포용성'이 챔버스의 다른 원칙인데, 경향성의 세 번째 사례인 '불공정'은 이를 어기는 것이다. 특히 관련된 이해 당사자의 목소리를 제대로 반영하지 않은 불공정은 언론 경향성 중에서도 가장 큰 해악으로 꼽힌다. 이때의 불공정은 일방성이나 배제성으로 바꾸어도 좋을 것이다. 이해 당사자가 명료하지 않거나 잠재적으로 사회 전체가 될 수 있을 때, 적절한 대변자를 찾는 것도 앞서 대리(표)성에서 본 대로 중요한 공정성 행위 중 하나다. 요컨대, 주장에 근거도 제대로 제시하지

210 이 정당화는 물론 내용에 대한 것이지만, 다음의 '논증'에 대한 정의에서 보는 것처럼 형식적인 것이기도 하다. "논증은 타당성 주장이 제기된, 문제가 된 표현과 그런 타당성 주장이 정당화되는 (이론적이든 경험적이든 어떤 유형이든 증거에 의해 뒷받침된) 이유가 담긴 메시지"(Toulmin & Habermas; Pomatto & Seddone, 2017: 292에서 재인용)다.

않으면서, 같은 편과 다른 편을 구분해 일관성 없이 원칙을 적용하며, 다른 편이라고 해서 그 목소리를 제대로 듣지 않거나 무시해 버린다면, 그런 언론은 극복해야 할 경향적 또는 편향적 언론이라 할 수 있다.

2. 공정성의 조건

1) 숙의의 요건

앞서 타당성 요건이 언론의 경향(적 편향)성 극복을 위한 규범적 전제가 되는 것을 보았다. 하버마스의 이론이 현실성이 떨어진다는 약점에도 불구하고 즐겨 인용되는 이유는 바로 이처럼 현실을 교정하는 기준으로서의 의의가 커서다. 대중 미디어를 비롯한 정치 커뮤니케이션의 장에 비판적이었던 초기의 하버마스와 달리 후기의 하버마스는 사회의 논의를 '제도화된 논의들'과 '미디어에 의존한 대중 커뮤니케이션,' '시민 사회의 일상적 의사소통' 등의 세 가지 차원으로 구분하고 중간 단계인 정치적 공론장이 양측을 제대로 중재한다면 '유익한 결과'를 창출할 수 있다고 보았다(Habermas, 2008/2011; Wessler, 2018).

하버마스가 말하는 중재를 이론화한 것이 숙의민주주의다. 숙의민주주의는 여러 논자에 따라 다양하게 정의되나 언론학자 에테마가 따르는 것은 다음에서 보는 굿먼과 톰슨의 것이다. "자유롭고 평등한 시민들(그리고 대표자들)이 …… 서로 수용 가능하고 일반적으로도 이해하기 쉬운 이유를 주고받는 과정에서 내린 결정을 정당화하는 정부 형태"(Gutmann & Thompson; Ettema, 2007: 145에서 재인용)다. 이런 민주주의에 우호적인 원리를 에테마는 '절차'에 치중해 '상호적 대응성mutual responsiveness,' '공시성,' '상호성' 등 세 가지로 제시한다. 상호적 대응성은 그저 양쪽을 고루 인용해 주는 단순 균형의 절차를 넘어선다는 점, 공시성은 광범위한 대중이 인지 또는 이해할 가능성을 포함한다는 점(적어도 정치인들은 그렇게 대중이 '알고 있으므로' 막연하게라도 두려워해야 한다는 점), 상호성은 사심 없는disinterested 사고에 의해 뒷받침되어야 한다는 등에서 볼 수 있듯이 절차를 넘어 자유나 공익 같은 실체적인 가치도 일부 포함한다. 이 점은 미디어에 한편으로는 다양한 주장에 대한 포럼 또는 조정자, 다른 한편으로는 진실에 '헌신하는 목소리'가 되라는 역설적 요구를 하게 된다. 자주는 아니라도 이 역설을 때로 미디어는 극복한다(Ettema, 2007).

이런 문제의식을 발전시켜 독일의 미디어학자 베슬러(Wessler, 2008, 2018)는 숙의의 조건을 다음 네 가지로 정리한다. 베슬러의 조건을 알아보기 전에 하나 유의해 둘 사항은 지금까지 알려진 전통적 숙의 모델의 낙관적이면서 이중적인 두 가지 전제(Kim, 1999)에 대한 달라진 이해다. 전통적 이해는 첫째, 공공선이 모든 이성적 시민에게 분명해야 하고, 둘째는 도덕적 불일치가 숙의를 통해 해결될 수 있다는 것이다. 이 전제는 마치 사회 구성원의 이익이나 공공선과 때로 동떨어질 수 있는 협상 또는 비숙의적 양태의 권력 같은 것은 전혀 고려하지 않는 것처럼 보인다. 그러나 지금의 숙의주의자들은 숙의의 결과가 공공선에 대한 합의 같은 이상적인 형태 외에도 얼마든지 다양할 수 있다는 점을 명시하며, 다수결에 의한 투표나 질서를 유지하는 국가 독점의 폭력 역시 숙의의 한 과정으로 받아들인다. 물론 절차(토론, 논의)가 선행되지 않으면 어떤 결정이든 정당성을 얻지 못한다는 기본적인 전제는 변함이 없다

(Mansbridge et al., 2010).

베슬러의 네 가지 조건 역시 이런 절차의 하나다. 가장 먼저는 역시 '포용성'이다. 숙의민주주의 이론은 특히 '토론이 얼마나 열려 있나'를 중시한다. 어떤 논쟁적 이슈도, 어떤 목소리도 구조적으로 억압받거나 무시되어서는 안 된다.[211] 많은 사회 구성원들이 그들이 가진 제한된 자원 때문에 자신의 생각이나 불만을 공개적으로 표현하지 못한다. 주요 정치 행위자들뿐만 아니라 시민 사회 조직, 전문가, 일반 시민과 같은 주변부 행위자들도 같은 조명을 받을 수 있어야 포용은 달성될 수 있다. 젠더, 계급, 인종, 민족, 지역 등 다양한 균열에 걸친 문제의식은 사회적 관심사가 위로부터만이 아니라 아래로부터도 정해질 수 있을 때 가능하다. 또 주제나 행위자뿐만 아니라 프레임이나 레토릭처럼 미디어가 주제를 다루는 태도도 포함되어야 포용하는 범위가 질적으로도 넓어질 수 있다.

두 번째는 '대응성responsiveness'이다. 숙의민주주의 이론은 독백보다 대화·토론을 좋아한다. 토론을 위한 전제는 반대되는 입장이 반드시 같이 있어야 한다는 점이다. 하나의 주장은 다른 주장이나 입장에 내용적 측면에서 서로 깊게 '관여해야 한다engage.' 이렇게 되어야 쟁점이 분명해지고, 적절한 주장과 부적절한 주장이 구분될 수 있다. 토론 기회도 불평등해 몇몇 권력자가 발언할 기회를 독점해 버리면 말 그대로 '독재'가 되어 버린다(독재자인 dictator의 원뜻은 '혼자 말하는 사람'이다). 참여자들도 대

211 이런 주장에 제기되는 반론이 신나치 같은 유사 파시즘 주장이나 혐오 표현까지 포용해야 되는가다. 최근 극우파 일각에서 나온 광주항쟁 '북한 개입설'도 일례가 될 것이다. 만약 표현의 자유를 우선한다면, '부정적인 것으로 비판하되 논의 자체를 배제해서는 안 된다'가 답일 것이다. 물론 반대의 처방도 가능하다.

응을 받아야 상대방의 입장에서 자신을 성찰해 볼 기회가 생긴다.

세 번째는 '정당화' 또는 '근거의 제시reason-giving'다. 특히 시간이 정해져 있는 미디어 토론은 참가자들이 자신들의 주장을 효율적으로 정당화할 수 있을 때 청중이나 참가자 모두에게 유익하다. 토론의 운영 책임을 맡는 언론인들 역시 참여자들로부터 주장의 이유를 끌어내는 데 노력해야 하고, 특히 권력을 가진 정치 행위자들에게는 그 필요성이 더욱 높다. 근거를 스스로 밝히는 것이야말로 공적 책무성이라는 점이 권력자들 개개인에게 '문화화'되어야 한다. 체제가 국민으로부터 신뢰를 받으려면 이런 근거가 설득력을 얻어야 한다.

네 번째는 '예의civility'다. 숙의를 민주적 과정의 중심에 놓는 이론이라면 대부분 예의를 빼놓지 않는다. 아마도 이는 갈등이나 불일치가 낳을 수 있는 부정적 상황을 염두에 둔 것인 듯하다. 예의란 단적으로 상대방에 대한 인정·존중의 표현이고, 반대하더라도 경청할 수 있는 자세를 말한다(그렇게 화자-청자의 역할이 바뀌는 것을 당연하게 여기는 사고다). 예의를 그저 일부 정형화된 의례나 스타일로 국한해 이에 익숙지 않은 주변부 행위자들이나 담론의 주제들을 배제해서는 안 된다.[212]

하버마스 역시 거리 시위나 수사법 같은 비숙의적 수단을 마냥 무시하지 않았다(Wessler, 2018). 예의를 중시하는 것은 하버마스보다는 굿먼과 톰슨의 영향 때문이라는 지적도 있다(Häussler, 2018). 비례非禮보다 오히려 더 나쁜 것은 도그마화된 입장이나 권위적 스타일로, 이는 잠재

212 이 점이야말로 에티켓이나 매너 같은 의례화된 예의를 정의보다 우위에 두는 자유주의의 전형적인 오류일 것이다. 예의는 자칫 침묵과 억압을 조장한다(Calabrese, 2015).

적으로 다른 참여자가 가진 도덕적 권리를 부정하고 이슈에 대해 정당하게 말할 수 있는 권리를 사실상 박탈해 버린다.

2) 신문(인쇄 미디어) 기준

이런 숙의성의 원칙들은 실제 측정 단계에서는 더 세부적인 기준으로 만들어질 필요가 있다. 이를 베슬러(Wessler, 2008)는 주로 인쇄 미디어(신문)를 대상으로, 견해idea, 언명utterance, 기사, 페이지/판본 등의 네 가지로 분석 수준을 나누고, 각각을 다시 세부화해 '정당화,' '논박rebuttal,' '복합성,' '갈등하는 견해들,' '예의,' '프레임-교차,' '대화적 구조,' '대응성,' '반대되는 기사들,' '대응적 기사' 등 열 가지 변인들로 구체화했다. 이 중 '정당화,' '논박,' '갈등하는 견해들,' '예의,' '대응성,' '대응적 기사' 등 여섯 가지를 양적 연구의 변인으로 삼았다. 표 8은 이를 집약한 것이다.

먼저 견해idea 부분에서 자신의 주장에 근거를 밝히는 '정당화'는 숙의의 측정에서 가장 중요한 기준이다. 베슬러(Wessler, 2008)는 한 연구를 통해 독일 대중 미디어에서 정당화가 포함된 주장이 40%에 머물렀다고 주장한다. 재미있는 건 낙태 보도[213]를 분석한 다른 연구에서도

213 낙태 보도를 사례로 한 것이 많은데 그 이유를 롤링거(Rohlinger, 2007)는 다음과 같이 밝힌다. 첫째는 오래된 갈등이므로 쟁점이 분명해 이를 다루는 미디어의 질을 평가하기가 용이하다. 둘째는 기업적 이해관계가 얽혀 있지 않아 미디어의 관심을 쉽게 끈다. 이로 보면, 이 사례가 가진 한계도 분명해 보인다. '숙의'가 필요한 더 많은 주제들은 새롭고, 기업과 정부를 망라해 이해관계도 첨예하기 때문이다.

표 8. 다양한 분석 수준에서 숙의성 측정의 개요(인쇄 미디어의 경우)

분석 수준	변인	변인의 설명
견해 idea	**정당화**	표현된 견해에 대한 정당화(근거)의 제시
	논박rebuttal	반대하거나 관심이 있는 견해에 대한 반박이나 다른 생각의 제시
	복합성	갈등하는 가치 · 주장들을 자신의 것으로 만들어 소화한 (복합적인) 견해의 제시
언명 utterance	**갈등하는 견해들**	각각의 갈등하는 견해나 정책적 입장들을 같은 언명에서 같이 제시
	예의	'분노를 유발하는 언어'(혐오 표현)의 미사용
	프레임 -교차	같은 언명에서 다른 프레임(꼭 서로 반대되는 것이 아니더라도)으로부터 나온 견해들을 같이 제시
기사	대화적 구조	같은 기사에서 반대되는 관점을 가진 행위자를 같이 제시
	대응성	같은 기사에서 한 화자의 주장에 대한 다른 화자의 직접적인 반응의 제시
면/판본	반대되는 기사들	같은 면/판본에서 반대되는 관점을 가진 기사의 게재
	대응적 기사	같은 면/판본에서 한 화자/작자의 주장에 대한 다른 화자/작자의 직접적 반응의 제시

출처: Wessler, 2008: 10. 강조는 양적 연구의 변인.

40%로 수치가 거의 동일하게 나와 이의 신빙성을 증명한다는 점이다. 두 번째 기준인 '논박'은 화자가 얼마나 진지하게 상대방의 의견을 듣고 반응하느냐를 측정한다. 대립하는 견해들을 요목별로 리스트를 작성하고 이에 반대 주장을 대응시킨다. 한 견해에 대한 거부가 꼭 반대편을 도와주는 것은 아니다. 오히려 논박은 전체 숙의의 수준을 한 단계 높여 줄 수 있다. 논박과 세련화refinement기준이 같이 쓰이는 이유다. '복합성'은 갈등하는 견해나 정책적 입장들을 같이 제시해서 사안의 복합성을 보여 주는 것을 말한다. 낮은 단계의 복합성은 상대방의 견해를 거의 고려하지 않고 이슈를 자의적으로 해석하는 것을 말한다. 중간 단계

는 자신의 견해가 옳다고 믿지만 예외를 인정하는 것이다. 높은 단계는 자신의 견해가 적용되는 영역 자체를 체계적으로 제한할 정도로 상대방을 인정한다. 베슬러는 언급하지 않았지만, 대립되는 양자 사이에서 반대에 못지않게 공통되는 영역을 가려내고 이 합의의 가치를 인정하는 점도 이런 복합성의 일환이 아닐까 한다. 예컨대 앞서 잠시 언급했던 롤링거(Rohlinger, 2007)의 낙태 연구의 경우, 임신한 여성의 권리를 보호하고 여성의 전반적인 처우 향상에 대해서는 합의가 잘되었다고 한다.

'언명utterance'의 경우에는 먼저 '언명'의 단위를 분명히 해야 하는데, 베슬러가 그려 놓은 유형화 도식(Wessler, 2008: 12)에 비추어 보면, 행위자의 특성별로 구성되는 단락 수준이 의미 단위로 보인다. 발상, 정책적 입장, 다른 행위자들의 평가 등으로 구성되어 다양한 형태를 띠는 이런 언명은 주로 의견이나 코멘트로 이루어진 '저작 문장authored statement'과 '보고 문장reported statement'으로 크게 나누어진다. 이는 '의견'과 '사실'의 차이와 유사하다. 저작 문장은 언론 자신의 '논평,' '의견,' 다른 언론에 대한 '리뷰,' 비언론인의 '게스트 논평' 등 네 가지, 보고 문장은 '인터뷰'와 '인용된 문장'으로 구성되는 '직접 인용'과 언론인이 다시 풀어쓴paraphrased '성명' 의 세 가지 등, 도합 일곱 가지로 나눌 수 있다.

언명의 기준 중 첫 번째인 '갈등하는 견해들'은 각각의 갈등하는 견해나 정책적 입장들을 같이 제시하는 것을 말한다. 앞서 본 높은 수준의 복합성과 유사하다. 숙의의 목적 중 하나가 '상호 인정'인 점을 고려해 보면, 많으면 많을수록 숙의의 정도로 같이 높아짐을 알 수 있다. 베슬러의 조사에 따르면 이렇게 대립되는 입장들의 핵심적인 주장을 모두 포괄하는 경우는 독일의 경우 불과 1.6%밖에 안 되었다(Wessler, 2008). 물론 쟁점을 불분명하게 얼버무리는 수준이 되어서는 안 될 것이다. 두 번째 기준인, 극단적으로 발전할 수도 있는 갈등을 토론장으로 이끌어 주는 '예의'는 '분노를 유발하는 언어'(혐오 표현)의 미사용으로 측정된다. 물론 일상에서와 달리 미디어 토론에서 이런 표현을 사용하는 경우는 거의 없다. 다만 일반 대중이 직접 참여하는 트위터나 블로그 같은 일부 뉴 미디어의 경우에는 예의의 수준이 다른 미디어에 비해 낮게 나온다(Wessler, 2018). 앞서 설명한 예의의 의의에 비추어 볼 때, 상당히 왜소화된 기준이기는 하지만 양적으로 측정하기에는 적당한 다른 방법을 찾기 힘든 것도 사실이다. '프레임 교차'는 같은 언명에서 다른 프레임(꼭 서로 반대되는 것이 아니더라도)으로부터 나온 견해들을 같이 제시하는 것이다. 이 역시 앞의 갈등하는 견해들과 유사하게 하나의 프레임에서 나온 것보다 언명을 더욱 풍요롭고 세련되게 만들어 준다.

분석 수준을 기사에 맞출 때, 세부 기준은 '대화 구조'와 '대응성'이 된다. 대화 구조는 같은 기사에서 반대되는 관점을 가진 행위자가 모두 등장한다. 미국처럼 한 신문이 여러 관점을 두루 반영하는 '내적 다원주의'의 경우에 이런 구조의 기사가 많다. 낙태 기사를 비교한 한 연구(Ferree et al.; Wessler, 2008에서 재인용)에 따르면, 미국과 독일의 경우 이런 기사가 42 대 25로 차이가 있어 양 국가의 언론 문화가 다름을 잘 보여 준다. 물론 이는 '표층적'인 것이다. 더 자세하게 비교하려면 기사 자체에 담긴 정보의 양과 질까지 봐야 한다. 다음으로는 상호 대응이라는 말로 바꾸어 쓸 수 있는 대응성인데, 앞의 대화 구조와 비슷하게 양측의 관점이 모두 나오면서 서로 직접적으로 대응하는 것이다. 이 기사는 대립되는 관점이 얼마나 서로 연계되어 있는지를 같이 보여 줄 수 있다.

면/판본 단위에서 '반대되는 기사들'은 반대되는 관점을 가진 기사가 같은 면, 또는 같은 판의 다른 면에 같이 게재되는 경우를 말한다.

이 경우에도 독자는 양 관점에 모두 노출되어 주제가 가진 복잡성이나 양측의 정당화 내용을 알 수 있다. 앵글로-아메리칸 언론에서는 '의견란op-ed page,' 프랑스 신문에서는 '특별 토론,' 덴마크 신문에서는 '편집자에게 보내는 편지'란에 있는 '민주적 토론' 등을 예로 들 수 있다. '대응적 기사'는 좀 더 직접적으로 양측을 대비시킨 경우를 말한다. 특히 중요하고 논쟁적인 주제의 경우에는 이렇게 한 면에 양측을 직접 대비시킨 대응적 기사가 늘어난다. 전체적으로 보아 숙의는 대립되는 양측의 견해나 정당화 근거, 행위자, 논박-대응의 상호 과정을 모두 등장시켜 가능한 자세하게 이들의 주장과 쟁점, 일치와 차이, 합의와 갈등을 제시하는 데 중점을 두고 있음을 알 수 있다.

브라질의 마이어(Maia, 2009)는 2005년에 있었던 브라질의 '무기 판매 금지'에 대한 국민 투표 과정을 이런 관점으로 분석한다. 정부와 여당(노동자당)이 금지 의지를 표명한 이 투표에서 금지 그룹은 초반의 우세를 유지하지 못하고, 찬성 그룹에 패배한다. 투표 3개월 전에 국민들은 무기 판매 금지에 76%가 찬성했지만, 막상 투표할 때는 36%로 떨어지는 극심한 반전을 보였다. 참고로 브라질은 총기 관련 사고가 세계 2위인 나라다.

마이어는 다음과 같은 네 가지 기준으로 두 신문을 분석했다. 첫째, 참여자의 접근 가능성과 특징(참여자의 성격과 비중), 둘째, 논증의 활용(담론의 비판적-합리적 측면; 근거의 제시), 셋째, 대립되는 양자 사이의 상호성과 대응성, 넷째, 의견의 성찰성과 가역성reversibility(입장의 변화·지속과 이유, 일종의 학습 과정의 추이) 등. 분석 결과, 신문들은 허용과 금지에 고루 지면을 허용했고, 일반 시민의 참여도 허용하는 등 전반적으로 균형적 태도를 견지했다. 그러나 논의가 심화되고 관련 정보가 많아지면서 국민들은 점차 평화와 반폭력의 '일차원적 지평'에서, 공적 권리와 사적 권리의 관계, 부패 등과 관련된 정부 정책의 신뢰성이나 효율성 같은 다른 여러 주제들도 폭넓게 고려하게 되는 '다차원적 지평'으로 옮겨갔으며, 종래에는 무기 판매를 허용하는 쪽으로 돌아서게 되었다.

이에 대해 마이어는 "시민 사회 내에 권위주의 문화의 '섬들islands'이 존재하며, 정치 문화가 효과적인 공공 정책들의 시행을 보장해 주지 못하는" "라틴 아메리카 민주주의의 딜레마"(p.331)라고 해석했다. '정부는 믿을 수 없고 자신은 스스로 지켜야 한다'는 허용 측의 개인주의적 어필이 먹힌 것이다. 신문이라는 숙의적 미디어 장치는 비교적 본분에 충실했으나 공공선은 결국 달성하지 못했다. 절차가 가진 단점을 극복하기 위해 하버마스가 강조한 대화적·상호 주관적 토대는 브라질이 처한 역사적·사회적 한계에 머무르고 말았다.

2018년에 나온 호이슬러의 연구(Häussler, 2018)도 신문을 대상으로 한 것이다. 호이슬러는 기준을 ① 화자의 합리성과 성찰성, ② 상호성, ③ 보도의 포용성(행위자), ④ 행위자의 외부적 자율성, ⑤ 내부적 자율성: 행위자의 평등과 역할 교환, ⑥ 관점과 신념의 포용성(정당화의 범위) 등의 여섯 가지로 나누었다. 호이슬러는 성찰성, 상호성, 그리고 관점의 포용성을 숙의의 담론-합리적 차원으로, 나머지 셋을 민주적 차원으로 분류했다. 그는 여기에 사회적 네트워크 분석을 넣어 공론장의 유형('도전-주변부 공론장'과 '정부 주도 공론장')에 따른 밀도도 분석했다.

이 기준과 유사한 것이 보도 지수로 만들어진 것도 있다. 보도 지수는 2005년에 미국의 PEJ(Project for Excellence in Journalism)에서 개발한 것으로, '관점 제시 양태,' '(분명히 신원을 밝힌 투명) 취재원 수,' '이해 당사자 수' 등을 기준으로 설정된다. 이 역시 현상에 대한 다각적 접근(포용성과 상호성)을 강조한 것이다. 이 지수를 통해 한국 신문을 살펴보면, 관점 제시 양태에서는 17.1% 정도가 '복합적 관점'으로 작성된 기사이며, 취재원 수는 투명·익명 합쳐 3.33(투명은 2.6명)에 불과했고, 평균 이해 당사자 수 역시 2.6명에 머물렀다.[214]

이는 〈뉴욕 타임스〉의 복합 관점 58.3%와 취재원 수 12.14명(투명 8.4명), 평균 이해 당사자 수 7.6명에 비하면 그야말로 저열한 수치다. 그런데 심지어 이런 수치는 시간이 지나면서 계속 나빠진 것이기도 하다. 복합적 관점의 기사의 경우, 2006년 조사에서는 42.4%를 보였으나 1990~2007년 조사에서는 28.3%, 다시 2003~2010년 중앙지 조사와 2017년 조사에서는 10%대로 떨어졌다. 그나마 방송은 조금 나아 23.3%를 기록했다(김경모 외, 2018). 이런 기사가 숙의의 고급한 질(공정성)을 구현했을 리 만무하다.

최현주(2010)의 연구도 이에 비슷한 결론을 낸다. 상반된 입장을 같

214 특히 '익명 취재원'은 한국 신문의 고질적 병폐 중 하나다. 2019년 5월 31일자 〈조선일보〉는 '북한 소식통,' '국책연구소 관계자' 같은 익명의 출처를 통해 북한의 김정은이 하노이 회담의 실패를 물어 당시 실무 협상 책임자였던 김혁철과 김영철을 숙청했다고 보도했다(2019. 5. 31). 이 보도는 이후 김혁철과 김영철의 건재가 확인됨으로써 오보로 판명 났다. 취재 대상이 북한인 점을 감안하면 익명 취재원이 꼭 무리한 것은 아니다. 또 한국처럼 '누구 편이냐'로 모든 것을 판단하는 사회에서 실명을 내는 것은 어쩌면 위험을 자초하는 것이므로 많은 사람들이 꺼린다. 특히 남을 비판하는 의견에서 익명이 많은 것은 이 때문이다. 그러나 반대로 익명은 언론이 자신의 정체를 숨기며, 책임을 회피하는 수단이 되기도 한다. 미국적 PEJ는 한국적 특성을 반영한 전자보다는 후자의 단점을 경계한다. 어떻든 〈조선일보〉는 오보(의 가능성)인 점도, 익명의 출처도 전혀 밝히지 않고 있다. 이는 외부적 설명 책임은커녕 자신의 규범(조선일보 '윤리 규범 가이드라인,' 제3장, 2조 ③항)조차 지키지 않은 것이다.

이 제시하는 스트레이트 뉴스의 '관점 균형 지수'에서 대북 지원의 경우에는 〈조선일보〉가 거의 중간인 0을 보여 상반된 의견을 가장 균형감 있게 제시하였지만, 〈중앙일보〉(.50)와 〈한겨레〉(−.50)는 불균형하게 특정 입장을 지지했다. '종합부동산세 폐지' 건에서는 〈조선일보〉·〈중앙일보〉·〈동아일보〉가 압도적 차이(87.5% 대 12.5%)로 지지 입장을 보였으며, 〈한겨레〉, 〈경향신문〉의 경우의 경우에는 거꾸로 반대(각각 80.9%, 86.8%)가 지지(각각 19.1%, 13.2%)보다 훨씬 많았다. 양측 모두 상반된 입장의 기사를 제시하기는 하였으나 그 비율은 상당히 차이가 남을 알 수 있다. '관점의 균형 지수'를 살펴보면, 〈조선일보〉·〈중앙일보〉·〈동아일보〉의 균형 지수가 각각 −.75(균형은 0)로 나타난 반면, 〈한겨레〉와 〈경향신문〉도 .62, .74로 나타나 보수 진영과 진보 진영의 신문들 모두 특정 입장을 지나치게 많이 보도해 상호성과 숙의성을 달성하는 데 한계를 보였다.

3) 텔레비전 기준

텔레비전 뉴스에 어울리는 기준은 신문에 적용된 요건과 기준을 텔레비전 뉴스에 맞게 다시 확대·변용한 것이다(Wessler & Rinke, 2014). 이 모델은 텔레비전 뉴스를 투입-과정-산출로 차원을 셋으로 나누고 각각에 맞게 단계를 설정한 후, 이를 다시 13개의 세부 기준으로 나누었다(표 9 참조). 먼저 '투입'의 차원에서는 토론의 개방성에 신경을 써서 '포용성'을 세부 주제로 삼았고, 아직은 많은 사람들이 텔레비전을 통해 정보를 얻는 점을 감안해 '기초적 정보'를 넣었다. 포용성에서는 보다 구체적으로 시민 사회 조직, 일반 시민, 전문가, 야당을 명시적으로 넣어 관점의 다양화를 꾀했다. 시민 사회 부분에 따로 '개별 시민' 기준을 설정한 이유는 좀 더 삶의 직접적 일상을 반영하고자 함이다.

'과정'의 차원은 '토론'과 '세련화sophistication로 나누었다. 토론은 '반대 입장'과 '대응적 언명' 두 가지로 나뉜다. 세련화는 앞서 본 정당화와 거의 같다. 세부 기준으로 '정당화'가 있는데 따로 '검증 가능한 정당화'를 더한 이유는 그만큼 추상적 주장을 넘는 실증적 증명이 중요하기 때문으로 보인다. 앞에는 없는 '메타숙의meta-deliberation'는 미디어에서 벌어지는 토론의 법칙이나 행위에 대한 언명을 말한다. 민주주의는 자신의 규칙을 스스로 만들어야 하므로 정체polity나 미디어는 더 나은 공적 토론의 조건이나 방식을 위해 지속적으로 고민해야 한다.

마지막 '산출' 차원은 앞에서는 전혀 논의되지 않았던 것이다. 공적 토론은 공중의 의견 형성에 영향을 미칠 뿐 실제 의사 결정에는 관여하지 않는다. 그러나 스스로의 존재 가치를 위해서라도 결정을 도외시할 수는 없다. '결정 관련성'은 정치적 토론이 얼마나 결정과 관련이 있었는지를 보는 것이다. 그리고 더 중요하게는 결정이 있기 전에 그렇게 할 수도 있다('의사 결정 전 토론'). 일부의 오해처럼 숙의 이론이 꼭 합의를 지향하는 것은 아니므로 영향의 정도만을 측정하는 산출은 이런 문제를 우회하는 방법이 된다.

이 기준으로 베슬러와 링케(Wessler & Rinke, 2014)는 독일과 미국, 러시아 세 나라의 11개 방송의 주요 뉴스를 비교하였다. 전체적으로는 미국의 CNN이 가장 높은 점수를 받았으나 상위에 오른 뉴스들(ARD-TT, ABC, PBS)은 서로 보완적인 나름의 특징을 갖고 있었다. CNN은 특히 포용적이며 대응적 토론이 많았고, 다른 기준에서도 평균 이상이었다. ARD-TT는 반대 목소리를 반드시 출연시켰으며, 인터뷰 등을 통해 입증 가능한 증거를 끌어냈고, 결과 차원의 결정-관련성에서도 다

표 9. 숙의의 세부적 기준(텔레비전 뉴스)

차원/하부 차원	기준	기준의 조작화
I. 투입 차원		
기초적 정보	① 정치적 주제	주된 초점으로 정치적 주제를 가진 뉴스(연성 뉴스, 연예 뉴스에 반대되는 것)의 비중
	② 정치적 주제의 다양성	모든 정치 뉴스에서 특정 주제 범주의 상대적 비중의 표준 편차 예) 6개의 주제 범주: '경제적/금융 정책,' '사회 정책,' '외교/국방 뉴스,' '사법 정책,' '국내 정치 뉴스,' '기타 다른 정치 뉴스'
포용성	③ 시민 사회	시민 사회 행위자(조직화된 시민 사회, 개별 시민들, 그리고 전문가들)로부터 나온 언명들utterances의 비중
	④ 시민들과 전문가	개별 시민들과 전문가들로부터 나온 비언론적 언명들의 비중
	⑤ 반대 목소리	개별 야당(들), 또는 분명하게 야당으로 밝혀진 행위자들로부터 나온 언명의 비중
II. 과정 차원		
토론	⑥ 반대 입장	반대를 제안하는 내용들로 두 개 또는 그 이상의 입장을 다룬 뉴스의 비중
	⑦ 대응적 언명	명시적으로 상대편의 입장에 반박하는 언명의 비중(같은 뉴스든 아니든)
세련화	⑧ 정당화	표현된 의견을 정당화하는 의견 – 지향적 언명의 비중
	⑨ 입증 가능한 정당화	표현된 의견을 잠재적으로 입증 가능하게 정당화하는 의견 – 지향적 언명의 비중
	⑩ 예의	폄훼하는 언어적 · 물리적 표현이 없는 언명의 비중
	⑪ 메타숙의	미디어 토론의 법칙이나 행위에 대해 언급하는 언명의 비중
III. 산출 차원		
결과	⑫ 결정 – 관련성	집단적으로 구속력이 있는 정치적 결정이 언급된 뉴스의 비중
	⑬ 의사 결정 전 토론	집단적으로 구속력이 있는 정치적 결정이 미래에 있을 것이라고 언급된 뉴스의 비중

출처: Wessler & Rinke, 2014: 830.

른 방송보다 높은 점수를 받았다. 미국의 네트워크인 ABC은 다른 방송보다 사실에 집중했고, 찬반의 균형과 비관료적 목소리의 포용에서 장점이 있었다. PBS는 반대 입장의 제시, 정당화 등이 모든 방송 중에서 가장 높았다.

이에 비해 폭스 뉴스는 포용적이지 않았고, 대응성도 낮아 대화성이 없었다. 그만큼 출연진이 다양하지 않았고, 전하는 목소리는 일방적이었다. 권력을 공유하는 체제(독일)가 권력을 집중시키는 체제(미국)보다 숙의의 수준이 높았는데, 미국에는 CNN이나 PBS 외에 폭스 같은 방송도 같이 있었기 때문이다(그런 방송이 독일에는 없다). 러시아의 방송들은 정부에 집중되어 숙의의 수준이 전반적으로 다 낮았다. 이들 중에는 그래도 준자율적 방송인 REN-TV가 좀 나은 편이었다.

7장

한국 언론의 공정성 이론을 향하여

한국 언론에서 공정성은 매우 폭넓게 쓰이는 개념이다. 사람들은 언론이 공정하지 않을 때, 곧 편향적이거나 차별할 때만 공정성을 말하지 않는다. 진실을 왜곡할 때, 사실을 부인할 때도 '공정하지 않다'고 한다. 내 생각이나 의견과 다른 것을 언론이 말하면 그 역시 '나와 다르다'가 아니라 '공정하지 않은 것'이다. 심지어 언론이 너무 선정적이거나 폭력적일 때도 '너무 상업적이다'가 아니라 '불공정하다'고 한다. 공정성에는 오해의 쓰임도 크다. 공정하다면 모든 언론의 내용이 같을 수밖에 없다는 것이 그것이다. 모든 인간의 인식 범위가 같다거나 의견이나 주장의 영역까지 공정성을 과잉 확대한 잘못된 추론이다. 또 공정성은 매우 상대적인 쓰임으로도 악용된다. 내게 공정한 것이 남에게 공정하지 않다는 걸 알지만 굳이 바꾸려 하지 않는다. 나와 남, 우리와 타자 사이에 공정성의 인정 범위는 없거나 매우 좁다.

이와 같은 공정성의 개념적 특징은 포괄성이다. '가치론적 정당성'으로 좁게 내리는 정의가 쓰이지 않는 것은 아니나 일반적인 화용과는 거리가 있다. 포괄성에 불가피한 단점은 다의성과 모호성이다. 가리키는 범위가 넓을수록 함의가 다양하고 일관되지 않기 때문이다. 그런 면에서 공정성은 미국의 객관성과 비슷하게 여러 개의 기준이 중첩적으로 적용되어야 파악될 수 있는 '복합적 판단의 결과물'이다. 개념 성격으로는 가족 유사성이 많은 하위 개념을 거느리는 '우산 개념,' 또는 서로 다른 이론이나 개념을 합친 '클러스터 개념'에 가깝다. 내부의 속성 간 비일관성이나 모순적 공존에 주목하면 '본질적으로 경합적인 개념'이 된다.

이런 개념은 구체적으로 함의를 적시하지 않으면 내용이 불분명한 경우가 많다. 객관성을 정의할 때, 사실성이나 균형성, 중립성 같은 하위 개념이 늘 동원되는 것처럼 공정성 역시 그러하다. 사실성, 중요 관련성, 투명성, 불편부당성, 다양성, 균형성, 중립성, 반편향성, 본래성 등의 하위 가치들은 모두 공정성의 속성을 나눠 갖는다. 이들 하위 가치들을 살펴보는 것은 공정성 개념의 요약적 서술로 적합하다. 2장에서 분석한 가치들 중 진실성은 공정성을 포함해 모든 것에 앞서는 궁극적인 가치라서, 객관성이나 공평성은 공정성과 같은 지위의 클러스터 개념이므로 공정성과 관련은 있지만 하위 가치는 아니다. 정확성은 사실성의 하위 개념이고, 독립성은 언론의 사회적 존재 조건을 지칭하는 큰 개념이라서, 그리고 대리(표)성 역시 공정성이 결과로 나타난 산물이므로 역시 제외했다.

가장 먼저 다루는 공정성의 하위 개념은 사실성인데, 이유는 사실이 아닌 것, 곧 픽션은 적어도 뉴스로는 자격이 없어서다. 단적으로 가짜 뉴스는 뉴스가 아니다. 물론 허구(픽션)에도 진실이 담길 수 있다. 그러나 그렇다고 이걸 우리는 뉴스라 부르지는 않는다. 궁극적으로는 진실을 추구하지만, 그렇다고 진실을 자주 볼 수 있는 건 아니다. 특히 갈등과 경쟁을 중요한 속성으로 하는 정치 영역에서는 일치나 합의보다는 불일치나 협상·절충이 더 빈번하다. 굳이 비유한다면, '진실보다 평화 또는 공존'인 셈이다. 일치의 실현보다 불일치의 관용이 더 필수적인 곳에서 진실 추구는 자칫 전횡이나 독선으로 빠지는 지름길이 된다. 이 대목에서 '자유로운 이념의 시장'이라는 경구는 필요한 은유다.

중요 관련성은 '기회 비용'의 개념에서 보면 매우 중요한 가치다. 주제·관점의 주류성·획일성을 탈피하고자 하는 다양성 역시 이와 직결된다. 본문에서도 언급한 대로 콜드리는 이 중요 관련성의 위배를 중대한 미디어 부정의로 보았다. 미디어의 의제에 해당하는 '무엇'은 그다음 단계의 '어떻게'보다 중요한 때가 많다는 것이다. 투명성은 미디어의 보도 과정을 설명해야 하는 책임에 적용된다. 이는 1차적으로는 기사가 최초로 작성된 것임을, 2차적으로는 제작 과정을 밝히는 것이다. 지금까지의 규범(객관주의)은 보도자를 숨기면서(탈명명화exnomination) 뉴스를 자연화시키는 이른바 '관점이 없는 뉴스news from nowhere'[215]였지만, 지금처럼 뉴스의 복제가 쉽고 여러 미디어 사이에 같은 것이 돌아다니는 이른바 '처널리즘'이 보편화된 때에는 이런 투명성이 기본 준칙이 된다.

불편부당성, 균형성, 중립성(그리고 다양성도 일부 포함)은 경합하는 관점을 얼마나 떳떳하게 대변하느냐의 문제다. 좁은 의미의 공정성과 거의 같은 뜻이다. 그런 면에서 불편부당이나 균형은 수단이고, 중립은 목적에 가깝다. 어느 한편에 치우치지 않는 불편부당이나 균형은 스스로 중립임을 외치는 것이다. 반편향성 역시 불편부당과 비슷하지만, 공정의 실현보다는 편향의 극복이 좀 더 '구체적'이라는 점에서 새로운 지위를 부여받는다. 이는 미디어 정의와 미디어 부정의의 구분에서도 반복된다(본문에서 센을 보라). 자신에게 진실된 본래성은 이 모든 가치 또는 준칙의 기초를 이루는 기본적 심성이다. 본래성이 부정된다면 이 모든 것이 기만의 대상이 된다.

215 원문은 본문에서 언급된 '아무 데도 없는 관점view from nowhere'이다.

한국 언론에서 공정성이 문제가 된 것은 현대사 자체가 가진 질곡桎梏 때문이다. 식민지와 전쟁, 오랜 권위주의와 압축적 경제 성장이 낳은 뿌리 깊은 불평등이 언론에서도 불공정성을 체질화해 온 것이다. 민주화는 이를 극복할 수 있는 반전의 기회였지만, 주지하다시피 민주화 정초 정부는 재집권한 군부여서 과거를 청산하는 데 많은 한계를 보였다. 보수 정부와 진보 정부가 번갈아 10년씩 집권한 민주화 이후에는 민주주의가 '체스판의 유일한 게임'으로 정착되는 성과가 있기는 했지만, 언론 시장의 여전한 불평등, 이른바 '기울어진 운동장'이 불공정을 벗어나지 못하게 했다. 특히 진보 정부 시절, 정부 대 보수 언론(조중동)의 대립 구도는 정부의 운신에 많은 한계를 안겨 주었다. 이후에도 진보와 보수 진영은 대립을 거듭해 여론 독과점, 정치 병행성, 적대적 미디어 신드롬, 초적대주의, 필터 버블 등을 성행시켰다. 이런 과정에서 공정성은 현실과 대각에 선, 그야말로 반사실적인counterfactual 이념이 되었다. 그러나 한국 언론이 최소한이라도 저널-리즘journal-ism으로 남아 있으려 한다면, 여전히 공정성은 '거부할 수 없는' 숙제로 남아 있다. 이 책이 한국적 공정성의 이론적 기초를 모색하는 이유도 이런 숙제를 해결하는 노력의 하나다.

나는 그림 2에서 보는 것처럼 워드의 실용주의적 객관성을 공정성의 철학적 기초로 삼았다. 이 객관성은 전통적 의미의 객관성과는 다르다. 체험주의·실험주의·해석주의·전체성(맥락성)·불완전주의·오류(가능)주의·표상주의·(진리) 최소주의 등을 기초로 하는 이 주의는 비유적 의미에서 '겸손한' 객관성이다. 이 객관성의 지평은 성찰적 근대다. 이 객관성에서 언론은 보고 느낀 것(체험주의·실험주의)을 자신의 지식적 맥락에 비추어 충실하게(전체성·해석주의), 언론에 반영하지만(표상주의), 자

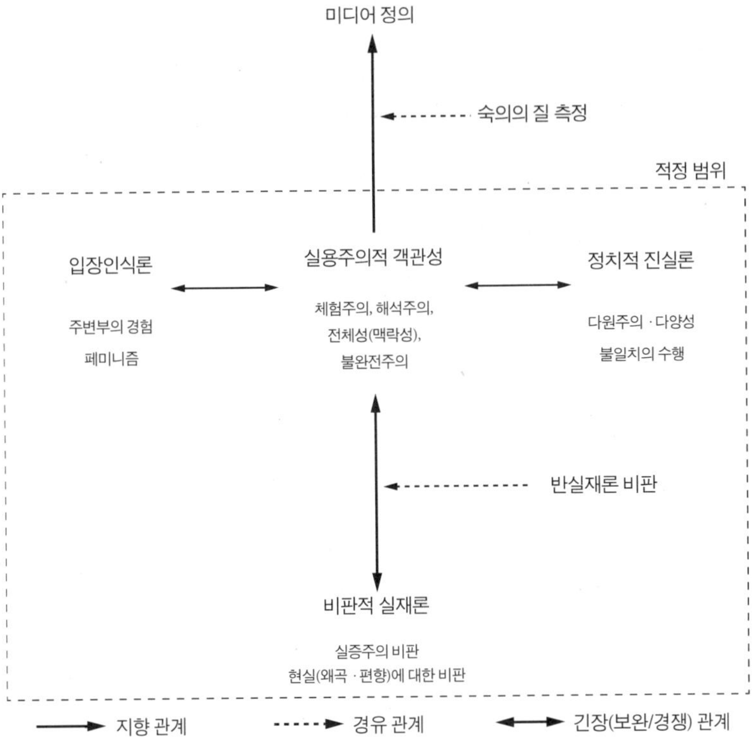

그림 2. 공정성의 이론적 구성

신을 절대적으로 믿지 않으며(불완전주의), 끊임없이 수정한다(오류주의). 진실은 있다고 믿지만, 쉽게 획득할 수 있는 것으로 보지는 않는다(최소주의).

그러나 이 객관성 역시 객관성인 한, 이를 수정·보완할 수 있는 다양한 다른 주의들이 필요하다. 아렌트나 콜먼의 '정치적 진실'론은 섣부른 진실 추구 의지가 가진 독선을 경계하면서 공론장에서의 토론, 불일치의 수행work through 등을 강조한다. 저널리즘의 가치인 균형이나 중립과 맥락이 같다. '입장 인식론'은 다양성을 피지배 계층의 관점으로 구현하려는 의도가 있다. 워드는 이런 입장 인식론의 본질주의를 비판한다. 그러나 객관성 역시 믿을 만한 뉴스원源, 곧 공식적이면서 권력적인 출처에 대해 의존적인 관행을 버리지 못한다. 그런 면에서 입장 인식론은 객관성을 비판적으로 일깨우는 효과를 지닌다. 아는 대상과 주체를 분리시키지 않음으로써 책임도 강화한다. 훌륭한 언론인이라면 약자를 우대하는 정의론의 긍정적 차별화 주장과 맥이 같은, 이런 식의 '관점 재조정'을 할 줄 알아야 한다.[216]

실용주의적 객관성 역시 존재론에서는 실재론 입장에 가깝다. 그러나 실용주의는 이런 실재론과 관련해 한 가지 입장만 보이지 않는다. 워드는 반실재론자인 로티와 확실히 선을 그으면서 퍼트남과 유사한 입장을 보인다. 비판적 실재론과 사회적 구성주의 비판은 실용주의의 약한 실재론을 저널리즘 입장에서 보완한다. 철학과 저널리즘에서 외부 실재 또는 현상이 가지는 의미는 사뭇 다르다. 상대적으로 경험적 차원에서 저널리즘의 '진실' 또는 '사실'은 형이상학적 차원에서 철학의 '진리'나 '대상'에 비해 훨씬 중요하다. 그런 면에서 저널리즘에 투영된 사회적 구성주의는 사회적 구성의 합리적 핵심은 유지하면서 강한 구성주의의 반실재론을 극복해야 한다. '왜곡'이나 '편향' 같은 불공정·부정의를 극복하자는 문제의식은 이런 실재론을 통해서 더욱 강해지며, '비판'을 통해 사회적 고통과 악을 만드는 사회 구조에 대항한다. 철학적으로도 실

216 센은 다음과 같은 경구를 남겼다. "열린 불편부당성을 추구하는 데 필요한 것은 '시야의 넓이'이고, 정의의 경계가 더 확장되도록 만드는 것은 상호 연대의 점증하는 힘이다"(Sen, 2009: 173).

재론은 개념적 상대주의와 얼마든지 양립 가능하다.

'본질적으로 경합적인 개념'인 공정성은 내부에 통일과 정합 못지않게 이런 상충과 긴장을 포함한다. 공정성의 철학적 기초를 이루는 실용주의적 객관성은 가치론의 영역에서 정치적 진실론과 일정한 결합과 상충의 관계를 보인다. 인식론의 영역에서는 입장인식론과 긴장 관계에 있다. 입장인식론이 주장하는 '강한' 객관성은 때로 일반적인 객관주의의 범주를 훨씬 넘어선다. 실용주의는 비판적 실재론과 만나 상대적으로 존재론이 분명해지며, 사회적 고통과 악을 만드는 사회 구조에 비판적으로 된다. 여기에서도 객관성과 비판성은 대립성을 띤다. 이런 개념은 함의가 미리 정해지기보다는 몇 가지 관련 원칙들이 그때그때의 문제와 논의의 성격에 따라 절충적으로 결정되는 동적 특성을 지닌다. 실용주의의 오류(가능)주의와 해석주의, (진리) 최소주의가 이의 밑바탕을 이룬다.

여기까지를 나는 공정성의 '적정 범위'로 잡았다(그림 2 참조). '필요조건'이나 '최소주의'로 불러도 좋을 것이다. 롤스식으로 말하면 합당성의 틀이라서 진보와 보수 모두 동의할 수 있다고 생각한다. 그러나 한국의 공정성을 온전히 포괄하려면 실체적 정의의 의미를 상당히 갖는 최대주의 이념으로 가야 한다. 기존 저널리즘의 가치와 준칙에서는 이런 공정성과 그렇게 가까운 것이 없다. 공평성이 개중 낫지만 역시 절차적 의미가 강하다. 주지하다시피 정의론 철학자 롤스는 공정성의 규명에도 좋은 출발점이 될 수 있다. 롤스의 '무지의 베일'과 '원초적 입장'은 전통적 객관성의 전제와 유사하지만, 최소 수혜자 배려 원칙은 이에서 한 걸음 더 나아간다. 이는 특히 온갖 사회적 불평등이 담론적 불평등으로 이어지는 한국 언론에서 더 실효를 갖는다. 방송법에도 명시되어 있는 '약자 배려'의 정책적 조치들은 타 방면으로 확대되어도 크게 과함이 없다. 초월적 정의의 실천보다 구체적 부정의의 극복을 더 중시하는 센은 롤스의 문제의식을 더욱 발전시킨다. 콜드리나 모스는 이런 센을 미디어 영역에 응용해 보다 참신한 제안을 개발한다. 물론 이를 한국 사회에 적용하는 방안에 대해서는 더 많은 논의가 필요할 것이다.

이런 제안은 적절한 정책 수단이 개발되지 않는 채, 주장만 난무하면서 정작 효과는 없는 이른바 '소리만 큰 정치thorubocracy'로 전락될 수 있는 위험을 막는다. 지금 사회에서는 시민이 불만을 표시할 수 있는 기회가 없는 게 아니라 그런 목소리를 더 넓은 정책 개발 과정 안에서 가치 있는 것으로 다룰 수 있는 수단이 결여된 게 정말 문제라는 로장발롱의 지적은 여러모로 곱씹어 볼 대목이 많다. '소리만 큰 정치'야말로 바로 '비정치적 민주주의'이며, 민주주의의 원칙과 실천에 대한 신뢰를 약화시키는 '반정책'에 불과하기 때문이다. 말하자면 목소리 자체보다 목소리를 가치 있게 여기면서 이를 정책적으로 소화시킬 수 있는 대안이 필요한 것이다.

마지막으로 어떻게 공정성을 구현하고 이를 실증적으로 측정할 것인가를 살펴보았다. 이에는 최근 개발된 숙의의 질 지수가 유효하다. 소집단-회의체를 기준으로 한 것이지만 신문이나 텔레비전 같은 미디어용도 있다. 여기서의 원칙들, 예컨대 포용성, 대응성, 정당화(근거의 제시), 예의 등이 바로 공정성으로 직결되지는 않을 것이다. 그러나 지금까지 누누이 살펴본 대로 공정성은 이들 원칙들을 전제 조건으로 간주한다.

저널리즘의 제도적 역할의 (순환) 과정을 도식화한 그림 3은 규범, 인식, 실천, 언명 등 크게 네 가지의 분석적 범주들로 이루어져 있다. 이 중에서 규범은 '해야 한다'고 느끼는 것이며, 인식은 언론인들이 '하고 싶어 하는 것'으로 가치들로 이루어진다. 실천은 '실제 하는 것'이고, 언명은 '한

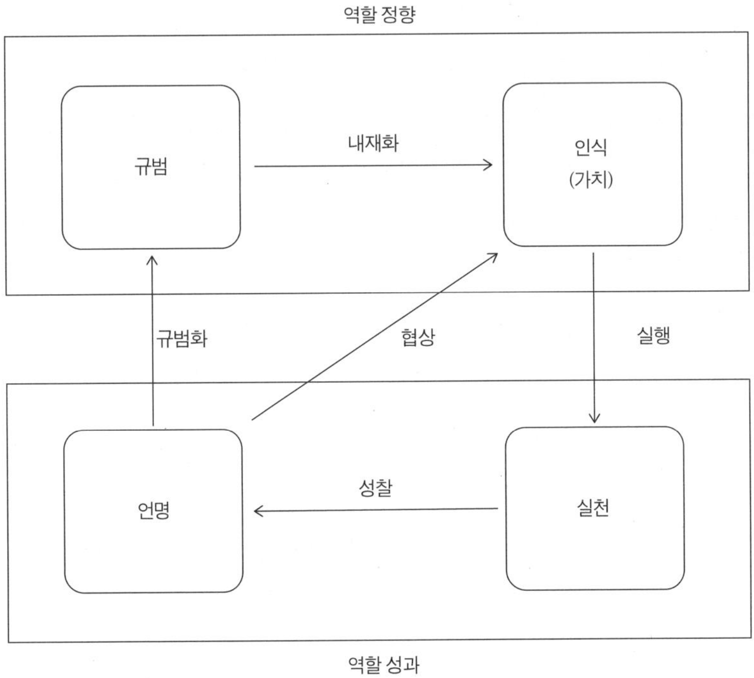

출처: Hanitzsch & Vos, 2017: 123.

그림 3. 저널리즘 역할의 과정 모델

다고 말하는 것'이다(Hanitzsch & Vos, 2017). 규범과 인식이 역할 정향을, 실천과 언명이 역할 성과를 구성한다. 규범은 인식에 내재화되며, 인식은 실천으로 실행되고, 실천은 다시 성찰을 거쳐 말(언명)로 나타나며, 말과 인식 사이에는 일정한 협상의 과정이 내재한다. 말은 규범으로 표준화(규범화normalization)되는데, 이에는 기존 규범이 강화되는 '공고화'와 다른 규범에 의해 도전받는 '경쟁'의 두 가지 상반된 과정이 있다.

이를 한국 언론의 공정성 규범에 비추어보면, 역할 정향과 역할 성과 사이에 큰 괴리가 있음을 알 수 있다(한국언론진흥재단, 2017). 앞서 본문에서 본 대로 한국 언론이 가장 중요하게 여기고 (비교적) 잘한다고 생각하는 것은 사실성과 관련된 '정확성'이다. 그러나 정확성에서도 중요도와 실행도 사이의 차이는 적지 않다. 나름으로 실천하기 위해 노력하지만 현상이 만족스럽지는 않는다는 뜻이다. 그렇다면 좋아질 가능성이 보인다고 할 수 있다. 실제 언론인 조사의 추이를 보면, 정확성은 적어도 스스로에 대한 평가에서는 꾸준하게 증가해 이 가능성을 증명했다.

다음으로 중요하다고 느끼는 것은 '객관성'[217]과 '정부 비판'이다 (둘의 수치가 5점 만점에 4.53으로 같다) 그러나 이 역시 실행도와는 차이가 큰데, 둘 중 더 큰 것은 '정부(공인 포함) 비판'이다. '기업 활동 비판'이 다음으로 중요하게 간주되는 가치이지만, 중요도와 실행도의 차이는 1.29로 전체 항목 중 가장 크다. 이로만 보면 한국 언론은 '권력(기업·정부) 비판'을 중시하면서도 실천으로 옮기지는 못한다. 권력에 대해 공정하지 못함을 자인한 셈이다. 이 불공정은 객관성의 낮은 실행 수치와도 밀접하게 연관된다. 한국 언론은 보도의 객관성을 중요한 가치로 여기지만 실천 수준은 높지 않다. 권력에 대해 객관적이지 못하기 때문이다.

사안에 대한 복합적인 관점과 밀접한 관련이 있는 '보도의 심층성' 역시 중요도와 실행도 사이가 크다. 앞서 본문에서 본 대로 한국 언론의 보도(의 질) 지수는 낮고, '사실의 조합'(기사)은 진실 규명으로 이어지지 않는다. 진실에 가까울 수 있는 전체적 맥락성을 위해 들이는 시간과 비용 역시 당연히 낮다. '신속성'이나 '흥미성' 등은 현장에서는 대단히

217 본문에서 지적한 바대로 객관성의 내포적 어의는 다양할 수 있다. 여기서는 중립성에 가까운 듯하다. 3~4년마다 이루어진 이 조사에서 객관성 항목은 2017년 조사에서 처음 등장한다. 이전에는 '중립적인 보도 자세'였다(한국언론진흥재단, 2014a, 2017).

강조되지만, 조사에서는 중요하지 않은 것으로 평가되어 '실제 하는 것'과 '말하는 것' 사이에 차이를 드러낸다. '공론장 제공'이나 '해설 및 비평' 등은 중요도 순위에서도 상대적으로 낮아 이의 효과로 볼 수 있는 여론 조성이나 상관 조정 기능 자체는 규범화조차도 잘 되지 않는 점을 확인할 수 있다.

이로 보아 결국 공정성 문제의 일차적 해결은 권력 비판이 실천될 수 있게 필요한 정책적 대처를 하는 것이다. 권력 비판에서는 확실하게 '규범-인식'과 '실천-언명' 사이에 괴리가 발견되기 때문이다. 한국 언론은 잘하지는 못해도 권력 비판의 가치 자체는 한결같이 높게 인지한다. 한국적 공정성의 중요한 요소 중 하나가 바로 반권력성임은 여기에서도 증명된다. 내부가 인식은 하지만 실천이 잘 안 되므로 외부의 지원이나 개입(정책이나 시민 감시)이 필요하기도 하다.[218] 그러나 본문에서 누누이 언급한 대로 언론 내부의 호응이 없는 외부만의 조치는 성공하기 어렵다. 진영론으로 대표되는 한국의 정치 병행성은 필요한 다원주의를 보장해 주기보다는 민주적 반권력성을 방해하는 데 더 많이 기능한다.

둘째는 한국의 언론 문화는 의견 지향성이 강하고, 객관주의 전통은 약하며, 긍정적 뉴스보다 부정적 뉴스가 많은 이탈리아와 가깝다. 이런 이탈리아는 시간이 지나고 환경이 크게 달라졌음에도 인용과 투명한 출처가 늘어난 점 외에 1960년대와 2000년대 중반이 거의 똑같다. 특히 '왜'를 묻고 맥락적 보도를 위주로 하는 해석적 기사는 다른 나라에서는 크게 늘어났지만, 이탈리아에서는 거의 변화가 없으면서 여전히

218 최순실 국정농단 보도를 분석한 배정근(2017)에 따르면, 이 보도는 기자 개인의 노력과 사회 기구 차원의 압력이 만든 합작품이다.

상대적 비중이 높은 편이다(Esser & Umbricht, 2014a, 2014b).

기사의 질 측면에서 한국 언론을 보면, 미국의 〈뉴욕 타임스〉나 영국의 〈더 타임스〉 등과는 비교가 안 될 정도이지만, 일본의 〈아사히신문〉과는 그래도 좀 견줄 만하다(〈아사히신문〉이 대부분의 지표에서 조금 더 나은 편이다). 일본과는 여러 면에서 유사성이 있는 것이다. 그러나 이 신문은 한국 신문과 맥락과 분석을 제공하는 심층성에서는 정말 큰 차이가 있다. 기사를 '사건 중심'과 '분석 중심'으로 나눌 때, 국내 일간지는 90.6 대 9.4인데 비해 아사히는 48.6 대 51.4인 것이다(김경모 외, 2018). 적어도 이 대목과 관련해서 한국 언론은 스스로를 개혁해 나가지 않으면 안 된다고 생각한다. 이탈리아나 일본(〈아사히신문〉)과 비슷한 속성을 공유하면서도 이탈리아의 맥락적 보도, 일본의 분석적 기사가 없어 훨씬 더 열악하다는 생각이 든다. 이 점 역시 언론 전반에 대한 낮은 신뢰와 연계해 공정성 평가에 부정적 영향을 미친다.

셋째, 다소 빤한 이야기지만, 객관성(중립성)과 관련된 영역과 정치적 주장이 필요한 영역 사이에 필요한 경계가 준수되어야 한다. 이 경계에 대해서는 그간 많은 문제 제기가 있었다. 철학적으로도 저널리즘 실천으로도 사실과 가치·관점의 경계는 그렇게 뚜렷하지도 바람직하지도 않다. 그러나 스트레이트 뉴스와 의견·주장은 사뭇 다르다. 사실 해석에 들어가는 관점과 의견·주장의 관점은 질적 타당성 면에서 큰 차이가 있다(이준웅, 2010). 더욱이 새로운 미디어가 창궐하면서 가짜 뉴스까지 판치는 최근의 상황을 고려할 때, 이 경계는 더욱 의미를 갖는다고 생각한다. 물론 스트레이트에 의도를 넣어 이를 전략적으로 악용하는 경우도 적지 않다. 그러나 '사설,' '수첩,' '오피니언,' '논평'처럼 언론사들이 나름으로 지어 놓은, 뉴스(스트레이트)와 구분하는 경계를 일부러 흔들 필요는 없다고 생각한다.[219] 이 경계가 언론사라면 마땅히 가져야 하는 책무성(설명 책임)과도 연결 지을 수 있기 때문이다.

최근의 언론 상황으로 볼 때, 책무성은 기사의 작성 과정을 일부라도 밝혀야 하는 투명성으로 직결된다. 언론이 공정해지기 위해서는 필요한 경계를 준수하면서 문제가 제기될 때 과정을 설명하는 책임을 다해야 하고, 일부라도 기사의 작성 과정을 공개하여야 한다. 문제는 실수(오보)나 의견(정치 병행성)이 아니라 이 과정을 제대로 밝히지 않는 설명 책임의 거부에 있다.

넷째, 공론장 제공과 해설 및 비평 기능은 규범화 수준 자체가 매우 낮고, 실행도에서도 꾸준하게 저하되었다(박진우 · 이정훈, 2016). 이전에 이와 유사한 설문이었던 '일반 시민의 의견을 표출할 기회 제공'의 항목에서도 중요도와 실행도의 차이가 컸다(한국언론진흥재단, 2014a). 보도지수에서 본대로 한국 언론은 하나 이상의 관점, 곧 복합적 관점의 표현에서 매우 약하다. 단일 관점이야말로 한국 언론을 지배하는 정치 병행성이나 적대적 미디어 신드롬이 요구하는 행위였기 때문이다. 본문에서 주장한 바대로 정치 병행성에서 해악의 관건은 정치성이 아니라 극단성이다. 차이나 쟁점 못지않게 공통점이나 합일점에 주목하면 정치 병행성을 파괴적 적대가 아니라 생산적 경합으로 바꿀 수 있다. '중간'의 시장 비중과 공영 방송의 '평화' 노력이 상대적으로 커져야 한다.

219 의견 기사에 비해 스트레이트 기사에서는 모든 신문이 온건하고 중립적인 태도를 보인다. 보수 신문 모두가 극명하게 지지한 건인 '종합 부동산세 폐지'에서도 스트레이트는 의견 기사에 비해 단순 정보 전달이 많았고, 대립되는 양 입장이 비교적 고루 전달되었다(최현주, 2010). 이는 지금 같은 대립 구도에서 상당한 의미를 지닌다.

다섯째, 지난 한국 사회의 여러 불평등 구조에 천착하면서 이런 불평등이 언론의 담론 구조에서 재생산되지 않는 철저한 전략이 필요하다. 본문의 대리(표)성에서 지적한 바대로 계급 권력 사회에서 미디어는 사회적 균열에 따른 권력적 불평등을 때로는 증폭하면서까지 재생산해 왔다. 오랜 권위주의와 압축 성장을 경험한 한국에서는 이런 불평등의 정도가 더욱 심하다. 여성, 노동자, 지방민, 외국인 노동자, 동성애자 등은 지금도 계속 배제되고 있으며, 이런 배제를 담론적으로 보상하려는 방송법의 '약자 보호'는 공염불에 그쳐 왔다. 공정성은 언론의 이런 불평등과 불공정을 바로잡을 수 있는 개념이다. 센과 콜드리에 의해 제기된 미디어 정의는 이런 공정성과 유사한 규범적 이론이다. 실용주의적 객관성을 철학적 기초, 곧 필요조건으로 삼고 이런 미디어 정의를 충분조건으로 지향한다면 공정성의 이론과 실제를 잘 포착할 수 있다.

테크놀로지가 비약적으로 발전함으로써 미디어 환경도 크게 달라졌다. 그러나 그렇다고 저널리즘 자체의 성격이나 원칙이 변한 건 아니다. 오히려 가짜 뉴스나 탈진실이 횡행함으로써 진실이나 객관성의 의의가 역설적으로 환기되고 있다. 미디어의 주체가 누구냐는 이제 그렇게 중요하지 않다. 개방과 자유는 덕목이라기보다 생존 조건이 되고 있다. 그러나 사회가 유지될 수 있는 진실과 공정의 최소한의 양 역시 여전하다. 공정성은 양적 질적 측면 모두에서 미래 사회가 지키고 추구해야 할 가치임에 분명하다. 이 책에서 모색된 이론이 이런 공정성 가치를 확산시키는 데 조금이라도 기여했으면 하는 마음 간절하다.

참고 문헌

강명구 (1993). 《한국 언론전문직의 사회학》. 나남.

강명구 (1994). 《한국 저널리즘 이론: 뉴스, 담론, 이데올로기》. 나남.

강명구 (2004). "한국언론의 구조변동과 언론전쟁," 〈한국언론학보〉 48-5, pp.319~348.

강원택 (2012). "3당 합당과 한국 정당정치," 〈한국정당학회보〉 11-1, pp.171~193.

〈기자협회보〉 (2017. 10. 24).

김건우 · 김균 (2013). "사주의 퍼포먼스와 신문조직의 문화적 통제," 〈한국언론정보학보〉 62, pp.223~243.

김경모 · 박재영 · 배정근 · 이나연 · 이재경 (2018). 《기사의 품질》. 이화여자대학교출판문화원.

김경환 외 (2013). "보수진영의 여론 형성 기능에 대한 민주당의 전략적 대응 방안 연구." 민주정책연구원.

김동규 (1988). "뉴스의 결정양식에 관한 구조적 접근: 사회적 이슈, 국가권력, 미디어의 구조적 위치," 〈언론문화연구〉 6, pp.153~184.

김동춘 (2014). "박근혜 정권의 '국정원 정치': '구조적 파시즘'하에서의 국가주의의 재등장," 〈경제와 사회〉 101, pp.27~52.

김만흠 (2003). "한국의 언론정치와 지식인," 김만흠 외, 《한국의 언론정치와 지식권력》. 당대.

김사승 · 채희상 (2009). "뉴스생산 관행분석을 통한 정파성 뉴스생산 이해," 2009년 저널리즘 실행위원회 엮음, 《한국언론의 정파성》. 한국언론재단.

김상호 (2007). "언론의 객관성에 대한 분석적 고찰: 해석공동체의 해석틀로서의 객관성 개념을 중심으로," 〈언론과학연구〉 7-3, pp.915~938.

김성재 · 김상철 (2010). 《야만의 언론, 노무현의 선택》. 책보세.

김세은 (2006). "민주주의와 언론의 신뢰," 〈한국언론학보〉 50-5, pp.55~78.

김세은 · 이상길 (2008). "서유럽 방송의 공정성 원칙과 규제," 〈방송통신연구〉 67. pp.69~112.

김수정 (2016). 〈한국 언론의 무보도 원인과 특성 분석을 통해 본 언론 윤리의 새로운 지향점 연구〉. 중앙대학교 대학원 박사 학위 논문.

김영욱 (2002). 《저널리즘의 객관성》. 한국언론재단.

김영욱 (2011). "한국 언론의 정파성과 사회적 소통의 위기," 한국언론학회 엮음, 《한국 사회의 소통 위기》. 커뮤니케이션북스.

김영욱·임유진 (2015).《언론정책의 변화와 오보》. 커뮤니케이션북스.

김영욱·함승경·김영지 (2017). "세월호 침몰 사건의 미디어담론 분석: 비판적 담론분석(CDA)과 빅데이터 언어네트워크 분석의 결합," 〈한국언론정보학보〉 83, pp.7~38.

김영한 (2017). 비망록.

김우창·최장집 (2010). "사람을 위한 민주주의에 대한 구체적 성찰," 우찬제 외,《4·19와 모더니티》. 문학과지성사.

김종엽 엮음 (2009).《87년 체제론》. 창작과비평사.

김춘식 (2017). "민주화 이후 대통령선거 보도관행과 방송의 민주주의 기능의 퇴행: 정치권의 '의혹 제기'와 '폭로'에 관한 보도 분석(1992년~2012년)을 중심으로," 〈언론과 사회〉 25-3, pp.79~157.

김홍중 (2009).《마음의 사회학》. 문학동네.

남재일 (2006). "1987년 민주화 이후 취재관행에 나타난 정권-언론 관계 변화: 청와대 출입기자의 경우," 〈한국언론학보〉 50-4. pp.95~124.

남재일 (2008). "한국 객관주의 관행의 문화적 특수성: 경찰기자 취재관행의 구조적 성격," 〈언론과학연구〉 8-3. pp.233~270.

동아자유언론수호투쟁위원회 (2014).《자유언론 40년: 실록 동아투위 1974~2014》. 다섯수레.

목은영·이준웅 (2014). "정보원 다양성, 이해당사자 견해반영, 관점 균형성이 뉴스 공정성 평가에 미치는 영향," 〈한국언론학보〉 58-4, pp.428~456.

문종대·윤영태 (2004). "언론 공정성 개념의 재개념화," 〈한국언론정보학보〉 27, pp.93~122.

문종대·안차수·진현승·안순태 (2007). "언론 수용자의 공정성 개념에 대한 탐색적 연구," 〈한국언론정보학보〉 38, pp.183~210.

〈미디어오늘〉 (2018. 12. 6 / 2018. 2. 13).

민주언론운동협의회 엮음 (1988).《보도지침》. 두레.

박승관·장경섭 (2001).《언론권력과 의제동학》. 커뮤니케이션북스.

박영흠 (2018). "인터넷 포털: 뉴스 생태계의 포식자," 한국언론정보학회 엮음,《1987년 민주화 이후 30년, 한국의 언론과 언론운동 성찰》. 컬처룩.

박종희 (2016). "세월호 참사 1년 동안의 언론보도를 통해 드러난 언론매체의 정치적 경도," 〈한국정치학회보〉 50-1, pp.239~269.

박재영 (2005). "공정성의 실천적 의미: 문화일보 2002년 대선보도의 경우," 〈한국언론학보〉 49-2, pp.167~195.

박진우 (2015). "한국 언론의 전문직주의와 전문직 프로젝트의 특수성," 〈한국언론정보학보〉 74, pp.177~196.
박진우·이정훈 (2016). "민주화 시대의 언론과 '민주주의적 가치'의 후퇴," 〈한국방송학보〉, 30-5, pp.43~80.
박찬표 (2008). "한국 자유민주주의의 초상: '민주주의 과잉'인가 '자유주의 결핍'인가," 〈아세아연구〉 51-4, pp.148~181.
배식한 (2003). "진리, 진실, 참," 〈철학〉 84, pp.129~155.
배식한 (2013). "실재론 논쟁의 공허함에 대해: 진단, 처방, 대안," 〈인문과학연구〉 31, pp.369~396.
배정근 (2017). "언론의 권력 감시 기능 발현에 영향을 미치는 요인에 관한 연구," 〈한국방송학보〉, 31(3), pp.42~77.
손석춘 (2017). '"보수·진보 프레임'의 한계와 미디어 비평의 과제," 〈한국언론정보학보〉 82, pp.7~28.
송건호 (1983). "한국현대언론사론," 한국기독교사회문제연구원 엮음, 《언론과 사회》. 민중사.
송건호 (1987). 《민주언론, 민족언론》. 두레.
신광영 (2012). "한국의 민주화, 시장화와 언론노조운동," 〈한국언론정보학보〉 57, pp.69~83.
안성모 (2016). "[2016 누가 한국을 움직이는가] 언론매체/신뢰도 JTBC, 영향력 KBS," 〈시사저널〉 1404호. http://www.sisapress.com/journal/article/157632.
양승목 (1995). "한국의 민주화와 언론의 성격 변화: '자율언론'의 딜레마," 유재천 외, 《한국사회 변동과 언론》. 소화.
양승목 (2007). "신뢰도 하락과 위기의 한국 언론," 임상원 외, 《민주화 이후의 한국언론》. 나남.
〈언론노보〉 (1990. 2. 7).
〈오마이뉴스〉 (2017. 4. 18).
오수정 (2009, 11월호). "최근 10년간 경영성과 변화(1999~2008)," 〈신문과방송〉, pp.114~121.
원용진·홍성일·방희경 (2008). 《PD저널리즘: 한국 방송저널리즘 속 '일탈'》. 한나래.
원희영·윤석민 (2016). "종합편성채널의 보도 공정성에 관한 연구," 〈한국방송학보〉 29-1, pp.117~148.
유선영 (1995). "객관주의 100년의 형식화 과정," 〈언론과 사회〉 10, pp.86~128.
유의선 (2015). "KBS 문창극 보도의 쟁점과 해석: 공정성 및 암묵적 명예훼손 관점에서," 〈언론과 사회〉 23-1, pp.139~177.

윤석민 (2015).《미디어의 공정성 연구》. 나남.
윤영철 (2000). "권력이동과 신문의 대북정책 보도: '신문과 정당의 병행관계'를 중심으로," 〈언론과 사회〉 27, pp.48~81.
윤평중 (2009).《급진 자유주의 정치철학》. 아카넷.
윤형식 (2017). "하버마스의 비인식적 진리개념과 그 이론 전략적 의의," 〈철학〉 131, pp.97~123.
이강형·남재일 (2017). "'좋은 저널리즘'의 구성요소에 대한 기자 인식 변화 추이," 〈언론과학연구〉 17-2, pp.82~128.
이기홍 (2014).《사회과학의 철학적 기초》. 한울아카데미.
이대근 (2009). "정파성 측정의 난점을 어떻게 해소할 것인가," 2009년 저널리즘 실행위원회 엮음,《한국언론의 정파성》. 한국언론재단.
이민웅 (2002). "좋은 뉴스의 으뜸가는 조건으로서 진실 보도: 사실, 사회적 구성, 진실 보도, 재귀성," 〈언론과 사회〉 10-3, pp.9~51.
이민웅·윤영철·최영재·윤태진·김경모·이준웅 (2008).《방송 저널리즘과 공정성 위기》. 지식산업사.
이봉수 (2017).《중립에 기어를 넣고는 달릴 수 없다》. 이음.
이수정 (1983). 강의문. 미간행.
이재경 (2008). "한국의 저널리즘과 사회갈등: 갈등유발형 저널리즘을 극복하려면," 〈커뮤니케이션이론〉 4-2, pp.48~71.
이정환 (2018, 10월호). "언론의 신뢰는 왜 중요한가: 저널리즘의 기본 넘어 경제적 가치와 직결," 〈신문과방송〉, pp.6~11.
이정훈·정준희 (2018). "공영방송 저널리즘의 신뢰성 회복을 위한 고찰: 공정성 개념의 폐기와 다변화된 저널리즘 실천의 모색," 한국언론정보학회 봄철 정기학술대회 발표문.
이종혁·길우영·강성민·최윤정 (2013). "다매체 환경에서의 뉴스가치 판단에 대한 종합적 구조적 접근," 〈한국방송학보〉 27-1, pp.167~212.
이준웅 (2005). "비판적 담론공중의 등장과 언론에 대한 공정성 요구: 공정한 담론규범 형성을 위하여," 〈방송문화연구〉 17-2, pp.139~172.
이준웅 (2010). "한국 언론의 경향성과 이른바 '사실과 의견의 분리' 문제," 〈한국언론학보〉 54-2, pp.187~209.
이준웅 (2011). "정치적 설득의 실패," 강원택·장덕진 엮음,《노무현정부의 실험》. 한울.
이준웅·양승목·김규찬·송현주 (2007). "기사 제목에 포함된 직접인용부호 사용의 문제점과 원인," 〈한국언론학보〉 51-3, pp.64~90.

이준웅 · 김경모 (2008, 겨울). “‘바람직한 뉴스’의 구성조건,” 〈방송연구〉, pp.9~44.
이준웅 · 조항제 · 송현주 · 정준희 (2010). “한국 사회 매체 체계의 특성: ‘민주화 이행 모형’의 제안,” 〈커뮤니케이션 이론〉 6-1, pp.87~143.
이진로 (1988). 〈1980년대 한국의 신문산업에 대한 연구〉. 서울대학교 석사 학위 논문.
이진영 · 박재영 (2010). “한국 신문보도의 다양성 연구,” 〈한국언론학보〉 54-3, pp.301~325.
이창근 (2004). “‘적절한 불편부당성’(due impartiality) 기준의 역사와 성격에 대하여,” 〈방송문화연구〉 16-2. pp.199~227.
임건태 (2017). “진리의 가치로서 진실성,” 〈니체연구〉 31, pp.217~248.
장덕진 (2017). SNS와 한국 정치의 변화. http://m.post.naver.com/viewer/postView.nhn?volumeNo=6168190&memberNo=9831125&vType=VERTICAL.
정수영 · 남상현 (2012). “지상파 TV 3사 종합뉴스프로그램의 무보도와 단독보도 뉴스에 관한 연구,” 장덕진 (2017). SNS와 한국 정치의 변화. http://m.post.naver.com/viewer/postView.nhn?volumeNo=6168190&memberNo=9831125&vType=VERTICAL.
정준희 (2012). “공영방송 저널리즘의 적극적 자기성찰과 진화를 위하여,” KBS방송문화연구소 엮음, 《공정성이란 무엇인가?》. 한국방송공사.
조명희 · 장하용 (2011). “방송 프로그램 제작 PD의 ‘방송 공익성’ 인식에 관한 연구; 지상파 방송 3사를 중심으로,” 〈언론과학연구〉 11-3, pp.261~293.
〈조선일보〉 사보 (2016. 9. 2).
조성식 (2015). 《너는 어느 편이냐? 한국 언론의 프레임 전쟁》. 책밭.
조원일 외 (2019). “세월호 5주기... 그날 우리는 왜 ‘기레기’가 됐을까,” 〈한국일보〉, 2019. 4. 15.
조은영 · 유세경 (2014). 종합편성 채널 도입과 방송 뉴스 보도의 다양성. 〈한국언론학보〉 58-3, pp.433~461.
조항제 (2003a). 《한국의 민주화와 미디어권력》. 한울.
조항제 (2003b). 《한국방송의 역사와 전망》. 한울.
조항제 (2014a). “한국의 민주화와 언론의 자유 · 언론학에 대한 비판적 성찰,” 〈커뮤니케이션 이론〉 10-2, pp.41~76.
조항제 (2014b). 《한국 공영 방송의 정체성》. 컬처룩.
조항제 (2017). “한국의 민주화와 언론, 1987~2017,” 〈언론과 사회〉 25-3, pp.11~78.
조항제 (2018a). “한국 공영방송 노동조합의 자율성 투쟁: 반후견주의와 전문직주의 노조주의,” 〈언론정보연구〉 55-2, pp.112~168.
조항제 (2018b). “한국의 (공영) 방송과 민주화 30년: 역사적 제도주의의 입장,” 한국언론정보학회 엮음,《1987년 민주화 이후 30년, 한국의 언론과 언론운동 성찰》. 컬처룩.
조항제 (2019). "한국 공영방송의 정치적 후견주의의 성격과 극복," 언론정보학회 봄철정기 학술대회 발표문. 2019. 5. 25.
조향록 (1971). "방송은 국민의 것이다," 〈기자협회보〉, 1971. 5. 14.
조희연 (2012).《민주주의 좌파, 철수와 원순을 논하다》. 한울아카데미.
주형일 (2015). "옳은 언론을 위한 정의의 기초," 김일수 외,《한국 사회 정의 바로 세우기》. 세창미디어.
채운 (2009).《재현이란 무엇인가》. 그린비.
최영묵 (2012, 여름). "이명박 정부 언론장악 실패 '전말기'," 〈황해문화〉, pp.10~27.
최영재 (2005). "언론의 정파성과 대통령 보도, 그리고 언론 자유," 〈언론과 법〉 4-2, pp.49~80.
최영재 (2011). "분열 정치와 분열 언론 그리고 분열 여론의 악순환이론," 한국언론학회 엮음.《한국사회의 소통위기》. 커뮤니케이션북스.
최영재 (2014). "공영방송 보도국의 정파적 분열: 민주화의 역설, 정치적 종속의 결과," 〈커뮤니케이션이론〉 10-4, pp.476~509.
최영재·홍성구 (2004). "언론 자유와 공정성," 〈한국언론학보〉 48-6, pp.326~342.
최장집 (2007). "민주주의를 둘러싼 오해에 대한 정리: 절차적 민주주의의 재조명," 최장집 외,《어떤 민주주의인가》. 후마니타스.
최장집 (2010).《민주화 이후의 민주주의》(개정2판). 후마니타스.
최현주 (2010). "한국 신문 보도의 이념적 다양성에 대한 고찰: 6개 종합일간지의 3개 주요 이슈에 대한 보도성향 분석을 중심으로," 〈한국언론학보〉 53-3, pp.399~426.
한국방송공사 (2015). 〈실무자를 위한 KBS공정성 가이드라인〉. 한국방송공사.
한국언론진흥재단 (2010). 〈2010 언론수용자 의식조사〉. 한국언론진흥재단.
한국언론진흥재단 (2014a). 〈한국의 언론인 2013〉. 한국언론진흥재단.
한국언론진흥재단 (2014b). 〈2014 언론수용자 의식조사〉. 한국언론진흥재단.
한국언론진흥재단 (2016). 〈선거 여론조사에 대한 여론조사〉. 한국언론진흥재단.
한국언론진흥재단 (2017). 〈한국의 언론인 2017〉. 한국언론진흥재단.
한윤형(2010).《안티조선 운동사》. 텍스트.
황규성·강병익 (2017). "한국의 불평등과 다중격차," 황규성·강병익 엮음,《다중격차Ⅱ: 역사와 구조》. 페이퍼로드.
황근 (2017). "노·사 협상의제로서 '공영방송 공정성 확보방안'에 관한 평가 연구," 〈정보법학〉 21-1, pp.203~246.
홍유진·이용마 (2012). "되찾아야 할 언론의 자유, 열쇠는 우리가 쥐고 있다," 〈인물과사상〉, pp.15~37.

Ahva, L. (2012). "Public journalism and professional reflexivity," *Journalism*, 14(6), pp.790~806.

Aikin, S. F., & Talisse, R. B. (2016). "Pragmatism and pluralism revisited," *Political Studies Review*, 14(1), pp.17~26.

Aitken, R. (2007). *Can we trust the BBC?* London: Continuum.

Albuquerque, A. (2013). "Media/politics connections: Beyond political parallelism," *Media, Culture & Society*, 35(6), pp.742~758.

Albuquerque, A. (2018). "Political parallelism." Available: https://www.researchgate.net/profile/Afonso_Albuquerque/publication/326356208_Political_Parallelism/links/5b478b94a6fdccadaec40422/Political-Parallelism.pdf?origin=publication_detail.

Aldridge, M., & Evetts, J. (2003). "Rethinking the concept of professionalism: The case of journalism," *British Journal of Sociology*, 54(4), pp.547~564.

Allan, S. (1995). "News, truth and postmodernity: Unravelling the will to facticity," In B. Adam & S. Allan (Eds.), *Theorizing culture: An interdisciplinary critique after postmodernism* (pp.129~144). NY: New York Univ. Press.

Allcott, H., & Gentzk, M. (2017). "Social media and fake news in the 2016 election," *Journal of Economic Perspectives*, 31(2), pp.211~236.

Allen, D. S. (2008). "The trouble with transparency: The challenge of doing journalism ethics in a surveillance society," *Journalism Studies*, 9(3), pp.323~340.

Altmeppen, K-D., Arnold, K., Kössler, T. (2012). "Are the media capable of fair reporting? Remarks on the principle of fairness in professional journalism." Availbale: https://www.researchgate.net/publication/279524926.

Anderson, C. W. (2017). "Knowledge, expertise, and professional practice in the sociology of Michael Schudson," *Journalism Studies*, 18(10), pp.1307~1317.

Anderson, J. A., & Baym, G. (2004). "Philosophies and philosophical issues in communication, 1995~2004," *Journal of Communication*, 54(4), pp.589~615.

Archer, M., Bhaskar, R., Collier, A., Lawson, T., & Norrie, A. (Eds.) (1998). *Critical Realism: Essential Readings*. London: Routledge.

Arendt, H. (1968/2005). *Between past and future*. [서유경 옮김. 《과거와 미래 사이에서》. 푸른숲].

Artero, J. P. (2015). "Political parallelism and media coalitions in Western Europe." Available: https://reutersinstitute.politics.ox.ac.uk/sites/default/files/Political%20Parallelism%20 and%20Media%20Coalitions_0.pdf

Bächtiger, A. et al. (2010). "Disentangling diversity in deliberative democracy: Competing theories, their blind spots and complementaries," *The Journal of Political Philosophy*, 18(1), pp.32~63.

Bagg, S. (2018). "Can deliberation neutralise power?" *European Journal of Political Theory*, 17(3), pp.257~279.

Baghramian, M. (2015). "Relativism." Available: https://plato.stanford.edu/entries/relativism/

Baker, C. E. (2002). *Media, markets and democracy*. NY: Cambridge Univ. Press.

Barkho, L. (2013). "Towards a pragmatic view of impartiality," In L. Barkho (Ed.), *From theory to practice* (pp.185~207). Bristol: Intellect.

Barnett, S. (2012). Broadcast journalism and impartiality in the digital age. In G. F. Lowe & J. Steemers (Eds.), *Regaining the initiative for public service media* (pp.201~218). Goteborg: Nordicom.

BBC (2017). "Guidelines(editorial guidelines)." Available: http://downloads.bbc.co.uk/guidelines/editorialguidelines/pdfs/Editorial_Guidelines_in_full.pdf.

BBC (2017). Public perception of the impartiality and trustworthiness of the BBC. Available: https://downloads.bbc.co.uk/aboutthebbc/insidethebbc/howwework/reports/pdf/bbc_report_trust_and_impartiality_nov_2017.pdf.

BBC Trust (2007). "From seesaw to wagonwheel: Safeguarding impartiality in the 21st century." Available: http://news.bbc.co.uk/2/shared/bsp/hi/pdfs/18_06_07impartialitybbc.pdf.

Beiner, R. (2008). "Rereading 'truth and politics,'" *Philosophy & Social Criticism*, 34(1-2). pp.123~136.

Bennett, L. W., & Iyengar, S. (2008). "A new era of minimal effects? The changing foundations of political communication," *Journal of Communication*, 58, pp.707~731.

Bennett, L. W., Pfetch, B. (2017). "Rethinking political communication in a time of disrupted public spheres," *Journal of Communication*, 68, pp.243~253.

Bennett, L. W., & Livingston, S. (2018). "The disinformation order: Disruptive communication and the decline of democratic institutions," *European Journal of Communication*, 33(2), pp.122~139.

Bennett, W. L. (2009). *News: The politics of illusion* (9th ed.). [유나영 옮김. 《뉴스, 허깨비를 좇는 정치》. 책보세].

Bennett, W. L. (2015). *News: The politics of illusion* (10th ed.). Chicago, IL: Univ. of Chicago Press.

Bennett, L. W. & Iyengar, S. (2008). "A new era of minimal effects? The changing foundations of political communication," *Journal of Communication*, 58, pp.707~731.

Bennett, L. W., Pfetch, B. (2017). "Rethinking political communication in a time of disrupted public spheres," *Journal of Communication*, 68, pp.243~253.

Bennett, W. L., & Livingston, S. (2018). "The disinformation order: Disruptive communication and the decline of democratic institutions," *European Journal of Communication*, 33(2), pp.122~139.

Benson, R. (2017). "Maybe things aren't so bad, or are they? Michael Schudson's ambivalent critique of commercialism," *Journalism Studies*, 18(10), pp.1210~1223.

Benson, R., Powers, M., & Neff, T. (2017). "Public media autonomy and accountability: Best and worst practices in 12 leading democracies," *International Journal of Communication*, 11, pp.1~22.

Berger, P., & Luckmann, T. (1966/2013). *The Social Construction of Reality*. [하홍규 옮김.《실재의 사회적 구성》. 문학과지성사].

Berry, M. (2013). "The Today programme and the banking crisis," *Journalism*, 14(2), pp.253~270.

Berry, M. (2016). "No alternative to austerity: How BBC broadcast news reported the deficit debate," *Media, Culture & Society*, 38(6), pp.844~863.

Bhaskar, R. (1998/2005). *The logic of scientific discovery*. [이기홍 옮김.《초월적 실재론과 과학》. 한울].

Blumler, J. G. (1992). "Public service broadcasting before the commercial deluge," In J. Blumler (Ed.), *Television and the public interest: Vulnerable values in West European broadcasting* (pp.7~21). London: Sage.

Blumler, J. G. (2016). "To be independent or not to be independent, that is the question: BBC–UK government relations 2016," *Publizistik*, 61, pp.305~320.

Bogaerts, J., & Carpentier, N. (2017). "The postmodern challenge to journalism," In C. Peters & M. Broersma (eds.), *Rethinking journalism: Trust and participation in a transformed news landscape* (pp.60~71). London: Routledge.

Bonvin, J-M., Laruffa, F., & Rosenstein, E. (2017). "Towards a critical sociology of democracy: The potential of the capability approach," *Critical Sociology*, 44(6), pp.953~968.

Borden, S. (2010). *Journalism as practice: MacIntyre, virtue ethics and the press*. NY: Routledge.

Born, G. (2004). *Uncertain vision: Birt, Dyke and the reinvention of BBC*. London: Vintage.

Boudana, S. (2011). "A definition of journalistic objectivity as a performance," *Media, Culture &*

Society, 33(3), pp.385~398.

Boudana, S. (2016). Impartiality is not fair: Toward an alternative approach to the evaluation of content bias in news stories. *Journalism*, 17(5), pp.600~618.

Boykoff, M. T., & & Boykoff, J. M. (2004). "Balance as bias: Global warming and the US prestige press," *Global Environment Change*, 14(2), pp.125~136.

Brewin, M. W. (2013). "A short history of the history of objectivity," *The Communication Review*, 16, pp.211~229.

Brüggemann, M. (2014). "Between frame setting and frame sending: How journalists contribute to news frame," *Communication Theory*, 24, pp.61~82.

Brüggemann, M., Engesser, S., Büchel F., Humprecht, E., & Castro, L. (2014). "Hallin and Mancini revisited: Four empirical types of western media systems," *Journal of Communication*, 64(6), pp.1037~1065.

Calabrese, A. (2015). "Liberalism's disease: Civility above justice," *European Journal of Communication*, 30(5), pp.539~553.

Calcutt, A. (2016). "The surprising origins of 'post-truth' — and how it was spawned by the liberal left." Available: http://theconversation.com/the-surprising-origins-of-post-truth-and-how-it-was-spawned-by-the-liberal-left-68929.

Calcutt, A., & Hammond, P. (2011). *Journalism: A critical introduction*. London: Routledge.

Callinicos, A. (2000/2006). *Equality*. [선우현 옮김. 《평등》. 울력].

Caple, H., & Bednarek, M. (2015). "Rethinking news values: What a discursive approach can tell us about the construction of news discourse and news photography," *Journalism*, 17(4), pp.435~455.

Carpentier, N. (2005). "Identity, contingency and rigidity: The (counter-)hegemonic constructions of the identity of the media professional," *Journalism*, 6(2), pp.199~219.

Chalaby, J. K. (1996). "Journalism as an Anglo-American invention: A comparison of the development of French and Anglo-American journalism, 1830s-1920s," *European Journal of Communication*, 11(3), pp.303~326.

Coddington, M. A. (2015). Telling secondhand stories: News aggregation and the production of journalistic knowledge. Doctoral ph.d. dissertation thesis in University of Texas.

Coleman, S. (2005). "New mediation and direct representation: Reconceptualization representation in the digital age," *New Media & Society*, 7(2), pp.177~198.

Coleman, S. (2013). "Debate on television: The spectacle of deliberation," *Television & New Media*, 14(1), pp.20~30.

Coleman, S. (2018). “The elusiveness of political truth: From the concdeit of objectivity to intersubjective judgement,” *European Journal of Communication*, 33(2), pp.157~171.

Coleman, S., & Moss, G. (2016). “Rethinking election debates: What citizens are entitled to expect,” *The International Journal of Press/Politics*, 21(1), pp.3~24.

Collier, D., Hidalgo, D. F., & Maciuceanu, A. O. (2006). “Essentially contested concepts: Debates and applications,” *Journal of Political Ideologies*, 11, pp.211~246.

Cook, P., & Heilmann, C. (2013). “Two types of self-censorship: Public and private,” *Political Studies*, 61(1), pp.178~196.

Corner, J. (2017). “Fake news, post-truth and media-political change,” *Media, Culture & Society*, 39(7), pp.1100~1107.

Costa, P. (2015). “Realism, relativism and pluralism: An impossible marriage,” *Philosophy & Social Criticism*, 41(4–5), pp.413~422.

Couldry, N. (2010/2014). *Why voice matters*. [이정엽 옮김. 《왜 목소리가 중요한가》. 글항아리].

Couldry, N. (2012). *Media, society, world: Social theory and digital media practice*. London: Polity.

Couldry, N. (2019). “Capabilities for what? Developing Sen’s moral theory for communication research,” *Journal of Information Policy*, 9, pp.1~13.

Craft, S. (2017). “Distinguishing features: Reconsidering the link between journalism’s professional status and ethics,” *Journalism & Communication Monographs*, 19(4), pp.260~301.

Craft, S., & Heim, K. (2009). “Transparency in journalism: Meanings, merits, and risks,” In L. Wilkins & C. G. Christians(Eds.), *The handbook of mass media ethics* (pp.217~228). NY: Routledge.

Curato, N., & Ong, J. C. (2015). “Inclusion as deliberative agency: The selective representation of poor women in debates and documentaries about reproductive health,” *Television & New Media*, 16(6), pp.576~594.

Curran, J. (2002). *Media and power*. London: Routledge.

Curran, J. (2019). “Triple crisis of journalism,” *Journalism*, 20(1), pp.190~193.

Curran, J., & Seaton, J. (2010). *Power without responsibility* 7th ed.. London: Routledge.

Cushion, S. (2012). *The democratic value of news: Why public service matter*. Basingstoke: Palgrave Macmillan.

Cushion, S., & Lewis, J. (2009). “Towards a ‘Foxification’ of 24-hour news channels in Britain?: An analysis of market-driven and publicly funded news coverage,” *Journalism*, 10(2),

pp.131~153.
Cushion, S., & Thomas, R. (2017). "From quantitative precision to qualitative judgements: Professional perspectives about the impartiality of television news during the 2015 UK general election," *Journalism*, Online First, pp.1~18.
Cushion, S., Kilby, A., Thomas, R., Morani, M., & Sambrook, R. (2016). "Newspapers, impartiality and television news," *Journalism Studies*, 19(2), pp.162~181.
Cushion, S., Lewis J., & Kilby, A. (2017). "Why context, relevance and repetition matter in news reporting: Interpreting the United Kingdom's political information environment.," *Journalism*, Online First, pp.1~20.
D'Alessio, D., & Allen, M. (2000). "Media bias in presidential election: A meta-analysis," *Journal of Communication*, 50(4), pp.133~156.
Dahlgren, P. (2009). *Media and political engagement*. NY: Cambridge Univ. press.
Danelzik, M. (2016). "Constructivism," In G. Mazzoleni et al (Eds.), *The International encyclopedia of political communication* (pp.207~214). Malden, MA: Wiley Blackwell.
Dawes, S. (2014). "Broadcasting and the public sphere: Problematising citizens, consumers and neoliberalization," *Media, Culture & Society*, 36(5), pp.702~719.
de Albuquerque, A. (2013). "Media/politics connections: Beyond political parallelism," *Media, Culture & Society*, 35(6), pp.742~758.
Deuze, M. (2005). "What is journalism? Professional identity and ideology of journalists reconsidered," *Journalism*, 6(4), pp.442~464.
Dimaggio, P., Evans, J., & Bryson, B. (1996). "Have American's social attitudes become more polarized?," *American Journal of Sociology*, 102(3), pp.690~755.
Dryzek, J. (2013). "The deliberative democrat' Idea of Justice," *European Journal of Political Theory*, 12(4), pp.329~346.
Durham, M. G. (1998). "On the relevance of standpoint epistemology to the practice of jurnalism: The case for "strong objectivity"," *Communication Theory*, 8(2), pp.117~140.
Ekström, M. (2002). "Epistemologies of TV journalism," *Journalism*, 3(3), pp.259~282.
Elder-Vass, D. (2012). "Towards a realist social constructionism," *Sociologia, Problemas E Práticas*, 70, pp.9~24.
Ellis, B. & Fopp, R. (2009). "Feminist standpoint epistemologies: Engaging with criticisms of Sandra Harding's position." Available: https://tasa.org.au/wp-content/uploads/2011/01/ELLIS_FOPP.pdf.
Engelbert, J., & McCurdy, M. (2011). "A threat to impartiality: Reconstructing and situating

the BBC's denial of the 2009 DEC appeal for Gaza," *Media, War & Conflict*, 5(2). pp.101~117.

Entman, R. (2007). "Framing bias: Media in the distribution of power," *Journal of Communication*, 57, pp.163~173.

Entman, R. (2010). "Media framing biases and political power: Explaining slant in news of campaign 2008," *Journalism*, 11(4), pp.389~408.

Esser, F., & Umbricht, A. (2014a). "Competing models of journalism? Political affairs coverage in US, British, German, Swiss, French and Italian newspapers," *Journalism*, 14(8), pp.989~1007.

Esser, F., & Umbricht, A. (2014b). "The evolution of objective and interpretive journalism in the Western Press: Comparing six news systems since the 1960s," *Journalism & Mass Communication Quarterly*, 91(2), pp.229~249.

Ettema, J. (2007). "Journalism as reason-giving: Deliberative democracy, institurional accountability, and the news media's mission," *Political Communication*, 24, pp.143~160.

Farkas, J., & Schou, J. (2018). "Fake news as a floating signifier: Hegemony, antagonism and the politics of falsehood," *Javnost-The Public*, 25(3), pp.298~314.

Fenton, N., & Freedman, D. (2018). "Fake democracy, bad news." Available: http://research.gold.ac.uk/22330/1/Fenton-Fake_democracy.pdf

Figdor, C. (2010). "Objectivity in the news: Finding a way forward," *Journal of Mass Media Ethics*, 25(1), pp.19~33.

Flood, C., Hutchings, S., Miazhevich, G., & Nickels, H. (2012). "Between impartiality and ideology: The BBC's paradoxical remit and the case of Islamic-related television news," *Journalism Studies*, 12(2), pp.221~238.

Floyd, J. (2017). "Rawls' methodological blueprint," *European Journal of Political Theory*, 16(3), pp.367~381.

Flynn, J. (2004). "Communicative power in Habermas's theory of democracy," *European Journal of Political Theory*, 3(4), pp.433~454.

Foucault, M. (1980). *Power/knowledge: Selected interviews & other writings 1972-1977*. NY: Pantheon Books.

Fox, C. (2013). "Public reason, objectivity, and journalism in liberal democratic societies," *Res Publica*, 19, pp.257~273.

Freeden, M. (1996). *Ideologies and Political Theory: A Conceptual Approach*. Oxford: Clarendon

Press.

Freedman, D. (2018). "'Public service' and the journalism crisis: Is the BBC the answer?," *Television & New Media*, 1~16. DOI: 10.1177/1527476418760985.

Friedland, L., & Hove, T. (2016). "Habermas's account of truth in political communication," In J. Hannan(ed.), *Truth in the public sphere* (pp.23~39). Lanham, MA: Lexington Books.

Fuchs, C. (2018). "Propaganda 2.0: Herman and Chomsky's Propaganda Model in the age of the internet, big data and social media." DOI: https://doi.org/10.16997/book27.f. License: CC–BY–NC–ND 4.0.

Gaber, I., Seymour, E., & Thomas, L. (2009). "Is the BBC biased: The Corporation and the coverage of the 2006 Israeli-Hezbollah war," *Journalism*, 10(2), pp.239~259.

Gallie, W. B. (1956). "Essentially contested concepts," *Proceedings of the Aristotelian Society*, 56, pp.167~198.

Gans, H. J. (2011). "Multiperspectival news revisited: Journalism and representative democracy," *Journalism*, 12(1), pp.3~13.

Garnham, N. (1997). "Amartya Sen's capabilities "capabilites" approach to the evluation of welfare: Its application to communications," *Javnost: The Public*, 4, pp.25~34.

Gauthier, G. (1993). "In defence of a supposedly outdated notion: The range of journalistic objectivity," *Canadian Journal of Communication*, 18(4), pp.497~506.

Gauthier, G. (2005). "A realist point of view on news journalism," *Journalism Studies*, 6(1), pp.51~60.

Glasser, T. L. (1992). "Objectivity and news bias," In E. D. Cohen (ed.), *Philosophical issues in journalism* (pp.176~183). NY: Oxford Univ. Press.

Goddard, P. (2007). "'Distinctiveness' and the BBC: A new battleground for public service television?," *Media, Culture & Society*, 39(7), pp.1089~1099.

Godler, Y. (2016). "Why anti-realists views persist in communication research: A political economic reflection on relativism's prominance," *Critical Sociology*, Online First, pp.1~19.

Godler, Y., & Reich, Z. (2015). "Journalistic evidence: Cross-verification as a constituent of mediated knowledge," *Journalism*, Online First, pp.1~17.

Goldkuhl, G. (2000). "The validity of validity claims: An inquiry into communication rationality." Available: http://www.vits.org/publikationer/dokument/404.pdf.

Gong, Q., & Rawnsley, G. (2018). "Media freedom and responsibility in South Korea: The perceptions of journalists and politicians during the Roh Moo-hyun presidency," *Journalism*, 19(9–10), pp.1257~1274.

Graham, K. M. (2002). "The ideal of objectivity in political dialogue: Liberal and feminist approaches," *Social Epistemology*, 16(3), pp.295~309.

Groeling, T. (2013). "Media bias by the numbers: Challenges and opportunities in the empirical study of partisan news," *Annual Review of Political Science*, 16, pp.129~151.

Habermas, J. (1981/2006). *Theorie des kommunikativen Handelens*. [장춘익 옮김. 《의사소통 행위이론》. 나남].

Habermas, J. (1990/2001). *Strukturwandel der Öffentlichkeit*. [한승완 옮김. 《공론장의 구조 변동》. 나남].

Habermas, J. (2008/2011). *Ach, Europa*. [윤형식 옮김. 《아, 유럽》. 나남].

Hackett, R. & Zhao, Y. (1998). Sustaining Democracy?: *Journalism and the Politics of Objectivity*. Toronto: Garamond Press.

Hackett, R. (2008). "Objectivity in reporting," In W. Donsbach (ed). *The International Encyclopedia of Communication*. Malden, MA: Blackwell Publishing.

Hafez, K. (2002). "Journalism ethics revisited: A comparison of ethics code in Europe, North Africa, the Middle East, and Muslim Asia," *Political Communication*, 19, 225~250.

Hahn, K. S., Lee, H-Y., & Lee, J. (2016). "Media bias," In G. Mazzoleni et al. (Eds.), *The International encyclopedia of political communication* (pp.711~719). Malden, MA: Wiley Blackwell.

Hall, S., Critcher, C., Jefferson, T., Clarke, J., & Roberts, B. (1978). *Policing the crisis: Mugging, the state, and law and order*. London: Macmillan.

Hallin, D. (1987). "TV news: Whose bias? by Martin Harrison; War and peace news," by Glasgow University Media Group(Book Review). *American Journal of Sociology*, 92(6), pp.1544~1546.

Hallin, D. (1992). "The passing of "high modernism" of American journalism," *Journal of Communication*, 42(3), pp.14~25.

Hallin, D., & Mancini, P. (2004). *Comparing media systems*. Cambridge: Cambridge Univ. Press.

Hamilton, J. T. (2004). *All the news that's fit to sell: How the market transforms information into news. Princeton*. NJ: Princeton Univ. Press.

Hammersley, M. (2011). "Objectivity: A reconceptualization," In M. Williams & W. P. Vogt (Eds.), *The Sage handbook of innovation in social research methods*(pp.25~43). London: Sage.

Hampton, M. (2008). "The "objectivity" ideal and its limitations in 20th-century British journalism," *Journalism Studies*, 9(4), pp.477~493.

Hanitzsch, T. & Vos, T. P. (2017). "Journalistic roles and the struggle over institutional identity: The discursive construction of journalism," *Communication Theory*, 27, pp.115~135.

Hanitzsch, T. (2004). "Journalists as peacekeeping force? Peace journalism and mass communication theory," *Journalism Studies*, 5(4), pp.483~495.

Hanitzsch, T. (2011). "Populist disseminators, detached watchdogs, critical change agents and opportunist facilitators: Professional milieus, the journalistic field and autonomy in 18 countries," *International Communication Gazette*, 73(6), pp.477~494.

Hannan, J. (2016). "Introduction: Truth as first casualty in American politics," In J. Hannan (ed.), *Truth in the public sphere*(xi~xxxvi). Lanham, MD: Lexington Books.

Hanretty, C. (2007). Five ways to govern a public broadcaster. Available: https://www.yumpu.com/en/document/view/48160156/five-ways-to-govern-a-public-broadcaster-chris-hanretty/5.

Hansen, E. (2015). "The positive freedom of the public sphere: The need of courageous truth-tellers," *Journalism Studies*, 16(6), pp.767~781.

Hänska, M. (2019). "Communicative means and ends of justice," *Journal of Information Policy*, 9, pp.14~36.

Harcup, T., & O'Neill, D. (2017). "What is news? News vaiue revisited(again)," *Journalism Studies*, 18(12), pp.1470~1488.

Harding, S. (1993). "Rethinking standpoint epistemology: What is "strong objectivity"?," In L. Alcoff & E. Potter (Eds.), *Feminist epistemology* (pp.49~82). NY: Routledge.

Harvey, S. (1998). "Doing it my way-broadcasting regulation in capitalist cultures: the case of 'fairness' and 'impartiality'," *Media, Culture & Society*, 20, pp.535~556.

Hastie, B., & Rimmington, D. (2014). "'200 years of white affirmative action': White privilege discourse in discussions of racial inequality," *Discourse & Society*, 25(2), pp.186~204.

Häussler, (2018). *The media and the public sphere*. NY: Routledge.

Hearns-Branaman, J. O. (2016). *Journalism and the philosophy of truth*. London: Routledge.

Hellmueller, L., Vos, T. P., & Poepsel, M. A. (2013). "Shifting journalistic capital? Transparency and objectivity in the twenty-first century," *Journalism Studies*, 14(3), pp.287~304.

Herman, A., & Chomsky, N. (1988/2006). *Manufacturing consent: The political economy of the mass media*. [정경옥 옮김. 《여론조작》. 에코리브르].

Hesmondahlgh, D. (2016). "Capitalism and the media: Moral economy, well-being and capabilites," *Media, Culture & Society*, 39(2), pp.202~218.

Hesmondahlgh, D. (2017). "The media's failure to represent the working class: Explanations from media production and beyond," In J. Deery & A. Press (Eds), *The media and class* (pp.21~37). NY: Routledge.

Hildebrand, D. (2005). "Pragmatism, neopragmatism and public administration," *Administration & Society*, 37(3), pp.345~359.

Hildebrand, D. (2011a). "Pragmatic democracy: Inquiry, objectivity, and experience," *Metaphilosophy*, 42(5), pp.589~604.

Hildebrand, D. (2011b). "Pragmatic objectivity in history, journalism and philosophy," *Southwest Philosophical Review*, 27(1), pp.1~16.

Himmelroos, S. (2017). "Discourse quality in deliberative citizen forums: A comparison of four deliberative mini-publics," *Journal of Public Deliberation*, 13(1), pp.1~28.

Holt, K. (2012). "Authentic journalism? A critical discussion about existential authenticity in journalism ethics," *Journal of Mass Media Ethics*, 27, pp.2~14.

Hoppmann, D. N., van Aelst, P., & Legnante, G. (2011). "Political balance in the news: A review of concepts, operationalizations and key finding," *Journalism*, 13(2), pp.240~257.

Humprecht, E. (2018). "Where 'fake news' flourishes: A comparison across four Western democracies," *Information, Communication & Society.* DOI: 10.1080/1369118X.2018.1474241.

Hvinden, B., & Halvorsen, R. (2018). "Mediating agency and structure in sociology: What role for conversion factors?," *Critical Sociology*, 44(6), pp.865~881.

Iggers, J. (1998). *Good news, bad news: Journalism ethics and public interest.* Boulder, CO: Westview.

Jacobson, T. L. (2016). "Amartya Sen's capabilities approach and communication for development and social change," *Journal of Communication*, 66, pp.789~810.

Jakubowicz, K. (2002). "Media in transition: The case of Poland," In M. Price, B. Rozumilowicz, & Verhulst(eds.), *Media reform: Democratizing the media, democratizing the state* (pp.203~231). Routledge: London.

Jezierska, K. (2019). "With Habermas against Habermas. Deliberation without consensus," Journal of *Public deliberation*, 15(1), pp.1~28.

Jollymore, T. (2017). "Impartiality." Available: https://plato.stanford.edu/entries/impartiality.

Josephi, B. (2012). "De-coupling journalism and democracy: Or how much democracy does journalism need?," *Journalism*, 14(2), pp.441~445.

Jungblut, M., & Hoxha, A. (2016). "Conceptualizing journalistic self-censorship in post-conflict societies: A qualitative perspective on the journalistic perception of news production in Serbia, Kosovo and Macedonia. Media," *War & Conflict*, 10(2), pp.1~17.

Kaplan, R. (2002). *Politics and American press: The rise of objectivity, 1865-1920*. Cambridge: Cambridge Univ. Press.

Kaplan, R. (2010). "The origins of objectivity in American journalism," In S. Allan (ed.), *The Routledge companion to news and journalism* (pp.25~37). London: Routledge.

Karlsson, M. (2010). "Rituals of transparency," *Journalism Studies*, 11(4), pp.535~545.

Karppinen, K. (2007). "Against naive pluralism in media politics: On the implications of the radical-pluralist approach to the public sphere," *Media, Culture & Society*, 29(3), pp.495~508.

Karppinen, K. (2013). *Rethinking media pluralism*. NY: Fordham Univ. Press.

Karppinen, K. (2018). "Freedom without idealization: Non-ideal approaches to freedom of communication," *Communication Theory*, pp.1~20.

Karppinen, K., & Moe, H. (2014). "What we talk about when talk about "the market": Conceptual contestation in contemporary media policy research," *Journal of Information policy*, 4, pp.327~341.

Karppinen, K., & Moe, H. (2016). "What we talk about when talk about "media independence"," *Javnost: The Public*, 23(2), pp.105~119.

Khin, E. W. S., & Lee, Y. F. (2012). "Pragmatism and critical realism in management research," Actual *Problems of Economics*, 3, pp.359~364.

Kim, J. (1999). "Communication, reason, and deliberative democracy," *Journal of Communication*, 49, pp.137~144.

Kioupkiolis, A. (2009). "Three paradigms of modern freedom," *European Journal of Political Theory*, 8(4), pp.473~491.

Knight & Johnson (1997) "What sort of equality does deliberative require?," In J. Bohman & W. Rehg(Eds.), *Deliberative democracy: Essays on reason and politics* (pp.279~320). Cambridge, MA: MIT Press.

Koliska, M., & Chadha, K. (2018). "Transparency in German newsrooms," *Journalism Studies*, 19(16), pp.2400~2416.

Kovach, B. & Rosenstiel, T. (2014). *The elements of journalism*. (3rd. ed.). [이재경 옮김. 《저널리즘의 기본원칙》. 한국언론진흥재단].

Krause, M. (2011). "Reporting and the transformations of the journalistic field: US news media, 1890-2000," *Media, Culture & Society*, 33(1). pp.89~104.

Kreide, R. (2016). "Digital spaces, public places and communicative power: In defense of deliberative democracy," *Philosophy & Social Criticism*, 42(4−5), pp.476~486.

Kreiss, D., & Brennen, J. S. (2016). "Normative models of digital journalism," In T. Witschge, C.

W. Anderson, D. Domingo, A. Hermida (Eds.), *Sage Handbook of Digital Journalism Studies* (pp.299~314). London: Sage.

Krotz, F. (2017). "Explaining the mediatisation approach," *Javnost: The Public*, 24(2), pp.103~118.

Lagerspetz, E. (2015). "Democracy and the all-affected principle," *Res Cogitans*, 10(1), pp.6~23.

Lau, R. W. (2004). "Critical realism and news production," *Media, Culture & Society*, 26(5), pp.693~711.

Lau, R. W. (2012). "Re-theorizing news' construction of reality: A realist-discourse-theoretic approach," *Journalism*, 13(7), pp.886~902.

Lau, R. W., & Morgan, J. (2014). "Integrating discourse, construction and objectivity: A contemporary realist approach," *Sociology*, 48(3), pp.573~589.

Legg, C. & Hookway, C. (2019). "Pragmatism." Available: https://plato.stanford.edu/entries/pragmatism/.

Lefevre-Gonzalez, C. (2013). "Restoring historical understandings of the "public interest" standard of American broadcasting: An exploration of the Fairness Doctrine," *International Journal of Communication*, 7, pp.89~109.

Lehtinen, A., K. (2012). "Objectivity in action: Journalism as an epistemic practice." Available: http://www.nordprag.org/papers/epc1/Lehtinen.pdf.

Lichtenberg, J. (1990). Introduction. In J. Lichtenberg (ed.), *Democracy and the mass media*(pp.1~20). NY: Cambridge Univ. Press.

Lichtenberg, J. (1998). "The will to truth: A reply to Novick," *The ANNALS of the American Academy of Political and Social Science*, 560(1), pp.43~54.

Lichtenberg, J. (2005). "In defence of objectivity revisited," In J. Curran & M. Gurevitch (Eds.), *Mass media and society* (pp.238~254). London: Hodder Arnold.

Lowe, G. F. & Berg, C. E. (2013). "The funding of public service media: A matter of value and values," *The International Journal on Media Management*, 15, pp.77~97.

Lukes, S. (2005). *Power: A radical view*, (2nd ed.). London: Red Globe Press.

Maia, R. (2009). "Mediated deliberation: The 2005 referendum for banning firearms sales in Brazil," *International Journal of Press/Politics*, 14(3), pp.313~334.

Mancini, P. (2012). "Instrumentalization of the media vs. political parallelism," *Chinese Journal of Communication*, 5(3), pp.262~280.

Mansbridge, J., et al. (2010). "The place of self-interest and the role of power in deliberative democracy," *The Journal of Political Philosophy*, 18(1), pp.64~100.

Maras, S. (2013). *Objectivity in journalism*. Cambridge: Polity.

Mari, W. (2017). "The invention of journalism ethics: The path to objectivity and beyond," by Stephen J. A. Ward. *Journalism & Mass Communication Quarterly*, 94(3), pp.911~912.

McNair, B. (2009). "Journalism and democracy," In K. Wahl-Jorgensen & T. Hanitzsch (Eds.) *The handbook of journalism studies* (pp.237~249). NY: Routledge.

McNair, B. (2017). "After Objectivity?," *Journalism Studies*, 18(10), pp.1318~1333.

McQuail, D. (2005/2007). *McQuail's mass communication theory*. (5th. ed). [양승찬 · 이강형 옮김. 《매스커뮤니케이션이론》. 나남].

McQuail, D. (2013). *Journalism and society*. London: Sage.

Megill, A. (1994). "Introduction: Four senses of objectivity," A. Megill (Ed.), *Rethinking objectivity* (pp.1~20). Durham, MA: Duke Univ. Press.

Merrill, J. C. (1989). *The dialectic in journalism: Toward a responsible use of press freedom*. Barton Rouge, LA: Louisiana State Univ. Press.

Meyer, P. (2002). *Precision journalism: A reporter's introduction to social science methods*, (4th. ed.) Lanham, MA: Rowman & Littlefield.

Mills, T. (2016). *The BBC: Myth of public service*. London: Verso.

Mindich, D. (1998). *Just the facts: How "objectivity" came to define American journalism*. NY: New York Univ. Press.

Mitchell, P., & Stewart, J. (2016). "Who are we? Language and impartiality in BBC radio journalism," *Journalism Practice*, 11(4), pp.417~437.

Moss, G. (2017). "Media, capabilities, and justification," *Media, Culture & Society*, 40(1), pp.94~109.

Mouffe, C. (1993/2007). *The return of the political*. [이보경 옮김. 《정치적인 것의 귀환》. 후마니타스].

Mouffe, C. (2000/2006). *The democratic paradox*. [이행 옮김. 《민주주의의 역설》. 인간사랑].

Muňoz-Torres, J. R. (2012). "Truth and objectivity in journalism: Anatomy of an endless misunderstanding," *Journalism Studies*, 13(4), pp.566~582.

Murdock, G. (2005). "Building the digital commons: Public broadcasting in the age of the internet," In G. F. Lowe & P. Jauert (Eds.), *Cultural dilemmas in public service broadcasting* (pp.213~230). Goteborg: Nordicom.

Murphy, J. B., Ward, S. J., & Donovan, A. (2006). "Ethical ideals in journalism: Civic uprift or telling the truth," *Journal of Mass Media Ethics*, 21(4), pp.322~337.

Napoli, P. (1999). "Deconstructing diversity principle," *Journal of Communication*, 49, pp.7~34.

Nechushtai, E. (2018). "From liberal to polarized liberal? Contemporary U.S. news in Hallin and Mancini's typology of news systems," *The International Journal of Press/Politics*, 23(2), pp.183~201.

Nerone, J. (2012). "The historical roots of the normative model of journalism," *Journalism*, 14(4), pp.446~458.

Nielsen, R. K. (2017). "The one thing journalist might to do for democracy," *Journalism Studies*, 18(10), pp.1251~1262.

Norris, P. (2009). "Comparative political communications: Common frameworks or Babelian confusion?," *Government & Opposition*, 44(3), pp.321~340.

Norris, P., & Saunders, D. (1998). "Does balance matter? Experiments in TV news." Avaiable: http://citeseerx.ist.psu.edu/viewdoc/download?doi=10.1.1.454.8033&rep=rep1&type=pdf.

O'Donnell, G. (1994). "Delegative democracy," *Journal of Democracy*, 5(1), pp.55~69.

O'Neill, D., & Harcup, T. (2009). "News values and selectivity," In K. Wahl-Jorgensen & T. Hanitzsch (Eds.), *The handbook of journalism studies* (pp.59~72). NY: Routledge.

Ognianova, E., & Endersby, J. W. (1996). "Objectivity revisited: A spatial model of political ideology and mass communication," *Journalism & Mass Communication Monographs*, 159, pp.1~32.

Örnebring, H. (2012). "Clientelism, elites, and the media in Central and Eastern Eueope," *The International Journal of Press/Politics*, 17(4), pp.497~515.

Örnebring, H. (2017). "Epistemologies and professional roles," In C. Mellado, L. Hellmueller & W. Donsbach (Eds.), *Journalistic role performances: Concepts, contexts and methods* (pp.75~89). NY: Routledge.

Page, B. (1996). *Who deliberates? Mass media in modern democracy*. Chicago, IL: University of Chicago Press.

Parkinson, J. (2006). *Deliberating in the real world: Problems of legitimacy in deliberative democracy*. Oxford: Oxford University Press. Available: https://epdf.tips/deliberating-in-the-real-world-problems-of-legitimacy-in-deliberative-democracy.html

Pavitt, C. (1999). "The third way: Scientific realism and communication theory," *Communication Theory*, 9(2), pp.162~188.

Pew Research Center (2014). "Ideological placement of each source's audience." available: http://www.journalism.org/2014/10/21/political-polarization-media-habits/pj_14-10-21_

mediapolarization-08.

Phelan, S., & Dahlberg, L. (2011). "Discourse theory and critical media politics: An introduction," In L. Dahlberg & S. Phelan (Eds.), *Discourse theory and critical media politics* (pp.1~40). Basingstoke: Palgrave Macmillan.

Philips, A. (2010). "Transparency and the new ethics of journalism," *Journalism Practice*, 4(3), pp.373~382.

Philips, A., Couldry, N., & Freedman, D. (2013). "An ethical deficit? Accountability, and the material conditions of contemporary journalism," In N. Fenton (ed.), *New media, old news* (pp.51~68). London: Sage.

Philo, G. (1987). "Whose News?," *Media, Culture and Society*, 9(4), pp.397~406.

Philo, G., & Berry, M. (2004). *Bad news from Israel*. London: Pluto Press.

Pickard, V. (2018). "The strange life and death of the Fairness Doctrine: Tracing the decline of positive freedoms in American policy discourse," *International Journal of Communication*, 12, pp.3434~3453.

Plaisance, P. L. (2007). "Transparency: An assessment of the Kantian roots of a key element in media ethics practice," *Journal of Mass Media Ethics*, 22(2&3), pp.187~207.

Plaisance, P. L. (2009). *Media ethics: Key principles in responsible practices*. Thousand Oaks, CA: Sage.

Poerksen, B. (2008). "The ideal and the myth of objectivity," *Journalism Studies*, 9(2), pp.295~304.

Pomatto, G., & Seddone, A. (2017). "Measuring mediated deliberation in a comparative perspective: An analysis of Italian, French and Spanish newspapers," *Representation*, 53(3-4), pp.277~296.

Porlezza, C., & Russ-Mohl, S. (2013). "Getting the facts straight in a digital era," In C. Peters & M. Broersma (Eds.), *Rethinking journalism* (pp.45~59). NY: Routledge.

Post, S. (2014). "Scientific objectivity in journalism? How journalists and academics define objectivity, assess its attainability, and rate its desirability," *Journalism*, 16(6), pp.730~749.

Pratto, F., & Stewart, A. L. (2012). "Group dominance and the half-blindness of privilege," *Journal of Social Issues*, 68, pp.28~45.

Quinn, A. (2006). "Research evidence and media bias: reflections on a 1980s dispute," *Media, Culture & Society*, 28(3), pp.457~465.

Raeijmaekers, D., & Maeseele, R. (2015). "In objectivity we trust? Pluralism, consensus, and ideology in journalism studies," *Journalism*, pp.1~17.

Rawls, J. (1999/2003). *A theory of justice*. [황경식 옮김. 《정의론》. 이학사]. (영문판: http://www.univpgri-palembang.ac.id/perpus-fkip/Perpustakaan/American%20Phylosophy/John%20Rawls%20-%20A%20Theory%20of%20Justice-%20Revised%20Edition.pdf.)

Rawls, J. (2005/2016). *Political liberalism*. [장동진 옮김. 《정치적 자유주의》. 동명사].

Reese, S. (1990). "The news paradigm and the ideology of objectivity: A socialist at the Wall Street Journal," *Critical Studies in Mass Communication*, 7, pp.390~409.

Reich, Z., & Barnoy, A. (2019). "Disagreements as a form of knowledge: How journalists address day-to-day conflicts between sources," *Journalism*, pp.1~19.

Reich, Z., & Godler, Y. (2017). "Being there? The role of journalistic legwork across new and traditional Media," *Journalism & Mass Communication Quarterly*, 94(4), pp.1115~1129.

Reiss, J., & Sprenger, J. (2014). "Scientific objectivity." Avaiable: https://plato.stanford.edu/entries/scientific-objectivity/.

Rinke, E. M. (2016). "Mediated deliberation," In G. Mazzoleni et al. (Eds.), *The International encyclopedia of political communication* (pp.813~826). Malden, MA: Wiley Blackwell.

Robinson, S., & Culver, K. B. (2016). "When white repoters cover race: News media, objectivity and community (dis)trust," *Journalism*, Online First, pp.1~17.

Rohlinger, D. A. (2007). "American media and deliberative democratic process," *Sociological Theory*, 25(2), pp.122~148.

Rojecki, A., Meraz, S. (2016). "Rumors and factitious information blends: The role of the web in speculative politics," *New Media & Society*, 18(1), pp.25~43.

Ruane, K., A. (2011). "Fairness doctrine: History and constitutional issues." available: https://fas.org/sgp/crs/misc/R40009.pdf.

Ryan, M. (2001). "Journalistic ethics, objectivity, existential journalism, standpoint epistemology, and public journalism," *Journal of Mass Media Ethics*, 16(1), pp.3~22.

Ryfe, D. M. (2006). "The nature of news," *Political Communication*, 23, pp.203~214.

Ryfe, D. M. & Kemmelmeier, M. (2011). "Quoting practices, path dependency and the birth of modern journalism," *Journalism Studies*, 12(1), pp.10~26.

Salgado, S., & Strömbäck, J. (2011). "Interpretive journalism: A review of concepts, operationalizations and key findings," *Journalism*, 13(2), pp.144~161.

Salinas, F. J. (2016). "Bruno Latour's pragmatic realism: An ontological inquiry," *Global Discourse*,

6(1-2), pp.8~21.

Sambrook, R. J. (2012) "Delivering trust: Impartiality and objectivity in the digital age(Working paper)," *Oxford: Reuters Institute for the Study of Journalism*, University of Oxford. Available: https://reutersinstitute.politics.ox.ac.uk/sites/default/files/Delivering%20 Trust%20Impartiality%20and%20Objectivity%20in%20a%20Digital%20Age_0.pdf.

Sandel, M. J. (1984). "The procedural republic and unencumbered self," *Political Theory*, 12(1), pp.81~96.

Sanders, K. (2017). "Book review: The invention of journalism ethics: The path to objectivity and beyond," *European Journal of Communication*, 32(4), pp.385~387.

Scannell, P., & Cardiff, D. (1991). *A social history of British broadcasting*. Oxford: Blackwell.

Schejter, A. M., & Tirosh, N. (2017). *A justice-based approach for new media policy*. Gewerbestrasse, Switzerland: Palgrave Macmillan.

Schlesinger, P. (1978). *Putting 'reality' together: BBC news*. London: Sage.

Schudson, M. (1978). *Discovering the news. Society: A Social History of American Newspapers*. NY: Basic Books.

Schudson, M. (1989). "The sociology of news production," *Media, Culture & Society*, 11(3), pp.263~282.

Schudson, M. (1999). "What public journalism knows about journalism but doesn't know about 'public'," In T. Glasser (ed.), *The idea of public journalism* (pp.118~133). NY: Guilford.

Schudson, M. (2001). "The objectivity norm in American journalism," *Journalism*, 2(2), pp.149~170.

Schudson, M. (2005). "Autonomy from what?," In R. Benson & E. Neveu (Eds.), *Bourdieu and the journalistic field* (pp.214~223). Cambridge: Polity Press.

Schudson, M. (2006). "The trouble with experts — And why democracies need them," *Theory & Society*, 35(5/6), pp.491~506.

Schudson, M. (2009). "Factual knowledge in the age of truthiness," In B. Zelizer (ed.), *The changing faces of journalism; Tabloidization, technology and truthiness* (pp.104~113). NY: Routledge.

Schudson, M. (2011/2014). *The sociology of news* (2nd ed.). [이강형 옮김. 《뉴스의 사회학》. 한국언론진흥재단].

Schudson, M. & Anderson, C. (2009). *Objectivity, professionalism, and truth seeking in journalism*. [저널리즘학연구소 옮김. 《저널리즘 핸드북》. 새물결].

Schwandt, T. A. (2007). "Objectivity," In Ritzer(ed.), *The Blackwell Encyclopedia of Sociology* (pp.3235~3236). Malden, MA: Blackwell publishing.

Searle, J. (1995). *The construction of social reality*. NY: The Free Press.

Semetko, H. A. (1996). "Political balance in television: Campaigns in the United States, Britain, and Germany," *The International Journal of Press/Politics*. 1. pp.51~71.

Sen, A. (1999/2013). *Development as freedom*. [김원기 옮김. 《자유로서의 발전》. 갈라파고스].

Sen, A. (2002). "Open and Closed Impartiality," *Journal of Philosophy*, 99(9), pp.445~469.

Sen, A. (2006). "What do we want from a theory of justice?," *Journal of Philosophy*, 103(5), pp.215~238.

Sen, A. (2009). *The idea of justice.* Cambridge, MA: Harvard Univ. Press.

Shapiro, (2014). "Why democracies need a functional definition of journslism now more than ever," *Journalism Studies*, 15(5), pp.555~565.

Shoemaker, P., & Cohen, A. (2006). *News around the world: Content, practitioners, and the public*. NY: Routledge.

Shultziner, D., & Shoshan, A. (2018). "A Journalists' Protest? Personal identification and journalistic activism in the Israel social justice protest movement," *The International Journal of Press/Politics*, 23(1), pp.44~69.

Singer, J. B. (2006). "The socially responsible existentialist: A normative emphasis for journalists in a new media environment," *Journalism Studies*, 7(1), pp.2~18.

Singer, J. B. (2007). "Contested autonomy: Professional and popular claims on journalistic norms," *Journalism Studies*, 8(1), pp.79~95.

Singer, J. B. (2010). "Norms and networks: Journalistic ethics in a shared media space," In C. Meyers(ed.), *Journalism ethics: A philosophical approach* (pp.117~129). NY: Oxford Univ. Press.

Sjøvaag, H. (2010). "The reciprocity of journalism's social contract: The political-philosophical foundations of journalistic ideology," *Journalism Studies*, 11(6), pp.874~888.

Sjøvaag, H. (2018). "Journalism's social contract," In *Oxford Research Encyclopedia of Communication*. DOI: 10.1093/acrefore/9780190228613.013.828.

Skovsgaard, M., Albæk, E., Bro, P., & de Vreese, C. (2014). "A reality check: How journalists' role perceptions impact their implementation of the objectivity norm," *Journalism*, 14(1), pp.22~42.

Splichal, S., & Dahlgren, P. (2016). "Journalism between de-professionalisation and democratisation," *European Journal of Communication*, 31(1), pp.5~18.

Starr, P. (2012). "An unexpected crisis: The news media in postindustrial democracies," *The*

International Journal of Press/Politics, 17(2). pp.234~242.

Steiner, L. (2018). "Solving journalism's post-truth crisis with feminist standpoint epistemology," *Journalism Studies*, 19(13), pp.1854~1865.

Stiernstedt, F., & Jakobsson, P. (2017). "Ghettos and gated communities in the social landscape of television: Representations of class in 1982 and 2015," In M. Wayne & D. O'Neill (Eds.), *Considering class: Theory, culture and media in the 21st century* (pp.255~272). Leiden: Brill.

Stoker, K. (1995). "Existential objectivity: Freeing journalists to be ethical," *Journal of Mass Media Ethics*, 10, pp.5~22.

Streckfuss, R. (1990). "Objectivity in journalism: A search and a reassessment," *Journalism Quarterly*, 67(4), pp.973~983.

Strydom, P. (2018). "On Habermas's differentiation of rightness from truth: Can an achievement concept do without a validity concept?," *Philosophy & Social Criticism*, pp.1~20.

Swanson, D. (1992). "The political-media complex," *Communication Monographs*, 59, pp.397~400.

Tambini, D. (2012). "The end of press freedom." Avaiable: http://www.fljs.org/files/publications/Tambini.pdf.

Tambini, D. (2017). "Fake news: Public policy responses." Available: http://eprints.lse.ac.uk/73015/1/LSE%20MPP%20Policy%20Brief%2020%20-%20Fake%20news_final.pdf.

Tandoc Jr. E. C., & Thomas, R. J. (2017). "Readers value objectivity over transparency," *Newspaper Research Journal*, 38(1), pp.32~45.

Tandoc Jr. E. C., Lim, Z., W., & Ling, R. (2017). "Defining "Fake News": A typology of scholarly definitions," *Digital Journalism*, 6(2), pp.137~153.

Taylor, R. S. (2009). "Rawlsian affirmative action." *Ethics*, 119, pp.476~506.

The Economist (2011. 7. 7). available: http://www.economist.com/node/18904112.

Thomas, R. J., & Hindman, E. B. (2011). "'People will die because of the BBC: British newspaper reaction to the BBC Gaza appeal decision," *Journalism*, 13(5), pp.572~588.

Tuchman, G. (1972). "Objectivity as strategic ritual: An examination of newsmen's notions of objectivity," *American Journal of Sociology*, 77, pp.660~679.

Tuchman, G. (1978/1995). *Making news*. [박홍수 옮김. 《메이킹 뉴스》. 나남].

Turner, B., & Kearns, J. (2010). "Pragmatic objectivity in practice: Reading The Globe and Mail columns of Christie Blatchford," *Canadian Journal of Communication*, 35, pp.63~83.

van Aelst, P., et al. (2017). "Political communication in a high-choice media environment: A challenge for democracy," *Annals of The International Communication Association*, 41(1), pp.3~27.

van der Pas, D. J., van der Brug, W., & Vliegenthart, R. (2017). "Political parallelism in media and political agenda-setting," *Political Communication*, 34(4), pp.491~510.

van Dalen, A. (2011). "Structural bias in cross-national perspective: How political systems and journalism cultures influence government dominance in the news," *The International Journal of Press/Politics*, 17(1), pp.32~55.

van Kempen, H. (2007). "Media-party parallelism and its effects: A cross-national comparative study," *Political Communication*, 24, pp.303~320.

van Zoonen, L. (2012). "I-pistemology: Changing truth claims in popular and political culture," *European Journal of Communication*, 27, pp.56~67.

Vandenberghe, H., d'Haenens. L., & van Gorp, B. (2017). "Women, ethnic minorities and newsworthiness: Journalists' perceptions," *Journalism*, pp.1~17.

Varraich, A. (2014). "Corruption: An umbrella concept." Available: http://qog.pol.gu.se/digitalAssets/1551/1551604_2014_05_varraich.pdf.

Vickard, P. (2018). "The strange life and death of the Fairness Doctrine: Tracing the decline of positive freedoms in American Policy discourse," *International Journal of Communication*, 12, pp.3434~3453.

Voltmer, K. (2013). *The media in transitional democracies*. London: Polity.

Vos, T. P. (2017). "The paradigm is dead Long live the paradigm," *Journalism & Communication Monographs*, 19(4) pp.307~311.

Vos, T. P., & Ashley, S. (2010). "Amending equal time: Explaining institutional change in American communication policy," *Journal of Broadcasting & Electronic Media*, 58(4), pp.671~686.

Vos, T. P., & Craft, S. (2017). "The discursive construction of journalistic transparency," *Journalism Studies*, 18(12), pp.1505~1522.

Vos, T. P., & Moore, J. (2018). "Building the journalistic paradigm: Beyond paradigm repair," *Journalism*, Online First, pp.1~17.

Vos, T. P., & Wolfgang, J. D. (2018). "Journalists' Normative Constructions of Political Viewpoint Diversity," *Journalism Studies*, 19(60), pp.764~781.

Wahl-Jorgensen, K., Berry, M., Garcia-Blanco, I., Bennett, L., & Cable, J. (2016). "Rethinking balance and impartiality in journalism? How the BBC attempted and failed to change the paradigm," *Journalism*, Online First, pp.1~20.

Waisbord, S. (2006). "In journalism we trust? Credibility and fragmentation in Latin America," In K. Voltmer (Ed.), *Mass media and political communication in new democracies* (pp.76~91). Abingdon: Loutledge.

Waisbord, S. (2009/2016). *Advocacy journalism in global context*. [저널리즘학연구소 옮김. 《저널리즘 핸드북》. 새물결].

Waisbord, S. (2018). "Truth is what happens to news: On journalism, fake news, and post-truth," *Journalism Studies*, Online First, pp.1~13.

Ward, S. J. (1997). "Being objective about objectivity: The ironies of standpoint epistemological critiques of science," *Sociology*, 31(4), pp.773~791.

Ward, S. J. (1998). "An answer to Martin Bell: Objectivity and attachment in journalism," *International Journal of Press/Politics*, 3(3), pp.121~125.

Ward, S. J. (2007). "Utility and impartiality: Being impartial in a partial world," *Journal of Mass Media Ethics*, 22(2&3), pp.151~167.

Ward, S. J. (2009). "Truth and objectivity," In L. Wilkins & C. G. Christians (Eds.), *The handbook of mass media ethics* (pp.71~83). NY: Routledge.

Ward, S. J. (2010a). *Global journalism ethics*. Canada: McGill-Queen's University Press.

Ward, S. J. (2010b). "Inventing objectivity: New philosophical foundations," In C. Meyers (Ed.), *Journalism ethics: A philosophical approach* (pp.137~152). Oxford: Oxford Univ. Press.

Ward, S. J. (2015). *The invention of journalism ethics*. (2nd. ed.). Montreal & Kingston: McGill-Queen's Univ. Press.

Wardle, C., & Derakhshan, H. (2017). "Information disorder: Toward an interdisciplinary framework for research and policy making (Council of Europe Report No. DGI(2017)09." Available: https://rm.coe.int/information-disorder-toward-an-interdisciplinary-framework-for-researc/168076277c.

Weber, J. (2016). "Teaching fairness in journalism: Challenging the task," *Journalism & Mass Communication Educator*, 71(2), pp.163~174.

Wessler, H. (2008). "Investigating deliberativeness comparatively," *Political Communication*, 25, pp.1~2.

Wessler, H. (2018). H*abermas and the media*. Cambridge: Polity.

Wessler, H., & Rinke, E. M. (2014). "Deliberative performance of television news in three types of democracy: Insights from the United States, Germany, and Russia," *Journal of Communication*, 64, pp.827~851.

Westerstahl, J. (1983). "Objective news reporting," *Communication Research*, 10(3), pp.403~424.

Westerstahl, J. & Johansson, F. (1994). "Foreign news: News values and ideologies," *European Journal of Communication*, 9(1), pp.71~89.

Wien, C. (2005). "Defining objectivity within journalism," *Nordicom Review*, 26(2), pp.3~15.

Wikipedia, Criticism of the BBC. Available: https://en.wikipedia.org/wiki/Criticism_of_the_BBC.

Wikipedia, FCC fairness doctrine. Available: https://en.wikipedia.org/wiki/FCC_fairness_doctrine.

Wikipedia, Manufactured controversy. Available: https://en.wikipedia.org/wiki/Manufactured_controversy.

Williams, M. (2015). "Situated objectivity, values and realism," *European Journal of Social Theory*, 18(1), pp.76~92.

Willnat, L., Weaver, D. H., & Wilhoit, G. C. (2019). "The American journalist in the digital age," *Journalism Studies*, 20(3), pp.423~441.

Windschuttle, K. (2000). "The poverty of cultural studies," *Journalism Studies,* 1(1), pp.145~159.

Wrenn, C. (2015). *Truth*. London: Polity.

Wright, K. (2011). "Reality without scare quotes: Developing the case for critical realism in journalism research," *Journalism Studies*, 12(2), pp.156~171.

Young, I. M. (1990/2017). *Justice and the politics of difference*. [김도균 · 조국 옮김. 《차이의 정치와 정의》. 모티브북].

Zaller, (2003). "A new standard of news quality: Burglar alarms for the monitorial citizen," *Political Communication,* 20, pp.109~130.

Zelizer, B. (2004). "When facts, truth, and reality are God–terms: On journalism's uneasy place in cultural studies," *Communication and Critical/Cultural Studies*, 1(1), pp.100~119.

Zelizer, B. (2018). "Resetting journalism in the aftermath of Brexit and Trump." *European Journal of Communication*, 33(2), pp.14~156.

Zollmann, F. (2019). "Bringing propaganda back into news media studies," *Critical Sociology*, 45(3), pp.329~345.

찾아보기